böhlau

20 Jahre
„Damit es nicht verlorengeht …“

Jubiläumsband

Herausgegeben von
Michael Mitterauer
und
Peter Paul Kloß

Maria Gremel

Mein Leben

Mit neun Jahren im Dienst
1900–1930

Vom Land zur Stadt
1930–1950

Böhlau Verlag Wien · Köln · Weimar

Umschlagphoto:
Maria Gremel
mit freundlicher Genehmigung von Dr. Ernst Gremel

Bibliographische Information der Deutschen Bibliothek
Die Deutsche Bibliothek verzeichnet diese Publikation in der Deutschen Nationalbibliographie; detaillierte bibliographische Daten sind im Internet über http://dnb.ddb.de abrufbar.

ISBN 3-205-77099-4

Originalausgaben:
Mit neun Jahren im Dienst 1983, 2. unveränd. Auflage 1991
Vom Land zur Stadt 1991

Gedruckt auf umweltfreundlichem, chlor- und säurefreiem Papier.

Druck: Imprint, Ljubljana

Vorwort

Vor zwanzig Jahren begann die Reihe „Damit es nicht verlorengeht ..." mit der Veröffentlichung lebensgeschichtlicher Selbstzeugnisse. Der fünfzigste Band der Reihe ist eben erschienen. Dieses Zusammentreffen ist ein schöner Anlaß, die Lebensgeschichte der ersten Autorin als ganze vorzulegen. 1983 erschien Maria Gremels Rückblick auf die ersten drei Jahrzehnte ihres Lebens unter dem Titel „Mit neun Jahren im Dienst. Mein Leben im Stübl und am Bauernhof 1900–1930" – ein Erfolgsbuch, dessen Auswirkungen damals nicht zu erahnen waren. Als Maria Gremel 1991 den zweiten Teil ihrer Lebenserinnerungen „Vom Land zur Stadt" vorlegte, war schon Band 20 der aus der ersten Veröffentlichung entstandenen Reihe erreicht. Beide Teile werden nun gemeinsam neu aufgelegt und als Einheit zugänglich gemacht.

„Damit es nicht verlorengeht ..." war eine Variante, die mit Maria Gremel besprochen wurde, als es um den Titel ihres Bandes ging. Es wurde daraus der Titel der ganzen Editionsreihe. Das Anliegen, das in ihm zum Ausdruck kommt, lag Maria Gremel besonders am Herzen, als sie für ihre Familie ihre Lebensgeschichte aufschrieb. Sie hat davon oft erzählt und auch in der Einleitung des Manuskripts ihre Überlegungen dazu formuliert. Vor allem hat sie im Sinne dieses Anliegens gewirkt, als ihr Buch ein so breites Interesse an Alltagsverhältnissen früherer Zeiten geweckt hatte. Sie erzählte darüber in Rundfunk- und Fernsehsendungen, in Zeitungsinterviews, vor allem in Veranstaltungen der Erwachsenenbildung, an denen sie trotz ihres hohen Alters noch viele Jahre hindurch mit großem Engagement teilnahm. Daß es zu der Veröffentlichung eines zweiten Bandes ihrer Lebensgeschichte gekommen ist, wurde durch dieses besondere Engagement für lebensgeschichtliches Erzählen und Schreiben bewirkt.

„Damit es nicht verlorengeht …" als Anliegen einer Editionsreihe popularer Autobiographik ist in vieler Hinsicht den Anstößen verbunden, die von Maria Gremels Schreiben und Wirken ausgingen. Viele Leserinnen und Leser haben sich sie zum Vorbild genommen, als sie selbst über die Lebensverhältnisse ihrer Kindheits- und Jugendzeit zu schreiben begannen. Einige davon wurden in der Reihe publiziert. Im zehnten Band der Reihe etwa schildert der Autor, wie er sich – durch Maria Gremels Lebensgeschichte angeregt – auf ein paar Wochen ins Dorf seiner Kindheit zurückzog, um dort seine Lebenserinnerungen aufzuzeichnen. Heute ist die Kette der Schreibimpulse, die von Maria Gremel ausgingen und in die Editionsreihe Eingang fanden, kaum mehr überblickbar. Ebenso wurden viele angeregt, Erzähltes und Geschriebenes über das Alltagsleben früherer Zeiten zur Veröffentlichung in der Reihe zur Verfügung zu stellen. Das Motto „Damit es nicht verlorengeht …" hat weiten Anklang gefunden. Was mit dem Bericht über das „Leben im Stübl und am Bauernhof" in der Buckligen Welt im frühen 20. Jahrhundert begonnen hat, hat inzwischen europaweite Dimensionen angenommen. Die Editionsreihe „Damit es nicht verlorengeht …" bringt Erinnerungen an historischen Alltag zwischen Bulgarien und Litauen, von London bis St. Petersburg. Auch die zeitliche Dimension hat sich ausgeweitet. Neben Zeitzeugenberichten der jüngsten Vergangenheit stehen solche, die bis ins 18. Jahrhundert zurückreichen. Ebenso hat sich das soziale Spektrum verbreitert. Standen ländliche Lebenserinnerungen aus unterbäuerlichen und bäuerlichen Schichten am Anfang, so wurden späterhin genauso lebensgeschichtliche Selbstzeugnisse aus der Arbeiterschaft und aus dem Bürgertum veröffentlicht. Und selbst das ursprüngliche Konzept, sich aus dem Gegensatz zu den früher allein biographiewürdigen „großen Männern" – Politikern, Wissenschaftlern, Künstlern – als „populare Autobiographik" zu definieren, hat heute an Trennschärfe verloren. Jede Form von Selbstzeugnissen über Leben in früherer Zeit kann für die Leser bedeutsam sein.

„Damit es nicht verlorengeht …" ist der Titel der Buchreihe, die mit Maria Gremels Lebensgeschichte begonnen hat. Über die veröffentlichten Bände hinaus steht das Motto für mehr – nämlich für ein ganzes Netzwerk an Aktivitäten von Arbeit mit Lebensgeschichten. Wie erwähnt hat Maria Gremel selbst nicht nur geschrieben und veröffentlicht, sondern auch in lebensgeschichtlichen Erzählkreisen in der Erwachsenenbildung und durch Auftritte in Medien gewirkt. Rund um die Editionsreihe haben zahlreiche solcher Aktivitäten das Anliegen „Damit es nicht verlorengeht …" aufgegriffen. Im Rahmen eines Medienverbundprogramms „Alltagsgeschichte", das in den späten achtziger und frühen neunziger Jahren gelaufen ist, war das ganze Spektrum solcher Aktivitäten noch einigermaßen überblickbar. Schon damals ging es aber weit über diesen organisatorischen Rahmen hinaus. Es betraf vielfältige Formen der Erwachsenenbildung, der Altenarbeit, der Sozialarbeit. Und auch die Zielsetzungen erweiterten sich. Sie reichten und reichen von alltagshistorischen Interessen bis hin zu therapeutischer Arbeit. Gemeinsam ist diesen Aktivitäten, daß sie lebensgeschichtliches Schreiben und lebensgeschichtliches Erzählen zur Grundlage von Bildungsprozessen machen. Erinnern an Lebensverhältnisse der Vergangenheit unter dem Motto „Damit es nicht verlorengeht …" hat so zu einer Bildungsarbeit geführt, die man unter den Leitsatz „Aus Lebensgeschichte lernen" zusammenfassen könnte. Jede Beschäftigung mit Lebenserinnerungen anderer läßt eigenes Leben erinnern und öffnet damit für Veränderung im eigenen Leben.

„Damit es nicht verlorengeht ..." ist in diesem weiteren Kontext ein Leitmotiv für jene wissenschaftliche Sammlung, aus deren Texten die meisten der veröffentlichten Autobiographien stammen, nämlich der „Dokumentation lebensgeschichtlicher Aufzeichnungen", die 1983 in Anschluß an die so zahlreichen und so interessierten Rückmeldungen auf Maria Gremels Buch am Institut für Wirtschafts- und Sozialgeschichte der Universität Wien geschaffen wurde. Als Maria Gremels zweites Buch publiziert wurde, konnte von über 700 Autobiographien berichtet werden, die bis dahin der Dokumentation übersandt wurden. Heute sind es weit über 2000. Über 400 weitere befinden sich in einer 1992 geschaffenen Zweigstelle in Prag. Die „Dokumentation lebensgeschichtlicher Aufzeichnungen" stellt die Schnittstelle zwischen Öffentlichkeit und wissenschaftlicher Arbeit mit Zeugnissen der popularen Autobiographik dar. Zu ihren Benützern gehören keineswegs nur Historiker und Historikerinnen. Die interessierten Fächer reichen von der Soziologie, Psychologie, Pädagogik bis hin zur Pastoraltheologie, um nur einige zu nennen. Das wissenschaftliche Interesse beschränkt sich nicht nur auf Österreich. Die Dokumentation ist inzwischen zu einer internationalen Anlaufstelle geworden. Genauso wie von Forschern wird sie auch von Studierenden genutzt, Lehrveranstaltungen werden auf der Basis der gesammelten Quellen abgehalten. Daß die Zeugnisse der popularen Autobiographik eine wichtige neue Zugangsweise eröffnen, wird in der Geschichtswissenschaft zunehmend akzeptiert. Dementsprechend finden sie ihren Platz in der Ausbildung. Wenn Studenten in einem Forschungsseminar Texte aus der „Dokumentation lebensgeschichtlicher Aufzeichnungen" für einen Band der Editionsreihe bearbeiten, so schließt sich der Kreis. Das Anliegen „Damit es nicht verlorengeht …“ ist heute voll in die Wissenschaft integriert.

Als Maria Gremel vor mehr als zwei Jahrzehnten den Text ihrer Lebensgeschichte übersandte, lag uns ein in schöner, etwas altertümlicher Handschrift geschriebenes Manuskript vor. Solche Lebensgeschichten sind selten geworden. Heute schreiben Senioren vielfach mit dem Computer. Dieser Wandel im äußeren Erscheinungsbild ist ein Hinweis auf den beschleunigten Prozeß gesellschaftlicher Veränderungen, der sich seither abgespielt hat. Der Inhalt der Texte bringt das noch deutlicher zum Ausdruck. Die Distanz gegenüber dem, was Maria Gremel erlebt hat, vergrößert sich. Die Beschleunigung des Wandels mag uns bewußt machen, daß das Anliegen mehr denn je berechtigt ist: Aufzuschreiben und zu erzählen, wie es früher war – damit es nicht verlorengeht.

Michael Mitterauer

Mit neun Jahren im Dienst

Mein Leben im Stübl und am Bauernhof
1900–1930

Inhalt

Meine Eltern und die Verwandten

Ich weiß nicht, soll ich die Geschichte meines Lebens niederschreiben, um den Rest meines Daseins auszufüllen, oder um längst vergangene Erinnerungen aufzufrischen, die im Alter auch unser Dasein verschönern?

Aber es ist auch einerlei, kein Fremder wird lesen, was ich schreibe, ich werde diese Schrift an keinen Verlag, an keine Zeitung schicken. Behüte Gott, daß ich auf meine alten Tage eine Schriftstellerin sein und etwa Geld oder Ehre verdienen wollte! Die heutige Jugend kann unsere damalige Zeit doch niemals verstehen. Die Alten aber, Verwandte oder Bekannte, sind mir vorausgegangen, oder leben für sich, jeder hat seine eigenen Sorgen.

Womit soll ich beginnen? Mir ist dazu jedes Talent versagt, sodaß mir schon der Anfang Schwierigkeiten bereitet. Mir fällt einmal dies und dann jenes ein. Einen Roman über sein Leben kann schließlich jeder schreiben. Genug Stoff dazu bietet jedes Menschenleben.

Wie mein Leben begann, erinnere ich mich freilich nicht mehr. Da muß schon das genügen, was die Eltern erzählten. Aber auch diese sind schon lange vor mir gegangen.

Großeltern kannte ich von Vaterseite nicht mehr, beide sind 1898 gestorben und in Kirchschlag auf dem alten Friedhof gleich beim Eingang nebeneinander begraben. Sie hatten sieben Kinder, der zweitjüngste war mein Vater.

Meine Mutter war 14 Jahre jünger als mein Vater,

daher kannte ich auch noch ihre Eltern. Sie hatten in jüngeren Jahren in Hollenthon ein Gasthaus gepachtet, später waren sie bis zu Großvaters Tod Mühlenpächter. Daran kann ich mich noch gut erinnern. Es waren mehrere Müllerburschen da, die das kleine neugierige Mädel an den Zöpfen zogen oder versuchten, es in den Mühlbach zu tauchen. Es wurde auch nachts gearbeitet und die Mühlenräder schaukelten einen so gut in den Schlaf. Damals war ich vier oder fünf Jahre alt. Als Mutter mehrere Monate im Spital war, trieb ich mich den ganzen Tag in der Mühle herum. Es gab vieles zu entdecken.

Ich konnte stundenlang zusehen, wie das Getreide aufgeschüttet wurde, welchen Weg es nehmen mußte, bis es zum Schluß als Mehl die Säcke wieder füllte. Auch beim Mühlenrad saß ich oft lange Zeit und sah zu, wie das Wasser die Drehung vollbrachte. Damals kannte ich noch nicht das Lied, in dem es heißt: „Sah der Räder Spiele und sah dem Wasser zu.“ Die alten Mühlen aber blieben für mich stets ein Anziehungspunkt. Nicht nur als Kind, auch als das Alter schon nahte.

1964 verbrachte ich in Wenigzell einen Urlaub. Da wanderte ich zu jeder alten Mühle, die ich im Umkreis finden konnte. In der Steiermark sind noch viele gut erhaltene Mühlen anzutreffen.

Doch nicht lange dauerte in der Kindheit das schöne Mühlenidyll. Mein Großvater erkrankte an Magenkrebs und starb. Meine Großmutter zog zu ihrer älteren Tochter, eines ihrer sieben Kinder, von denen allerdings infolge der großen Kindersterblichkeit zu jener Zeit nur drei Töchter am Leben blieben. Die mittlere wurde meine leider viel zu früh verstorbene Mutter.

Als mein Vater seine spätere Frau kennenlernte, mußten sie ihre Bekanntschaft acht Jahre lang in Ehren halten. Es gab keine Möglichkeit, einen Ehestand zu gründen. Doch nicht, weil mein Vater zu wenig verdient hätte, sondern aus einem anderen Grund: In seinem Elternhaus lebten zwei Schwestern, die uneheliche Kinder hatten. Die Eltern konnten nicht für alles aufkommen, und so nahmen sie auch den anderen noch im Haushalt Lebenden ihren Verdienst ab. Dies erzeugte natürlich böses Blut. Mein Vater aber war ein korrekter Mann und außerdem streng religiös. Er ertrug lieber diese Belastung, als sich mit seinen Eltern zu verfeinden und gegen das vierte Gebot zu handeln. Doch alles nimmt einmal ein Ende. Seine Eltern starben – wie erwähnt – beide 1898. Jetzt führte dann mein Vater seine schon so lange innigstgeliebte Braut zum Traualtar. Die beiden Schwestern bekamen dann doch noch einen Mann.

Die ältere, Hanni, blieb im Haushalt der Eltern, hatte viele Kinder, die alle sehr brav geworden sein sollen, ihr Mann aber war ein Trunkenbold. Sie selbst sah ich nie, nur im letzten Lebensjahr meiner Mutter kam sie eines Tages zu Besuch, um sich mit Mutter auszusöhnen. Zu dieser Zeit war ich fünfzehneinhalb Jahre alt, lernte seit drei Monaten Schneiderei und kam mittags nur kurz zum Essen heim. Dieser erste und einmalige Blick war zu wenig, um mich später zu erinnern. Weder die Tante, noch jemanden von ihren Angehörigen sah ich je in meinem Leben wieder. Auch gesprochen wurde in meinem Elternhaus nie vor uns Kindern über Familienangelegenheiten.

Die andere Schwester, Julie, heiratete einen vornehmen Mann aus Wiener Neustadt, ihr ältester, lediger Sohn war schon in einer Lehre, die beiden ehelichen Kinder Arthur und Christl, kamen in den Schulferien oft zu unserem Onkel, Vaters jüngstem Bruder.

Wir wohnten im selben Haus, konnten jeden Tag miteinander spielen. Wir wußten aber nicht viel miteinander anzufangen. Sie waren uns zu städtisch und hochnäsig, wir ihnen zu bäuerlich. Schön war es nur, wenn wir Schneeweiß-Kinder allein waren. Was gab es da alles an herrlichen Spielen! Onkels Kinder waren vier und wir zwei, also ein halbes Dutzend. Die Stadtkinder verloren wir aus unseren Augen.

Dieser Onkel starb, als ich zehn Jahre zählte, und die Witwe schlug sich recht und schlecht mit den vier Kindern durch. Einen ledigen Bruder hatte Vater noch, der bei den Bauern als Knecht arbeitete. Dieser Onkel war mir der liebste und auch am besten bekannt. Da er allein durchs Leben ging, hatte er ja Geld, er gab es gerne für uns Kinder aus. War einmal ein Ringelspiel im Ort, wie dies zu Kirtagen oder Jahrmärkten der Brauch war, wie ging es uns da gut! Immer wieder ließ er uns fahren, fuhr auch selbst mit uns und kaufte uns alles, was so ein Kinderherz nur begehrte.

Diese beiden Onkel waren die einzigen Verwandten aus Vaters Familie, mit denen wir Verkehr pflegten. Einen anderen Bruder gab es dann noch in Aspang, der hatte eine Tochter, die aber schon erwachsen war, als wir noch Kinder waren. Vaters ältester Bruder lebte in Gleißenfeld, hatte unterhalb des Türkensturzes ein Häuschen; dort gab es zehn Kinder. Vater besuchte ihn manchmal. Ich aber habe nie jemanden gesehen und kannte kein einziges Familienmitglied. Obwohl sie nichts an Unstimmigkeiten auszutragen hatten, gab es doch keinen regelrechten Verkehr oder Verwandtenbesuche. Das tat mir sehr leid, ich hätte gerne alle um mich gehabt, denn wenn andere Kinder von Onkeln und Tanten erzählten, fühlte ich mich immer um etwas betrogen. Warum ich sie alle nicht kennenlernen durfte, habe ich nie erfahren. Hätte mir doch Vater etwas mehr über seine Eltern erzählt, wie sehr vermisse ich dies, es ist wie eine Lücke, die ich nicht auszufüllen vermag. Vater hat so vieles und sehr gerne erzählt, ich werde noch so manches einflechten, ob man aber die Toten in Ruhe läßt, oder die Kinder es doch nicht verstehen––, er kann mir keine Antwort mehr darauf geben.

Umso mehr ist mir die Erinnerung an meine Großeltern mütterlicherseits, die ich beide noch kannte, erhalten geblieben. Hinzu kommt, daß sich die Familie stets mehr an die Eltern der Frau anschließt –, wovon ich mit meiner Familie keinen Gebrauch machen konnte –, denn meine Mutter starb, als ich sie am meisten gebraucht hätte.

Wie dem auch sei, als meine Eltern im Jahre 1898 heirateten, wurde ihnen anfangs viel Schweres auferlegt. Ich will nicht sagen Schicksal, das ist ein böses Wort. Hört man „Schicksalsschläge", klingt es teilweise wie selbstverschuldet, daher will ich dieses Wort nicht verwenden. Die Landmenschen meiner Heimat gebrauchen es überhaupt nicht. Sie sagen lieber, „es hat halt so sein wollen" oder „unsereiner kann da nichts dagegen tun". Ganz selten wurde von Bestimmung gesprochen. Wird aber manchen Menschen mal zu viel aufgebürdet, so sagt man, der eine muß hier auf Erden alles büßen, der andere im Jenseits. Auch für andere zu leiden glaubten sie.

Nach der Hochzeit bezogen meine Eltern ihr erstes Domizil, wo sie ungefähr fünf Jahre unter schwerer Müh' und Plag' lebten und arbeiteten. Es war dies in Aigen Nr. 2 bei einem Bauern, ein kleines Häuschen, meist mit Zimmer, Küche, einer Kammer und einem kleinen Stall für eine Ziege und ein Schwein. So ein Häuschen war fast bei jedem Bauernhaus dabei, manchmal ganz in der Nähe oder weiter ab vom zugehörigen Hof. Man nannte diese Unterkunft für arme Leute „Stübl", daher ging auch der Spruch im Bauernmund um, sobald zwei Söhne da waren: „Wenn es mal zwei sind, ist es ein Üb'l, der eine kriegt's Haus, der andere das Stübl". Das bedeutete auch zugleich ein Absinken in den dienenden Stand. Man nannte diese Leute Söldnerleute, woraus man leicht das Wort „Sold" heraushören kann. Es bestand nach einem ungeschriebenen Gesetz die Verpflichtung, daß eines der Eheleute von Ostern bis Allerheiligen beim Bauern für die Wohnung arbeiten mußte. Dazu konnten sie einen Metzen (ca. 40 kg) Kartoffel auf des Bauern Acker ansetzen, etwas Kraut und Futterrüben, sowie etwas Gerste anbauen, um eben die Tiere zu füttern. Arbeitete eines der beiden Söldnerleute außer der Zeit wie etwa im Winter beim Dreschen, so wurde die Arbeit bezahlt. Nun kam es halt auf die Bauersleute an, ob sie gut oder geizig waren. Bei guten Leuten bekamen sie auch Sonntags ihr Essen, bei geizigen aber nicht. Die Bauersleute meiner Eltern waren wohl mitleidlos. Meine Eltern haben zu uns Kindern ja nie von den Schikanen gesprochen, die sie durchzustehen hatten. Als ich größer war, wir nicht mehr dort wohnten und meine Tanten öfter auf Besuch bei uns waren, habe ich doch manches aufgeschnappt. Jedenfalls kann ich mich an diesen Anfangsposten meiner Eltern nicht mehr erinnern. Die ersten beiden Jahre, solange noch keine Kinder da waren, mag es ihnen ja gut gegangen sein. Mein Vater ging im Sommer jedes Jahr ins „Schnitt".

Damals wurde noch alle Frucht mit der Hand gemäht und auch nachher mit der Hand und den Dreschflegeln ausgedroschen. Schnitter hatten die Bauern vom Marchfeld bis herauf nach Leopoldau und auf der anderen Seite der Donau bis hinunter nach Hainburg. Vater hat in Fischamend in ein- und demselben Haus 19 Jahre gearbeitet. Der Getreideschnitt begann hier meist schon im Juni, wo in der Buckligen Welt die Frucht noch grün war. Bis es in der Heimat so weit war, hatten sie hier die Arbeit beendet und ein schönes Stück Geld verdient. Vier Leute, zwei Männer und zwei Frauen bearbeiteten meist 40 Joch. Größere Bauern mit mehr Joch Grund hatten sechs bis acht Schnitter. War schönes Wetter, konnte man die Arbeit in 14 Tagen bewältigen, vorausgesetzt, die Frucht war nicht durch Hagelgewitter am Boden lagernd und nicht zu hoch, wo dann viele Garben gemacht werden mußten. Bei Regenwetter dauerte der Schnitt vier Wochen, dadurch wurde aber auch die Fruchtreife in der Heimat verzögert.

Nach dem Schnitt in Fischamend war Vater dann

einige Wochen zu Hause, um daheim bei den Bauern zu helfen, Frucht einzubringen. Dann fuhr er wieder zum Dreschen mit kurzer Unterbrechung zum Kartoffelausnehmen und den Weihnachtsfeiertagen. War der „Drusch" beendet, arbeitete Vater im Holzschlag. Auch viele tausend Schindeln hat er angefertigt. Zu jener Zeit ging man gerade von den Strohdächern zu den Schindeldächern über. Sie waren ebenfalls leicht brennbar und hatten nur eine längere Haltbarkeit. Stroh verfaulte schneller. Eternit kannte man erst später, ebenso Ziegel. Kaum jemand konnte sich das neue Material kaufen, auch kostete der Transport zu viel Geld. Darum blieb es noch lange Jahre bei dem Althergebrachten. Mit Stroh zu decken habe ich selbst noch gelernt in meinen jüngeren Jahren. Ich war schon zehn Jahre auf dem Bauernhof im Dienst, als der Schnee im Winter einmal ein Schuppendach eindrückte. Etwas Neugebautes durfte dann nicht mehr mit Stroh oder Schindeln eingedeckt werden.

Nach dieser Abschweifung wieder zurück in das armselige Bauernstübel, dessen Küche noch eine Rauchküche war mit gemauertem Herd, zu dem man von allen drei Seiten zutreten konnte. Da war ein offenes Feuer, über demselben hing frei auf Draht ein großer Kessel und man hatte stets heißes Wasser zur Verfügung. Das Feuer am Herd ging fast nie aus, die Glut wurde abends mit Asche zugedeckt und morgens wieder angefacht. So hatte man ganz schnell wieder ein lustiges Feuerlein brennen.

In Töpfen aus Ton oder Gußeisen kochte alles sehr schnell. Der Rauch zog hinauf zur Decke bis er einen Abzug im Kamin fand. Die Seitenwände waren weiß gekalkt, der Rauch machte ja nur oben alles schwarz. Der Fußboden war aus Lehm gestampft und im Winter sehr kalt. Ich habe zwar keine Erinnerung mehr an diesen ersten Küchenbereich meiner Mutter, doch auf meinem ersten Dienstplatz im Bauernhaus gab es auch noch solch eine Küche, die erst ein Jahr später umgebaut wurde. Da diese Küche sehr hoch war, baute man nur viel tiefer ein neues Gewölbe und verwendete den Zwischenraum zum Fleischselchen. Einen neuen Sparherd, der Fußboden schon betoniert, eine Neuheit, denn Beton gab es schon, im Winter aber auch sehr kalt.

In diesem Stübl wurde meinen Eltern nach mehr als zweijähriger Ehe, am 11. März, ihr erstes Kind geboren, mein Bruder. Viel Zeit blieb Mutter ja nicht, sich als Wöchnerin zu erholen. Krankenkasse und Wöchnerinnenschutz gab es noch lange nicht. Gar bald war das Osterfest da und Mutter mußte wieder im Bauernhaus arbeiten. Das Kind wurde in einem Buckelkorb verstaut und auf das Feld mitgenommen. Zu den Mahlzeiten bekam es zu trinken, die restliche Zeit sich selbst überlassen, ob es sich nun heiser schrie oder die Fliegen es zu Hunderten umschwärmten, darauf konnte keine Rücksicht genommen werden. Wie oft setzten plötzliche Regengüsse ein, das Kind wurde mitsamt seiner Bettwäsche einem unfreiwilligen Bade ausgesetzt. Nylon oder einen anderen sicheren Regenschutz gab es damals noch nicht. Das alles war bei meinem Bruder noch verhältnismäßig leicht, da er ja den Sommer über noch zu klein war, um sich schon aufzusetzen.

Bei Kindern, die so viel sich selbst überlassen sind, dauert es dann leider auch viel länger, bis sie alles erlernen. Nicht immer konnte Mutter den Korb mit dem Kinde im Schatten abstellen, die Felder waren groß, da hätte sie zu weit gehabt, schnell einmal hinzulaufen, dem Kind den „Zuzel“ zu geben, damit es wieder für lange befriedigt war. Der Zuzel war ein Leinenfleckerl, worin ein Zuckerstück eingebunden war. Schnuller kamen erst zehn Jahre später in den Handel.

Wenn der Korb mit dem Kinde im sonnigen Acker abgestellt werden mußte, steckte Mutter rund um den Korb Laubäste, das gab einen Schatten und wenn das

Kind mit seinen Händchen herumschlug, verscheuchte es auch die Fliegen. Im Sommer, bei Schönwetter, sind die Kleinen ja ganz wenig bekleidet, und sie spielen mit ihren Händen und Füßen, nehmen die Zehen in den Mund.

Im Herbst, als mein Bruder herumzukrabbeln anfing, waren die Felder bereits abgeerntet und es gab mehr Arbeit im Haus, wo es für die Mutter leichter war, das Kind bei sich zu haben. Zur Zeit der Kartoffelernte, wo es meist schon viel zu kalt war, das Kind mit hinaus zu nehmen, war ja Vater zu Haus, wie oben erwähnt.

Soweit ging alles gut, der Stammhalter lernte im Winter laufen, konnte im nächsten Sommer entweder auf dem Bauérnhof spielen oder hinter der Mutter herhumpeln und sich auf dem Felde beschäftigen. Ein Kind braucht nicht viel, ein paar Holzklötzchen oder weiße Kieselsteine, zumal wenn es gewöhnt ist, sich selbst die Zeit zu vertreiben. Mein Bruder war immer ein sehr braves Kind und machte meinen Eltern keinen Kummer. Anders war es, als eindreiviertel Jahre später meine Wenigkeit auf die Welt kam. Vielleicht wurde ich, da es Winter war, bis Ostern etwas verwöhnt, da sich Mutter mir mehr widmen konnte. Als ich jedenfalls dann aufs Feld mitgenommen werden mußte, war mir das unbequem und mein Bruder kam x-mal zur Mutter gelaufen um ihr mitzuteilen: „Muatta, Muatta 's Kind rehrt". Wie mir meine Mutter erzählte, war ich von Geburt an ein lebhaftes Kind, schlief wenig und war in der Entwicklung in allem früher dran als mein Bruder. So kollerte ich bald mit dem Korb die steilen abschüssigen Felder hinab.

In der Heuzeit ging das alles noch, denn wenn man ins Heu fällt, tut man sich ja nicht weh. Die Erntezeit war dann schon bitterer. Man weiß ja, wie Kinder in ihren Wagen aufstehen, sich anhalten und daran rütteln. Da ist der Wagen aber sicher abgestellt und das Kind angebunden. Wie konnte man das aber auf einem steilen Feld mit einem Buckelkorb tun. So purzelte ich mit dem Korb, der noch weiter rollte als ich, das steile Feld hinab und blieb von den Stoppeln ganz zerstochen liegen. Mutter sah es nicht immer, wenn sie gerade um eine Biegung arbeitete, oder hörte nicht auf das Geschrei, da es in den kommenden Minuten doch wieder dasselbe gewesen wäre. Sie konnte ja auch nicht immer von der Arbeit weglaufen, da ja die nächsten Schnitter nicht weiterarbeiten konnten, würde sie die Mahd aufgehoben haben. Kam sie aber, so hob sie mich vom Boden auf, um mich wieder in den Korb zu setzen und mir den Zuzel zu geben, den ich doch beim Herumkrabbeln bald wieder verlor. – Wie weh tat ihr dabei das Herz! – Sie weinte bei ihrer Arbeit wie ich in meinem Korb, denn die Wunden von den stacheligen Stoppeln taten sehr weh.

Die Erntezeit ging vorbei. Alle Wunden heilten wieder. Die kalte Jahreszeit kam heran und auch diese hatte ihre Tücken. Man kann ein größeres Kind, welches bald zu laufen beginnt und am Boden herumkriecht, nicht mehr so einpacken, daß die kleinen Händchen nicht halb erfroren wären. Doch ich habe auch dies alles ganz unbewußt überstanden. Das nächste Jahr war es dann auch mit mir schon leichter.

Ich kann es meiner Mutter umsomehr nachfühlen, wie schwer sie es hatte, da ich dies alles später mit meinen eigenen Kindern erlebte. Nun ist es aber nicht so, daß nur die Söldnerin ihre Kinder auf das Feld mitnehmen mußte, nein auch die Bäuerin mußte dies tun, wenn nicht eine alte Mutter im Hause war, die Küche und Kinder betreute. Manchmal war es auch eine alte Magd, die die Feldarbeit nicht mehr leisten konnte und am Hof das Gnadenbrot bekam. Ja die alten Mägde, es konnte auch ein alter Knecht sein, waren oft ein großer Segen im Bauernhaus. Die Kinder hingen meist mit größerer Liebe an den Alten, als an den eigenen Eltern. Wann hätten diese auch Zeit gehabt, ihre Kinder zu belehren. Die Liebe der Kinder kann jeder erwerben, sofern er nur imstande ist, selbst welche zu geben, und das zur Frau oder zum Mann herangewachsene Kind kann später einmal im Leben nur soviel Liebe weitergeben, wie es in der Jugend empfangen hat.

Ja diese guten Alten! Für uns Kinder waren sie nicht alt, denn was weiß ein Kind schon von jung und alt. Die Furchen und vielen Fältchen im Gesicht störten nicht ein bißchen. Sie hatten ein langes und mühevolles Leben hinter sich. Gutes, Böses und Originelles konnten sie erzählen. Es blieb ihnen dazu manche Stunde Zeit, und wir Kinder lagerten uns zu ihren Füßen, um mit Augen und Ohren zu lauschen, damit uns nur ja nichts entging. Wie würden sonst alte Sagen und Geschichten der Nachwelt überliefert werden und im Volke weiterleben, wenn es nicht jemand gäbe, der dies besorgt. So erlebten wir als Kinder, auch ohne je ein Spielzeug zu besitzen, Gruseliges und Schönes durch Erzählen, was uns ungeheure Freude bereitete.

Nun aber zu den weiteren Erlebnissen: Der Umzug von meinem Geburtshaus ist mir nicht mehr bewußt. Den genauen Zeitpunkt weiß ich nicht, war es Sommer oder Winter? Sicher war ich noch unter drei Jahren, und man erinnert sich erst zirka ab vier Jahren an bewußt Erlebtes. Mein Geburtshaus habe ich auch später nie betreten, nur von weitem gesehen von einer Höhe zur anderen. Beim ersten Schulweg zeigte meine Mutter hinüber und sagte: „Da drüben bist du zur Welt gekommen“.

An den zweiten Wohnort, der auch ungefähr fünf Jahre unser Heim war, kann ich mich schon erinnern. Gutes, Böses und Schönes. Sorgen kennt ein Kind ja noch keine. Das Häuschen war auf halbem Weg zwischen Kirchschlag und Gehring, bei Aigen Nr. 52. Doch mußten wir in der zuständigen Gemeinde die Schule besuchen. Vor dem Haus war ein kleiner Nutzgarten mit einigen Kirschen-, Äpfel- und Zwetschkenbäumen. Von diesen habe ich ein Andenken bis an mein Lebensende, und das kam so:

Die Buben kraxelten hinauf, ich konnte doch nicht hintanstehen, also ebenfalls hinauf und prompt purzelte ich herunter. Dabei habe ich mir das Nasenbein gebrochen, jedoch zu niemandem etwas davon gesagt. Hätte es ja doch eine tüchtige Strafe gesetzt, und zu dem einen Schmerz wären noch die Striemen mit der Rute hinten dazugekommen, also doppelter Schmerz. Bestimmt wäre es eine Kleinigkeit für einen Arzt gewesen, dies zu richten, es wäre aber doch nie dazu gekommen, denn der Arzt, den man damals ja selbst bezahlen mußte, war teuer und wenn es nicht an's Leben ging, ließ man den Doktor nichts verdienen. Das wußte ich als Kind ja nicht, mir ging es nur um die Strafe und so laufe ich mein ganzen Leben lang mit gebrochenem Nasenbein herum. – Kinderfreuden – Kinderleiden. – Die Wohnstube war sehr schön und geräumig, die Küche war keine Rauchküche mehr, auch der Stall war größer als in der anderen Wohnung. Im Frühjahr wurden zwei Ferkel gekauft und bis Weihnachten gefüttert, eines davon verkauft, das andere für den eigenen Verbrauch verwendet. Zwei Ziegen standen im Stall und lieferten die Milch für die Kinder und außerdem vier Kitzlein jedes Jahr, die auch etwas einbrachten.

Wie Kinder nun einmal so sind, lief ich immer hinter meiner Mutter her, ob sie Holz zum Heizen hereinholte oder im Stall das Vieh versorgte.

Einmal lief ich ihr nicht nach. Sie hatte eben in der Küche Trank für die beiden Ziegen hergerichtet, die Kleie mit kochendem Wasser abgebrüht in einem Holzzuber mit hochstehender Daube, der mit einer Hand zu tragen war. Da ging's so schön warm auf, und ich setzte mich mit einem Fuß am Rand hin. Mutter fütterte schnell die Schweine in der Meinung, ich werde ihr wie immer nachlaufen. Sie sagte noch: „Paß auf, daß du nicht hineinfällst!"

Hätte sie nichts gesagt, wäre ich wohl nachgelaufen, so aber machte sie mich aufmerksam und ich rückte näher der Wärme zu. Plumps! Lag ich auch schon mit einem Fuß in der heißen Brühe!

Wieviele Grade an Verbrennungen ich dabei erlitt, kannte und wußte man nicht; Doktor wurde keiner zugezogen. Am ganzen Fuß bildete sich wildes Fleisch, alles war eitrig. Das war im Februar, den ganzen Sommer über mußte ich nur liegen, meist den ganzen Tag allein, da Mutter ja arbeiten mußte und mein Bruder mit den Nachbarkindern herumlief. Erst im Oktober war es dann so weit, daß ich aus dem Bett konnte und nun mußte ich zum zweitenmal das Gehen erlernen.

Was alles durch unfolgsame, eigenwillige Kinder geschehen kann! Sind sie zu verurteilen? Auf der einen Seite ja, denn sie haben zu folgen. Auf der anderen Seite nein, denn ein Kind in diesem Alter erkennt ja die Gefahr noch nicht. Daher trifft ja auch die Eltern die Schuld, wenn etwas passiert. Sie werden vor Gericht gestellt und zu all dem Leid noch streng bestraft.

Man muß sich vorstellen, welches Leid meine Mutter zu tragen hatte, mußte sie doch tagtäglich zur Feldarbeit außer Haus gehen und mich allein zu Hause liegen lassen. Nur mittags, wenn sich die anderen gemütlich zum Essen setzten, nahm sie ihr Essen und lief schnell nach Haus, um nach mir zu sehen. Denn im Bauernhof, wo in der Mittagszeit die Schweine gefüttert und die Kühe gemolken wurden, brauchte sie nicht mithelfen. So lag ich Frühjahr und Sommer, zwei volle Jahreszeiten, im Bett und war ganz betäubt vor Schmerzen. Es hätte mich auch kein Spielzeug interessiert, doch wir hatten ja ohnehin keines.

Nie in meinem Leben hatte ich eine Puppe, ja ich wußte auch lange nicht, wie eine solche überhaupt aussieht. Meine erste Begegnung mit einer Puppe hatte ich, als ich das vierte Jahr zur Schule ging. Eine Schulfreundin nahm mich in der Mittagszeit einmal zu sich mit nach Hause. Wir hatten ja den ganzen Tag Unterricht. Sie mußte noch warten, bis das Essen fertig war, da kam sie mit dem Puppenwagen angefahren und fing an, die Puppen zu frisieren. Ich kam aus dem Staunen nicht heraus. Diese Freundin war freilich eine Friseurtochter und das einzige Mädchen unter vier Brüdern. Ihr Vater machte die schönen Haare selbst, die Puppenteile bekam man zu kaufen. Obwohl dies alles für mich so völlig neu war, kam doch kein Funken Neid in mir auf, wußte ich doch genau, daß es so etwas für mich nie geben kann. Ich war zu jener Zeit auch schon gar nicht mehr zu Hause, da ich schon bei einem Bauern arbeiten mußte.

Nach dieser Abschweifung wieder zurück zu meinem Schmerzensbett, wo ich oft stundenlang leise weinte und schluchzte, weil so lange niemand kam, der mir den Topf gereicht hätte. Wie muß sich da meine liebe Mutter abgehärmt haben, die alles mitleiden mußte und nicht bei ihrem Kind sein konnte.

In der Schule mußten wir einmal ein Gedicht aus dem Lesebuch lernen: Die Vergeltung! Zum Propheten kam ein junger Mann und sprach: „Gott Gesandter, meine Mutter alt und schwach, sie lebt bei mir, ich geb ihr Essen und Gewand, hab ich ihr vergolten?“ „Nein, nicht vergolten, aber wohlgetan, mein Sohn, Gott gebe dir für's Kleine großen Lohn!“ –– Damals dachte ich mir als Schulmädel: „Ja, kann man denn noch mehr tun, wenn mit all dem nichts vergolten wird?“ Erst wenn man selber Kinder hat, so manche schwere Stunden, Kummer, Sorgen und unzählige Nachtwachen am Krankenbett der Kinder selbst erlebt hat, da erkennt man erst, daß man dies den Eltern nie vergelten konnte, beim besten Willen nicht.

Dies waren so meine allerersten Erinnerungen, leider keine erfreulichen, im zweiten Heim meiner Eltern.

Freude war aber trotzdem in meinem Herzen, als

ich die zweiten „ersten“ Schritte an Hand meiner Eltern machte und dann schon allein herumtappen konnte. Zu Allerheiligen konnte ich schon bis zu den näheren Bauernhäusern gehen und als St. Nikolaus das erste Mal zu uns kam, gings schon flott wie ehedem.

Ja, der Heilige Bischof Nikolaus! Wie kam ich zu dem Wissen, daß es einen solchen gibt? Den Eltern blieb wenig Zeit, uns mit allem bekannt zu machen, was so in den bestimmten Jahreszeiten gebräuchlich war. Von irgend jemandem wurde doch alles an uns Kinder herangetragen. Da gab's in dem Bauernhaus, zu dem unser „Stübl“ gehörte, einen ledigen Bruder des Hofbesitzers. Solche Ledige, beiderlei Geschlechtes, gab es wohl in jedem Bauernhof. Sei es, daß sie die Natur nicht mit allen Reizen ausgestattet hatte, um zu einem Ehekameraden zu kommen, oder sie sahen oder hörten nicht gut. Mein Schwiegervater hatte drei solcher Geschwister, die auf anderen Höfen ihr Leben lang Knecht- oder Magdarbeit verrichteten. Es konnten aber auch nicht alle dazu fähigen einen Hausstand gründen. Soviele Stübl gab es nicht und soviel gebaut wie heute wurde damals noch nicht. Wo hätten sie auch Arbeit gefunden um leben zu können. Da blieben sie eben wenn möglich im Heimathaus und waren meist die gute Seele des Hofes.

So auch Max, der Bruder unseres Bauern. Es war der beste Mensch, den man sich denken kann. Die Natur ließ ihn klein und dick wachsen, er hatte einen Wasserkopf, was ich als Kind nicht sah, doch begegnete er mir im späteren Leben nochmal, er war der beste Freund meines Mannes.

Als ich wegen der schweren Brandwunden nicht mehr liegen mußte, sondern schon sitzen konnte, packte mich Mutter wieder in den Buckelkorb und trug mich wie als Kleinkind mit zur Arbeit. Es kam schon der Herbst, ich saß auf einer Decke mitten im grünen Rasen unterm Apfelbaum. So mancher rotbackige

Apfel, den ich mit Freuden verzehrte, fiel mit in den Schoß.

Freude war es auch, nicht mehr in den vier Mauern den ganzen Tag allein zu sein. Mittags lief Mutter schnell nach Hause, um die Tiere zu füttern. Ich blieb zurück wo ich war, hatte aber sehr liebe Gesellschaft.

Es war die Zeit, in der die Äcker zur Wintersaat bestellt wurden. Die Ochsen wurden über Mittag um 11 Uhr ausgespannt, und der Hüterbub trieb sie zur Weide. Max hatte Zeit, wenn der Stall hergerichtet war, sich zu mir zu setzen. Die schönen Geschichten, Sagen und Märchen vergaß ich nie. Es waren noch drei kleine Mädchen vom Bauern da, die auch brav zuhörten und viel fragten, was ein Kind ja immer wieder tut. Unter all den vielen schönen Sachen erzählte er auch vom Nikolaus, der in sechs bis acht Wochen persönlich kommen sollte, die guten Kinder zu belohnen. Er schilderte alles so anschaulich, und wußte es so gut, wie's in der Bibel stand. Als wir dies dann in der Schule lernten, war es mir nichts Neues mehr. Zu mir würde er bestimmt kommen, wo ich doch so viel zu leiden hatte und alles mit Geduld ertragen hatte. Freilich müsse man gut und deutlich beten können, fügte er hinzu. Doch darin hatte es keine Not. Mutter lehrte uns, sobald wir sprechen konnten, das erste Gebet und die Hände falten. Ja, Mutter machte, das weiß Gott, das Kreuz auf Stirnen und auf das Brot.

Wir hatten also den Nikolo nicht zu fürchten.

Vom Krampus hörte ich erst viel später. Ich hatte wieder viel nachzudenken, aber auch etwas, worauf ich mich freuen konnte. Ist doch die Vorfreude viel schöner als das wirkliche Erlebnis.

Ehe es aber soweit war, mußte ich erst gehen lernen. Sicher weiß man schon wie's geht, aber die Kraft in den Beinen nach monatelangem Liegen ist nicht größer als mit einem Jahr.

Allerheiligen ist auf dem Lande für Kinder ein

Freudenfest gewesen. Gab es doch die Heiligenstriezel zu sammeln, davon aber später. Von den Paten gab es einen gut einen halben Meter langen geflochtenen Striezel, in der Mitte steckte je nach Reichtum des Paten ein mehr oder minder großes Geldstück. Das ganze Jahr über gab es nur Brot zu essen, nur das Weihbrot zu Ostern und der Heiligenstriezel waren weiß. Abermals ein Grund sich zu freuen, ich kann heute noch sagen, es schmeckte besser als die feinste Torte, die wir ja gar nicht kannten. Ein anderer Grund war, daß nun ab Allerheiligen unsere Mutter wieder zu Hause war, umso schneller erlernte ich das Gehen.

Die letzten Feldfrüchte waren eingebracht, Rüben, Kraut und die Kartoffeln. Es galt nur noch an schönen Tagen für den Winter im Walde die Streu für das Vieh zu rechen. Dann konnte der Winter kommen. Er kam auch. Vorerst aber schickte er seine fünf Buben. Dies ist wieder so eine schöne Geschichte, die wir von Max hörten. Als Erster kommt der *Huschatsmicherl*. Von ihm ging die Kälte aus. „Husch, es friert mich schon so sehr!“ Als Zweiter ist der *Handschuhmann* dran. Die braucht man unbedingt in der Kälte. Ihm folgt der *Ofenheizer* oder auch Hocker genannt. Dann der *Fenstergfrierer* und den Schluß bildet der *Schneemannbauer*. Der kam manchmal schon zu Leopoldi (15. Nov.), ein andermal ließ er lange auf sich warten. Der Bauernkalender sagte: „Andre (30. Nov.) bringt den Schnee, zu Nikolo ist er do“.

So war es auch an jenem mir erstmals in Erinnerung gebliebenen Nikolaustag. Die ganze Landschaft war in Weiß getaucht, Bäume, Sträucher, Acker und Wege trugen ein Hochzeitskleid.

Endlich war der sechste Dezember da. Mutter mahnte uns schon morgens, den ganzen Tag recht brav zu sein, damit St. Nikolaus am Abend ja nicht vorbeigeht. Ja, am Abend, warum mußte es erst Nacht werden, ehe er kommt? Niemand wußte es, mir ging das nicht ein. Der Tag ging vorbei, zum Glück wird es um diese Zeit ohnehin früh dunkel.

Auf einmal, man hatte grad nicht daran gedacht, gab es ein Poltern und Klopfen an der Haustür. Auf die berechtigte Frage, wer denn draußen sei, wurde die Tür geöffnet. Wir Kinder liefen schnell unter den Herrgottswinkel und knieten auf dem Schemel nieder, zittrig beteten wir ein Vaterunser und das Schutzengelgebet. Der Nikolo stand hinter uns und hörte, ohne etwas zu sagen, zu. Gar zu gern hätte ich mich umgedreht und ihn genau gesehen. Das durfte man aber nicht, denn das Gebet galt nur etwas, wenn man den Blick zum Kreuz hob. So konnte ich ihn leider nicht genau sehen und bei dem kurzen Blick, als er zur Tür hereinkam, ist mir ein ganz in Weiß gekleideter, großer, starker Mann mit einem langen Stab und einer hohen Bischofsmütze in Erinnerung geblieben.

Als wir mit unseren Gebeten fertig waren, langte er mit seiner langen Hand über uns Kinder zum Tisch hin und warf eine ganze Menge leckerer Sachen auf den Tisch. Nicht im Traum hätten wir solches erwartet. Vieles davon, wie etwa Schokolade, kannten wir ja gar nicht.

Mein Bruder war aber so erschrocken, als er die weißgekleidete Hand über seinem Kopf sah, da er glaubte mitgenommen zu werden. All die guten Sachen konnte er vor lauter Weinen gar nicht besichtigen, er weinte, bis er in den Schlaf fiel. Der Nikolaus ging schleunigst weiter zu anderen Kindern. Auch vom Fenster aus war er nicht mehr zu sehen, da alles weiß war wie er selbst. Ich habe mich nie gefürchtet, schon gar nicht vor dem Nikolaus, der uns doch so viele gute Sachen brachte.

Vor dem Schlafengehen mußte ich noch hinaus auf die Toilette, diese war hinten beim Ziegenstall angebracht. Mutter zündete die Laterne an und ging mit. Allein durfte ich nicht gehen, da durch die Laterne ja Feuergefahr bestand. Die Tür ging auf und da lag auf dem breiten Türstufen noch eine ganze Menge herrlicher Sachen. Mutter sagte: „Das hat bestimmt der Nikolaus verloren". Dieser war aber schon einige Stunden fort, inzwischen hatte es aber geschneit und wir mußten lange im Schnee alles heraussuchen. Eine ganze Schürze voll haben wir zu meiner großen Freude noch gefunden.

Mein Bruder konnte sich auch am nächsten Tag noch nicht richtig freuen, er war noch ganz benommen vor Angst. Nachts hatte er mehrmals verschreckt aufgeweint. Mir aber blieb dieses Erlebnis bis ins Alter unvergeßlich. Als ich später auch wußte, daß sich jemand als Nikolo verkleidet, konnte ich mir doch nie vorstellen wer es war, obwohl ich alle Leute im Umkreis kannte.

Die größten Wunder erlebt man eben nur in seiner Kindheit!

Wunder im Kinderland

Wie sollte man die alle beschreiben können! Gibt es sie doch tagtäglich und immer neue zu erleben. Darum bleibt auch in uns immer die Sehnsucht nach dem Kinderland, mag unsere Jugend auch hart und schwer gewesen sein. Die Kindheit ist in uns, um überwunden, nicht aber um zerstört zu werden. Was aus ihr geworden ist, ist ein Grundstein, der noch im Alter wirkt. Jeden Tag sieht man als Kind etwas zum erstenmal. Am Land ist es ja die Natur, die schon die Kinder in ihren Bann zieht. Die Landstraße war uns ja unbekannt, ich glaube, mit dieser machte ich erst Bekanntschaft, als mich meine Tante für ein Schuljahr mitnahm und wir mit einem, noch von Pferden gezogenen Postwagen fuhren. Das war aber für mich lange nicht so interessant, als in Haus, Hof, Feld und Wiese herumzulaufen. Da konnte man wirklich alle Tage andere Dinge erleben. Lief man mal so einen Feldweg entlang, kroch da auf einmal ein bunter, wolliger Wurm über den Weg. Nun, den mußte man doch verfolgen. Fragte man die Erwachsenen über diese Art von Tieren, ob sie uns etwas antun könnten oder wozu sie gut seien, nahmen sie kaum Notiz davon. Inzwischen kam ein wunderschöner Schmetterling, dem mußte man doch auch nachsehen, bis er entschwunden war.

So kam es natürlich des öfteren vor, daß man lange nicht zurückkam oder überhaupt vergaß, daß man mit einem Auftrag weggeschickt wurde, um irgend etwas zu holen.

Ein anderes Mal sah man einen mächtigen Hirschkäfer kriechen, das braucht Zeit, bis man den erforscht hatte mit seinen großen Zangen. Wir steckten kleine Hölzchen zwischen die Zangen, hüteten uns aber, mit den Fingern nahe zu kommen, da wir glaubten, er würde uns die Finger abzwicken. Die Hirschkäfer sind die größten der Käferarten, die Weibchen haben keine Zangen und sind etwas kleiner. Ging man der Sache nach, konnte man dies alles selbst herausfinden.

Die Grillen interessierten uns ebenfalls, doch war an sie nicht heranzukommen, obwohl sie in den Abendstunden zirpten.

In den Getreidefeldern konnte man die Wachteln beobachten, die sich da ihr Wohnzelt bauten. Die Wachteleltern flogen eifrig hin und her, um Futter für die Jungen zu beschaffen und wir schlichen auf Zehenspitzen hin. Es war ja streng verboten, ein Getreidefeld zu betreten. Standen doch Tafeln davor mit der Aufschrift: „Hier ist Korn, du Lepershorn, und willst du es genießen, so tritt's nicht mit den Füßen!" Lesen konnten wir das freilich erst Jahre später. Das Verbot aber kannten wir, doch siegte manchmal die Neugier.

Auf die Bäume zu den Vogelnestern zu steigen, war ja viel schwerer. Wenn sie aber mal auf dem Boden ihre Nester hatten, mußte man sie doch sehen. Wir taten ihnen ja nichts, nur ein wenig hingucken. Versteckte man sich im Getreidefeld und verhielt sich ruhig, konnte man das Vogelpaar gut beobachten. Die Jungen im Nest sperrten alle die Schnäbel auf, um die Würmer in Empfang zu nehmen und nicht alle kamen jedesmal dran und mußten warten, bis die Eltern wiederkamen, die aber genau wußten, welches Junge schon gefüttert worden ist.

Auch die Rebhühner brüteten im Getreide. Deren Junge waren aber viel schneller flügge. Bis man so ein Nest entdeckte, stoben die Jungen schon nach allen Richtungen davon. Oft waren es 14 bis 20 Stück und sie waren so schnell, daß man auch nicht ein einziges davon hätte erwischen können. Wenn die Frucht gemäht wurde, waren all die Jungen schon längst ausgeflogen.

Die Hausschwalben mußte man auch betrachten, wie sie den Jungen Futter brachten und ihnen dann das Fliegen beibrachten. Doch so nahe ins Nest sehen wie auf den Getreidefeldern konnte man ihnen nicht.

Über all dem Betrachten bekam man Hunger, schlich in die Küche, wo meist die Altbäuerin mit dem Zubereiten des Mittagessens allein zu Hause beschäftigt war. Diese hatte immer Verständnis dafür, daß die Kinder wachsen, dazu aber Nahrung brauchten. Konnte sie uns vom Mittagessen noch nichts abgeben, strich sie Butterbrote und stellte uns einen Topf gestockte Milch hin, die wir mit dem Löffel aßen. Wie gut schmeckte das! „Prost Mahlzeit!"

Sie fragte uns aber auch, wo wir uns herumgetrieben haben und ob wir beileibe nichts angestellt hatten. Das hatten wir ja nie. Schon ging es weiter, mit dem Brot in der Hand, von dem man herzhaft abbiß, um wieder Neues zu entdecken. Die Welt war voll Heiterkeit und Leben.

Das Leben ist angefüllt mit Liebe, wie ein Garten voll Blumen, wovon jede Jahreszeit besondere hat. Liebe gute Eltern und überall Freunde zu haben, und nur Gutes tun, was gibt es Schöneres in der sorglosen Kindheit. Sorgen kannten wir noch nicht.

So lief ich meist hinter meinem Bruder her. Er ging nicht immer in das Bauernhaus, wo Mutter arbeitete. Nur einige Schritte weiter hatten wir ein Nachbarbauernhaus, die einen Buben hatten, mit dem mein Bruder gerne herumstrolchte. Dort gab es immer und überall wieder Neues zu entdecken, man brauchte nur die Augen offen zu halten und in jeden Winkel hineinzusehen. Gerne hatten es die Buben ja nicht, so ein „Nichtserl" von einem Mädchen zum Anhängsel zu haben, waren sie doch auf ganz andere Abenteuer erpicht, wo sie allein sein wollten. Es half ihnen jedoch nichts, sie mußten mich hinterher laufen lassen und voll Bewunderung sah ich oft ihren Werken zu.

Bei diesem Bauern hatten sie das „Stübl" weiter weg vom Bauerhaus, es war aber unbewohnt und schien dem Verfall preisgegeben zu sein. Fast im Walde gebaut, war an einer Seite des Häuschens ein Graben, worin ein munteres helles Bächlein floß. Die Ufer beiderseits des Baches waren mit Gesträuch bewachsen, so konnte uns niemand entdecken. Da wurde gespielt, im Wasser gewatet, ja die Buben bauten sogar ein richtig laufendes Wasserrad. Welche Freude, wenn es sich lustig drehte. Wohl kannte ich die großen Wasserräder der Mühle, die das Korn mahlten, wovon es dann duftendes Brot für den Hunger gab, daß man aber so ein kleines Wunderwerk mit den eigenen Händen errichten kann, das mußte doch bestaunt und immer wieder angesehen werden, wie es arbeitete. Nur wenn ein Gewitter riesige Wassermassen dem Bächlein zutrieb, die vernichteten dann das schön angelegte Werk.
Als ich nahezu 60 Jahre alt war, sah ich im Gasteinertal ein schön gebasteltes Wasserrad von einem zwölfjährigen Buben, der seinen Namen und sein Alter dazu geschrieben hatte. Da dachte ich mit Sehnsucht an die längst vergangene Kindheit, wo ich solches das erste Mal sah.

Wir rannten auch im Wald herum, suchten Schwämme und dabei begegneten uns die seltensten Tierarten. Einmal blieb ich plötzlich stehen, ja was ist denn das? Ein Tier wie eine Schlange, aber wieder nicht. Ringelnattern kannte ich schon, doch von diesem Tier wußte ich nicht, ob es mir etwas zu Leide tut. Ein langes Tier mit ganz kurzen Beinen, die kaum zu sehen waren, schwarz am ganzen Körper mit grellen Flecken und einem langen Schwanz.

Mein Schrei rief die Buben herbei und diese sagten: „Du Dummerl, vor dem brauchst du dich doch nicht zu fürchten, das ist nur ein Salamander".

Wie wenige Stadtkinder wird es heute noch geben, die je in ihrem Leben einen lebenden Salamander zu sehen bekamen. Noch heute bedauere ich die Stadtkinder, wie wenig sie von ihrer Kindheit haben. Sie wissen nichts mit sich anzufangen. Es ist ihnen oft so fad, obwohl sie einen Kasten voll Spielsachen haben. Das kannten wir alle nicht. Diese Kinder in der Stadt können wohl in den Prater gehen, wir bauten uns eben in der Scheune eine Schaukel. Oben am Trambaum wurde eine Kette umgeschlagen und unten ein Brett angebracht und die schönste Schaukel war fertig.

Bald lockte wieder etwas anderes. Der hohe Hausstock, wo stets eine Leiter angelehnt war zum Futterholen nach Bedarf, da kletterten wir hinauf und sprangen tief, tief hinunter. Abends im Bett meinte man oft noch unendlich tief zu fallen. Wo man auch auffiel, war ja Stroh genug und man tat sich nicht weh. Dieses schöne Spiel wurde so lange wiederholt, bis man müde war.

Schon kam uns wieder eine neue Idee, interessant und von allen gut geheißen. „Geh'n wir verstecken spielen!" Dabei konnte man sich so wunderbar erholen von den Anstrengungen des letzten Spieles.

Wer hat dieses Spiel in einem Bauernhaus je schon gespielt? Wer kennt die unzähligen Winkel und geheimen Verstecke, in denen man nicht gefunden wurde, außer man hat sich selber verraten, wenn das Ruhigbleiben schon allzu lange dauerte. Versteckte man sich gar einmal in einem Heustadel, wo man ins Heu kroch, konnte es auch vorkommen, daß man einschlief und nicht gefunden wurde. Erst bis man uns zum Essen holte, auf welches wir oft vergessen hätten, durch all die schönen Spiele.

Dies alles in Haus und Hof, konnte man auch im Winter spielen, wo auch die Erwachsenen alle im Hause zu tun hatten. Bei Winterbeginn wurde zuerst die eingelagerte Frucht ausgedroschen, die oft schon halb von Mäusen und Ratten gefressen war. Wenn die Garben vom Stadel auf die Tenne herausgeworfen wurden, wimmelte es von all dem Getier und jeder mühte sich, möglichst viel davon zu erschlagen.

In meiner Erinnerung blieb nichts zurück, daß uns der Winter wegen Kälte und Schnee zu schaffen gemacht hätte und wir lieber in der warmen Stube gesessen wären. Die Mutter war wohl zu Hause, sie hatte zu nähen und stopfen was im Sommer liegen blieb, uns sah sie oft erst am Abend.

Dem Bauern, bei dem wir gerade spielten, machte es nichts aus, uns in Schüsselchen etwas aus der großen Schüssel herauszugeben, es blieb doch mehr übrig als wir essen konnten. Es reichte noch für den Hund, und die Schweine bekamen den Rest.

Ja, die Schweine! Wenn sie sich auch zehnmal im Schmutz wälzten, wie lieb anzusehen war aber so eine Muttersau mit ihren Jungen!

Als ich das erste Mal eine sah, wo zehn bis zwölf Ferkel ihre Nahrung aus der Mutter saugten, konnte ich das Wunder nicht genug bestaunen. Da konnte man auch gut zusehen, denn die Alte blieb ruhig liegen und alle schliefen nach ihrem Geschäft ein.

Anders eine Gluckhenne; die läßt einen nicht nahe an ihre Jungen heran, gleich ging sie auf einen los und glaubte, man nehme ihr eines weg. Doch wie lieb sind sie, wie wollig und seidenweich fühlen sie sich an. Vom ersten Tag an lernt ihnen die Mutter das Futter aufzupicken. Wenn sie später unter der Henne nicht mehr alle Platz finden, setzen sie sich auf ihren Rücken.

Eiernester aufstöbern war auch so eine Sache der Kinder. Am Hof hatte niemand Zeit zu suchen. Die Hühner verlegen ihre Eier aber gern an unauffindbaren Stellen. Nicht immer findet man sie.

Was tut solch eine Henne, die ihre Eier sicher genug versteckt hat? Wenn sie ein ganzes Gelege beisammen hat, fängt sie an zu brüten. Die Hühner werden nicht jeden Tag gezählt und es fällt niemandem auf, wenn eine nicht mit den anderen in den Stall geht.

Da war eine Henne, die hatte am Boden über dem Stall 22 Eier gelegt und alle ausgebrütet, kein Ei war schlecht. Die Jungen sahen alle ganz gleich aus, die Halskrause und das Schwanzende waren schwarz. Als sie aus den Eiern krochen, hörte man sie wohl piepsen, aber alles Suchen war umsonst. Der Stallboden war voll Stroh, darum fand man sie nicht. Doch die Henne wußte sich zu helfen.

Eines Tages wurde ein Haufen Stroh vom Knecht hinab geworfen, welches zum Füttern als Beigabe zum Heu bestimmt war. Bevor es aber weggeräumt wurde, warf die Henne alle ihre Kücken vom Boden auf das Stroh hinab. Solch ein Tier hat den kleinsten Kopf unter all den Haustieren und doch so viel Verstand, die Jungen auf das Stroh zu werfen, denn da passierte ihnen nichts. Dann kam sie mit ihrer ganzen Schar stolz angewatschelt, um Futter bettelnd. Muß man da nicht staunen?

Noch oft im späteren Leben konnte ich beobachten, wie klug so manche Tiere sind. Sei es ein Hund, der die Hühner jagt oder wildern geht, dabei aber ganz genau weiß, daß er solches nicht tun darf und dann immer reumütig mit eingezogenen Schwanz zurück kommt. Eine Katze, die das Fleisch stiehlt, anstatt sich eine Maus zu fangen, die Kuh, die außerhalb ihrer Weide Schaden anrichtet.

Die eigensinnigsten unter all den Haustieren sind die Hühner mit dem kleinsten Trotzkopf, die bringen es am leichtesten fertig, den Menschen ein Schnippchen zu schlagen.

Doch noch einmal zurück zur Hühnerfamilie, wo es eigentlich nur noch eines zu sagen gibt: „Und die Moral von der Geschicht: Diese Romanze gibt es heute nicht". Schade um die Henne, die einen Wurm fing und ihre Jungen mit einem meckernden Ton zur Mahlzeit lockte!

Heute gibt es die Maschine, die nicht 20, sondern Tausende von Eiern ausbrütet. Auch die Bauern holen heute die Kücken in der Kiste von der Brutanstalt nach Hause, nur zum Eierlegen braucht man noch die Henne, das hat noch niemand erfunden. Alles spielt sich am Fließband ab, das Eierlegen, und sogar sterben muß die Henne am Fließband.

Dies waren nun so die ersten Eindrücke, das heißt, einige aus der Kleinkinderzeit. Mit jedem Tag kommt neues auf uns zu und man lernt Gut und Böse unterscheiden. Ja, auch das muß gelernt und erprobt werden. Einen Fall will ich hier anführen.

Wir mußten mit Vaters Stiefel zum Schuster gehen, die neu besohlt werden sollten. Eigentlich sollte es mein Bruder tun. Da er aber nirgends allein hinging, wo er etwas reden sollte –, er hätte es vielleicht auf diese Art mit Stottern herausgebracht: „Guten Schuster, Herr Morgen, der Vater läßt doppeln, wenn sie ihm bis morgen seine Schuhe täten bitten, er braucht sie gestern schon", – so mußte ich mitgehen.

Der Schuster wohnte in Stang, einem weit entfernten Ort, da konnten wir Kinder gut einen halben Tag dazu brauchen. Schuster und Schneider arbeiteten zu der Zeit selten mal in ihrer Werkstatt, die waren meistens für mehrere Wochen auf der „Stör" bei einem Bauern, wo sie für alle Hausbewohner für ein Jahr neue Schuhe oder neue Kleider machten und die alten Sachen ausbesserten.
Doch das ist ja aus Roseggers Schriften bekannt. Wenn man nun erfuhr, daß sie diese Woche bei einem Bauern fertig wurden und erst nächste Woche wo neu begannen, konnte auch der Arme, der sich die Handwerker in der „Stör" nicht leisten konnte, dazwischen mit einer Arbeit kommen.

So wurden wir zum Schuster Lois geschickt und sollten uns beeilen, damit die Arbeit rechtzeitig dort wäre. Wir aber trödelten, das war schon nicht richtig, denn heimzu wäre es weniger eilig gewesen.

Unser Weg führte erst einmal durch das nächste Bauernhaus, wo uns der Haushund, da er uns vom Spielen her kannte, schon schweifwedelnd begrüßte. Im Hause rührte sich niemand, alle waren auf dem Feld.

Ein Stück des Weges führte über das Feld, dann ging es durch einen Wald bergab. Kaum in den Wald eingetreten, beobachteten wir ein kleines Eichhörnchen, das munter von Ast zu Ast und von Baum zu Baum hüpfte und possierlich spielte.

Weiter gings unten angekommen über einen Bach, der auch Großvaters Mühlräder trieb. Der verlockte wieder zum Spielen. Man konnte im Bach herumwaten, schöne Kieselsteine heraussuchen, große Steine hineinwerfen, wobei das Wasser so schön hoch aufplumpste.

Die Stiefel lagen so geduldig am Bachrand, bis wir sie wieder auf die Schulter nahmen und uns besannen, weiter zu gehen.

Vom Bach weg hatten wir ein großes Stück bergwärts zu wandern bis zum nächsten Bauernhaus. Die Zeit wurde uns aber nicht lang. Immer wieder flatterten bunte Schmetterlinge vorbei, denen man nachlaufen mußte, um sie zu erhaschen, was meist nicht gelang. Waren wir doch selbst solche Falter, die den Blumen nachliefen.

Entlang des Weges stand ein lebender Zaun mit Haselnußstauden, davon konnte man ungestraft naschen. Immer gab es etwas Zeitraubendes, so daß wir nur langsam weiterkamen. Endlich kam das Bauernhaus in Sicht, bei dem wir vorbei mußten. Vor dem Haus war ein riesengroßer Obst- und Gemüsegarten, in diesem blühten die herrlichsten Blumen, diese führten uns in Versuchung.

Ich kannte noch nicht die verschiedenen Sorten

von Blumen, erst als es in der Schule in Naturgeschichte gelehrt wurde, wußte ich dann, daß es Astern und Dahlien sowie Georginen waren, die da in herrlicher Schönheit im großen Garten blühten. Der Garten war mit einem Stockzaun und mit Sträuchern eingezaunt, um ungebetene Gäste abzuhalten. Die schönen Blumen sehen und sofort waren wir entschlossen, welche zu holen.

Es gab aber noch allerlei Überlegungen, die auch Kinder anstellen, wenn sie etwas Böses im Sinn haben. Wir mußten erst herausfinden, wer zu Hause war und uns erwischen konnte. Wo die Leute auf dem Feld arbeiteten, ob sie uns etwa sehen konnten. Wir mußten ein Loch ausfindig machen, wo man einen Stock wegreißen konnte um durchzukriechen, und wo es auch der lebende Zaun erlaubte. Ein Kind kommt ja leicht irgendwo durch.

Vorerst aber mußten wir weiter bis in die Ortschaft, um die Stiefel abzuliefern. Nur auf dem Rückweg konnten wir die Tat ausführen, denn wo hätten wir die Blumen hingegeben, wir konnten ja nicht gut damit durch das Dorf marschieren, jeder würde uns nach dem Woher und Wohin fragen. Also gings in Eile weiter.

Beim Schuster sahen wir oft lange zu, wie flink gearbeitet wurde. Mit der Ahle ein Loch in die Sohle und schon klopfte der Hammer den Holznagel hinein. Im Nu war die Sohle dem Überleder angepaßt.

Bei den Bauern konnte man ebenfalls zusehen, wenn der Schuster auf der Stör arbeitete. Heute jedoch hielten wir uns nicht lange auf, da wir ja doch noch auf Raub ausgehen wollten. Bald waren wir wieder bei dem großen Garten und machten uns ans Werk. Wir schafften es und niemand hätte uns erwischt, wären wir nur einigermaßen genügsam gewesen.

Einmal dabei, rissen wir ab, soviel nur die Hände halten konnten. Eine Altbäuerin mußte uns vom Fenster aus beobachtet haben. Hätten wir wenig genommen, würde sie kaum herausgekommen sein und wir wären auch fort gewesen, ehe sie uns verjagen kam. Aber die Gier im Menschen, der nie genug haben kann, ließ uns jede Vorsicht vergessen. Von weitem schrie sie schon und gab uns dadurch die Möglichkeit, auf schnellstem Wege zu verschwinden, unerkannt, wie wir glaubten.

Sie hatte uns aber schon auf dem Hinweg gesehen und wußte, daß wir die „Fratzen“ vom Schneeweiß-Seppl waren.

Über dem Berg waren wir schnell unten beim Bach, ohne daß uns jemand begegnete. Dann galt es wieder zu überlegen, was wir mit den Blumen machen sollten. Zu Hause würde man uns nicht glauben, sie geschenkt bekommen zu haben, dazu waren es zu viele. Großmutter konnten wir sie auch nicht geben, da sie uns ebensowenig geglaubt hätte. Außerdem war ihre Tochter in jenem Bauernhaus im Dienst, da käme der Diebstahl auf, wie wir glaubten. Daß wir erkannt waren, wußten wir noch nicht.

Nach langem Überlegen kamen wir zu dem Entschluß, am Bach einen kleinen Sumpf anzulegen, mit Steinen herum, wo wir die Blumen wie in eine Vase hineingaben. Am nächsten Tag wollten wir dann fragen, ob wir zur Großmutter gehen dürften, da wollten wir uns dann an den Blumen erfreuen.

Wir machten einen schönen Garten, setzten die Blumen ein, aber leider wuchsen sie nicht weiter.

Zur Großmutter gingen wir nicht, es hätte uns dort das Unheil erreichen können, wenn die Tante, Mutters Schwester inzwischen etwas von dem Diebstahl erzählt hätte.

Das Schicksal nahm aber trotzdem seinen Lauf. Binnen einer Woche kam der Diebstahl auf und unsere Eltern erfuhren davon. Sie jagten uns aber nicht mit Schimpf und Schande aus dem Haus, auch Schläge bekamen wir keine. Doch eine andere Strafe erwartete uns, die in der Jetztzeit ganz unbekannt ist. Daher führe ich diesen Fall an, um aufzuzeigen, wie man in meiner Kindheit böse Taten bestrafte.

Wir mußten eine Stunde lang „Scheitel-knien".

Wie ging das vor sich? – Wenn der Baum gefällt wurde und die Äste abgehackt waren, wurde der Stamm in Meterstücke durchgeschnitten und diese dann in dreikantige Stücke aufgespalten. Ein solches Scheit nahm man als Sündenbock. Mit zwei Kanten lag es am Boden und auf der dritten Kante mußten wir knien. Schaute gerade niemand auf uns, so konnte man sich mit dem Popo auf die Fersen setzen und so den Schmerz von der scharfen Kante etwas mildern. Hörte man aber, daß jemand kam, so mußte man sich schnell wieder auf die Kante knien, sonst wäre die Strafzeit verlängert worden.

Später mußte ich noch oft diese Strafe über mich ergehen lassen. Es ist nicht wahr, daß solche Strafen abschrecken. Ein Kind tut das Böse ganz unbewußt, nur mit dem bloßen Wunsch, etwas haben zu wollen.

Ich meine damit nicht, alles gut zu heißen, was das Kind will oder haben möchte, glaube aber, daß gutes Zureden und das Vermitteln der Erkenntnis, warum man dieses oder jenes nicht tun soll oder darf, weit mehr nützen würde als die härteste Strafe. Immer wird ein Kind fragen: Warum? Bekommt es auf seine Fragen keine Antwort, wird es leicht trotzig werden, was sich bei richtiger Aufklärung vermeiden ließe.

Eine andere Strafe, die allgemein üblich war, bestimmt aber nicht dazu beitrug, das Kind zu bessern, sondern nur verängstigte und einen Schaden für's ganze Leben anrichten konnte, war die, das Kind in den finsteren Keller zu sperren. Schreien hörte es doch niemand, wenn nur eine Familie im Hause wohnte.

Ich war ja nie ein furchtsames Kind, daher hat es mir auch nichts ausgemacht. Wenn der Vater in den

Keller nachsehen kam, ob wir schon mürbe waren und kniefällig um Verzeihung baten, habe ich mich nie gerührt und es erst nach vier- bis fünfmaligem Nachsehen getan. Ansonsten wäre ich vielleicht eingeschlafen, da hätten doch die Ratten kommen und mich beißen können.

Ich will hier keinesfalls Kritik an der Erziehung meiner Eltern üben, sie wollten bestimmt das beste für uns und hatten uns lieb, wenn sie es uns auch nie zeigten. Diese Strafen waren eben zu jener Zeit üblich.

Es war für mich das erste Mal, daß ich nach jenem Blumendiebstahl „Scheitel-knien" mußte, doch hatte dies eine arge Schockwirkung. Wenn es auch die folgenden Male nicht mehr so arg war, so nahm ich mir trotzdem vor, als ich älter war, solche Strafen bei meinen Kindern nie anzuwenden, sollte ich einmal welche haben und habe es auch im ganzen Leben nie getan.

Unsere liebe Mutter sagte immer, wenn wir Strafe verdienten: „Wartet nur bis der Vater heimkommt, ich werde ihm alle eure Sünden erzählen!"

Vater war ja meist viele Monate abwesend, doch fürchteten wir immer sein Heimkommen, wenn die Zeit näher rückte.

Mutter war ja krank, durfte sich nicht ärgern, und konnte uns manchmal nicht zügeln, wie sie sollte.

Man darf aber den Vater nicht zu einer Furchtperson für die Kinder machen. Wie glücklich sind die Kinder, die nicht wissen, ob sie den Vater oder die Mutter lieber haben sollen.

Ich lernte meinen Vater erst lieben und schätzen, als ich mit ihm ins Schnitt arbeiten ging. Von da an wußte ich erst, wie lieb und gut er war. Bei allen Leuten, wo er arbeitete, war er sehr beliebt, alle hatten ihn gern und kein Fleck war auf seiner Ehre. Bald 30 Jahre weilt er nicht mehr unter uns.

All diese Kindheitserlebnisse gehören der Vergangenheit an, doch prägen sie den inneren Menschen. Ich will versuchen, noch mehr davon aufzuzeichnen, die mir gut in Erinnerung sind.

Die Sonn- und Feiertage

Diese trauten Tage waren wohl die schönsten, die wir erlebten und es ist nur natürlich, daß sie bis ins Alter nicht verblaßten. Nicht daß uns etwa die Wochentage langweilig waren, aber der Sonntag war doch etwas Einmaliges und er war anders als der Wochentag. Gearbeitet wurde unter keiner Bedingung. Auch nicht in der Erntezeit, wenn es viele Regentage gab und der Sonntag gerade ein schöner Tag war. Das Gebot Gottes: „Du sollst den Sonn- und Feiertag heiligen" hatte im Gegensatz zur heutigen Zeit noch eine Gültigkeit. Daher waren auch unsere Eltern zu Hause und nicht in der Arbeit.

Ich hatte zwei Kleider für den Sommer und zwei warme für den Winter. Samstag abends wurde der Waschtrog vom Keller geholt und wir wurden gebadet, nachher gleich ins Bett gesteckt. Im Badewasser wurden die schmutzigen Kleider gewaschen und über Sonntag getrocknet. Sonntags konnte man in den schönen Kleidern prangen.

Schon das Gefühl, schön angezogen und sauber zu sein, machte den Sonntag zu einem außergewöhnlichen Tag. Dann gings zum Kirchgang.

Wir zappelten herum und konnten es kaum erwarten, bis auch die Eltern fertig waren. Man durfte sich ja auch nicht schmutzig machen, sonst mußte man daheimbleiben.

Der Weg in die Kirche dauerte zirka eine Stunde und zwei Stunden für Hin- und Rückweg machten die kleinen Kinderfüßchen ganz schön müde. Doch vor dem Heimweg konnte man ja in der Kirche eine Stunde sitzen, der Orgel lauschen; die Predigt war zwar etwas lang Dauerndes, da man es nicht verstand, doch man konnte die Gedanken vorausschicken zu den kommenden Genüssen. War die Messe aus, dauerte es schon sehr lange, bis alle Leute durch die weit geöffneten Tore draußen waren. Die Männer stellten sich im Kirchhof in großen Gruppen zusammen, besprachen lang und breit die Ereignisse in Haus und Hof. Oder es lief eine Kurrende in der Gemeinde herum, diese mußte unterschrieben werden, über das Gelesene wurde debattiert. Je nach Jahreszeit wurde über Saat und Ernte gesprochen, über das Vieh, wer etwas zu verkaufen hatte oder auf den nächsten Markt auftrieb.

Wieso ich das alles so gut weiß? Kinder durften sonst ja nie zuhören, wenn die Erwachsenen sprachen, immer mußten wir hinaus gehen. Geschah es manchmal nicht schnell genug und es wurde über Brenzliches gesprochen, so sagten sie zueinander: „Still, es sind Schindel am Dach, die brennen leicht!“.

Am Kirchhof, an der Hand des Vaters angeklammert, konnte man die Kinder doch nicht gut wohin schicken. Die Frauen gingen inzwischen einkaufen, hatten sich untereinander auch allerlei zu erzählen, ehe sie um ihre Wünsche gefragt und bedient wurden.

Ja, damals konnten sich noch alle am Sonntag mit Waren eindecken. Die Männer ebenso, wenn sie Tabak brauchten, Nägel oder auch Eisenzeug. Die Geschäfte führten ja auch alles, vom Schuhband bis zum Kleider- oder Anzugstoff, alle Lebensmittel, Lampenzylinder und Geschirr. Ja und auch Zuckerl leuchteten in großen Gläsern in allen Farben. Wir bekamen aber nie welche, darum mußten wir auch beim Vater bleiben, um bei der Mutter nicht zu betteln. An Schokolade kann ich mich in den Kinderjahren überhaupt nicht erinnern, je welche gesehen oder gegessen, ja das Wort nur je gehört zu haben. Da hätte man doch wissen wollen, was das eigentlich ist.

Wenn die Mutter vom Kaufmann zurückkam, den Vater im Kirchhof eifrig plaudernd vorfand, gesellte sie sich für eine kleine Weile zu ihnen, um zuzuhorchen, ehe man sich trennte und freundlich voneinander verabschiedete.

Danach ging es keineswegs schon heimzu, sondern ins Wirtshaus zu dem besten Imbiss, der mir aus der Kindheit in Erinnerung blieb. Alle kehrten in einem Gasthaus ein, ehe sie den Heimweg antraten.

Viele hatten einen weiten Weg, oft bis zu zwei Stunden und man konnte dem knurrenden Magen nicht zumuten, bis Mittag durchzuhalten, zumal es an Wochentagen auch die traditionelle Neunuhrjause gab, in der Stadt Gabelfrühstück genannt.

Im Ort gab es fünf bis sechs Gasthäuser, jeder hatte irgend ein Stammwirtshaus, wo man gut und freundlich bedient wurde. Sie mußten sich ja mit den Gästen gut stellen, kauften sie doch auch das Vieh von den Kunden.

Wenn man Platz genommen hatte, gab es noch das übliche Geplauder, die Kinder ausfragen, was sie tun und ob sie brav sind. Uns rann inzwischen schon das Wasser im Munde zusammen von all den guten Gerüchen, auch machte sich der Hunger deutlich bemerkbar.

Als endlich die dampfende Nudelsuppe vor uns auf dem Tisch stand, hätte man sie im Nu verschlungen gehabt, wäre sie nicht zu heiß gewesen, was uns zwang, langsam zu essen.

Rindsuppe gab es am heimatlichen Herd nur zu Ostern und Weihnachten, sonst wurde nie Rindfleisch gekauft. Die Bauern aßen meist auch das Fleisch in der Suppe. Es gab da allerlei Speisen für jede Geldbörse, vom Braten bis zum Gulasch und Beuschel.

All das lockte unseren Gaumen nicht. Das Beste

schienen uns die Frankfurter Würstel. Ich weiß nicht, was daran so Besonderes war, und doch war es für uns das Beste, das wir je gegessen hatten. Man konnte ganz kleine Stückchen abbeißen, um den Genuß recht lange hinauszuschieben. Viele Würstel und Wurstwaren habe ich in meinem Leben schon gegessen, doch nichts war je so gut wie jene Sonntagswürstel. Als auch die Gläser ausgetrunken waren, traten wir den Heimweg an. Wie gerne ging ich diesen Weg!

Wenn die Häuser der Ortschaft aufhörten, kam man in einen Hohlweg; den liebte ich noch in meinen Schuljahren sehr. Beiderseits des Weges waren steile Hänge mit Laubwald. Der Weg selbst war ebenfalls steil, sodaß ihn die Wassermassen eines Gewitters oft tief aushöhlten, dadurch wurde er immer tiefer und die beiderseitigen Hänge immer höher. Doch es war herrlich, diesen Weg zu gehen. Immer gab es das schönste Vogelkonzert, wenn man durchging, die Eichkätzchen hüpften von Baum zu Baum, man mußte stehen bleiben und ihnen nachsehen. Dann mußte man sich wieder beeilen um die Eltern einzuholen, die inzwischen weitergingen. Kam man oben aus dem Hohlweg heraus, breitete sich eine wunderbare Landschaft aus, und man konnte weit in das Tal schauen. Die Ortschaft freilich lernte man erst später kennen.

Schon kam man zu einem Marterl am Wege. Das mußte geschmückt werden. Blühten doch viele Steinnelken und andere Feldblumen am Wegrand. Wieder mußte man den Eltern nachlaufen und wurde allmählich müde. Noch mußten wir durch einen Wald und abermals bei einem Marterl vorbei. Ein Bauernhaus stand noch am Wege. Fast jedes Bauernhaus hatte ein Marterl dabei, wo die Familie ihre Andachten verrichtete.

Dann endlich kam unser Heimathaus in Sicht. Da war die Müdigkeit vorbei. Es wurde aber auch schon Mittag. Sonntags gab es zu Hause stets besseres Essen, wenn auch kein Fleisch, so doch gute Sachen, die man gerne aß und die es an Wochentagen nicht gab.

Am Nachmittag ruhten die Eltern aus von den Plagen der ganzen Woche, wenn schönes Wetter war, im Schatten eines Apfelbaumes. Wir Kinder spielten ums Haus herum. Anschließend machten wir noch einen Spaziergang durch die Felder, um zu sehen, wie die Früchte gedeihen und welche Arbeit als nächstes anfällt.

Was hatten wir doch für eine schöne Kindheit! Nie und nimmer zu vergleichen mit heute, wo die Gehwerkzeuge verkümmern, die Kinder gar mit dem Auto zur Schule geführt werden.

Auch im Winter unterschieden sich die Sonn- und Feuertage vom Sommer nicht. Hatten wir doch feste Stiefel, und die oft zwei Meter hohen Schneewächten trugen die kleine Last leicht.

In die Winterszeit fällt auch das schönste Fest des Jahres: Weihnachten. Von diesem Fest kann ich nicht sagen, daß ich mich an besonders Freudiges erinnern könnte. Die Praxis, wie sie heute allgemein üblich ist, zu schenken und beschenkt zu werden, gab es in meiner Kindheit nicht. Daher mag es kommen, daß ich mich schon mehr als 70-jährig bis heute nicht damit abfinden kann. All der ganze Weihnachtsrummel ist ja doch nichts anderes als Geschäftemacherei. Gar zu gerne möchte ich dem entfliehen, wenn die Zeit herankommt, in einem alten Bauernhaus Zuflucht suchen, wo die alten Gebräuche noch lebendig wären. Ob sie wohl noch zu finden wären?

Was mir am meisten Eindruck machte, war der Gang zur Krippe. In den Krippenandachten fand ich das ganze Weihnachtsfest verkörpert.

Das Kind in der Krippe, im Stalle beim Vieh, die Eltern dabei, die Hirten mit den Tieren, da war mir, als ob beim Gebet alles lebendig würde. Es war, als ob ich das alles selbst erleben könnte.

Die Krippe war aber auch so lebensecht gemacht, man konnte sich alles vorstellen als wäre es wirklich. Daher würde ich es auch nirgends mehr finden; würde ich noch solange gehen und suchen, da ja dies alles mit der Kindheit dahinschwand, man auch den Kinderglauben ablegte, die Realität ihn besiegte. Ja, einmal noch ein kleiner Lausbub sein, schließt das alles ein.

Was es im Hause an Freuden gab: Am Abend mußten wir die Schuhe glänzend putzen und aufs Fenster stellen, worin man am Morgen Äpfel fand, schöne rotbackige (diese waren im Winter schon eine Rarität, da im Herbst alles Obst vermostet wurde und nur wenige für den Winter eingelagert wurden). Nüsse waren noch dabei und, wenn es hoch herging, noch einige Lebkuchen.

An Geschenke erinnere ich mich nicht. Nur an ein Weihnachtsfest denke ich noch, wo mein Bruder eine neue Schultasche bekam, um die ich ihn tief beneidete. Ich bekam dann, als ich sie brauchte, eine aus Hausleinen, auf Blaudruck eingefärbte, selbstgenähte. Da wir aber eine Stunde zur Schule hatten, bekamen die Schulsachen Eselsohren, bei Regen wurden sie naß. So machte mir Vater eine Tasche mit Lederriemen aus seinen alten Stiefelschaften, beiderseits mit Bretteln, wo das Leder angenagelt war.

Doch wieder zurück zum Weihnachtsfest. Einen Christbaum kannten wir noch nicht. Auch in anderen Häusern gab es keinen. Es gab gutes Essen, da wir Fleisch bekamen, ein Gugelhupf wurde gebacken.

Wie schon angeführt, Spielsachen gab es nicht. Was sollte also geschenkt werden.

Meinen ersten Christbaum bekam ich, als ich schon im Dienst war, 1911, als ich gerade zehn Jahre alt war. Den Baum holten wir selber vom Wald, wußten aber nichts damit anzufangen. Als am Heiligen Abend der Rosenkranz gebetet war, das Nachtmahl verzehrt, mußte ich wie immer das Geschirr abwaschen. In der Stube fand ich dann eine Schachtel mit Christbaumstücken vor, damit schmückte ich den Baum; es war mein erster und letzter.

Das Jahr darauf, als wieder Weihnachten war, wurde der Christbaum schon für den zehn Monate alten Thronfolger des Hauses geschmückt, dessen Kindermädchen ich war. Meine Kinder und Enkelkinder mögen mir verzeihen, wenn sie sich schon öfter anläßlich dieses Festes mit mir geärgert haben, da ich nie die richtige Freude aufbringen konnte. Es gab in meiner Kinder- und Jugendzeit keinen Grundstock, um diese Freude zu erlernen.

Anders war es mit dem Osterfest. Dies war nicht nur im häuslichen Kreis, sondern auch im kirchlichen viel erlebnisreicher. Wir hatten im Ort einen richtigen Kreuzweg, wo man alle 14 Stationen Jesu mit dem Kreuz begleiten konnte. Die 12. Station war die Kreuzwegkirche mit einem erschütternden großen Kreuz, wo Jesus seinen Tod erleidet, beidseitig der rechte und linke Schächer, überlebensgroß. Rechts davon die 13. Station, Jesus wird vom Kreuz herabgenommen. Dann ging man hinter der Kirche durch den oberhalb liegenden Berg zur 14. Station. Dort liegt Jesus in tiefster Ruhe im Grab.

Also schon die Vorosterzeit habe ich dort erfühlt, wie man sie mit allen Mysterien der Karwoche zutiefst erleben kann, wandelt man nur alle Stationen mit Andacht und Betrachtung mit.

In der Fastenzeit gab es jeden Sonntag die Prozession zur Begehung des Kreuzweges. Mit Kreuz und Fahnen voran die Ministranten und Priester, gleich anschließend die Kinder, dann erst Männer und Frauen. Dies machte natürlich mehr Eindruck, als wenn diese Feiern in der Kirche abgehalten werden. Es kamen auch von weither viele Prozessionen in der Fastenzeit und am Karfreitag kam eine nach der anderen, von vier Uhr früh bis zum Dunkelwerden rissen sie nicht ab. Am Gründonnerstag gab es noch auf allen Höfen und bei allen Familien die Fußwaschung.

An diesem Tag wurde auch der Buschen für das Osterfeuer vorbereitet. Es ist dies ein aus vielen gedroschenen Getreidegarben gebundener „Schab", so nannte man ihn. Zu dritt reichten die Arme nicht aus, ihn zu umfassen. Der wurde dann am höchsten Platz im Kornfeld aufgestellt. Nach der Auferstehung wurde er mit dem am Karsamstag vormittag geweihten Osterfeuer angezündet, vorher steckte man in die Mitte einen Palmbesen. Der letzte Böllerschuß war das Signal zum Anzünden der Osterfeuer. Wenn die Leute von der Auferstehung heimgingen, sahen sie weit und breit auf allen Höhen die Osterfeuer brennen. Wer nicht zur Auferstehung gehen konnte, es mußte ja auch das Vieh betreut und abgefüttert werden, ging mit zum Osterfeuerbrennen. Eines war schöner als das andere anzusehen.

Die Karwoche beginnt schon mit dem Palmsonntag. Die Buben und Mädchen trugen mit großer Ehrfurcht die Palmbesen in die Kirche. Zur Palmkätzchenweihe. Dieses Amt war in der Regel den Kindern vorbehalten. Wer keine hatte, nahm sich im Bekanntenkreise jemand auf, die dann reich entlohnt wurden.

Rätselhaft fragte man, welches der schrecklichste Tag im Jahr ist, nun der Palmsonntag, da gehen die Leute mit Besen zur Kirche. Am Lande ist das noch allgemein üblich. In Salzburg sind die Palmbesen mit bunten Bändern verziert.

Der Zeremonie der Weihe in der Kirche schließt sich auch ein Prozessionsumzug an, wo dann bei der Rückkehr in die Kirche der Pfarrer vom Regenschori ausgesperrt wird. Dazu sagt der Volksmund, der Pfarrer muß erst draußen vor der Kirchentür dem Lehrer drinnen ein Weihfleisch versprechen, dann erst macht er auf. Lateiner wird es wenig geben im Volk, so kann man ihnen leicht ein X für ein U vormachen. Im allgemeinen sind die Leute am Land viel witziger als die in der Stadt, für alles haben sie ihre Scherze. Diese sind nicht derb, aber treffen alles gut.

Bei den Bauern wurden drei Palmbesen zusammengebunden zur Weihe getragen. Von den beiden kleineren war einer für das Osterfeuer bestimmt, der andere bekam seinen Platz im Herrgottswinkel zum ganzjährigen Gebrauch. Ging im Sommer ein schweres Gewitter nieder, so wurden einige Zweige mit Weihwasser besprengt und im Herd verbrannt. Oder es hat eine Kuh schwer gekalbt, gab man ihr ins „Trank" einige geweihte Kätzchen, damit alles zu einem guten Ausgang kommt. Der dritte und größte der Besen gehörte zum „Getreidebeten".

Dies geschah am Ostersonntag, jedoch nicht auf jedem Hof zur gleichen Zeit. Die einen gingen zeitig früh, ehe sie das Vieh abfütterten. Die anderen erst nach dem Mittagessen. Es nahmen alle zum Hof gehörigen Leute, auch die im Stübl, teil. Die Mädchen, auch die älteren, soweit sie noch Jungfrauen waren, gingen alle im weißen Kleide mit. Da man von den Höhen weite Aussicht hatte, sah man auf vielen Feldern den rituellen Vorgang und konnte zählen, wie viele weißgekleidete andere haben. Manche hatten überhaupt keine. Bevor man auszog, wurden die Palmbesen aufgemacht und die Zweige an alle Teilnehmer verteilt. Die Großmagd trug den Eimer mit dem am Karsamstag geweihten Weihwasser.

Am Kornfeld angekommen, fing der Bauer den Rosenkranz zu beten an. Von Zeit zu Zeit steckte eine Person um die andere einen Zweig in die Erde, der mit Weihwasser besprengt wurde. Die Burschen feuerten ab und zu einen Böller ab. Dies ist in den Gebirgsgegenden zu allen festlichen Anlässen üblich, auch bei Hochzeiten.

War der Rosenkranz zu Ende gebetet und das ganze Feld mit Palmzweigen besteckt, überließ man es dem lieben Gott, den Acker vor Hagel und sonstigem Unheil zu bewahren und gute Ernte zu schenken.

Der Karsamstag war jener Tag mit der regsten Geschäftigkeit. Um sieben Uhr früh wurde schon am Kirchenplatz das Feuer geweiht und dieses wurde in jedes Haus getragen. Manche hatten oft zwei Stunden zu gehen, die trugen einen ganzen Sack mit Moder und Baumschwämmen bei sich, um das Feuer am Leben zu erhalten. Außerdem mußten sie das Feuer fleißig schwingen, damit es nicht ausging. So sah man auch auf allen Höhen die rauchenden Gestalten. Ging es aber doch einmal jemandem aus, holte man vom nächstliegenden Haus geweihtes Feuer.

Sobald man das heimgebrachte Feuer in das Herdfeuer schüttete, war alles geweihtes Feuer und man versuchte es möglichst lange zu erhalten. Bei diesem Feuer mußte auch das Fleisch und die Eier gekocht, das Brot gebacken werden, für die Weihe am Ostersonntag in der Kirche. Am Abend brauchte man es zum Osterfeuerbrennen, und das Sonntagessen sollte auch noch mit geweihtem Feuer gekocht werden. Das Weihwasser trugen andere nach Hause, die zur Grabandacht gingen. Das waren meist die älteren Leute, die kleinere Kinder mitnahmen, für die es zur Auferstehung zu spät werden würde.

Zur Grabandacht zu gehen, war auch etwas, das ein Kinderherz tief beeindruckte. Gründonnerstag, wenn die Glocken beim Gloria das letzte Mal läuteten, fing die Heilige Ruhe und Stille an. Zur Ölbergandacht durfte ich schon als Kind mitgehen. Da konnte man dann viel länger aufbleiben.

In der Kirche herrschte eine düstere Atmosphäre, die Altäre waren abgeräumt, das Allerheiligste wurde in einen Seitenaltar getragen, der Tabernakel war geöffnet. Die Ratschenbuben taten ihre Pflicht, wir mußten ihnen natürlich immer nachlaufen. Blieben sie stehen und sagten ihre Verse auf, verstand ich sie erst viel später, denn der Text ging im Lärm der Kinder unter. Er lautete so: „Wir ratschen, wir ratschen den englischen Gruß, den jeder katholische Christ beten muß. Fall't nieder, fall't nieder auf eure Knie, betet drei Vaterunser und drei Ave Marie". Als wir größer wurden, und mein Bruder dann unter den Ratschenbuben war, ging ich vom Anfang bis zum Ende mit ihnen.

Am Karsamstag beim Gloria kamen die Glocken wieder aus Rom zurück. Das Ratschen war zu Ende, die Buben gingen ihren Tribut kassieren. Jeder gab gerne etwas, obwohl sie in drei Gruppen ratschen gingen, also viele waren, gab es doch sehr viele Spenden. Am späten Nachmittag waren sie mit dem Einsammeln fertig, hernach wurden die Gaben gerecht durch den Mesner verteilt, da hatte keiner Angst, daß er zu kurz kam. Das meiste machte das Geld aus, dann die Eier, gefärbte und rohe, sodaß auf einen Buben oft bis zu 25 Stück kamen. Es gab noch Äpfel, Nüsse, Fleisch, Weißbrot, Strudel und manch anderes.

Nun wieder zum anderen Karwochen-Geschehen zurück. Der Karfreitag war ausschließlich der Todestag des Heilandes. Es wurde nicht gearbeitet, sondern darauf geachtet, daß alle Hausbewohner mindestens einmal täglich in die Kirche und zum Kreuzweg gehen konnten. Von den umliegenden Gemeinden, die zur Pfarre gehörten, kamen sie in Prozessionen zum Kreuzweg, in bestimmte Tageszeiten eingeteilt. Der Andrang wäre sonst zu groß gewesen, da doch so viele Fremde kamen. Für die Gasthäuser war es der Tag des größten Verdienstes, aber auch der meisten Arbeit. Zu den vormittäglichen Zeremonien gingen meist Hausfrauen und Mütter, auf denen die ganze Last der Zubereitung der Osterspeisen lag. Wenn auch der Karfreitag ein strenger Fasttag war, es zumeist bis Mittag nichts gab, als Hauptmahlzeit dann auch oft nur ein Grießkoch: für mich war es eine Lieblingsspeise und ist es bis heute geblieben.

Ich ging, vielmehr trippelte, an der Hand der Großmutter mit zur Kirche, wozu wir fast den ganzen Nachmittag brauchten. Erst kam der Kreuzweg an die Reihe, der vielen Leute wegen kam man da auch nicht schnell weiter, anschließend machte man gleich einen Friedhofsbesuch. Der Friedhof schloß sich gleich am Kreuzweg an.

In der Kirche angekommen, war alles anders als sonst. Keine Blume sah man, alles war offen. Erst gingen wir ganz nach vorne, wo vor den Stufen zum Presbyterium ein schwarzes Samttuch aufgebreitet lag. Darauf lag ein großes Kruzifix, das sonst an einer Seitenwand der Kirche hing. Dort knieten alle Leute nieder und beteten lange, wie mir schien endlos. Anschließend rutschten sie rund um das Kreuz auf den Knien, um alle Wunden der Christusfigur zu küssen. Sie taten es mit Selbstverständlichkeit und religiöser Hingabe und Andacht. Hernach legten sie alle eine Spende auf den bereitgestellten Teller.

Nun gingen wir zur Grabandacht. Das heilige Grab war in der ungarischen Kirche aufgestellt und füllte die ganze Rückwand aus. Das ganze Jahr über war dort ein wandgroßes Gemälde davor gestellt und man vermutete dahinter nichts. In den Kartagen war davor ein schwerer roter Samtvorhang, Freitag, Samstag weit offen, am Gründonnerstag und Ostern zugezogen. Es war der dunkelste Ort der ganzen Kirche, aber wunderbar erhellt durch mehrere Reihen in allen Farben leuchtender Kugeln. Wahrscheinlich stellte man Öllichter hinein.

Damals aber konnte ich es mir nicht erklären, wie es solche Wunder geben kann. Viele heilige Gräber habe ich in meinem Leben noch gesehen, nie aber ein schöneres, dies ist mir von allen am meisten in Erinnerung geblieben.

Die Grabnische war höher oben, wo der Korpus Christi lag. Als Kleinkind mußte man hochgehoben werden, denn man wollte ja alles genau sehen, glaubte man doch, es wäre alles reine Wirklichkeit.

Aus diesem Halbdunkel leuchteten bei der Anbetung die weißen Rüschenhauben der Nonnen. Matt glänzten die Rüstungen der an den Seiten stehenden lebensgroßen Figuren der römischen Soldaten, die ebenso zur Grabwache aufgestellt waren, wie die Pfadfinder, die fast im Dunkel waren. Zu beiden Seiten knieten lebensgroße Engel mit betenden Händen. Und alle versuchten ebenso still und regungslos zu stehen wie ihre leblosen römischen Wachtposten.

Als wir in späteren Jahren von der Schule aus zur Grabwache eingeteilt wurden, versuchten wir es ebenso, denn noch immer imponierten mir die grausamen Soldaten, die daran Schuld trugen, daß Jesus da im Grabe lag und sie ihn noch bewachten, damit er nicht gestohlen wurde. So verging der Karfreitag mit reichem inneren Erleben.

Am Karsamstag zu den Weihen von Feuer, Taufwasser und Osterkerze konnte ich erst teilnehmen, als ich schon zur Schule ging, die waren sehr früh, aber zum Hochamt wurde ich mitgenommen. Wußte man an den anderen Tagen nicht, was interessanter war, die Ratschenbuben oder die anderen Zeremonien, so gab es am Samstag wieder andere Erlebnisse.

Wie war es doch schön, wenn beim Gloria die Orgel und die Glocken vom Turm und die der Ministranten einstimmten in einen jubelnden Lobgesang Gottes, daß es in der Kirche widerhallte. Ein unvergeßlicher Augenblick!

Die Auferstehung am Abend war nochmals ein tiefes Erlebnis und die Leute kamen wie zu einem Schauspiel von nah und fern herbei. Dazu durfte das weiße Kleid zum erstenmal im Jahr angezogen werden und ich mit den weißen Mädchen mitmarschieren. Andere weinten, wenn sie der Mutter Hand loslassen sollten und zu den Mädchen gestellt wurden, ich war stolz darauf. Es war das einzige, was mich versöhnte, kein Bub zu sein, denn ein solcher wollte ich immer sein, solange ich mich zurückerinnern kann. Ein Junge konnte nicht mit den weißen Mädchen gehen, dafür konnte er aber Ministrant sein, was ich auch gerne getan hätte.

Die lateinischen Gebete lernte ich alle mit meinem Bruder auswendig. Unter Böllerschüssen, vor denen auch viele Kinder Angst hatten, ging die Prozession dem Ende zu, und das Schluß-Alleluja hallte durch die Kirche.

Heimzu war es bereits dunkel und hätte man nicht soviel zu schauen gehabt – die Osterfeuer leuchteten von allen Höhen, das eine ging aus, ein neues strahlte sein Licht aus – so hätte man die Müdigkeit noch mehr gespürt, die armen kleinen Füße wollten den Körper fast nicht mehr nach Hause tragen.

Das meiste von den Ereignissen war somit vorbei. Der Ostersonntag, wo bei der Frühmesse die Speisen (Brot, Fleisch und Eier) geweiht wurden, gehörte meist den weltlichen Genüssen. Mittagessen bestand an diesem Tag aus vielen Gängen, wo mehr übrig blieb als verzehrt wurde. Als ich schon auf meinem Dienstplatz war, bekam jedes der Hausinsassen auf einem Teller noch extra von all den Köstlichkeiten: Weihfleisch, Weißbrot, gefärbte Eier, Gugelhupf und Kuchen, daß man eine Woche lang auskommen konnte.

Am Ostersonntag nachmittag kamen die Taufpaten, und brachten den Täuflingen die Ostereier und riesengroße Kipfel, worin je nach Reichtum des Paten ein Gold- oder Silberstück steckte. Einen Osterhasen kannte man am Land nicht, von den Eltern gab es nichts.

Diese Bräuche lernte ich erst in Wien kennen. Meine Kinder kannten schon den Osterhasen und haben schon im Kindergarten, bei Bäumen und Sträuchern Nester gesucht, wer mehr fand, mußte sie an ein anderes Kind abtreten. Meine älteren Kinder bekamen von ihren Paten noch die Kipfel und Eier zugeschickt, als wir schon in Wien wohnten. Schön waren die Sitten auf dem Land, daher auch nie zu vergleichen mit der Stadt.

Ostern war vorbei und auch für uns Kinder begann wieder eine andere Zeit. Mit der trauten Häuslichkeit war es vorbei und man mußte bis zum nächsten Winter warten. Mutter mußte wieder beim Bauern arbeiten und Vater zog fort in einen Wald, wo er zum Schindelmachen aufgenommen wurde.

Für uns Kinder begann damit wieder ein lustiges Herumstreunen, den ganzen Tag in Gottes freier Natur. An Feiertagen kamen noch die Pfingsten, das liebliche Fest.

Auf dem Lande wurde dieses Fest allgemein mit dem traditionellen Pfingstschnalzen eingeleitet. Die Bauernburschen wachsten ihre Peitschen, und wer dies am besten konnte, bei dem knallte es am lautesten. In den Ortschaften stellten sich die Burschen am Hauptplatz auf, aber auch in den entlegenen Bauernhäusern wurde der alte Brauch gepflegt. Es sollte dies die Einleitung zum Tanzfest sein, welches am Pfingstmontag veranstaltet wurde. An vielen Orten war Kirtag und wo keiner war, gingen eben die Burschen mit ihren Mädchen in einen anderen Ort, wo ein Tanzfest war.

Vom Pfingstsonntag wäre noch zu sagen, wie man die Herabkunft des Heiligen Geistes feierte.

Schon in der Bibel war zu lesen, daß der Heilige Geist in Gestalt einer Taube herabkommt. Um dies symbolisch zu gestalten, hielt man oben am Kirchenschiffboden unter einem großen Sieb eine Taube bereit. Stimmte dann der Pfarrer auf der Kanzel den Choral an, sangen alle kräftig mit: „Komm Heiliger Geist, oh Dritte Person, in einer Natur mit Vater und Sohn“. Da ließ dann der Mesner durch das Loch oben, welches man auch das Himmelsloch nannte, die Taube herabflattern.

Da geschah es einmal in einem Dorfe, daß der Mesner beim Loch herabschrie: „Singt's nit, er kimmt nit, die Katz' hat ihn g'fressen!" Damit meinte er den Heiligen Geist.

Radio und Fernsehen bringen heute oft so alte Volksbräuche, manchmal nicht ganz richtig, doch es gibt sie eben überall in einer anderen Form.

Nach den Pfingstfeiertagen gab es nur noch einen Sonntag, der so heilig war, daß man außer der Viehpflege nichts tun durfte.

Dies war der Dreifaltigkeitssonntag. Nicht einmal einen Knopf durfte man annähen, das mußte auf den kommenden Tag verschoben werden. Feierte man zu den anderen Festtagen jeweils nur eine göttliche Person, so waren es an diesem Sonntag alle drei zugleich.

Daher ist es verständlich, daß dieser Sonntag der heiligste war.

Nach diesem Sonntag kam dann drei Tage später schon Fronleichnam, der Kinder liebstes Fest. Dieses Fest wurde nicht überall am selben Tag gefeiert, sondern auf die darauffolgenden Sonntage aufgeteilt. Da halfen dann auch die Geistlichen in anderen Pfarren aus.

Was gab es da an gläubigem Volk, wenn es auch oft Aberglaube war. Zu Hause, um das Vieh zu besorgen, blieb oft nur ein alter Knecht, der die Prozession dann an einem der nächsten Sonntage mitfeiern konnte. Jedes kleine Kind wurde mitgenommen. Der Volks (aber)glaube besagte, daß man jedes Kind, ehe es ein Jahr alt wird, beim Umgang mittragen muß. Fiel dann ein Kind einmal ins Wasser oder erlitt sonst einen Unfall, lebte es noch solange als die Fronleichnamprozession dauerte, wo noch Hilfe erreicht werden konnte. Verunglückte aber ein Kind sofort tödlich, so wurde die Schuld der Mutter zugeschoben, weil sie das Kind nicht zum Umgang mittrug.

Viele Wochen vorher freuten wir Kinder uns schon auf den Umgang. Immer wieder wurde gefragt, wie viele Tage es noch dauert, bis die Haare zu Locken gewickelt wurden. Die Wickler trug man zwei bis drei Tage, und um recht schön zu sein, ertrug man auch nachts das Drücken der Wickler. Dazu kam noch die große Sorge, ob auch schönes Wetter sein wird. Regnete es, wurde die Feier in der Kirche abgehalten, und das weiße Kleid durfte nicht angezogen werden. Manchesmal ging man dann eben in einen anderen Ort zur Prozession. Aber dort war es lange nicht so schön, ja sogar die Böllerschüsse vom Schloßberg in Kirchschlag nahmen sich ganz anders aus, als wenn im Freien geschossen wurde. Obgleich sich viele Kinder wegen des Schießens ängstigten, ganz sicher alle zusammenzuckten beim Knall, hätte man sich Festefeiern doch nicht ohne Böllerschüsse vorstellen können.

Von den Veteranen ging eine große Abordnung mit, die schossen ebenfalls, jedoch mit Gewehren. Diese hatten ihre Aufstellung bei den Altären und statt dem Klingelzeichen zum Niederknien, schossen sie. Da konnte einen schon das Gruseln übermannen.

Was wurde da nicht alles in der Prozession mitgetragen. Polster mit vielen Bändern, die alle die weißen Mädchen trugen. Marien- und Herz-Jesustatuen, wo weiße Mädchen große Blumenkörbchen nebenher trugen, zu Ehren der Heiligen. Unter den Bevorzugten dieses Amtes war ich freilich nie. Es wurde uns gesagt, wir wären arm, trugen nicht so schöne Kleider und Schuhe.

Von der Armut verstand ich freilich nichts und ließ mir deshalb die Freude an dem schönen Fest nicht rauben, sondern bewunderte alles, was es nur zu sehen gab.

Später, als mein Bruder schon unter den Ministranten war, hatte ich noch mehr zu bewundern. Er brauchte sich auch der ärmlichen Kleidung nicht zu schämen, trug er doch die rot-weiße der Ministranten und durfte außerdem noch bei den Priestern unter dem Himmel gehen.

Um acht Uhr früh begann das Hochamt, es dauerte über eine Stunde. Dann ordnete sich der Zug im Kirchhof und wie schön war das Ausrücken der Buben und Männer mit den Fahnen, die Feuerwehr, der Jägerverein, Jungfrauen- und Burschenvereine, die geistlichen Schwestern und die Musikanten, das waren die wichtigsten des Zuges. Bestimmt vergaß ich noch welche. Hinter all den Vereinen kam der Himmel mit dem Allerheiligsten, anbei der Kirchenchor. Danach gingen erst alle Männer, und die Frauen bildeten den Schluß, Ganz vorne waren die Schulkinder, erst die Buben, dann jene Mädchen, die kein weißes Kleid hatten, danach die weißen Mädchen mit den Blumenkörbchen, die die Blumenblätter auf die Straße streuten.

Weit war der Weg, welchen die Prozession ging, vor zwölf Uhr mittag war sie nie aus. Zu den vier Altären wurde eine fahrbare Orgel mitgeführt. An den Altären sammelten sich die verschiedenen Vereine, man konnte da vieles beobachten, was man in der Länge des Zuges nicht alles sah. Wenn die Straße eine starke Biegung machte, sah man stets wieder eine andere Gruppe des Zuges. An den Straßenrändern standen dann noch immer genug Neugierige, die sich nichts entgehen lassen wollten.

War der Zug endlich wieder bei der Kirche angelangt, gingen viele nicht mehr hinein. Der Schlußakkord war ihnen nicht wichtig, Hauptsache war nun, sich im Gasthaus einen guten Platz zu erobern, wo nach der Feier alles hinströmte. Der Hunger war schon mächtig nach solch einem langen Marsch. Immerhin mußten die Eltern dann erst ihre Kinder suchen und das dauerte manchmal auch lange, bis sie diese in dem Gedränge fanden. Bis man aber dann im Gasthaus an die Reihe kam, schwoll der Hunger noch mehr an. Aber für dieses schöne Fest muß man auch wohl einiges ertragen können. Schließlich bekam dann der Magen doch noch seinen Teil, es blieb nur noch die Müdigkeit.

Nicht vergessen durften die Frauen auf Zweige, die von den jungen Birkenbäumen abgerissen wurden, welche bei jedem Altar aufgestellt waren. Blumen konnten doch nur jene ergattern, die dem Altar am nächsten standen. Da mußten sich schon die meisten mit Zweigen begnügen, die dem Hause das ganze Jahr über Schutz vor Hagel, Viehseuchen und Krankheiten gewähren sollten.

Es war dann bereits halber Nachmittag, bis die Scharen der Leute den Heimweg antraten, gestärkt und etwas ausgeruht. Am Heimweg sangen wir fröhlich:

„Umganggehn, das ist schön, einmal im Jahr kann man zum Umgang gehn!"

Mit diesem schönen und großen Festtag waren die Hauptfeste vorbei. Es gab dann noch die einzelnen Feiertage und Marienfeste. Letztere waren vielfach mit Prozessionen verbunden, die sich bis in die heutige Zeit erhalten haben. Zu gewissen Tagen gab es Wallfahrten, die jedes Jahr an demselben Tag stattfanden, auch bei Regen und Schnee. So die eine nach Kaltenberg, die Kirche genannt zu „Maria Schnee". Diese war jedes Jahr am Antonitag, dem 13. Juni. Da trug es sich einmal zu, daß die Wallfahrer um Regen beteten, denn um diese Zeit wurden ja die Pflanzen gesetzt und da brauchte man den Regen. Als sie zu dem etwas höher gelegenen Ort kamen, stiegen schwarze Wolken am Himmel auf, die ohne Regen sofort in heftiges Schneegestöber übergingen. Prompt sangen die Wallfahrer sofort: „Oh, Maria recht versteh, schick an Reg'n und net an Schnee!"

Kinder, die nicht gehfaul waren, nahm man gerne mit. Ihre ganzen Wünsche, Sorgen oder sonstiges legten die Leute hinein in die Gebete und Lieder. Erst brachte man am Gnadenaltar der Gottesmutter die Huldigung dar, dann kamen die Bitt-Gebete und Gesänge. Der Magen knurrte mächtig, und viele verzogen sich ins naheliegende Gasthaus, um sich zu stärken. Viele konnten des Hungers wegen keine rechte Andacht aufbringen. Andere brachten die Hungergefühle als Wallfahrtsopfer dar und blieben bis zum Abmarsch in der Kirche. Vor dem Auszug gab es noch eine lange Litanei, das Abschiednehmen. Gesungen wurde: „Urlaub, Urlaub viel tausendmal, vielleicht ist's heut' zum letzten Mal, und soll es sein zum letzten Mal, so führ' mich in den Himmelssaal", u.s.w.

Rückblickend auf das Gasthaus hörte man dann den lobenden oder tadelnden Gesang. „Pfüat di Gott, du Hanselwirt, die Blunzen hab'n g'stunken, des hamer g'spürt, die Frau Wirtin heißt Maria."

Einige dachten wieder an Sorgen mit Obst und Vieh. Eine Bäuerin sang: „Wenn nur heut ka Reif nit kam, über unsere Zwetschgenbaum, weil's so schöne Blüten hab'n."

Wenn auch der Bauer immer und überall von den Städtern verspottet wird, schon bei den großen Erdäpfeln wird von den dummen Bauern gesprochen, so trifft man doch in keiner Stadt soviel guten Witz an wie am Lande. Überall geben sie ihren Senf in lustigen Vergleichen dazu.

Es gibt bei den Bauern noch die sogenannten Ochsenfeiertage. Das sind Halbfeiertage, wie der Josefi- oder Annatag, der Karfreitag und andere. Wohl arbeitet das Gesinde im Haus oder Wald, aber es wird kein Zugtier, vor allem kein Ochse eingespannt. So wurde für diese Tage der Spruch geprägt: „Kleine Ochsenfeiertage und die Esel geh'n in die Kirche".

Meist war es der Bauer selber, der die Kirche besuchte und oft den ganzen Tag nicht heimkam, zwar war es nicht immer das Kartenspiel und der Becher, oft waren es Marktgänge, dann ein Beisammensitzen in Wirtshäusern.

Nähere Bekanntschaft mit dem Leid

Es war im Oktober, bevor ich mein fünftes Lebensjahr beendete, als mein Großvater, mütterlicherseits, nach Wien in ein Spital eingeliefert wurde. Er lag zu Hause schon längere Zeit krank, niemand wußte, was ihm fehlte, bis ihn der Arzt nach Wien schickte. Dort war man auf medizinischem Gebiet schon besser bewandert und man fand gleich heraus, daß es Magenkrebs war. Zu helfen gab es nichts mehr, und so wie heute auch, schickte man die todgeweihten Patienten zum Sterben nach Hause. Er wurde in die Aspangbahn verladen, Autos gab es noch keine, aber nach Hause kam er nicht mehr. Schon in Simmering starb der liebe gute Mann.

Da aber Tote nicht mit der Bahn reisen dürfen, auch wenn sie einen gültigen Fahrschein besitzen, wurde Großvater ausgeladen, und gleich auf den Zentralfriedhof gebracht. Angehörige und Verwandte fuhren zum Begräbnis und ich wurde mitgenommen. Der Grund meiner Mitnahme war folgender:

Laut einem ärztlichen Gutachten mußten meine Mandeln raus. Da nun diese Reise ohnehin sehr viel Geld kostete, mußte eben gleich alles andere, längst notwendig Gewordene erledigt werden.

Meine Mutter und ihre Schwestern fanden ein Quartier für mehrere Tage. Erst aber wurde Großvater beerdigt.

Ich stand zum ersten Mal an einem offenen Grabe. Ja, wäre es noch ein Grab gewesen wie auf dem Lande, wo der Sarg in der Grube stehen bleibt und man nachblicken konnte. Doch mein lieber Großvater, der keinem Menschen ein hartes Wort sagte, für uns Kinder nur Liebe kannte, verschwand in seinem Sarg auf ewig, man konnte nicht sehen, wo der Sarg hinkam. Es war nämlich ein Schachtgrab, in dem wer weiß wie viele die letzte Ruhe fanden.

Einen Toten in die Heimat zu überführen konnte sich damals kein gewöhnlich Sterblicher leisten. Man mußte in jeder Pfarre, wo der Wagen mit dem Toten durchfuhr, die Pfarrtaxe zahlen. Man bekam einen Plan, damit das Grab zu finden ist. Ich glaube aber nicht, daß nur ein Mensch von all seinen Verwandten das Grab jemals wieder aufgesucht hat.

Nächsten Tag mußte ich mit Mutter und Tante die Poliklinik aufsuchen. Die Operation wurde ohne Narkose erledigt, nur zwei Männer hielten mich zwischen ihren Knien fest, auf Sesseln sitzend, der Arzt kam mit den Löffeln. Da ich meine Mutter im Nebenraum wußte, riß ich ihnen aus, und lief zu ihr. Es nützte mir aber nicht viel, ich wurde gleich wieder geholt, und Mutter mußte das Spital verlassen und durfte erst nach einer festgelegten Frist wiederkommen, um mich abzuholen.

Über Nacht behielten sie mich nicht. Am nächsten Tag mußten wir zur Kontrolle kommen. Als ich aber die Marterstätte von außen sah, noch dazu hinein gehen mußte, fing ich ein fürchterliches Gebrüll an. Noch heute höre ich den Primar sagen: „Gehen Sie nach Hause mit dem Kind, sie weint zuviel“. Da ich so gut davon gekommen bin, weigerte ich mich am folgenden Tag nicht mehr hineinzugehen. Es war soweit alles in Ordnung und wir konnten die Heimreise antreten.

Zum Essen war nur Eis und abgekochte Milch erlaubt. Auf der Fahrt zum Bahnhof sah ich bei einem Stand herrliche Weintrauben, wie sie zum Verkauf angeboten wurden. Nicht und nicht wollte ich nach Hause fahren, ohne von den leckeren Trauben welche zu bekommen. Wohl wissend, daß es zu Hause so etwas Gutes nicht gibt.

Meine Tante erfüllte meinen sehnlichsten Wunsch und kaufte mir welche. Sie sagte zur Mutter, die werden ihr doch nicht gleich schaden. So bekam ich dann eine Traube zu essen. Auf der Heimfahrt im Zuge wurde mir sterbensübel. Es mußte gleich der Arzt aufgesucht werden.

Als mein Bruder den Rest der Trauben bekam, hätte ich keine Perle mehr davon essen können. Lange hernach war ich krank, viele Wochen konnte ich nicht essen, nur trinken. Die Obstsäure dürfte der frischen Wunde nicht gutgetan haben. Erst als Weihnachten nahte, wurde ich wieder gesund. Es waren dies eben jene Weihnachten, wo mein Bruder die neue Schultasche bekam. Ostern darauf, im Jahre 1906, sollte er in die Schule gehen.

Inzwischen aber hatte sich noch vieles ereignet. Das Jahr 1906 sollte für uns alle schicksalhaft werden. Diesen Winter, ich weiß weder Monat noch Tag, kam ein kleines Brüderlein bei uns an. Daß er schrie und quietschte, war weniger schön, aber sonst ein allerliebstes kleines Kerlchen, das Hänschen genannt wurde. Ich kann nicht sagen wie eine Puppe, denn zu der Zeit hatte ich noch keine gesehen und konnte mir ja nicht denken, wie eine solche aussieht. Am liebsten wollte man es den ganzen Tag haben, herumtragen, an's Herz drücken und damit spielen. Leider durfte man das nicht, da war die Freude auch schon etwas kleiner.

Lange blieb das kleine Wesen nicht bei uns, es mögen drei Wochen gewesen sein, als es auf einmal am Tisch lag, rundherum standen Blumen, viele Kerzen leuchteten zu jeder Seite. Da lag es nun in seinem spitzenbesetzten, weißen Taufkleidchen und war eiskalt.

Dies alles war zwar wunderschön anzusehen, doch lief mir ein Schauer über den Rücken. Es war doch da in unserer Gemeinschaft, wir hatten es alle lieb und nach so kurzer Zeit wurde es uns wieder genommen. Da lag es nun starr und kalt, rührte sich nicht mehr, wie kann es so etwas geben?

Das zweitemal innerhalb kurzer Zeit stand ich dem Tod gegenüber. Nie habe ich dies alles vergessen. Es wurde ein kleines silbernes Kistchen gebracht, das Kind hineingelegt, mit vielen Heiligenbildern und Blumen bedeckt, ein Deckel darauf gegeben, nichts mehr war von ihm zu sehen. Die Kerzen wurden ausgelöscht, Vater nahm das kleine Kistchen und trug es fort, mehrere Leute gingen hinterher. Ich mußte daheim bleiben bei Mutter, die ja krank war.

Warum das Kind starb, habe ich nie erfahren. In späteren Jahren gingen wir nach dem Gottesdienst noch immer auf den Friedhof zu dem kleinen Grab, um ein „Vaterunser" zu beten. Es war ganz mit Immergrün bedeckt, daher leicht zu finden.

Das alles war aber noch nicht Leid genug, es sollte noch schwerer für uns alle werden.

Unser Daheim löste sich erst einmal zur Hälfte auf. Mutter kam ins Krankenhaus. Zu gerne hätte ich später, als ich erwachsen war, genaueres darüber wissen wollen, doch von keiner Seite wurde mir darüber etwas gesagt. Bloß von meinen Tanten, den Schwestern meiner Mutter, erfuhr ich, daß Mutter lange vor ihrer Niederkunft die Hebamme für ihre Dienste bei der Entbindung in Naturalien bezahlte.

So einige Laib Brot, einige Hühner, Mehl und dgl.. Als sie aber in Wehen lag, ging die Hebamme zu einer reichen Bäuerin, bei der ebenfalls die Geburt einsetzte. Diese konnte freilich mit Geld bezahlen, was die armen Leute nicht hatten. Das war alles, was ich erfuhr.

Was es war und wie alles weitere kam, davon erzählte mir mein Vater nie etwas. Wenn ich schon der Mutter noch zu jung war mit 16 Jahren, um mir davon zu erzählen, so hatte ich bei Vaters Tod immerhin schon einen 14-jährigen Sohn.

Doch zu jener Zeit war es eben so, andere Leute wußten Bescheid, aber mit den eigenen Kindern sprach man nicht über Dinge, die mit Geburt zusammenhingen.

Traf ein so schwerer Schicksalsschlag die Familie, konnten wir keine Hilfe von Vaters Verwandten erhoffen, obwohl er in seinen jungen Jahren seine ledigen Schwestern samt ihren Kindern erhalten mußte. Wäre es nun doch recht und billig gewesen zu helfen, wenn er jemand brauchte. Doch nein, nur von Mutters Verwandten konnten wir Hilfe erwarten.

Ich kam zu meiner Großmutter, solange Mutter im Spital war und das dauerte neun Monate. Die Schwester meiner Mutter mußte ihren Dienstplatz bei dem Bauern schon aufgeben, als mein Großvater starb. Großmutter führte die Mühle mit den Burschen noch weiter, bis der Pachtvertrag ablief.

Die Resitante führte also Vater den Haushalt, sie mußte ja bei dem Bauern, wo wir wohnten, auch arbeiten, von Ostern bis Allerheiligen, sonst hätten wir auch die Wohnung verloren. Vater mußte arbeiten, damit wir zu leben hatten.

Die Schweine, Hühner und Ziegen brauchten Pflege, denn das Vieh brachte wieder Geld ein, womit man den Arzt und die Spitalkosten bezahlen konnte. Eine Krankenkasse gab es bei den Bauern erst, als ich schon mein zweites Kind hatte, also im Jahre 1924.

Mein Bruder mußte zu Hause bleiben, ab Ostern kam er zur Schule, auch da mußte die Tante einspringen, mit ihm den ersten Gang zur Schule machen, weil es die Mutter nicht tun konnte. Wäre er auch zu Großmutter gekommen, hätte er woanders zur Schule gehen müssen, denn die gehörte mit der Gemeinde nach Stang. Umschreiben wollte man ihn nicht lassen.

Nach der Schulzeit kam er dann doch dorthin, da er seine Lehrzeit dort verbrachte. Diese umliegenden Orte gehörten alle zum Bezirk Kirchschlag.

Ich war sehr gerne bei meiner Oma, nur eben lieber auf Besuch. Ganz dortbleiben wollte ich weniger gerne, noch dazu allein, ohne andere Kinder in der Nähe als Gespielen zu haben. Ja, hätte mein Bruder überall mitspringen können, durch die geliebte Mühle, beim Mühlrad sitzen, dem Wasserfall lauschen, über den Mühlbach springen (es wundert mich noch heute, daß ich nie hineinfiel), dann wäre es schön gewesen. Doch ich wäre ja zu Hause auch allein gewesen, da er ja schon in der Schule war. Die Trennung kommt für jeden einmal, schon als Kind muß man lernen, daß unser Leben stetiger Wandlung unterworfen ist.

Daher vergnügte ich mich eben, wie es der Tag mit sich brachte, war überall und nirgends, wenn ich gesucht wurde. Eigentlich war es mir verboten worden, die Mühle zu betreten, es konnte je wirklich allerlei passieren, entweder in ein Rad kommen oder vieles andere. Doch war sie mir das liebste, was ich in den fünf Lebensjahren bisher gesehen und gekannt hatte. Diese Liebe zu den Mühlen blieb mir bis ins Alter erhalten.

Sprang ich bei der Tür hinaus, so nicht in den Hof oder auf die Wiese, sondern gleich bei der gegenüberliegenden Tür hinein in die Mühle. Ich glaube auch nicht, daß mir etwas passieren hätte können, der ganze Vorgang faszinierte mich zu sehr, stundenlang konnte ich den Weg des Getreides bis in die Mehlsäcke verfolgen, wenn nur die Müllerburschen mich in Ruhe gelassen hätten. Wollte ich davonlaufen, wenn sie mich zu dem aufgeschütteten Getreide in den Trichter werfen wollten, so erwischten sie mich immer noch an den Haarzöpfen.

So brachte ich meine Tage mit heiteren, lustigen Spielen rum, gar bald kam es anders. Ich wurde wieder einmal krank. Als ich schon einige Monate bei Großmutter verbracht hatte, fing es in meinem Bauch zu zwicken und rumoren an. Ich mußte im Bett bleiben, es wurden warme Ölflecke aufgelegt, gegen das Fieber schnitt man von den rohen Kartoffeln dünne Plättchen und belegte damit die Fußsohlen, ausgetrocknet nahm man sie wieder weg.

Als einige Wochen vergingen, holte man doch den Arzt, der verschrieb ein Fläschchen Medizin, vor der die Kinder alle Angst hatten und sie nicht nehmen wollten, weil sie bitter war. Ich nahm sie, es war nur Aniswasser, schadete nichts, half aber auch nicht. Resitante kam öfters des nachts, damit Großmutter hin und wieder eine Nacht schlafen konnte, bis sie eines Tages zu meinem Vater sagte: „Jetzt schau ich nicht mehr zu, es geht ja schon zu Ende; Seppl, du mußt mit ihr nach Krumbach, *der* Doktor dort versteht was von Kindern!"

So verpackten sie mich in einen Buckelkorb, und Vater trug mich über Berg und Tal, 12 km hin und ebensoviel zurück, zum Kinderarzt. Der erkannte dann auch sofort was es war.

Ein ganzes Wurmnest in Magen und Gedärmen. Er gab mir sogleich etwas ein und sagte: „In vier Stunden muß das Wurmnest abgehen, sonst gibt es keine Hilfe mehr!"

Als mich Vater wieder heimbrachte, war es dann soweit, daß alle Würmer den Körper verlassen mußten. Es dauerte dann freilich wochenlang, bis alles Zerfressene im Bauch ausgeheilt und die völlige Gesundheit wiederhergestellt war.

Bis dahin kam auch Mutter wieder vom Krankenhaus heim. Sie allerdings konnte auch dort nicht geheilt werden und blieb für den Rest ihres Lebens krank. Es war ein schwerer Schlag für uns alle. Noch aber lebte sie für uns, wir konnten sie noch 13 Jahre behalten.

Großmutter hatte die Mühle (es war ein Jahr nach Großvaters Tod) aufgegeben. Diese schöne Zeit war also für mich ebenfalls nur mehr ein Traum. Kein Mühlrad drehte sich mehr, der Mühlbach war abgeleitet, alle Räder standen still, der Eingang abgesperrt. Daß die

Mühle gesperrt wurde, daran war nicht nur der abgelaufene Pachtvertrag schuld. Der Bauer hätte ja wieder einen anderen Müller einstellen können, er bekam aber keinen. Diese gingen lieber zum Bahnbau, wo sie schön verdienten, vor allem einmal Bargeld in die Hand bekamen. Mein Vater arbeitete ebenfalls dort. Sonst hätte er die Spital- und Arztkosten wohl niemals bezahlen können.

Es war auch so, daß überall die Dampfmühlen aufkamen, die waren nicht so abhängig vom Regen, daß sie genug Wasser zum Mahlen hatten. Außerdem konnten die Bauern ihre Ware gleich wieder im verarbeiteten Zustand mit nach Hause nehmen. Somit entfiel für die Bauern nicht nur die lange Wartezeit, sondern auch eine zweite Fahrt.

Mühlen, die einen Stampf hatten, das heißt, wo das Getreide erst kleingestampft wurde, dann durch verschiedene feine und grobe Siebe filtriert wurde (das ergab dann weißes und dunkles Mehl sowie Kleie für Futterzwecke), arbeiteten noch etwa 20 Jahre weiter. Doch kein Getreide, sondern Leinsamen wurde dort verarbeitet. Ich lernte dies alles noch, mit 18 bis 20 Jahren war ich noch ausschlagen, so nannte man diese Arbeit.

Der Leinsamen wurde so wie das Getreide gestampft, nur der nächste Arbeitsvorgang war anders. Anstatt in die Siebe, wurde die Masse in die Presse aufgeschüttet, herunter floß herrliches goldgelbes Öl. Der Rückstand waren die Leinkuchen, rund wie Brotlaibe, und diese waren ein Lieblingsfutter für alle Haustiere. Das Öl wurde gleich beim Abfließen in Flaschen und Krüge gefüllt. Dann kam der nächste Kunde dran.

Zuhaus warteten schon alle auf das warme Leinöl, alle setzten sich zum Tisch zur guten Jause. Das Brot wurde ins Öl getaucht und wie Butterbrot gegessen.

Im Advent und in der Fastenzeit wurde nur mit Leinöl gekocht, da durfte kein Schweinefett verwendet werden. Die meisten Bauern hatten ja nicht genug Schweine, um das ganze Jahr mit dem Fett auszukommen. Viele kochten überhaupt das ganze Jahr über mit Leinöl.

Dies alles gehört ebenfalls der Vergangenheit an, nicht mal die Nachkommen der Bauern wissen noch darum. Heute werden die Mühlen, soweit sie nicht schon zu sehr verfallen sind, für den Fremdenverkehr als Attraktionen renoviert.

Da „unsere" Mühle nicht mehr weiterverpachtet wurde, konnte Großmutter weiterhin dort wohnen bleiben. Leben mußte sie freilich auch. Das war aber nicht schwer, jeder Bauer brauchte Leute, wer arbeitete, bekam auch zu essen, ganz gleich ob es Schuster, Schneider oder Taglöhner waren. – Die Großeltern mußten ebenso ihre Müllerburschen verpflegen, nicht nur Kost und Quartier, sondern auch Wäschepflege war mit im Vertrag. – Es fragte sich nur, wie lange Großmutter noch arbeiten konnte, sie muß ja schon sehr alt gewesen sein. Nach Großvaters Tod lebte sie noch neun Jahre.

Schulzeit

Dann kam die Zeit, wo auch ich zur Schule mußte. Unser Schulweg dauerte eine Stunde, im Winter mußten wir schon vor sieben Uhr früh weggehen, da war noch finstere Nacht. Doch war es grad im Winter besonders schön. Wir hatten feste Stiefel und wenn der Schnee gefroren war, trugen uns die meterhohen Schneewächten, darauf konnte man wie ein Pfau daherstolzieren und man kam sich vor wie der König hoch oben auf seinem Thron.

Wir hatten den ganzen Tag Unterricht, die erste Klasse hatte zwei Stunden Mittagspause, nun was taten wir da?

Die schönste Freizeitbeschäftigung war natürlich, im Schnee herumzutollen. Rodel hatten wir ja keine, doch auch andere Kinder kannten so etwas nicht. Von irgend einem Bretterzaun wurde ein Brett losgerissen, draufgesetzt, so viele Platz hatten, und hinunter ging's den Abhang! Natürlich purzelten wir alle übereinander, und nur allzuoft war ich durch und durch naß, wenn ich abends heimkam. Daß es Schelte gab, ist durchaus zu verstehen.

Bei schönem Wetter ging ich oft mit meiner Freundin, sie konnte zum Essen nach Hause gehen, wo auch für mich immer etwas abfiel. Doch auf dem Weg hin und zurück trödelten wir so sehr, daß es längst nach 14 Uhr war und alle schon beim Lernen saßen. Es gab dann nicht nur vom Lehrer Strafe, mein Bruder erzählte es auch zu Hause, da gab's nochmal Strafe.

In Aigen, wo wir zur Schule gingen, gab es nur zwei Klassen, drei Jahrgänge in der ersten und fünf Jahrgänge in der zweiten Klasse.

Viele waren sitzen geblieben, viele kamen nur sehr wenig zum Unterricht, da man sie zu Hause bei der Arbeit brauchte. Nur in der Zeit, wo es am Bauernhof wenig zu tun gab, da waren die Klassenzimmer voll. Daher wußte auch mein Bruder alles, weil er in die gleiche Klasse ging.

Im Sommer gab es wieder anderes. An den Äckern beiderseits des Schulweges gab es im Getreide brandige Ähren, wo schwarzer Staub drinnen war. Die großen Buben rissen solche ab, rieben uns Kleinen Gesicht und Hände ein, da half kein Schreien, weit und breit hörte es niemand, wehren konnte man sich auch nicht, sie waren ja viel stärker. Der Lehrer glaubte, wir hätten uns nicht gewaschen. Doch andere Kinder sahen ja auch, daß wir nicht wie kleine Negerlein von zu Hause fortgingen und so konnten wir den Lehrer überzeugen. Da mußten die Täter dann länger in der Schule bleiben, bis sie uns nicht mehr einholen konnten.

So gab es vieles, was Stadtkinder nicht kennen und nie kennenlernen. Trotz allem konnte ich fröhlich singen:

„Im Winter wenn es frieret, im Winter wenn es schneit,
da ist der Weg zur Schule fürwahr noch mal so weit.
Wer aber gerne lernet, dem ist kein Weg zu fern,
im Sommer wie im Winter geh' ich zur Schule gern".

In die Zeit des ersten Schuljahres fällt auch eines der schönsten und größten Feste, die ich in der Kindheit und Jugend erlebte: „Das Kaiserjubiläum." Unser lieber, guter Kaiser hatte am 18. August Geburtstag. 1908 feierte er auch noch 60-jähriges Regierungsjubiläum. Dieses Fest wirklich schön zu gestalten, gab man sich in den Gemeinden alle Mühe.

In Kirchschlag wurde eine überlebensgroße Gestalt

des Kaisers an der Mauer zum Aufgang der Burgruine aufgestellt und davor ein wunderschöner Park angelegt, mit vielen Blumen, Alpenpflanzen und exotischen Sträuchern.

Heute ist das alles verwildert. Der Zahn der Zeit nagte daran, aber auch das Kaiserhaus war zehn Jahre später zerfallen, der junge Kaiser wurde des Landes verwiesen. Wer würde sich da noch der Pflege dieses Denkmals widmen.

Für mich war es noch aus einem anderen Grund eine große Freude, an diesem Fest teilhaben zu können. Von frühester Jugend, sobald man sich nur einigermaßen um etwas kümmert, hörte ich schon immer die Leute zueinander sprechen: „Na, wenn der alte Kaiser einmal stirbt, dann geht's los mit dem Leut' umbringen".

Ich nahm das ernst und wörtlich. Gemeint war damit, es werde zu einem Krieg kommen. Den konnte aber später auch der alte Kaiser nicht mehr verhindern, so friedliebend er auch war und soviel er ohnehin schon ertragen mußte. Vor seinem Tode blieb ihm auch der letzte große Schmerz nicht erspart.

Die Erwachsenen hatten ganz recht, die Kinder nicht bei ihren Gesprächen zuhören zu lassen, denn sie schnappen jedes Wort auf und legen es sich auf ihre Weise zurecht. Manchem Kinde bliebe viel heimliche Angst erspart, hätte es an dem Gerede der Erwachsenen nicht teilgenommen. Ich legte das Gerede vom „Leute umbringen" aus, wie ich es eben verstand. Da malte ich mir aus, wie sie damit vorgehen werden, wer wohl von unserer Familie als erster das Leben lassen müsse. Einesteils wollte ich nicht zusehen müssen, wie man meine Lieben umbringt und war bereit, lieber als erste zu sterben, anderseits hoffte ich, mich vielleicht doch irgendwo in einer Höhle verstecken zu können, um dann weiterleben zu können, wenn alles vorbei wäre. Wie ein Leben, ganz allein auf der Welt zu sein, weitergehen würde, davon machte ich mir keine Vorstellung, nur übrigbleiben wollte ich gerne.

Am meisten dauerten mich die kleinen Kinder, solche kamen immer wieder zur Welt und ich dachte: wenn doch keine mehr geboren würden, damit sie nicht den Tod erleiden mußten, da sie dann gar so kurz gelebt haben.

Wie viele qualvolle Stunden des Nachdenkens und viele Stunden in der Nacht wachliegend habe ich doch verbracht, ohne jemals mich jemand anzuvertrauen, alles habe ich mit mir allein abgemacht. Warum hängt man schon als Kind, noch ganz unbewußt, so sehr am Leben?

Zwischendurch gab es freilich wieder schöne Spiele und freudige Ereignisse, wo man nicht zum Denken kam. Gebetet aber habe ich jeden Tag inbrünstig, der Kaiser möge doch hundert Jahre alt werden, dann könnte ich 27 Jahre mich meines Lebens erfreuen. Nun, er wurde es nicht, nach seinem 80. Geburtstag lebte er noch sechs Jahre. Als er starb, war ich bereits 15 Jahre alt und sah alles mit anderen Augen. Vor dem Sterben habe ich mich nicht mehr gefürchtet.

So war es an sich die Festtagsfreude, und zum anderen hoffte ich von dem allzugroßen Alpdruck etwas abreagieren zu können, was auch gelang. Das Fest wurde am Gemeindeanger abgehalten und dauerte eine Woche. Natürlich konnte man nicht jeden Tag hingehen, wir wohnten ja noch bei dem Bauern. Allein hätten wir nicht so weit gehen können, um wieder heimzufinden, und mitzugehen hatte niemand Zeit.

In der Schule gab es lange vor dem Fest die Vorbereitungen dazu. Alle Schulen des ganzen Bezirkes nahmen daran teil. Jedes Schuljahr mußte dem Alter entsprechend etwas lernen und aufführen. Wir Schulanfänger lernten ein Gedicht, das wir dann bei der Aufstellung im Chor sangen:

1) „Der Kaiser ist ein lieber Mann, er wohnt im schönen Wien, und wär es nicht so weit von hier, so ging ich heut noch hin.
2) Was ich bei dem Kaiser tät, ich gäb ihm meine Hand, und brächt die schönsten Blumen ihm, die ich im Garten fand u.s.w."

Der Landeshauptmann führte die Festlichkeiten an. Es gab ja nicht nur die weißgekleideten Mädchen. Von den Jüngsten bis zu den Ältesten war alles dabei. Wer keine Funktion hatte, konnte mit Schauen und Staunen nicht nachkommen. Die Veteranen (das sind die alten ausgedienten Soldaten) waren auch dabei und kamen in der Reihe. Die Feuerwehr fuhr auf mit all ihren Geräten, lange hatten sie geübt, damit nur ja alles fehlerfrei gelang, wo es doch so viele Zuschauer gab. – Diese Feuerwehrübungen hatten es mir auch sonst immer angetan. Jedesmal lief ich mit, in Windeseile waren sie da, sofort alle Geräte einsatzbereit, die Pferde vorgespannt und trapp-trapp ging's zum vorgesehenen Haus. Die Leitern raufgelegt, das Haus erklettert und schon ging das Spritzen los. Das alles dauerte nur wenige Minuten.

Zum Fest brachten sie das beste, was sie an Übungen aufführen konnten, das war noch spannender als die gewöhnlichen Übungen.

Die Jäger und Forstleute marschierten auf und trugen ihr bekanntes Jägerlatein vor. Kaiser Franz Josef war ja ein altbekannter Jäger. Auf den Fotos und Bildern sah man ihn fast nie anders als im Jägeranzug. In Bad Ischl besaß er nicht nur die Kaiser-Villa, sondern auch ein Jagdschloß. Eines hatte er noch in Mayerling im Wienerwald und ein anderes in Mürzsteg in der Steiermark. Letzteres gehört heute dem jeweiligen Bundespräsidenten als Landsitz.

Ferner kam der Bauernstand, zu jener Zeit noch hoch geachtet, waren doch 70 Prozent aller Arbeiter in der Landwirtschaft tätig. Dann erst kamen die Gewerbetreibenden, solche gab es weitaus weniger. Der

Bauer erzeugte alles, was im Hause gebraucht wurde, selber. Nur das Salz für Vieh und Leute mußte er kaufen. Zucker wurde fast nicht verwendet, man kannte ihn erst über zehn Jahre, war daher noch ein Luxusartikel bei der Ernährung. Ungefähr z.B. so wie heute die wenigsten Leute Kaviar auf ihrem Speisezettel haben.

Die Bauern brauchte man also am notwendigsten, nicht nur zum Nährstand, auch zum Wehrstand stellten sie dem Kaiser die meisten Soldaten. So könnte man auch nicht die vielen Jugendlichen vergessen, die das Fest so sehr verschönerten.

Die Burschen, welche mit größter Freude die Böller abschossen, die sittsamen Jungfrauen, die mit den Burschen von den Trachtenvereinen die schönen Tänze aufführten, Schuhplattler und Volkstänze aller Art. Solche Veranstaltungen gibt es ja auch heute noch, aber leider hatte ich die Möglichkeit nie, dies zu erlernen.

Für alle aber, ob groß oder klein, jung oder alt, war der Tisch gedeckt. Jeder konnte sich das ihm zusagende Vergnügen oder den Genuß aussuchen. Vom Ringelspiel angefangen bis zur Schießbude gab es alle erdenklichen Spiele.

Daher dauerte es auch von einem Sonntag bis einschließlich zum nächsten Sonntag, daß jeder auf seine Rechnung kam. An den beiden Sonntagen konnte man wirklich nicht alles sehen und überall mitmachen. Diese Feiern gab es nur bezirksweise und von den zum Bezirk gehörigen Orten kamen viele Menschen, da brauchte man schon die ganze Woche, der Sprengel war ja groß. Sie wurden eingeteilt auf verschiedene Tage, wo jeweils von einem anderen Ort der Aufmarsch stattfand.

Für meinen Bruder und mich gab es nur die beiden Sonntage, an denen mußte alles erkundet werden. Damals aß ich meine ersten Schaumrollen, den türkischen Honig und viele andere Leckerbissen, die ich heute längst nicht mehr weiß. Alles war gut und neu, zum erstenmal gesehen und gekostet.

Von zu Hause aus hätten wir dies alles nicht mitmachen können, fehlte doch das Geld dazu bei den Eltern. Da war aber unser Onkel Johann, der uns jede Freude zuteil werden ließ. Immer wieder ließ er uns mit dem Ringelspiel fahren und fuhr auch selbst mit. Die Buben konnten zu einer Gratisfahrt kommen, wenn sie neunmal beim Antrieb halfen, gab es das zehntemal eine Freifahrt. All die Leckerbissen kaufte uns der Onkel, hernach bekamen wir Durst, da gab's „Kracherl" zu trinken, die vielen Juxpackerln, alles kaufte er uns. Doch nicht nur uns beiden, der Schneider-Onkel hatte ja auch vier Kinder und keines schloß er aus.

Wenn ich heute so darüber nachdenke, das muß wohl eine Menge Geld gekostet haben. Er war wohl ledig und brauchte für sich nicht viel, doch bei den Bauern bekam er ja auch nicht viel Lohn. Er wird sicher seit seinen jungen Jahren manch Erspartes gehabt haben. Raucher war er auch keiner, und so gab er nur am Sonntag Geld aus, wenn er sich nach dem Kirchgang ein Viertel Wein kaufte.

Ich weiß nicht, wann er starb, zuletzt war er in Lembach bei einem Bauern und bekam dort das Gnadenbrot. Von seinem Ableben hörten wir erst später. Jedenfalls verdanke ich ihm so manches, was ich sonst nie hätte haben können.

Gewiß sind seither noch schönere Feste gefeiert worden, doch das erstmal Erlebte macht den größten Eindruck. Aber ich mußte ja auch nicht immer alles haben, dabei sein und alles ansehen machte mir auch viel Freude.

Es war August, alles in der Natur ging der Reife entgegen. Wir mußten das von den Sommerferien unterbrochene erste Schuljahr weiter machen. Zwei Schulkolleginnen hatte ich, die den gleichen Weg hatten. Die eine kam schon vom Nachbarhaus vorbei und holte mich ab. Die andere stieß erst beim nächsten Haus zu uns. Von dem Wegbauern gingen viele Kinder in die Schule, meist Buben, darum ging das gleichaltrige Mädel mit uns. Alle drei hatten wir den Taufnamen Maria. Leider gingen wir nur ein Jahr in die gleiche Schule. Die Freundschaft aber hat gehalten. Die vom Wegbauern heiratete später zum Weingartleitner (dies alles waren Hausnamen der Bauernhöfe), die andere war ein lediges Kind einer Lokobauerntochter, die hatte es nicht so leicht, in ein Bauernhaus einzuheiraten. Sie heiratete so wie ich einen Bauernsohn, der kein Hoferbe war und sich selber eine Existenz schaffen mußte. Beide zogen wir in die Fremde. So waren wir bis ins Alter gute Freundinnen, die wir nicht weit voneinander entfernt wohnten.

Der Schulweg, den wir gingen, war einer der schönsten. Weit konnte man die umliegenden Höhen sehen, wo von allen Seiten die Kinder kamen, bis wir uns dann alle beim Schulhaus trafen. Wie gerne sang ich das in der Schule gelernte Lied:

„Wie lieb ist mir das Örtchen, wo ich geboren bin, hier blüht mein junges Leben, von Lieben rings umgeben, in immer heiterm Sinn.
Und muß ich einmal scheiden, noch oft will ich mit Freuden, zu meiner Heimat ziehn!"

Später mußte ich es wirklich tun, scheiden ist immer schwer, aber mit Freuden besuchte ich stets meine Heimat.

Es gab aber genug Kinder, die nicht zur Schule wollten und alle Tage ein Heulkonzert aufführten. Das hat sich aber bis heute nicht geändert und kommt auch in der Stadt vor. Diese Kinder fanden dann, als sie größer wurden, immer wieder einen anderen Ausweg, die Schule zu schwänzen. Die unmöglichsten Ausreden gebrauchten sie, warum sie der Schule fernblieben, es kam aber alles auf.

Ein Bauernbub kam einmal drei Wochen nicht zur Schule. Der Lehrer gab anderen Kindern Briefe mit, er schickte solche mit der Post, aber erst als er den Gendarm schickte, hatte es Erfolg. Der Bub sagte dann in der Schule, er mußte Heu in die Fugen stopfen, damit es im Winter warm ist in Stube und Stall.

Als der Herbst in's Land zog, gab es abermals drei Wochen Ferien, die Erdäpfelferien. Das Schulleben mußte sich dem bäuerlichen Ablauf anpassen. Man brauchte die Kinder, wenn die Erdäpfel ausgenommen wurden, zum Aufklauben und Sortieren. Da hieß es, Kinder können sich leichter bücken, die haben nicht so weit zum Erdboden und schneller können sie auch sein. Wen kümmerte es, daß sie trotzdem auch der Rücken schmerzte und sie froh waren, wenn sie mit dem Vieh zur Weide gehen konnten. Nicht aber ohne sich vorher die Taschen mit Erdäpfel vollgestopft, auf dem Felde ein Feuer angezündet und die besten Braterdäpfel zubereitet zu haben. Sie schmeckten besser als die Krapfen. Dabei konnte man sich wieder erholen und den schmerzenden Rücken vergessen. Da unsere Eltern beim Bauern auch Erdäpfel angebaut hatten, mußten wir Kinder auch mithelfen. Schon als Kind lernt man das im Bauernhaus: es gibt nicht nur Freuden, sondern auch Leiden.

Wie der Winter sich abspielte, beschrieb ich bereits. Nur allzu schnell ist so ein Jahr um, wenn es auch für die Kinder länger schien als für Erwachsene.

Diese Landschulherrlichkeit dauerte für mich nur ein Jahr. Als zu Ostern dies erste Schuljahr um war, kam ich zwar für zwei Wochen in die zweite Klasse, vielmehr zweite Abteilung, doch am 1. Mai zogen wir um nach Kirchschlag. Dort mußte ich im Mai und Juni wieder in die erste Klasse zurück, denn in der Marktgemeinde begann das neue Schuljahr am 1. September. Mit den zwei Wochen in der zweiten Abteilung konnten sie mich nicht in die zweite Klasse geben, da mir ja die restlichen acht Monate fehlten. Um ein Jahr war ich also betrogen.

Unser Umzug war notwendig geworden, da die Mutter nicht mehr arbeiten konnte. Die Tante konnte nicht für immer an Mutters Stelle im Bauernhaus arbeiten. Die Bauersleute brauchten aber jemand und mußten daher andere Leute aufnehmen. Die Tante hatte ja auch noch für die Großmutter zu sorgen. Sie ging nach Wiener Neustadt auf Arbeit und schickte ihren Verdienst der Mutter als Unterhalt. Gar bald aber konnte man die Großmutter dann nicht mehr allein lassen in so einer abgelegenen Gegend, wo die nächsten Häuser überall weit entfernt waren. Ihr Haushalt wurde aufgelöst und ihre älteste Tochter nahm sie zu sich. Diese war schon lange verheiratet und hatte ein schönes Haus. Da konnte sie wenigstens einmal bei ihren anderen Enkelkindern sein, die sie kaum kannte. Es waren dies Hermann und Emmi.

Arbeit gab es dort im Hause genug, es war ein großer Garten beim Haus und die Tante konnte einer Arbeit nachgehen, da eben Großmutter den Haushalt versorgte. Die Kinder hatten sie gern, sie war ja auch sehr liebevoll, bescheiden, alles verstehend und verzeihend. Daher konnte sie auch solche Kinder großziehen. Am meisten ähnlich war ihr die älteste Tochter Maria, unser aller Taufpatin.

Zuerst will ich aber von unserer Familie weiter berichten. Wir zogen nach Kirchschlag, wie ich bereits schrieb. Mutter konnte den eigenen Haushalt kaum versorgen, Vater mußte im Taglohn unseren Lebensunterhalt verdienen, mein Bruder half, wo er konnte. Wir waren ja so arm. Dieses Wort „arm" mochte ich nie leiden, nicht weil man nicht alles kaufen und haben konnte, ich brauchte das nicht, was andere Schönes hatten, weder schöne Kleider, noch anderen Krimskrams. Aber arm wollte ich nicht sein. Noch heute fließen die Tränen, wo ich dies schreibe, und ich mußte schon einmal den Tintenkuli weglegen, um zur Ruhe zu kommen, ehe ich wieder weiterschreiben kann. Aber dieses Wort verstehen lernte ich freilich erst viele Jahre später. Warum mußten meine Eltern ein so schweres Schicksal erdulden und ertragen? Fast nie mehr, seit Mutter das dritte Kind bekam, konnten sie ohne Hilfe von anderen im Leben zurechtkommen. Wir konnten auch keine eigene Wohnung beziehen.

Mein Onkel, Vaters Bruder, nahm uns zu sich aufs Kabinett, dieses war kleiner als jenes, das ich nach meines Mannes Tod bewohnte. Onkel und Tante hatten vier Kinder, sie hätten das Kabinett selbst bitter notwendig gebraucht.

Poldi war etwas älter als mein Bruder, Karl so alt wie ich, Maria, die einzige Tochter, ein Jahr jünger. In der Schule wurden wir immer mit dem Beiwort: die ältere oder die jüngere, aufgerufen. Auch die Hefte und der Schulkatalog waren so beschriftet.

Wir hatten zwei Abteilungen in einer Klasse, daher waren wir jedes zweite Jahr beisammen.

Peterl, der jüngste, lernte eben reden und erzählte jedem: Peter Neeweiß, Neidermeister. Ja, mein Onkel war Schneidermeister. Vielleicht erlernte mein Bruder deshalb auch diesen Beruf. Doch als mein Bruder lernte, lebte der Onkel längst nicht mehr.

Onkel hatte einen Maschinfuß. Das war so ein Stahlgehäuse, wo der Draht wie die Sehnen im Fuß funktionieren sollte. Er war als Kind wie alle Taglöhnerkinder zu einem Bauern gekommen; da war er etwa fünf bis sechs Jahre alt. In diesem Alter wurden die Kinder überall zum Schafhüten herangezogen. Etwas älter kamen sie zum Kühe-Hüten. Wenn sie kräftiger geworden waren zu den Ochsen. Diese mußten sie nicht nur hüten, auch arbeiten gehörte dazu.

Im Falle meines Onkels mußte er als Schulbub bereits ackern und kam dabei mit dem Fuß in die Pflugschar. Der Fuß wurde beim Knöchel abgenommen, er bekam den stählernen. Damit war er für die Bauernarbeit unfähig und kam nach der Schule in die Schneiderlehre. Der einzige unter allen Geschwistern, der durch das Unglück das Glück hatte, ein Handwerk zu erlernen.

Wie ich schon berichtet habe, kamen diese Handwerker zu den Bauern in die Stör. So zog auch mein Onkel noch mit seinem Meister von Haus zu Haus. Dabei lernte er in einem Bauernhaus ein Mädel kennen, die dann später von ihm ein Kind bekam. Er meinte es ehrlich mit ihr, trug sich mit dem Gedanken sie zu heiraten und als selbständiger Meister anzufangen. Beide wurden vor das Gericht geladen. Er sollte für das Kind zahlen, doch da er sie heiraten wollte, weigerte er sich. Der Richter redete ihr zu, ihn zu heiraten, da sie ohnehin schon zwei ledige Kinder habe. Sie aber sagte, so einen „Hatscherten" würde sie nie heiraten. Nun aber der Richter: „Für die Liebe war er ihnen gut genug?" Darauf sagte sie: „Ja für einmal, aber nicht für's ganze Leben!"

Dieses Mädchen heiratete später einen flotten, feschen Mann, der keine Schürze in Ruhe lassen konnte. Nach dem Ersten Weltkrieg, als er von der Gefangenschaft heimkam, hatte er durch einen Schuß einen steifen Fuß und die Leute sagten nun: „Erst wollte sie den mit dem schlechten Fuß nicht nehmen, nun hat sie doch einen solchen". Dieser konnte aber trotz seiner Invalidität die anderen Frauen nicht in Ruhe lassen.

Als ich von daheim fort mußte, kam ich in die unmittelbare Nähe von diesen Leuten, die gleich über der Straße in einem Stübl wohnten, welches sie nach der Hochzeit von einem Bauern, dem es zu entlegen war, mit ihrer Mitgift als Bauerntochter gekauft hatten.

Die ältere, uneheliche Tochter kam damals schon aus der Schule und gleich nach Wien auf einen Dienstplatz. Mit meiner Cousine, die sie in die Ehe mitbrachte, verstand ich mich immer sehr gut, wir hatten den gleichen Schulweg.

Maria, ich glaube mich zu erinnern, hieß nach dem ledigen Namen ihrer Mutter, Knöbl. Sie war ein bildhübsches Mädchen, meinem Onkel wie aus dem Gesicht geschnitten. Er hätte es nicht leugnen können, der Vater zu sein. Das tat er auch nie, sie konnte ihn besuchen, sooft sie wollte, und er sorgte bis zu seinem Tode für sie. So etwa sieben bis acht Jahre war sie alt, als ihre Mutter heiratete und sie einen Stiefvater bekam, der aber auch gut zu ihr war.

Mein Onkel fand sich eine andere Frau und heiratete bald nach dem gerichtlichen Urteil. Diese seine Frau wurde uns eine liebe Tante, die ich sehr gern hatte. Gleich in der Nähe der Kirche fanden sie eine Küche-, Zimmer-, Kabinettwohnung.

Onkel ging nicht mehr in die Stör, er hatte einen guten Kundenstock und arbeitete mit drei Gesellen, die aber weder Kost noch Quartier bekamen. Soviel hatte sich schon am Anfang unseres Jahrhunderts geändert.

Wir kamen schon, ehe sie uns aufnahmen, öfters auf Besuch hin, so etwa an Sonntagen nach dem Kirchgang oder zu besonderen Anlässen. Das Zimmer war sehr groß und hatte drei Fenster. Am Zuschneidetisch (der groß und geräumig war, die Tafel konnte man wegschieben), war unterhalb eine Truhe, da schliefen die zwei größeren Buben, das Mädel mit in den Ehebetten und Peterl im Gitterbett. Tagsüber wurden die Betten eingeklappt, die Tafel draufgeschoben und es war nur mehr eine Schneiderwerkstätte. Dies mußte sehr früh geschehen, es gab noch keine 40-Stundenwoche. Die Buben, auch mein Bruder, gingen ohnehin ministrieren, zwar nur im Armenhaus, doch da mußten es ja auch welche tun. Wir Mädchen wurden in die Messe mitgeschickt, es schadet euch nicht, wurde uns gesagt. Den Kleinen im Gitterbett ließ man schlafen, den Lärm der Nähmaschinen war er ja gewöhnt.

Nach der Schule spielte sich das ganze Leben von zwei Familien in der Küche ab. Die war groß genug, man rückte eben näher zusammen. Mutter kochte meist erst, wenn der Herd frei war, das heißt wenn die Tante ihn nicht mehr benötigte.

Manchmal, je nachdem es etwas gab, was wir uns auch leisten konnten, saßen wir alle um den Tisch beim gemeinsamen Schmaus, und war es nur ein Erdäpfelgulasch, wie gut schmeckte es allen. Da brauchte es kein Zureden: Iß doch!

Einmal, ich erinnere mich noch gut, roch es besonders gut nach Fleisch. Solches gab es nur zu den hohen Feiertagen. Die Tante sagte, es gäbe einen Hasen in Soße. Wir stürzten uns darüber, als die große Pfanne leer war, aber wirklich leer und ausgeputzt als wäre sie abgewaschen, sagte man uns, es wäre eine Katze gewesen, die wir verspeist hatten. Was tat es schon, gut war's jedenfalls.

Eines muß ich sagen, so arm wir auch waren, an Hunger hatten wir nicht zu leiden. Oftmals kam an einem Sonntag eine Bäuerin und sagte: „Können wir den Seppl (mein Bruder) diese Woche haben zum Aushelfen? Ich hab Mehl und Eier mitgebracht, daß er bestimmt kommt!" Eine andere brachte wieder mal Schmalz und Bohnen u.s.w. Nur das Geld fehlte bei jedem, ob Arbeiter oder Bauer.

Wenn ich jetzt so darüber nachdenke, wo gäbe es heute noch so etwas, daß eine sechsköpfige Familie eine vierköpfige bei sich aufnimmt. Nur bei den Gastarbeitern; unter den eigenen Landsleuten und auch Verwandten würde das kaum jemand tun.

Wir lebten alle glücklich, es gab keinen Streit, es waren eben ein paar Kinder mehr da. Es war Mai, als wir umzogen, den ganzen Sommer waren wir doch im Freien und kamen erst zum Schlafengehen heim. Zum

Umfallen müde, brauchte man kaum noch was zu essen.

Es war nun aus mit dem freien Leben am Bauernhof in Feld und Flur, an ein ganz anderes Leben hatten wir uns zu gewöhnen. Waren wir doch in einem großen Ort, viele Kinder lernte man kennen, die Schule hatte schon vier Klassen mit je 2 Abteilungen. Immer gab es was anderes und das Leben pulsierte, rollte ab wie der Film auf der Leinwand.

Wie gut erinnere ich mich noch an alles. Wenn ich auch anfangs glaubte, nun gibt es nichts Interessantes, gar bald fand ich ein anderes Vergnügen in Flur und Wald. Diesen Sommer wurde ich ein richtiger Wildfang, immer hinter den Buben her. Diese erfanden stets etwas Neues, und wir paar Mädeln machten gerne mit.

Unser Vater mußte seine frühere Arbeit aufgeben und einer Arbeit nachgehen, bei der er mehr verdiente. Wir hatten ja nun nicht mehr das Essen bei den Bauern, die freie Wohnung und die Tiere, welche uns Milch, Eier und Fleisch einbrachten. Alles, was wir in den Mund steckten, mußten wir nun kaufen. Fortan mußten wir Zins zahlen, und das Essen mußte genau eingeteilt werden. Zudem war Mutter nicht imstande, etwas dazuzuverdienen, brauchte Medikamente, leichte Kost, was wir alles einkalkulieren mußten. Ja, nicht mal uns konnte sie betreuen, mir die Haare kämmen, denn nicht mal ihre eigenen konnte sie pflegen. Sie hatte langes, bis zu den Knien reichendes, blau-schwarzes Haar, aber es mußte abgeschnitten werden, weil es niemand von uns hätte pflegen können. Durch das viele Liegen war es ganz verfilzt.

All dies, was uns betroffen hatte, konnte ich damals mit siebeneinhalb Jahren noch nicht verstehen, stets hatte ich nur meine Freude im Kopf, lief fort, zu Hause sah es doch allzu traurig aus. Schularbeiten und Aufgaben hatte ich nicht viel zu machen, außerdem hatte ich ja das schon gelernt, was ich nun wiederholen mußte.

Dann kamen die großen Ferien und damit noch mehr Freiheit zum Spielen. Mein Bruder blieb zu Haus, er mußte öfters etwas auswaschen oder ein Stück Wäsche ausbessern, leichte Sachen kochen und auch stricken hat er gelernt. Daher wußte auch er nicht, wo ich mich herumtrieb.

Als Vater heimkam, waren wir im Bett. Mutter machte sich bestimmt Sorgen, konnte aber nichts daran ändern. In ihren Gedanken sann sie sicher nach einem Ausweg aus all diesem Dilemma.

Einesteils konnte sie etwas Ruhe finden, wenn die Kinder fortliefen, zumal keine eigene Wohnung da war, um die Kinder im Hause zu halten. Anderseits können Eltern nicht immer nach den Kindern sehen, wie es in meinem Fall war.

Meine Cousine war ein recht scheues Mädel, das immer am Schürzenzipf der Mutter hing. Das hätte mir nicht behagt, nicht weil ich eine kranke Mutter hatte, nein, so etwas lag mir überhaupt nicht. Von klein auf erpicht, immer Neues zu erleben, suchte ich auch da nach Gelegenheiten.

Poldi, mein Cousin, kam schon bald aus der Schule, der wurde daheim gebraucht. Aber Karl, der nur drei Monate älter war als ich, an den schloß ich mich an. Er hatte seine Freunde, davon war einer der Wieser Hansel, ein Waisenknabe, den eine alte Frau in Pflege hatte. Diese hatte aber nicht den Ehrgeiz, ihn richtig zu erziehen, sondern dachte, wenn er keinen Hunger leidet, ist dies genug für das Pflegegeld. In der Schule taugte er nicht, war ein ständiges Ärgernis für den Lehrer.

Als er erwachsen war, kam er in eine Lehre, dort geriet er in schlechte Gesellschaft und wurde bei einem Einbruch vom Dach abgeschossen.

Ein anderer war ein Bub des Kuhhirten, doch da

er viele Geschwister hatte und auch der Hund für's Vieh abgerichtet war, konnte er öfter davonlaufen.

Dann war noch der Nöst Karl dabei, der Sohn eines geehrten Gemeindemitglieds und Spenglermeister, ein Jahr jünger als ich. Mädel war nur noch eine außer mir im Bunde.

Wir hatten nichts Geringeres vor, als uns im bereits beschriebenen Hohlweg eine Ritterburg zu bauen. Es standen am Abhang so schöne, breit ausladende Buchen, die gut geeignet waren für unser Vorhaben. Wir brauchten nur das dazu Nötige zusammenzustehlen. Vor allem brauchten wir Nägel und Bretter. Das war leicht zu beschaffen. Die Buben bauten daraus einen schönen Rittersitz. Die Bretter nagelten sie zwischen den Ästen zum Aufstieg an, in der Baumkrone wurde der Aufenthaltsraum eingerichtet. Wirklich genial für uns Kinder, nur die Gefahr war da, die kannten wir aber nicht.

Im Spiel waren wir alle jemand anderer. Einmal Burgherr und -herrin, ein Burgfräulein gab es und auch Ritter. Anderntags wurde abgewechselt. Als Vorbild hatten wir ja die ehemalige Burg, wenn auch schon Ruine, der Geschichten gab es genug zu lesen. Man brauchte also kein Fernsehen, um etwas nachzumachen. Wie oft liefen wir hinauf auf die Ruine, manchmal in der einen Stunde Mittagszeit, sei es nur um einen Stein in den Schloßbrunnen zu werfen und lange, lange zu lauschen, bis er ins Wasser klatschte. Soll doch der Brunnen erst im Ort Wasser geben. Er war zweimal eingezäunt, doch kletterten wir darüber. Die verfallenen Räume suchten wir alle ab, um etwas zu finden, was noch an die früheren Bewohner erinnerte. Man ließ eben die Phantasie spielen.

Der in den Burgmauern gedruckte Spruch sagte mir erst in späteren Jahren etwas:

„Das Alte stirbt, es ändert sich die Zeit,
und neues Leben blüht aus den Ruinen!"

Zuviel durften wir uns aber nicht auf „unserer" Burg aufhalten, es bestand ja stets die Gefahr, entdeckt zu werden. Das aber wollten wir auf jeden Fall vermeiden. Sie wäre ja dann nicht mehr allein „unsere" Burg gewesen, wenn andere Kinder davon gewußt hätten.

Schon gar nicht den Eltern konnte man sagen, wo wir waren. Das war damals so und ist auch heute noch so. Warum man wohl als Kind einen Freund oder eine Freundin in so manche Erlebnisse unter Verschwiegenheit einweiht, nie aber die Eltern? – Vielleicht nimmt man an, sie wissen ohnehin zu viel von uns, man will sie nicht noch mehr wissen lassen. Außerdem wollten sie ja auch alles anders haben als wir, was wohl mit ein Grund ist, ihnen nicht alles zu sagen. Man stellt sich auch vor, sie würden schon nie etwas erfahren. Sie erfahren aber alles einmal, das ist dann umso schlimmer. Das nimmt man dann eben hin, wie es kommt.

Wir verlebten einen schönen ungezwungenen Sommer, noch heute würde ich sagen: „Und schön war es doch!"

Solange meine Schulzeit dauerte, hatten wir vormittag und auch nachmittag, mit einer Pause von ein bis zwei Stunden Unterricht. Was konnte man in dieser Mittagszeit nicht alles anfangen!

In zwei Gruppen geteilt, spielten wir Räuber und Gendarm. Letzterer hatte die Räuber zu fangen, es wurden auch Gefangene gemacht, das Wichtigste aber war die Verfolgung. Da wurde gelaufen, hinauf zum Meierhof, hinab ins Tal (Foliau), hinauf übers Weingartleitner, runter ins Reißbachtal, wieder rauf zum Stangern und Lambacherweg. Waren dann noch nicht alle gefangen, wurden sie am Tribamerhügel umstellt und als Tribut zur Schule geführt. Kein Rennläufer macht heute mehr Bewegung als wir damals. Wenn wir überhitzt wieder in der Klasse saßen und dem Unterricht folgen sollten, war es doppelte Anstrengung.

Nächsten Tag gab es wieder ein anderes Ziel und Spiel. Im Schulhof wurden auch Spiele gespielt, das war aber nicht so schön wie über Berg und Tal zu laufen.

Einige der Spiele waren: „Schneider, Schneider leih' mir die Scher"; oder: „Herr Richter ich komm' klagen, ja was hat sich zugetragen? – Gerauft, gestohlen und geschlagen. Wer und wer? – Bringt ihn beim Ohrwaschel her" und viele andere.

War die Zeit zum Kugelscheiben, gab es nichts Wichtigeres. Der Sack mit Kugeln füllte sich zusehends, man brauchte nicht zu zählen.

Nicht immer lief ich mit den Buben. In einem größeren Ort gibt es viel mehr Kinder, die einander leicht erreichen, nicht so bei den Bauern, wo die Höfe weitverstreut liegen und die Kinder sich nur in der Schule treffen, bis auf einige, die den gleichen Heimweg haben.

Gleich über der Straße, in der wir wohnten, war das Arzthaus, in dem sieben Kinder waren, von denen wir oft eingeladen wurden. Der Arzt besuchte öfter meinen Onkel und einmal sagte er zu ihm: „Wir zwei geh'n miteinander!" Was er damit meinte, wußte ich nicht, aber es bezog sich bestimmt auf das Sterben. Der Arzt war lungenkrank und er starb tatsächlich nur drei Wochen später als mein Onkel. Die Arztfrau verkaufte Haus und Garten, zog mit den Kindern nach Wien, wo sie mehr Möglichkeit hatte, die Kinder aus eigener Kraft großzuziehen. Erst im Juli 1973 erfuhr ich von einer guten Schulkollegin, was aus allen geworden ist.

In Kirchschlag war die Schule schon vierklassig und da gab es auch eine Bibliothek. Wer gerne lesen wollte, konnte sich jede Woche zwei Bücher ausleihen. Das war eine herrliche Einrichtung für mich. Denn hatte ich etwas zu lesen, war alles andere uninteressant. Leider waren die Bücher für die unteren Klassen noch sehr dünn, mit wenig Lesestoff, bald waren sie verschlungen und es dauerte wieder eine Woche, ehe man sie umtauschen konnte. Vergessen habe ich alle 36 Christoph-Schmied-Bücher und viele andere nie. Wie könnte man bei den gut geschriebenen Büchern, die man liest, auf Schlechtes sinnen.

So verging der Sommer, der erste im neuen Heim. Als im August die Blätter von den Bäumen fielen, war es mit unserer Burgherrlichkeit auch zu Ende, jedermann hätte uns gesehen, wenn die Bäume kahl sind. Im Sommer hat uns nie wer entdeckt. Ich hörte auf, mit den Buben mitzulaufen, alles verliert einmal seinen Reiz. Doch glaube ich noch heute, daß es keine Schlechtigkeiten waren, die wir im Spiel erlebten, nur war eben so manches verboten.

Die Buben verlegten ihre Spiele auf weitere Ziele vom Ort weg. Sie waren nur noch drei. Der Halterbub mußte im Herbst schon beim Einbringen der Ernte und der Früchte helfen.

An einem sonnigen Tag trieben sie sich im Meierhofwald herum, zündeten beim Meierhof ein Feuer an und wollten ihn niederbrennen. Es wurde jedoch Gottseidank rechtzeitig entdeckt, die Folgen blieben aber nicht aus. Man brachte sie zur Polizei (Gendarmerie), dort mußten sie genau aussagen, wie alles zuging. Der Wieser Balthasar hatte die Streichhölzer seiner Pflegemutter entwendet, die beiden Karls schleppten das Brennbare herbei und Hansl unterhielt ein schönes Feuer, bis sie entdeckt wurden. Die Polizei konnte aber nichts mit ihnen machen, da ja keiner von ihnen 10 Jahre alt war. Die Eltern wurden geholt, ausgehandelt wurde alles erst in der Schule. Jeder bekam die schlechteste Betragennote. Hansl wurde in ein Heim gesteckt. Nöst Karl wurde, als er aus der Schule austrat und nach Amerika fahren wollte, per Schub zurückgeschickt. Mein Vetter bekam monatelang Hausarrest, wurde aber brav und anständig.

Als wir die Schule hinter uns hatten, wir uns verstreuten, habe ich ihn nur noch einmal gesehen. Er wohnte in Wien, Siebensterngasse, wo ich ihn einmal besuchte. Er hatte eine nette Frau und einen damals zehnjährigen Sohn. Später kam ich nie mehr hin und er nie nach Groß-Enzersdorf, wo wir damals wohnten.

Dieses Ereignis war ein richtiger Schock für uns Kinder im Haus, nur allzu gut merkten wir uns, daß man den Eltern folgen muß.

Der Beginn meines zweiten Schuljahres im September brachte wieder allerlei Unbekanntes und Neues. In der Landschule hatten wir einen lieben alten Herrn als Lehrer, der mich einmal auf der Straße aufhielt und zur Rede stellte, als wir schon in Kirchschlag wohnten: „Ja, sag' einmal, kannst du nicht grüßen? War ich denn ein so schlechter Lehrer, daß du dir nicht einmal das Grüßen gemerkt hast?" Wie habe ich mich da geschämt! Ich dachte, nun da ich einen neuen Lehrer habe, geht mich der alte nichts mehr an. Und gerade der lehrte uns, alle Menschen zu grüßen. Für die Buben galt der Spruch: „Mit dem Hut in der Hand, kommt man durch das ganze Land!" – Damit war gemeint, daß man den Hut mit der Hand vom Kopf nimmt, um zu grüßen. Mädchen sollten es von selbst mit Freundlichkeit tun.

Im Lesebuch gab es ein Lesestück das hieß: Die Spatzen unter dem Hut! Es gab genug Aufklärung, den Gruß immer und überall zu gebrauchen. Am Lande grüßen die Schulkinder heute noch jeden, der ihnen begegnet.

Mit dem Übertritt in die zweite Klasse bekamen wir, wie schon gesagt, einen neuen Lehrer. Er war ein großer, schlanker, junger Mann mit einer Stehfrisur, aber so streng, wie ich in der späteren Schulzeit nie wieder einen hatte.

Beim Unterricht sah er streng darauf, daß jedes Kind die Hände auf der Bank hatte. Erwischte er einmal ein Kind, das sich nur die Haare zurückstrich, kam er schon angerannt, es mußte die vier Finger auf die Bank legen, den Daumen unten halten und er schlug mit der Linealkante auf die Finger bis sie ganz blau waren. Die Striemen waren noch lange zu sehen, und man konnte gar nicht schreiben.

Wenn die Stunde um war, konnte man sie unter das kalte Wasser halten, das linderte etwas die ärgsten Schmerzen.

Ich glaube nicht, daß er einmal nur etwas übersah, was er bestrafen konnte. Lehrerinnen gab es damals nur im Handarbeiten. Kinder neigen doch fast alle, wenn sie nicht geistig beschränkt sind, zur Unruhe, so kamen fast alle mal dran, auch die braven.

Der Strafen gab es noch viele andere. Hinausstellen oder knien, hierbleiben oder Unmengen von Strafe schreiben. Die schöne, liebe Schule lernte ich gar bald von der anderen Seite kennen. Für mich war es nur gut, daß ich dies nicht lange mitmachen mußte.

Nach der Brandgeschichte, wo ich ja nicht dabei war, kam es zutage, daß ich doch oft mit den Buben spielte. Daraufhin sann meine Mutter, wie sie dies alles ändern könnte. Es bedurfte dann nur einiger Briefe.

Nach kaum zwei Monaten, die ich bei dem strengen Herrn Laumann in die zweite Klasse ging, kam eines Tages meine Taufpatin, die ältere Schwester meiner Mutter. Sie blieb ein paar Tage, unterdessen wurden meine Sachen gerichtet und eingepackt. Auch erfolgte die Abmeldung von der Schule. Es kam der Abschied, der mir nicht allzu schwerfiel, warum auch, ich lernte ja wieder etwas Neues kennen. Außerdem war bei meinter Tante doch die Großmutter, die ich sehr liebte.

Wir fuhren mit dem von zwei Pferden gezogenen Postwagen, bei dem noch der Lenker des Wagens aus einem Horn das liebliche: „Trara, die Post ist da“ in das Land hinaus schmetterte.

In vier Stunden waren wir am Bahnhof Edl tz-Grimmenstein, dort stiegen wir in den Zug. Ab Wiener Neustadt fuhren wir mit der Schneebergbahn bis Piesting. Das war also meine erste Reise, sowohl mit der Postkutsche als auch mit der Eisenbahn, die ich bewußt erlebte. Beim Begräbnis meines Großvaters war ich zwar ebenfalls mit Post und Bahn gefahren, hatte aber daran keine Erinnerung mehr, wohl weil ich krank gewesen war. Bei der Hinfahrt die Angst vor der Operation und bei der Heimfahrt die Schmerzen haben die Gedanken von der Fahrt sicher allzu sehr abgelenkt.

Wie bereits erwähnt, hatten Onkel und Tante ein schönes großes Haus mit Garten. Das versprach ebenfalls ein schönes Leben. Rundherum gab es viel Wald, ein munteres Bächlein war der Wegbegleiter bis zur Schule. Der Weg zur Schule war weit, er dauerte hin und zurück eineinhalb Stunden. Wir mußten schon um 7 Uhr aus dem Haus gehen, da war es noch dunkel, ebenso beim Heimweg. Im November, als ich umgeschult wurde, waren die Tage ja schon sehr kurz.

Als es Frühling wurde, der Bachrand mit Dotterblumen und Vergißmeinnicht gesäumt war, dauerte der Schulweg nicht so lang, da Eis und Schnee kein Hindernis mehr waren.

Mein Cousin Hermann ging wohl in die gleiche Schule, war mir aber um vier Klassen voraus, der hätte sich gar arg geschämt, ein so kleines Mädchen wie mich begleiten zu müssen. Doch gar bald lernte man die Mitschüler kennen und es fehlte nicht an Begleitung. In Waldegg, wo ich nun die zweite Klasse absolvierte, war nur ein Jahrgang in einer Klasse. Auch Buben und Mädchen waren getrennt. Es gab acht Buben- und acht Mädchenklassen. Wenn ich heute so zurückdenke, war es das schönste Schuljahr von allen acht.

Halbtagsunterricht gab es auch dort nicht. In der Mittagszeit konnte man den Kirchenstein ersteigen, wo

Tische und Bankerl waren, überall gab es schöne Spazierwege, die ich heute noch alle kenne.

Mein Onkel war Kupferschmied in der Kupferfabrik Knapp, dort bekamen die Kinder der Fabriksangehörigen in der Werksküche an jedem Schultag Suppe und ein paar Würstel. Ein wunderbares Geschenk, es erinnerte an die Würstel nach dem Sonntagskirchengang im Gasthaus drei bis vier Jahre vorher. Nur hatten wir es nun jeden Tag und sie schmeckten ebensogut.

In Waldegg war es auch, wo ich den ersten Film meines Lebens gesehen habe. Im Hotel Kuchner, einem großen modernen Hotel, diente ein großer Saal als Vorführungsraum. Noch heute findet dieser Saal für eine Hotelfachschule Verwendung.

Die Klassen gingen geschlossen dorthin. Es war das Jahr 1909, also 100 Jahre nach Andreas Hofers Tod. Im Unterricht lernten wir davon, nachher sahen wir den Film. Meinen zweiten Film sah ich erst zehn Jahre später. Er trug den Titel: „Gottes Mühlen mahlen langsam, aber schrecklich fein!"

Hermann sah ich fast nie in der Schule, seine Klasse war im dritten Stock und meine im Parterre. Mittags hatten wir eine Stunde länger frei, daher war unser Mahl längst verzehrt und wir schon wieder irgendwo unterwegs. Nachmittag war ich längst daheim, bis er aushatte.

Die kleine Emmi war eineinhalb Jahre alt, mit ihr konnte ich noch nicht viel anfangen. Deshalb lief ich immer hinter der Großmutter her. Ich half ihr, das Holz hineinzutragen, im Sommer bei der Gartenarbeit und beim Hofkehren. In einem Haus mit mehreren Räumen und einem großen Garten gibt es stets etwas zu tun. Im Gartenhaus konnte man so schön sitzen und handarbeiten. Hühner und Hasen gab es auch.

Meine Tante war ja ein so lieber Mensch, immer gut aufgelegt. Nie hörten wir ein Schimpfwort und schon gar nicht Zank und Streit. Sie war gesund und rüstig, ging zur Arbeit im Stollhof, denn die Großmutter machte ja zu Hause alles. Diese Tante war meinem Bruder und mir die zweite, liebe, gute Mutter, auch noch als wir längst erwachsen waren.

Solange unsere eigene Mutter noch lebte, konnte sie sich ihrer schweren Krankheit wegen uns nicht viel widmen, als wir sie aber nicht mehr hatten, brauchten wir um so notwendiger eine Mutter. Bei jeder Gelegenheit, die sich nur irgendwo bot, ob Weihnachten oder Ostern, waren wir bei dieser Tante, auch dann noch, als wir schon verheiratet waren. Von ihr habe ich alles gelernt, was man im Leben am notwendigsten braucht. In innigem Gedenken muß ich es sagen, alles Gute, wenn etwas in meinem Wesen ist, habe ich von ihr. Die Hände zu rühren, Nützliches zu tun, Verzeihen und Verstehen, alles habe ich von ihr gelernt. Nun ist es schon mehr als 20 Jahre her, daß diese liebe Tante nicht mehr ist. Eines Abends legte sie sich schlafen und am Morgen ruhten ihr Leib und die immer fleißigen Hände für immer.

So ist es kein Wunder, daß mir dieses Schuljahr viel zu schnell entschwand. Wir hatten eine Lehrerin, die einzige in meiner ganzen Schulzeit, die ich hatte. Diese gab sich mit jedem Kind sehr viel Mühe und hatte daher auch lauter brave und fleißige Kinder. Sie sah mich ungern scheiden, und auch den Mitschülerinnen tat es leid, als ich wieder Abschied nehmen mußte. In den Ferien konnte ich ja noch bleiben, doch zum neuen Schuljahr mußte ich wieder zu meinen Eltern.

Wieder daheim, hatten meine Eltern dann schon eine eigene Wohnung, gleich neben der meines Onkels. Eine alte Frau, die darin wohnte, starb heraus und wir bekamen die Wohnung. Wohl deswegen nahmen sie mich wieder zu sich. Inzwischen hatte ich viel gelernt, vor allem daß es anders auch gehen kann und muß, als nach dem eigenen Sinn.

Dies und auch noch das folgende Schuljahr hatten wir einen alten Lehrer, namens Pechthold, ein Südtiroler, der nachher, als ich wieder einen anderen bekam, in Pension ging. Dem hatte ich jedes Wort von den Lippen abgelesen. Nie konnte ich verstehen, daß es so dumme Buben gab, die den Lehrstoff nicht interessant fanden und daher nicht aufpaßten. Jede Störung, die den Lehrer ablenkte, wenn er die Unaufmerksamen zurechtweisen mußte, ärgerte mich.

In diesen beiden Jahren war ich noch zu jung, um zu begreifen, wie wertvoll ein guter Lehrer ist, kennt er doch oft die Kinder besser, als die eigenen Eltern, damals und auch heute.

Im letzten Schuljahr war schon Krieg, die jungen Lehrer mußten einrücken. (Zu dieser Zeit wußte ich schon, was einrücken heißt, wo ich als Kind glaubte, sie müssen in der Kirchen- oder Wirtshausbank weiter hineinrücken.) Da griff man wieder zurück auf die Pensionisten und holte sie zurück zur Schulbank. Mir ward das Glück zuteil, meinen alten Lehrer noch ein Jahr zu haben. In diesem Jahr lernte ich ihn erst richtig kennen und als Mensch verstehen. Habe ich in den früheren Jahren nur seine fesselnde, interessante Vortragsweise bewundert, so verstand ich dann auch seine Liebe und Güte zu den Kindern und wie vieles er uns für den weiteren Lebensweg mitgab.

Die Zeit bleibt nicht stehen, man lernt immer dazu, wird dadurch stets vernünftiger und gesetzter. Es gab mehr Aufgabe, dadurch war man schon mehr ans Haus gefesselt.

Mein Bruder mußte im Sommer schon zu den Bauern zum Ochsenhüten, und so mußte ich die kleinen Handgriffe, die er sonst tat, erledigen. Die Handarbeit interessierte mich ebenfalls sehr. In Waldegg haben wir viel Schönes gemacht, doch die Handarbeitslehrerin in Kirchschlag konnte uns nichts zeigen, da sie nicht einmal die einfachsten Sachen beherrschte.

Doch hatte ich von meiner Mutter zu Hause manch schöne Sachen in Handarbeit zu machen gelernt.

So ganz aber konnte ich das Davonlaufen doch nicht lassen. Meist war es nur eine Freundin, bei der man schnell hineinschauen mußte. Doch gab es auch andere Dinge, wie z.B. einen Zirkus, bei dessen geschäftigem Treiben man doch zusehen mußte. Verschwand man aber so heimlich von zu Hause, gab's dann am Abend Strafe, und zwar Arrest bis um 11 Uhr im Holzschuppen. Ein andermal waren es die Zigeuner, von denen ich etwas berichten will.

Die Zigeuner sind da!

Von all den Kindheitserinnerungen darf auch die an die Zigeuner nicht fehlen. Was hätte auch der Gegend den eigentlichen Zauber verliehen, ohne diese anhänglichen Zuwanderer, die oft über Nacht auftauchten, von ihren Lagerplätzen Besitz ergriffen, was oft nicht ohne Gendarmerie vor sich ging. Manchmal zogen sie nach einigen Tagen weiter, manchmal erst nach einigen Wochen. Warum sie ihren Aufenthalt manchmal lange ausdehnten, so daß es nichts mehr Neues und Seltsames war, ein anderes Mal aber wieder ganz kurz bemessen hatten, konnte man nicht in Erfahrung bringen. Sie hatten ganz bestimmte Lagerplätze, es mußte Wasser daneben sein, auch der Wald war immer ganz nahe. In Kirchschlag war es der Gemeindeanger. Da aber auf diesem Anger der Gemeindehirte sein Vieh weidete, waren diesen Nomaden bei allen Erwachsenen höchst unbeliebt, man kann es in den weiteren Zeilen lesen, welche Gründe dies hatte. Außerdem wurden dort im Sommer oft große Feste gefeiert, so zum Beispiel das Kaiserjubiläum, welches einige Wochen dauerte und wohl das Schönste war, woran ich mich erinnern kann, obwohl ich damals noch keine sieben Jahre alt war. Wenn der Platz also für Festlichkeiten gebraucht wurde, mußten die braunen Gesellen eben schleunigst weiterwandern.

„Die Zigeuner sind da!“ Wie ein Echo ging die Neuigkeit von ihrem Einzug von Mund zu Mund, von Haus zu Haus, von Gasse zu Gasse. Ein Ruf, der in allen Tonarten aufklang: bei den Erwachsenen, so wie man einer unvermeidlichen Landplage entgegensieht, und doch neben allem Argwohn mit einiger Neugier. Vor allem bei den jüngeren oder ärmeren Leuten, die um ihren Besitz und selbst um ihre vielen Kinder nicht zu bangen brauchten. Denn daß ein Kind je in den bewußten Buden verschwunden und mitgenommen worden wäre, war nur ein Märchen, das wegen des eigenen Kinderreichtums der Zigeuner noch unwahrscheinlicher erschien. Die Eltern schreckten zwar die Kinder damit, sie würden mitgenommen werden, nur damit sie den Nomaden nicht so nachlaufen und ihre Schulaufgaben und sonstigen Verpflichtungen darüber vergessen.

Zigeuner, die mit Zirkus und Tingel Tangel herumzogen, haben manchmal Kinder mitgenommen, um sich billiges Arbeitspersonal heranzuziehen. Trotz allem aber riefen wir Kinder den Satz: „Die Zigeuner sind da" mit einer Begeisterung, als gäbe es ein schönes Fest, einen fürchterlich schönen Brand oder eine Überschwemmung. Man hörte sie am Getrampel der kleinen Pferde und dem Gerumpel der bemalten Wagen, an den heiser lärmenden Stimmen der braunen, etwas verwilderten Menschen. Ein Wandervolk, überall gemieden und vertrieben, nirgends seßhaft, über den ganzen Erdball zerstreut. Das Lied vom Zigeunerknaben im Norden sagt uns, daß sie auch in Spanien zu finden sind. Angeblich sollen sie aus Indien stammen und schon vor Christi Geburt herumgewandert sein. Also schon viele Jahrhunderte unterwegs, über die ungarische Pußta wie über die endlose russische Steppe. Als Bettler und Händler am Wege, als Roßtäuscher auf den Märkten. Als Wahrsager und Kartenaufschläger, womit sie leichtgläubige Leute oft jahrelang in Unruhe versetzen konnten, bis zum Glück das vorhergesagte Unglück dann doch nicht eintraf.

In den Städten betätigten sie sich als lächelnde

Geigenvirtuosen. Oder wieder als ärmste aller Kreaturen auf der Landstraße, wo sie leben und sterben.

Sie sehen meistens arm und schmutzig aus, viele mögen es auch sein, es gibt aber auch Reiche unter ihnen. Es ging auch das Gerede um, sie hätten eine Wünschelrute, mit der sie Gold und Edelsteine finden können, soviel sie wollen, aber sie wollen eben nicht.

Sie sind eine eigene Nation und haben ihren König. Sogar die Blutrache gab es bei ihnen noch. In Kirchschlag Umgebung, damals war es noch Ungarn, gab es richtige Zigeunerdörfer.

Selbst Hitler konnte sie nicht in eine regelrechte Arbeit eingliedern. Wie es heute mit all den Orten steht, weiß ich nicht mehr, bald 50 Jahre sah und hörte ich nichts mehr von ihnen.

Solange ich noch bei meinen Eltern lebte, hatte ich Zeit, alles genau zu verfolgen, ihnen bis ins Lager nachzuschleichen. Wie man von früheren Zigeunern hörte, hatten sie noch silberne Wagenlaternen, silberbetreßtes Geschirr für ihre Pferde.

Ich glaubte weder an die Wünschelrute noch an ihren Zauber, es waren eben Leute, die in Lagern hausten. Sie stahlen nicht nur dem Herrgott den lieben Tag, soviel als möglich auch das Eigentum anderer Leute.

Das sah dann bei den Bauern, wo ich mir bereits mein Brot selber verdienen mußte, wesentlich anders aus. Wenn am Bauernhof der Ruf von den Zigeunern laut wurde, galt es sofort alles in Sicherheit zu bringen, was nicht niet- und nagelfest war. Leider konnte man das nicht bei der lebenden Kreatur machen. Die Wäsche wurde schnell von der Leine genommen, Obst oder andere mitnehmbare Sachen in den Keller gestellt. Doch verlegten sie ihre Bettelei dann genau auf jene Dinge, die im Keller waren.

Meist war die Bäuerin gerade allein und sie mußte

im Keller ein Glas Milch oder Obst holen, dann ließen sie in der Zwischenzeit so mancherlei aus der Küche mitgehen.

Gerne kamen sie auch, wenn die Dunkelheit hereinbrach oder tagsüber, wenn sie vorher ganau ausgekundschaftet hatten, daß alles am Felde war und zu Hause nur eine alte Mutter das Kleinkind betreute. Wenn es auch noch so ruhig im ganzen Haus war, hörte man kaum den Schritt der Frau, die lautlos und barfuß durch die Tür in die Küche trat. Damit kam etwas Krächzendes, in übel riechende Lumpen Gehülltes in den Raum, ein Bild der Verwahrlosung, wie es sonst nicht oft das Auge erschreckt. Ein Gesicht, dem eines alten Indianers ähnlich, erdbraun mit brandrotem Kopftuch. Den Oberkörper verhüllten nur Fetzen und Fransen, so noch die braune Brust und hinten sowie vorne je ein Säugling hervorlugte. An der Hand war noch ein etwa dreijähriges Kind und auf der anderen Seite hielt sich ein größerer, pfiffig ausschauender Lockenkopf am zerrissenen Rock fest. Kinder hatten sie immer genug mit zum Betteln, es mögen nicht immer die eigenen gewesen sein, da mußten alle herhalten.

Sogleich umringten sie alle die verlegene Bäuerin, die eben aus einem irdenen Topf dicken goldgelben Rahm in das Butterfaß leerte. Weitere Töpfe davon standen noch auf dem Fensterbrett. – (Das Buttermachen ist auch eine Arbeit, die der jüngeren Generation bereits unbekannt ist, da sie heute bei den Bauern nicht mehr ausgeübt wird, seit es die Molkereien gibt).

Die Augen der Zigeunerin umfaßten dies alles mit einem Blick, und schon an der Tür begann ein heiseres Bitten und Betteln, alle im Chor mit eigener Monotonie. Die Kleinen streckten die Hände aus und sagten ihr Sprüchlein auf, wie sie es auch auf der Straße bei allen erreichbaren Passanten taten. Wie hungrige Spatzen piepsten sie ihr angelerntes Bettellied, das durch die tiefere Stimme der Zigeunermutter oder -großmutter verstärkt wurde.

„Muoter" sagte sie dauernd, wobei die Betonung auf dem Buchstaben „o" lag. „Muoter, a Krügerl bloß für's kranke Kind, Gott wird's euch lohnen. Will's euch ja bezahlen!" Sie kramte ein paar Münzen hervor, welche die Bäuerin ja doch nicht nahm, weil es ja für das kranke Kind war. Eine dicke doppelte Schnitte Butterbrot, über den ganzen Laib abgeschnitten, nahm der schwarzlockige Bub in Empfang. Dies ermutigte die Zigeunerin weiter zu betteln, mit einer Bitt- und Danklitanei, woran sie alle Heiligen beteiligte.

Dabei wanderten ihre Augen ruhelos umher, sie sah die Bratäpfel im offenen Ofenrohr und nur für einen einzigen, den sie sich teilen wollten, erbat sie den Segen des Himmels für die ganze Familie.

Der eine Säugling schrie, der andere stimmte ein. Vergeblich versuchte die Bäuerin zu erklären, daß nun Schluß mit den Gaben sei, sie gäbe nichts mehr, nein! Doch die Zigeunerin versuchte, ob sie nicht doch noch ein wenig Topfen bekommen könnte. „Muoter, für's kranke Kind, der ist so gut, ja sogar ein Heilmittel sei er für's kranke Kind, bloß eine Handvoll, Muoter, drei Löffelchen für's kranke Kind . . . !" Auch das bekam sie noch.

Sie würde noch lange so weitergebettelt haben und auch noch allerlei erreicht haben, denn eine einzige Person im Hause brachte das Gesindel kaum hinaus, wäre nicht inzwischen der Bauer heimgekommen, der sie mit Schimpf' und Schelten samt ihrer Bande vom Hof jagte. Er hatte nämlich bei seiner Rückkehr einen größeren Schlingel im Hof draußen beim Hühnerstehlen erwischt.

Gestohlen wurde ja so ziemlich alles, was ihnen vor die Hände kam, sie konnten alles brauchen, ob Eßwaren, Werkzeug oder Körbe. An Haustieren nahmen sie nicht nur Hühner, Gänse und Enten, sogar

Ferkel und kleine Pferde ließen sie mitgehen. Daher ist es verständlich, daß sie bei ihren Lagern Wasser und einen Wald brauchten; zur Lagerung ihrer Diebsbeute oder auch um etwas verschwinden lassen zu können.

Das alles wußte ich freilich noch nicht, als ich bei meinen Eltern wohlbehütet zu Hause war. Für mich als Kind war das Zigeunerleben nur romantisch. Als ich später schon bei einem Bauern im Dienst war, genügte ein einziger solcher Zigeunerbesuch, um auch die andere Seite des Zigeunerlebens kennenzulernen. Es spielte sich doch immer wieder auf die selbe Weise ab.

Daher führe ich auch an, daß ich mir mein Brot selber verdienen mußte, und das im wahrsten Sinne des Wortes. Davon aber an anderer Stelle.

Hier will ich damit nur sagen, es lebt da überall in der Welt ein ganzes Volk, das sich keine Sorgen um sein Fortkommen macht, das besser lebt als jene anderen, die sie bestehlen. Die auch sonst alles haben, wofür sich andere schwer plagen müssen. An ihren Kindern, die nie eine Schule besuchten und nur zum Stehlen abgerichtet wurden, sah ich den Unterschied zwischen uns.

Obwohl auch wir noch Kinder waren, mußten wir schon in frühester Jugend das Elternhaus verlassen, um zu arbeiten, oft unter schwersten Bedingungen. Kinderarbeit wurde nicht bezahlt, da war das Essen schon zuviel, schon gar nicht gab es dafür Schuhe oder Kleider.

Vielleicht wird es meine Enkel und Urenkel einmal interessieren, die ja all das hier Angeführte nicht mehr kennenlernen. Doch gerade wenn man es nicht selbst erlebt, kann man es sich nur sehr schwer vorstellen.

Hier will ich noch ein schönes Zigeunerlied niederschreiben, für alle, die es nicht kennen sollten:

„Der Zigeunerknabe im Norden!“

1. *Fern im Süd' das schöne Spanien, dieses ist mein Heimatland, wo die schattigen Kastanien, rauschen an des Ebro Strand.*
2. *Wo die Mandeln rötlich blühen, wo die süße Traube winkt, wo die Rosen schöner blühen und das Mondlicht goldner blinkt.*
3. *Doch nun wandre ich mit der Laute, traurig hier von Haus zu Haus, doch kein helles Auge schaute freundlich je nach mir heraus.*
4. *Spärlich reicht man mir die Gaben, mürrisch heißet man mich gehn, ach, den armen braunen Knaben, will kein einziger verstehn.*
5. *Als man jüngst beim Erntefeste, einen großen Reigen hielt, hab' ich dort das Allerbeste, meiner Lieder aufgespielt.*
6. *Und wie sich die Paare schwangen, in der Abendsonne Gold, sind auf meinen braunen Wangen, heiße Tränen herabgerollt.*
7. *Dieser Nebel drückt mich nieder, der die Sonne mir entfernt, meine alten, lust'gen Lieder, hab' ich alle fast verlernt.*
8. *Fort nach Süden, fort nach Spanien, in das Land voll Sonnenschein, unterm Schatten der Kastanien, möcht ich einst begraben sein.*

Allerheiligen – „Vergelt's Gott"

Gemeint ist mit dem Wort der fromme Wunsch, daß der liebe Herrgott es bezahlen möge, da ich es selbst nicht kann. Wenn mir jemand etwas Gutes tut, worum ich innig bitte, im Voraus wissend, daß ich den Wert des Erbetenen nie zurückerstatten kann.

Diese Gläubigkeit, die im Volke lebte, verstanden am besten die Zigeuner auszunützen. Mit vielen Umschreibungen und großem Wortschwall erreichten sie alles was sie wollten.

Es gab aber auch die sogenannten verschämten Armen, die es nie gewagt hätten, bei Menschen, die genug hatten, um etwas zu bitten. Lieber hungerten oder verhungerten sie als betteln zu gehen. In der heutigen Zeit ist so etwas kaum mehr notwendig.

Damals gab es noch keine öffentliche Fürsorge, keine Caritas, keine Altersversorgung. Diese kannten auch meine Eltern noch nicht, denn auch mein Vater ruht schon seit 1934 unter der Erde. Nur für Staatsangestellte gab es eine Pension.

Umso wichtiger war das Sprichwort: „An Gottes Segen ist alles gelegen".

Die Bittprozessionen, um für das Gedeihen der Feldfrüchte zu beten, zeugten davon, daß der Bauer den Segen brauchte und alle anderen erst recht, die keine Frucht anbauen konnten, aber dennoch etwas zum Leben brauchten.

Von allem, was Gott wachsen ließ, wurde an die Armen abgegeben. Gab es im Schweinestall reichlichen

Nachwuchs, sodaß die Muttersau gar nicht alle ernähren konnte, gab man ein paar Ferkel an die Armen ab, die sie mit der Flasche aufzogen, und auch das um ein „Vergelt's Gott".

Milch gab man ebenfalls an die Armen ab. Eine Schale Kaffee konnte sich ein altes Mutterl nicht leisten, da der Zucker sehr teuer war, den man nicht für ein „Vergelt's Gott" bekam. Milch oder Einbrennsuppe leisteten die gleichen Dienste. Es gab ja nur Besitzende oder jene, die nichts ihr Eigen nannten, aber auch leben wollten.

Von dieser Sicht gesehen, wird auch der folgende Brauch besser verständlich sein.

Das ganze Jahr freuten wir uns genau so wie auf die Fronleichnamsprozession auch auf Allerheiligen. Da gab es das Heiligenstriezelgehen. Aber nur diesen einen Tag war das erlaubt, nicht vorher und auch nicht einen Tag später. Auch nur im eigenen Kirchensprengel durfte man gehen, denn in einem anderen waren ja ebenfalls genug Arme.

Schon lange vorher wurden die Säcke für das Einsammeln der kleinen Brotlaibchen gerichtet. Rucksack kannte man noch keinen, aber man verwendete leinerne Polsterbezüge, wo man am oberen Rand eine starke Schnur einzog und breite Träger annähte. Den ganzen Tag über gab es ein ganz schönes Gewicht zu schleppen, das noch schwerer zu ertragen war, wenn die Träger zu schmal waren und einschnitten.

Mit dem Teig eines Brotlaibes machten die Bauern acht bis zehn kleine Laibchen, die man Striezerl nannte. So an die 300–500 Stück brauchte man in einem Bauernhaus davon, wenn es nicht gar zu weit entlegen war und nur wenige Kinder hinkamen. Aber wenn es nur irgendwie möglich war, wurde kein Haus ausgelassen. Die Bauern mußten dazu oft eine Zeit von drei bis vier Tagen aufopfern, oft auch noch nachts.

Es wurden auch weiße Striezel gebacken, die für

Verwandte und Bekannte ausgeteilt wurden. Die richtigen Heiligenstriezel, die geflochtenen, angezuckerten, die bis zu einem Meter lang waren, in denen in der Mitte ein Geldstück eingesteckt war, bekamen die Kinder nur von ihren Taufpaten. Diese wurden aber beim Bäcker bestellt. Nur die vom gewöhnlichen Brotteig hergestellten wurden unter alle Leute verteilt. Im Einsammeln von Haus zu Haus waren es hauptsächlich Kinder, die das Privileg für sich in Anspruch nahmen. Es gingen aber auch viele alte Leute, die nicht mehr viel arbeiten konnten. Von den Erwachsenen ging kaum jemand. Die eigenen Kinder der Bauern gingen nur im näheren Umkreis der Nachbarn und da nur deshalb, um andere Brotsorten kosten zu können. Die Paten mußte man besuchen, um den Heiligenstriezel zu bekommen.

Eine Semmel oder ein Kipferl gab es das ganze Jahr hindurch nie. Darum freuten sich auch die Bauernkinder auf einen weißen Striezel und zu Ostern auf ein Kipferl mit einem Meter Umfang vom Paten.

Nun, wie ging das vor sich? – Die Kinder gingen bis zur Haustüre, stellten sich davor auf und riefen mit lauter Stimme: „Gelobt sei Jesus Christus, bitt' gar schön um an Heiligenstriezel".

Der Kettenhund hatte die Fremden schon überlaut angemeldet, sodaß die bittenden Stimmen sicher gehört wurden. Meist kam die Bäuerin heraus, um zu sehen, wer es ist. Waren sie unbekannt, so zählte sie, wie viele es sind, brachte die Striezel heraus und teilte sie aus. Die Kinder riefen im Chor: „Vergelt's Gott und alle Heiligen!" Und weiter ging's zum nächsten Haus, wo sich das Gleiche wiederholte. Unbekannte fragte man nur, wie sie hießen und wo sie wohnten, während man gute Bekannte in das Haus eintreten hieß und gut bewirtete.

Früh am Morgen mit Kaffee und Gugelhupf, untertags gab es das berühmte Allerheiligen-Schmalzkoch mit Rosinen und Honig. Oft mußte man ablehnen, wenn es die Leute auch noch so gut meinten, immer konnte man nicht essen, wenn man auch beim Herumlaufen einiges verdauen konnte. Die nicht Eingeladenen schrien manchmal zurück, wenn sie glaubten, nicht mehr gehört zu werden: „Gelt's Gott Allerheiligen, alte Schmalzbäuerin!"

Das Schmalzkoch, – mit Schmalz hatte es gar nichts zu tun – wurde nur mit Butter zubereitet, war etwas fester als ein Grießkoch und weicher, saftiger als ein Grießschmarren.

Solange wir im Bauernstüberl in Aigen wohnten, konnte ich nie mitgehen. Mit vier Jahren hatte ich den verbrannten Fuß, wo ich zu Allerheiligen gerade die ersten Gehversuche machte. Mit fünf Jahren war ich noch krank von der Mandeloperation. Mit sechs Jahren war ich ebenfalls krank, und bis die Nachwehen des Wurmnestes ausgeheilt waren, war schon Weihnachten. Gar zu weit konnten Kleinkinder ja ohnehin nicht mitgehen, ich aber konnte es vor der Schulzeit überhaupt nicht.

In Kirchschlag ging ich dann immer mit. Da war es dann so, daß wir die Frühmesse besuchen mußten, nachher konnten wir es kaum erwarten, im Markt von Haus zu Haus herumzuwandern.

Bauern gab es in Marktnähe nur drei, wo es Striezel gab, alle anderen in den Bürgerhäusern mußten das Brot selber beim Bäcker kaufen. Aber auch diese schlossen sich nicht aus und hatten etwas zu geben. Alle hatten hinten hinaus große Gärten und sie gaben eben, was sie selber hattten, das waren Äpfel, Birnen oder Nüsse. Manchmal auch ein paar Eier, die die Buben sorgfältig im Hut nach Hause brachten. Obst hätten wir sonst nie gehabt, Obst- und Gemüsegeschäfte gab es noch keine und die, die es selbst im Garten hatten, verkauften es nicht.

Wie froh waren wir, etwas Vorrat für ein „Vergelt's Gott" zu sammeln.

In ca. einer Stunde hatten wir die Häuser im Markt abgelaufen, dann ging es auswärts, wo die Häuser nicht mehr aneinander gereiht standen, sondern jedes Bauernhaus allein inmitten seiner Felder stand. Da mußte man weit von einem zum andern laufen.

Im Markt gingen wir allein von Haus zu Haus, zu den Bauern aber ging Vater mit. Er half uns aber nur tragen, in ein Haus hinein ging er nicht mit, sondern wartete draußen. Wenn wir gefragt wurden, wem wir gehören und wir sagten: „Dem Schneeweiß Seppel", gaben sie uns für Vater auch einen Striezel mit. Wenn wir hineingeboten wurden, mußten wir ihn holen.

Als erstes gingen wir den Weg nach Stang. Beim Riegelbauer fingen wir an. Die Tochter Roserl war meine Schulkameradin, sie und der Pürrer Pepi, wir saßen immer in einer Bank.

Meist sah sie uns schon von weitem kommen und lief uns entgegen. Da durfte Vater sich nicht absondern, er mußte gleich zu einem reichlichen Frühstück mit hineingehen.

Da gab es kein langes Aufhalten, es war noch ein weiter Weg. Wir gingen rechts und links der Straße in jedes Bauernhaus. Als wir nach Stang kamen, – es ist dies eine geschlossene Ortschaft –, hatten wir unsere Säcklein bereits gefüllt.

Im Dorfe selbst gab es wieder eine andere Novität, da wurden überall Pfemmerl verteilt. Es war dies ein Semmelteig, vom Bäcker angefertigt, die Bauern gaben dafür das Mehl hin. Bei den ärmeren Leuten gab es nur ein Stück, bei den reicheren zwei zusammengebackene.

Die brauchten nicht viel Platz, man konnte sie in einer Tasche unterbringen. Außerhalb des Ortes, beim Reitbauern, ging Vater mit hinein, und wir leerten alles Gesammelte in einen großen Sack und ließen diesen zur Aufbewahrung dort, bis ihn Vater an einem der nächsten Sonntage abholte.

Diese Leute kannte Vater gut, er arbeitete öfters dort und machte ihnen auch Streu- und Futterkörbe für den Hausgebrauch.

Weiter ging's zum Winterleitner, dann kam schon Aigen Nr. 1 und Nr. 2, wo mein Bruder und ich geboren wurden. Die Leute kannten uns aber nicht mehr, denn wir waren ja noch ganz klein, als wir wegzogen und wir gingen auch nicht in das Haus hinein.

Die nächsten Häuser waren Thomasdorf, eine Rotte mit drei Bauernhäusern, dann die Schöllbauern, wo es schon große Brote gab.

Goldknopf ließen wir aus, dies wäre eine halbe Wegstunde gewesen. Ins Tal gingen wir auch nicht, nur direkt nach Gehring. Da gab es fünf Bauernhäuser, einen Wirt und die Schule. Unsere Säcke waren wieder voll und wir leerten sie beim Luckas aus, zum Aufbewahren und Abholen. Von diesem Bauern ging auch eine Tochter mit mir in die gleiche Klasse. Heute ist sie in Kirchschlag verheiratet (Reisner).

Dort bekamen wir auch ein spätes Mittagessen, es war inzwischen fast 14 Uhr geworden. Das nächste war dann Straß, die Dornerbauern, wo wir nochmal ausleeren mußten.

Es gab drei Wege nach Hause, zwei über die Höhen und einen durch das Tal. Wir zählten die Häuser, wo wir am meisten erwarten konnten, und den Weg gingen wir. Mehr war nicht zu machen. Die anderen kamen ein anderes Jahr dran. Im November bricht die Dunkelheit schon früh ein und herumstolpern ohne Licht und Straßenbeleuchtung ging nicht. Der Tag verging viel zu rasch, doch die Füße waren müde genug.

Zur Allerseelenandacht kamen wir noch zurecht. Nachher berichteten wir Mutter, was wir den ganzen Tag erlebt hatten. Wir konnten unser Ergebnis ungefähr abzählen, weil wir wußten, wie viele Striezel in den Säcken zur Aufbewahrung waren.

Unser Ertrag betrug über 200 Stück. Vater kaufte

dann noch etwa 300 Stück von den Nachbarshalterbuben, die über Sommer von Ungarn zum Deutschlernen in Österreich Viehhüten mußten. Sie machten sich damit einen Verdienst, den sie auch brauchten, denn daheim waren sie noch ärmer. Einen Teil nahmen sie schon mit nach Hause, wenn sie zu Martini abgeholt wurden, aber soviel sie konnten, verkauften sie. Das Geld war eben überall knapp. Man braucht ja andere Lebensmittel auch außer Brot. Für die kleinen Stücke verlangten sie zwei Kreuzer, für die mittleren drei, für die großen fünf Kreuzer.

Was taten wir nun mit 500 Stück Heiligenstriezel?

Sie wurden in weitmaschige, gut luftdurchlässige Brennesselsäcke gefüllt und auf dem Dachboden frei zum Trocknen aufgehängt. Ganz frei mußten sie hängen, damit die Mäuse sie nicht annagen konnten. Zum Verbrauch wurden je drei bis vier Stück geholt, über Nacht in ein nasses Tuch eingeschlagen und nächsten Morgen im Backrohr aufgebacken.

Jederzeit hatten wir frisches Brot, und es schmeckte ausgezeichnet. Jedes Stück anders, wogegen das vom Bäcker immer den gleichen Geschmack hatte.

Wir kamen etwa vier bis fünf Monate damit aus. Dann kam Vater vom Dreschen heim. Damals wurde noch jede Frucht per Hand mit dem Dreschflegel ausgedroschen, wofür die Drescher den zehnten Teil der Frucht als Lohn bekamen. Da hatten wir wieder Brot zu essen. Ein Teil der Frucht wurde freilich auch verkauft, um auch andere Lebensmittel beschaffen zu können.

Man stelle sich nur vor, wie die armen Menschen damals alle gelebt hätten, wenn es das „Vergelt's Gott" nicht gegeben hätte. Winterschlaf kann der Mensch doch auch keinen machen.

Die Gebenden erwarteten dadurch, daß ihnen des Himmels reichster Segen zuteil werde. Das Sprichwort: „Geben ist seliger als nehmen" hat ja auch heute noch seine Gültigkeit.

Die Bauern selbst waren aber auch nicht reich, sie lebten genauso bescheiden wie ihre besitzlosen Mitmenschen. Die Felder kannten noch keinen Kunstdünger, der war zu teuer, der Ertrag war gering. Geld fehlte eben auch bei den Bauern.

Sie konnten auch weniger Vieh halten, nur soviel eben der Acker trug. Doch fuhren sie ohne Murren in die Mühle, das Mehl für die Heiligenstriezel zu besorgen. Die Bäuerin gab sich alle Mühe, daß nichts fehlging, und doch wurde sie von manchen noch verspottet.

Solange meine Schulzeit dauerte und noch zwei Jahre darüber, gab es diesen schönen Brauch. Er wurde aber nicht etwa von den Bauern selbst abgeschafft, war es doch ihr Eigentum, das sie verschenkten. Nein, es trat die Maul- und Klauenseuche auf und der Brauch wurde behördlich verboten.

Das nächste Jahr war das letzte Kriegsjahr, die Bauern mußten alles abliefern, hatten selber nichts. Die Nachkriegsjahre waren ebenso schlecht und dieser schöne Brauch fiel der Vergangenheit anheim. Dafür kam was anderes, besseres.

Die Menschen wurden aber dadurch nicht besser.

Das Wasser

Über das Wasser schreiben, warum, wozu? Ist es denn etwas Besonderes, Eigenartiges? Es sprudelt aus der Erde und ist überall zu finden. Oder vielleicht doch nicht?

Es gibt Wüsten, in denen das ganze Jahr kein Tropfen Wasser fällt. Ohne Wasser kann kein Mensch leben, doch nicht nur der Mensch, alles Leben auf Erden wäre zum Tod verurteilt.

Das neugeborene Kind wird als erstes gebadet, bevor es in Windeln gewickelt wird. Doch ohne Sonne, die allem Lebenden die nötige Wärme gibt, würde auch nichts wachsen, es gab ja einmal die Eiszeit.

So wie es in unserer Zeit ist, war es nicht immer. Wasser gab es bestimmt zu jeder Zeit, es war aber nicht eingefangen.

Man verwendete es viel mehr als heute zum Flößen. Die Baumstämme wurden von den Bergen zu Tal geschleift und auf dem Wasserweg weitergeleitet. Sie wurden mit Eisenklampfen zu einem Floß verbunden, damit kein Stamm verloren gehen konnte. Ein Fährmann lenkte dieses „Schiff" dann zu seinem Bestimmungsort. Es gab damals weder die Lastwagen noch die Straßen dazu, um dies anders als auf dem Wasser zu befördern.

Die großen Eisenwerke waren an einem Strom gebaut worden, und mit Wasserkraft wurde gearbeitet. Vieles andere gab es noch, das mit Wasser betrieben wurde. Über die Mühlen schrieb ich schon an anderer

Stelle. In frühester Jugend wurde ich damit vertraut, war schon das Wasser des Mühlbachs meine erste Liebe. Vielleicht stammt auch meine Unruhe, immer beschäftigt zu sein, vom Wasser her, das Tag und Nacht nicht stille steht, immer uns zu dienen bereit war und ist. Man sagte dem Müller das Wandern nach, das er vom Wasser gelernt hat.

Was wäre aber eine Mühle ohne Korn?

Zu allen Erzeugnissen braucht man Material, daher liegt es nahe, das Getreidefeld als Materiallieferer zu betrachten. Die Bittage vor Pfingsten wurden eifrig besucht, um für das Gedeihen der Feldfrüchte zu beten. Dazu wurden Prozessionen abgehalten, wobei man betend und singend durch die Felder und Fluren zog. Bei der nächsten Kapelle wurde eine Andacht verrichtet und die Felder mit Weihwasser besprengt. Ja, das tägliche Brot war ebenso wichtig wie das Wasser, denn mit Wasser und Brot kann der Mensch schon leben. Darum wurden auch die Getreidefelder heilig gehalten, daß man sie nicht betreten durfte, um ja nichts zu verwüsten. Doch waren manche gar zu verlockend. An vielen Stellen blühten die herrlichsten Blumen unter den Halmen, so bunt und lieblich. Die hochgewachsenen Kornraden, mit dem dunklen Becherkelch, wo die Bienen aus- und einschlüpften, die herrlichen Margeriten, die Kornblumen sahen einem mit ihren tiefblauen Augen entgegen, als würden sie sagen: Nimm mich mit! Der rote Mohn, zwar sehr verführerisch, doch pflückt man ihn, fallen die Blätter gar schnell ab und nichts bleibt von der Schönheit. Ganz am Boden breiten sich Kamillen aus, die für das Vieh bei Krankheiten in den Trunk gemischt wurden.

Dann noch die blauen Wicken, auch rote waren darunter. Diese rechnete man nicht zu den Blumen.

Wenn die Schnitter beim Mähen mit der Sense einen Zug machten, schwang sich durch das ganze Kornfeld ein Erzittern. Die Schnitterin, welche die

Mahd aufhob, mußte sich einige Male herumdrehen, um mit einem Arm voll los zu kommen. Das aber erfuhr ich erst später.

Als Kind sah man nur das Schöne. Betreten durfte man das Feld nicht, es blühte aber genug am Feldrande. Wo die letzte Furche gezogen war, gab es einen kleinen Graben, gerade passend für die Kinderfüße zum Sitzen.

Zog der Frühling in das Land, saß ich gern am Feldrand, pflückte Blumen und Wicken, um einen Strauß zu binden.

Heute würde man sagen, der Acker ist nicht gut bearbeitet, weil soviel Unkraut mitwächst, doch lag dies oft am Samen.

Sei es wie immer, Unkraut und Getreide brauchten Wasser, um gedeihen zu können, daher betete man um Regen und Verschonung vor Hagel. Die Unwetter vernichteten oft ganze Ernten.

Wie heißt es doch so schön in dem Müllerlied:

Wenn aber reichliche Körner das Ackerland trägt,
die Mühle dann schnell ihre Räder bewegt.
Schenkt uns der Himmel nur immer das Brot,
so sind wir geborgen und leiden nicht Not.
Es klappert die Mühle am rauschenden Bach,
bei Tag und bei Nacht ist der Müller stets wach,
er mahlet das Korn zu dem kräftigen Brot
und haben wir solches, so hat's keine Not.
Klipp, klapp, klipp klapp, klipp klapp.

Ja, wenn er mahlen konnte! Wie oft hätte er es gerne getan, es war doch sein Verdienst, aber er konnte es nicht, der Mühlbach hatte kein Wasser, wenn es längere Trockenzeiten gab und kein Regen fiel. Die Bauern mitsamt ihren Leuten hatten dann kein Brot und mußten Erdäpfel braten. Manche hatten noch welches von der alten Ernte, die halfen dann anderen aus, bis es wieder regnete. Mit den Dampfmühlen von heute könnte so ein Engpaß nicht mehr eintreten.

Wie war es im ganzen engeren Gebiet mit dem

Wasser bestellt? Nicht gerade zum besten. Wurde doch in der Hauptstadt Wien zu meiner Kinderzeit, unter Bürgermeister Lueger, die Erste Wiener Hochquellwasserleitung erbaut. Auf dem Lande gab es diesen Komfort noch lange nicht.

Die meisten Bauernhäuser hatten beim Haus einen kleinen Teich, die Lacke genannt. Daher auch der Hausname „Lackenbauer“. Diese hatte einen kleinen Zufluß und auch Abfluß. Dennoch konnte man es mehr als ein stehendes Gewässer bezeichnen.

Die Grillen hielten an schönen Sommertagen darinnen ihr Konzert ab, sie lieferten ganz umsonst die lieblichste Musik, ohne daß man jemals einen der Musikanten zu Gesicht bekam.

Die Gänse und Enten hatten einen Aufenthalt zum Schwimmen. Dies Gewässer setzte Grünspan an, die Rinder und Schafe mochten das nicht. Für diese mußte auch gesorgt werden, die brauchten mehr Wasser als alle Bewohner des Bauernhauses.

Nun, im Sommer war schon an irgend einem Graben ein kleines Wässerlein zu finden, das man auffangen konnte, um einen Trog vollaufen zu lassen. Alle Tiere stillten ihren Durst nicht zur gleichen Zeit, mittlerweile füllte sich der Trog wieder und lief dann über.

Nur in den Wintermonaten war sowohl die Lacke beim Haus als auch die Tränke für das Vieh zugefroren. Für den Hausgebrauch mußte man das ganze Jahr von einer sicheren Quelle das Wasser mit einem Spezialwagen in das Haus führen.

Es war dies ein großes Faß, das ungefähr 200 Liter faßte, auf einem zweirädrigen Karren befestigt, mit zwei Stangen beim Ochsenkummet eingehakt. Nur einen Ochsen konnte man anspannen, der konnte aber auch nicht mehr als die 200 Liter den Berg hinaufziehen. Zwei Tiere konnten auf den schmalen Steigen nicht nebeneinander gehen. So mußte es eines um so öfter tun.

Meist erforderte dies den ganzen Tag. Den Ochsen mußte man entweder beschlagen wie ein Pferd oder ihm dicke Säcke um die Klauen binden, damit er nicht rutschte. Im Winter bei Eis und Schnee half man sich auch damit, das Eis und den Schnee aufzutauen. Um die Tiere damit zu tränken, konnte man es gut verwenden, auch um die Schweine zu füttern, die ebenfalls noch mehr Wasser brauchten als der Mensch. Für die Hausbewohner mußte man allerdings das ganze Jahr Wasser führen.

Je nach Höhenlage der Bauernhäuser mußten die einen weit um Wasser fahren, andere mehr im Tal gelegene Höfe nur ein Stückchen ebenaus bis zur nächsten Quelle. Solche Quellen, wo das Wasser aus der Erde, vielmehr von einem Berg aus der Erde sprudelt, gab es genug. Manche Bauern mußten freilich zu Nachbarn fahren, wenn sie keine eigene hatten.

Wo das Wasser rauskam, hatte es ohnehin schon ein tiefes Loch ausgehöhlt, darüber baute man ein Dach, das man gut warm versorgte, damit es nicht zufror.

Ich erinnere mich gut, im Nachbarhaus hatten sie die Quelle mehr als zwei Meter tief mit Steinen ausgefaßt und mit einer langen Stange, an der ein kleiner hölzerner Eimer festgemacht war, zogen sie das Wasser herauf und trugen es mit einem Kübel in jeder Hand etwa 100 Meter hinauf zum Haus.

Einmal mußte die Stallmagd um Wasser gehen. Diese war ein älteres Mädchen und hatte keinerlei Angehörige. Sie litt an der hinfallenden Krankheit (Epilepsie). Als sie die Stange mit dem Eimer in das Wasser hinunter ließ, bekam sie plötzlich einen Anfall, wie dies bei dieser Krankheit ganz unvermutet kommt, und fiel dem Eimer nach.

Drei Tage lang wurde nach ihr gesucht, inzwischen aber das Wasser weiter verwendet. Erst dachte man, sie wäre davongelaufen, das taten Dienstboten oft. Daß der Eimer im Wasser war, das konnten Halterbuben getan haben.

Bis endlich der Geruch im Wasser auffiel, suchte man nach ihr im Brunnen mit langen Stangen und fand sie am Grund des Wassers. Die Leute sagten, nun ist sie wenigstens von der Krankheit und von schwerer Arbeit befreit. Sie bekam ein Armenbegräbnis, und niemand fragte mehr nach ihr.

Warum war es so schwer, Wasser herbeizuschaffen? Man muß annehmen, daß die Leute, die seit ihrer Ahnenzeit so gelebt hatten, nichts anderes kannten und vielleicht gar nicht daran dachten, es sich bequemer zu machen. Im alten Trott wurde eben weiter gemacht, wie auch bei all den alten Bräuchen. Eine andere Annahme könnte sein, daß man die Wünschelrute noch als Zauberei empfand und keinen Gebrauch davon machte. Es gab auch nur sehr wenige, die damit umzugehen verstanden, und die verlangten sehr viel Geld dafür, welches die Bauern ja nicht hatten.

Die Brunnengraber waren ebenfalls nicht erschwinglich. Die Bauern kamen erst zu Bargeld, als sie Kunstdünger verwendeten und dadurch doppelte und dreifache Erträge ihrer Äcker erzielten.

Es war um das Jahr 1910, wo sich die Bauern Brunnen schlagen ließen, wenn es nur irgendwie möglich war. Oft gruben sie an Stellen, wo die Wünschelrute Wasser angezeigt hatte, vier bis sechs Meter und mußten wieder zuschütten, weil kein Wasser auftrat.

An allen Abflüssen der Dachrinnen wurden Eimer und Wannen aufgestellt und das darin aufgefangene Wasser wurde zum Geschirrabwaschen, Wäsche und so ziemlich für alles im Haus verwendet, außer zum Essen und Trinken.

Das Waschen der Wäsche geschah ausschließlich mit Regenwasser, vorausgesetzt daß es regnete. Standen die Bottiche leer, wartete man mit dieser Arbeit, bis es wieder regnete. Es gab oft drei Monate keinen

Waschtag. Zum Schwemmen lud man die Wäsche in Körben auf einen Wagen und fuhr damit zum Bach. Dort wurde die Wäsche mit einem Holzpracker auf einer Bank bearbeitet. Das Klopfen mußte genau im Takt geschehen, wie beim „Drischel-Dreschen".

Im Sommer war das ein großer Spaß. Jedoch im Winter, wenn der Bach dick zugefroren war, mußte erst das Eis aufgehackt und angestaut werden, sodaß vier Wäscherinnen in einem Schaff, welches mit Stroh aufgefüllt war, im Wasser stehen konnten. Zwei auf jeder Seite, in der Mitte die Wäschebank.

Da herrschte manchesmal eine ungeheure Kälte, die alles erschwerte, denn 28 bis 30 Grad unter Null war das Übliche.

Es mußte nebenbei geheizt werden, denn ohne Wärmewasser, worin man die Hände von Zeit zu Zeit tauchen konnte, wäre es nicht zum Durchhalten gewesen, drei bis vier Stunden lang.

Jedes Wäschestück mußte bis zu dreimal geklopft und geschwemmt werden. Bettwäsche und Leintücher – letztere waren nur aus Hausleinen hergestellt – mußten zwei Wäscherinnen auswringen.

Das Wäscheaufhängen auf dem Hausboden konnte auch nur mit Wärmewasser durchgestanden werden. Vorher aber gab es eine gute Jause mit allerlei Leckerbissen, die es in keiner Jahreszeit sonst gab.

Da dies alles so beschwerlich war – manche Höfe mußten sehr weit zu einem Bach fahren – mußte nicht nur mit dem Wasser gespart werden, sondern auch mit der Wäsche. Öfter als einmal in der Woche durfte sie nicht gewechselt werden, die Knechte trugen sie oft noch viel länger.

Nicht selten fand man Läuse beim Waschen, Flöhe waren in jedem Bett zu finden. Bis zum Hals hinauf konnte man bei den Knechten die vielen Flohbisse sehen. Die Dienstboten schliefen im Winter im Stall und im Sommer in den Kellern, die bis zum Herbst leer waren.

Solange ich bei meinen Eltern wohnte, kannte ich dieses Getier nicht, obwohl ich viele Tiere kannte. Am Dienstplatz aber wurde ich davon nicht mehr verschont. Erst die Erfindung von DDT beendete diese menschlichen Qualen.

Das wäre das Wichtigste vom Wasser, was ich in der Kinderzeit erlebte und worüber ich erzählen kann.

In der Stadt gab es und gibt es heute noch in den alten Häusern die Bassena, an der die Hausbewohner Wasser holen und die Neuigkeiten austauschen. Noch vor einem viertel Jahrhundert mußte ich das Wasser für jeden Gebrauch mit Eimern sehr weit tragen. Auch dies gehört heute längst der Vergangenheit an.

Gerne denke ich zurück an die geliebte Mühle und auch an die Sägewerke. Alles wurde mit Wasser betrieben. Heute ist alles elektrifiziert. Die Menschen bauen Kraftwerke zur Elektrizitätserzeugung. Womit aber werden diese gespeist?

Es ist wieder das Wasser, wovon die Energie erzeugt wird. Gibt es wenig Niederschläge, gibt es auch wenig Strom.

Das Wasser ist das Urelement; doch wird es nicht mehr geachtet, genauso wenig wie das tägliche Brot.

Hier noch ein kleines Liedchen, welches eine Mühle und das dazugehörige Wasser besingt:

Da unten bei der Mühle, saß ich in stiller Ruh',
sah zu der Räder Spiele und sah dem Wasser zu.
Sah zu der blanken Säge, es war mir wie ein Traum,
die Bahn der langen Wege, an einem Tannenbaum.
Die Tanne war wie lebend, in Todesmelodie,
durch alle Fasern bebend, sang diese Worte sie:
„Du bist's für den wird werden, wenn kurz gewandert du,
dies Holz im Schoß der Erde, ein Schrein zur langen Ruh'!"
Vier Bretter sah ich fallen, es war um's Herz mir schwer,
ein Liedlein wollt' ich lallen, da ging das Rad nicht mehr.

Milch holen

Was ist das nun wieder? – Milch, die man heute in jedem Selbstbedienungsladen in jeder Form angeboten bekommt, die nimmt man beim Einkaufen eben mit. Es gibt sie verarbeitet zu Joghurt, Fru-Fru mit allen Früchten hergestellt, Baby-, Süß- und Sauermilch, ein Getränk, welches in meiner Jugend kein Mensch kannte. Da gibt es Süß- und Sauerrahm, Schlagobers. Auch dies ist ein Produkt, das erst in den letzten 50 Jahren seine Verwendung fand. Es würde zu lang werden, alles aufzuzählen, schon gar die zumindest 200 Käsesorten, welche die Milchindustrie heute erzeugt. Ja, die Industrie hat sich in allem für die Erzeugung der Waren verdient gemacht, für die maschinelle Verarbeitung dieser, sowie aller anderen landwirtschaftlichen Erzeugnisse.

Nur die Kuh braucht man noch, welche die Milch liefert, gemolken wird diese schon mit der Maschine. Wenn ich denke, wie schwer es war, melken zu lernen und wie lange man brauchte, um perfekt zu sein. Heute braucht man es nicht mehr.

Mein Schwager, der glücklich aus dem ersten Weltkrieg gesund nach Hause kam, erzählte uns oft folgende Episode:

Als im Jahre 1917 die Stadt Krakau zur Festung erklärt wurde, die Bewohner flüchteten und alles Vieh zurücklassen mußten, waren unsere Soldaten in den Stadtmauern eingeschlossen. Sie hatten fast keine Lebensmittel und hungerten schrecklich. Die Kühe standen in den Ställen, doch bei all den eingeschlossenen

Soldaten war keiner dabei, der sie hätte melken können. – Warum aber konnte keiner melken? – Nun, das war eben Frauenarbeit, ein Mann hielt es unter seiner Würde, solche Arbeit zu tun. Dies und noch vieles andere tat ein Mann nie, er fühlte sich zu Höherem berufen.

Bleiben wir aber bei der Milch, die neben Wasser und Brot das wichtigste Nahrungsmittel ist und auch bleiben wird. Leider ist es heute schon so, daß die Kinder in der Stadt aufwachsen und oft gar nicht mehr wissen, woher die Milch zur Erzeugung all der leckeren Sachen wirklich kommt. Wenn solch ein Stadtkind im Urlaub auf einem Bauernhof sehen kann, wie eine Kuh gemolken wird und dann zur Mutter gelaufen kommt und sagt: „Ich trinke hier keine Milch mehr, zu Hause holen wir die Milch von der Molkerei, aber hier wird sie einer braunen Kuh abgezapft!" Da liegt die Aufklärung allerdings sehr im Argen.

Wie es in der Stadt war, als ich ein Volksschulkind war, kann ich nicht wissen, am Land gab es jedenfalls noch keine Molkereien. Die Bauern lebten von dem, was Acker und Stall gab, gekauft wurde nur Salz für Mensch und Tier, Zucker war Luxus, Kaffee gab es nur an Festtagen, Mehlspeisen wie Germteig, Kaiserschmarren und dergleichen wurden ungezuckert gegessen.

Da die wenigsten Bauern Kunstdünger auf den Feldern verwendeten, war der Ertrag gering und es konnten nur wenige Kühe gehalten werden. Von den wenigen waren meist einige trächtig, wo sie die letzten drei Monate keine Milch gaben, von den anderen reichte sie oft kaum für den Hausgebrauch.

Morgens und abends gab es Tag für Tag nur Milchsuppe, zur Jause brauchte man oft Sauermilch und stand für Mittag einmal ein Milchstrudel auf dem Speiseplan, so mußte schon gespart werden, sonst gab es eben Grieß- oder Mohnstrudel, die in Wasser gekocht wurden.

Der Rahm wurde von aller Milch sorgfältig abgeschöpft und jede Woche wurde einmal in einem Holzfaß Butter gerührt. Als Brotaufstrich wurde im Haus nur Butter verwendet. Die Buttermilch war unter den Hausinsassen nicht begehrt und wurde meist den Schweinen ins Futter gegeben.

Nun bin ich auch schon beim Milchholen angelangt. Im Bauernhaus war den Leuten die Buttermilch als Nahrungsmittel nicht gut genug, doch meine Mutter dachte anders. Sie meinte, daß sie für Kinder ein vollwertiges Nachtmahl und sicher sehr gesund sei. Sie sprach mit einigen Bäuerinnen und bat sie, ob wir Kinder welche holen könnten. Es wurde ja nicht in jedem Bauernhaus am gleichen Tag Butter gemacht, sodaß wir einmal dort hingehen konnten, um welche zu holen und einmal da. Sie reichte dann für die ganze Woche und war dabei noch kostenlos, da man sie für ein „Vergelt's Gott" bekam.

Viele Freude machte uns diese Arbeit ja nicht, es war zu den nächsten Bauern weit zu gehen, oft war niemand zu Hause und wir mußten warten, bis jemand vom Feld kam. Wie viel Zeit ging da für das Spielen verloren! Mein Bruder ging ja nirgends allein wo hin, mich allein wollten die Eltern aber auch nicht schicken, da er doch fast zwei Jahre älter war, also gingen wir zusammen.

Einmal im Frühjahr mußten wir zum Gstettenbauer um Buttermilch gehen, wo wir jede Woche eine Kanne voll holen durften. Die leere Kanne trug ich, die volle mußte mein Bruder heimtragen. Wir gingen den ganzen Reißenbach entlang, mußten dann aber vom Bach abbiegen, da das Haus auf einem Bergrücken stand. In das Haus hinein mußte ich wie immer allein gehen und warten, bis ich die Milch bekam. Vorher aber recht schön bitten darum und nachher vielmals „Vergelt's Gott" sagen, was ich gar nicht gerne tat. Hätte ich es nicht getan, würden es die Eltern erfahren haben und wir hätten die Milch nicht mehr holen dürfen, denn darin war man sehr streng.

Als ich vom Berg herab kam, saß mein Bruder nicht wie sonst immer auf der Brücke und sah den Forellen im Wasser zu. Soviel ich auch gerufen habe, er kam nicht.

Ich lief den Bach entlang und schrie was ich konnte, doch alles war umsonst. All meine Gedanken kreisten nur darum, wie lieb und teuer er mir war und nun fand ich ihn nicht mehr.

Lange blieb ich sitzen und überlegte, was ich tun sollte, bis ich dann doch die Kanne nahm und den Heimweg antrat. Ich spürte das Gewicht der Kanne gar nicht, denn was war die Kanne und die Plage, die ich mit ihr hatte, gegen meinen großen Schmerz.

Laut heulend ging ich den Weg zurück. Von den am Weg liegenden Häusern kamen die Leute herausgelaufen um zu fragen, was mir passiert sei. Nur stoßweise konnte ich sagen: „Meinen Bruder finde ich nicht mehr" und schluchzend ging ich weiter.

Mehr als eine halbe Stunde mochte ich wohl gegangen sein, als er, nicht mehr weit von daheim entfernt, bei der heutigen Hauptschule, nachgerannt kam. Als erstes trocknete er meine Tränen, wusch mir beim Bach das Gesicht, dann mußten wir uns noch eine Weile hinsetzen, bis das Stoßen vom vielen Schluchzen aufhörte. Immer wieder bat er mich, nur nichts daheim zu erzählen, um ja keine Strafe zu bekommen. – Wo aber war er geblieben? –

Im Frühling, wenn die Weidenbäume austreiben, suchen die Buben schöne astlose Stücke abzuschneiden, die sie dann klopfen, die dünne Hautrinde abziehen und Pfeiferl daraus machen. Auf der Suche nach den schönsten Weidenruten hatte er sich immer mehr entfernt, ja so weit gar, daß er mein Rufen nicht mehr hatte hören können. Bis ihm endlich einfiel, daß es schon spät sein müßte, lief er mir atemlos nach. Die

Leute sagten ihm von meinem Geheul und er lief noch mehr, um mich noch zu erreichen, ehe ich heimkam. Es ging alles gut, die Eltern erfuhren nichts, nur wir beide wußten darum.

Warum Kinder vor den Eltern ihre Geheimnisse haben, sie sind doch die nächsten Angehörigen? – Ich meine, wenn man zu den Eltern das „Du“ sagen kann, kann man vertrauter mit ihnen reden. Ob es stimmt, weiß ich nicht, das könnten mir meine Kinder sagen, die uns nicht mehr mit „Sie“ anreden mußten.

Auf dem Lande ist es auch heute noch üblich, daß die Leute, die nicht Selbsterzeuger sind, aus der nächsten Umgebung bei einem Bauern ihre Milch holen. Erstens deswegen, weil sie da noch reines Naturprodukt beziehen können. Die Bauern bekommen von der Molkerei die Milch nach dem Fettgehalt bezahlt, der meist fünf Prozent ausmacht. Wird die Milch von der Molkerei bezogen, beträgt der Fettghalt für Konsumenten nur mehr drei Prozent, bei Kindermilch dreieinhalb Prozent. Das andere Fett wird zur Buttererzeugung verwendet. Zweitens kauft der Kunde beim Bauern die Milch wesentlich billiger und der Erzeuger verdient trotzdem noch mehr, als er von der Molkerei dafür bekommt.

Die nahe an einem Ort gelegenen Bauern haben auch heute noch viele Milchkunden, beide sind zufrieden. Den Mehrpreis in der Molkerei steckt der Zwischenhandel ein. Die Bauern sind jedoch verpflichtet, der Genossenschaft (deren Mitglieder sie ja sind) ihre Milch je nach Viehhaltung abzuliefern.

Wie es in der Stadt mit der Milchversorgung bestellt war zu der Zeit, als es auf dem Lande noch keine Molkereien gab, weiß ich nicht, in meiner Heimat wurde die erste Molkerei um 1920–1939 erbaut und in Betrieb genommen.

Viele Bauern ließen sich nicht überreden oder überzeugen, daß das „Neue“ gut ist für den Fortschritt.

Warum soll auf einmal das „Alte“ nicht mehr gut genug sein und machten nach dem alten Trott weiter. Milch und Eier waren Einnahmsquelle der Bäuerin, der Bauer beglich Steuern und Anschaffungen mit den Einnahmen von Vieh und Getreide, welches im Haus nicht gebraucht wurde und zum Verkauf blieb.

Wie schon gesagt, wurde die Milch früher im Haus entrahmt und Butter selbst erzeugt. Jede Woche kam der Händler und kaufte Butter und Eier. War Milch genug vorhanden, gab man sie den kleinen Ferkeln, wenn sie von der Muttersau wegmußten. Zur Schweinemast fand sie ebenfalls Verwendung.

Als dann später die Milch zur Gänze in der Molkerei abgeliefert wurde, mußten die Bauern Topfen und Butter selbst in der Molkerei kaufen, natürlich zum Erzeugerpreis. Auch Molke (das ist Topfenabfall) und Magermilch wird ihnen je nach Anlieferung und Absatz in den Kannen zurückgeschickt. Heute kassiert auch das Milchgeld der Bauer, die Bäuerin muß sich mit der Hühnerzucht allein behelfen, um Kleidung und Schuhe für das Hausgesinde zu kaufen. Die wenigsten haben noch einen Knecht oder eine Magd, meist sind es nur noch Familienbetriebe. Ist das nicht eine Großleistung? Die Landwirtschaft kommt zu 90 Prozent für die Ernährung im Lande auf und der Bauer muß alle Arbeit mit Hilfe der Maschinen allein machen, seine Kinder gehen in die Stadt, um mehr zu verdienen.

Wie ist doch alles anders geworden!

Buttermilch, die einst verfüttert wurde, mit der nur die armen Leute etwas anzufangen wußten, ist heute wieder Volksnahrungsmittel geworden. Daß sie vollwertig ist und dies auch erkannt wurde, sagt uns schon der Preis, der mit der Vollmilch gleich ist. Trotzdem wird das Bier von den Erwachsenen bevorzugt und für die Milch muß man die Werbetrommel rühren. Milch in jeder Form ist gut – Milch gibt Lebenskraft und Mut! So und ähnlich lauten die Werbetexte.

Bis zu meinem achten Lebensjahr hatten wir stets zwei Ziegen, spöttisch „Eisenbahnerkühe" genannt, und brauchten die Milch nicht zu kaufen. Als wir aber nach Kirchschlag in Miete umzogen, galt auch für uns die Suche, wo wir noch als Milchkundschaft angenommen werden.

In den von Kirchschlag 20 bis 30 Minuten Fußweg entfernten Meierhöfen in Aigen, konnten wir jeden Tag holen, was wir brauchten. Die beiden Meierhöfe gehörten einem ungarischen Großgrundbesitzer, die Kinder des Verwalters gingen mit uns zur Schule. Eine Tochter, die mit mir gleich alt war, wurde meine beste Freundin, Sie starb mit 30 Jahren in der Frauenklinik in Wien, Spitalgasse, wo ich sie noch öfter besuchte, an Krebs.

Ihre Eltern waren uns Kindern gut gesinnt, hatten Mitleid mit unserer kranken Mutter, wir konnten jederzeit Milch holen, wenn wir welche brauchten.

Es war ja damals nicht so, daß man die Milch in den Kühlschrank stellen konnte, wo sie mehrere Tage aufbewahrt werden kann, ohne sauer zu werden.

Ich selbst bekam meinen ersten Kühlschrank mit 66 Jahren. Auch für die Bauern gab es noch keine Kühlmaschine, wo sie die Milch durchlaufen lassen, und sie dadurch länger haltbar ist.

In der warmen Jahreszeit konnte man die Milch nur früh morgens und spät abends holen. Dann mußte sie sofort abgekocht werden, damit sie wenigstens den ganzen Tag über haltbar war.

Einmal trug es sich zu, daß wir Kinder abends müde ins Bett fielen, um sofort einzuschlafen, aber unsere Ruhe sollte nicht lange dauern.

Meine Mutter bekam einen schweren Anfall, brauchte dringend eine Schale Milch zu trinken, doch es war keine im Haus. Welchen Anfall und was die Milch damit zu tun hatte, weiß ich leider nicht. Wie ich bereits erwähnt habe, hat man mir nie etwas darüber verraten und es wußte überhaupt niemand Genaues. Den Arzt hörte ich sagen, sie soll nur weißes Fleisch essen von Hühnchen und Tauben, nur Milch statt Kaffee und jeden Tag ein Glas Wein.

Mein Schlaf wurde in jener Nacht dadurch gestört, daß im Zimmer Licht brannte, ich Schritte hörte und auf meinen Bruder eingeredet wurde, er soll schnell zum Meierhof gehen, um Milch zu holen. Er weigerte sich aber und sagte er fürchte sich, soll doch ich gehen. Vater aber entgegnete ihm: „Du bist doch ein Bub und es steht dir zu, man kann doch ein Mädchen um elf Uhr nachts nicht allein durch den Wald gehen lassen." Dies alles hörte ich nur so im Halbschlaf, man weckte mich schließlich doch auf und ich sollte eben mitgehen, wie immer.

Aber auch zum Mitgehen war mein Bruder um nichts auf der Welt zu bewegen. Vater konnte die Mutter nicht allein lassen, was sollte sie auch mit uns zwei Kindern anfangen, die sich nicht zu helfen wüßten, falls es mit ihrem Anfall schlimmer würde.

Ich zog mich schnell an, nahm die Kanne und ging los. Was sagte mir das schon, daß es fast Mitternacht und stockfinster war. Diesen Weg, den ich Tag für Tag bei Tageslicht ging, fand ich auch bei Nacht. Man mußte den Kreuzwegberg steil hinauf gehen, ehe man in den Wald eintrat. Auch der Wald war mir ja vertraut, ich kannte jeden Baum und wußte genau, wo ich war. Wer sollte mir etwas in den Weg legen. Ich ging wohl sehr schnell, denn meine Mutter wartete ja sehr, bis ich mit der Milch kam.

Als ich auf dem Meierhof an das Fenster klopfte, war die Hetlinger Mutter (das war die Frau des Verwalters) sehr erstaunt, mich allein zu sehen, stand aber sofort auf, füllte mir die Kanne mit Milch, und ich machte mich auf den Rückweg. Den Berg hinunter laufen konnte man in viel kürzerer Zeit.

Zuhause war ich schnell wieder im Bett und schlief

weiter. Am Morgen konnte ich mich gar nicht gleich erinnern, daß ich nachts Milch holen war. „Ach du schöne goldene Kinderzeit! Wer das im Alter auch noch könnte.“

Das Milchholen nahm noch lange kein Ende. Ich tat es noch mit 16 Jahren im Ersten Weltkrieg. Da war die Milch streng rationiert. Meine Mutter bekam, da sie schwer krank war und von der Milch leben mußte, laut ärztlicher Bescheinigung einen Liter pro Tag. Mein Vater als Erwachsener und Normalverbraucher ein Achtel Liter und ich, weil ich noch jugendlich war, ein Viertel Liter. Das Groteske dabei war, daß die Milch für jeden von uns drei einem anderen Haus zugeteilt war. Vaters Achtel konnte ich gleich über der Brücke beim Schiefer holen. Die hatten nur drei Kühe und brauchten weniger abgeben. Hätte ich doch dieses Achtel gleich für zwei Tage holen können, aber nein, jeden Tag mußte es geholt werden.

Dies also waren einige meiner Erinnerungen an das „Milchholen“.

Das dritte Schuljahr

Frohe, selige Kinderzeit! – Das war sie wirklich. Noch war sie es, wie ich sie in der dritten Volksschulklasse sah. Doch schwarze Wolken zogen bereits auf. Für die Eltern war die Zeit bestimmt nicht so froh. Sicher machten sie sich Sorgen, wie sie mit uns beiden Kindern durchkommen werden, wo doch die Mutter schon jahrelang krank war, nicht einmal das Allernötigste konnte sie verrichten. Mit den Kindern aber über irgend welche Sorgen zu sprechen, das wäre unmöglich gewesen. Man vermied peinlich, daß sie auch nur ein Wort hören konnten. Diese wurden dann nur vor die zwingenden Tatsachen gestellt, wenn es sich nicht mehr vermeiden ließ, ihnen etwas zu sagen. Wie sollte man da wissen von der Eltern Sorgen.

Wie schon erwähnt, machte ich das zweite Schuljahr bei meiner Tante in Waldegg, dort ging es mir sehr gut, was das Essen betraf.

Mein Onkel arbeitete in der Kupferfabrik und verdiente gut. Kleider hatte ich aber nur zwei. Meine Tante kaufte mir dann ein Dirndlkleid, schwarzer Grund mit schönem Blumenmuster, dazu eine weiße Bluse. Das trug ich viele Jahre.

In den Ferien fuhr ich nach Hause, da hatten meine Eltern inzwischen eine eigene Wohnung bekommen, gleich neben Onkels Wohnung. So blieb ich wieder bei meinen Eltern und machte die dritte Klasse in Kirchschlag.

Vom Lernen ist eigentlich nichts zu sagen, ich

hatte immer lauter Einser. Doch es gab mehrere Schüler und Schülerinnen meines Jahrganges, die diese Noten erreichten. Wir waren sieben Mädchen und davon hatten vier ein solches Zeugnis. Es wurde davon auch keine Notiz genommen, noch gab es irgend eine Belohnung dafür. Darum erwähne ich es auch nur so nebenbei. Über meinen geliebten, alten Lehrer, der uns soviel für das Leben mitgab, habe ich ja bereits geschrieben.

So bleiben nur noch die wichtigsten Erlebnisse aufzuschreiben. Da war gleich zu Beginn des neuen Schuljahres eines der traurigsten, daß mein Onkel starb. Diese Familie, der wir so viel zu verdanken hatten, wurde so schwer getroffen. War doch der kleine Peter erst vier Jahre alt, die anderen drei auch noch im Schulalter.

Wie auch sonst bei allem, was sich innerhalb oder außerhalb der Familien ereignete, wußten wir Kinder nichts, hörten nicht die kleinste Andeutung, daß es dem Onkel schlecht ging. Selbst seine eigenen Kinder hatten nicht die geringste Ahnung, daß ihr Vater im Sterben lag, obwohl Poldi schon im 14. Lebensjahr war.

Abends wurden wir Kinder wie gewöhnlich zu Bett geschickt, die vier schliefen alle im Kabinett, da wir ja schon die Wohnung nebenan hatten. Am Morgen wurden wir alle sechs wie jeden Tag geweckt und in die Kirche zur Messe geschickt. Als wir aus der Kirche herauskamen, läutete eben das Zügenglöcklein. Dies ist eine kleine Glocke, die immer geläutet wurde, wenn jemand in der Gemeinde starb.

Erst wird abgewartet, wie oft das Läuten unterbrochen wird, bei einer Unterbrechung ist es eine Frau, bei zwei ist es ein Mann.

Diesmal war es ein Mann. Unter dem Durchgang des Turmes, der Schwibbogen genannt, begegnete mir meines Onkels ledige Tochter, die eben zur Schule ging und fragte mich, wer denn gestorben sei. Ich wußte es nicht. Schon gar nicht, daß es ihr Vater war. Ich wartete auf die Buben, die immer später aus der Kirche kamen, da sie sich nach dem Ministrieren umziehen mußten. Die mußten es ja schon wissen, für wen der Mesner geläutet hatte.

Und sie wußten es bereits, waren sie doch genau so erschrocken wie ich und noch viel mehr die eigenen Kinder, die soeben erfuhren, ihren Vater verloren zu haben. Wir waren alle so erschrocken und zitterten, als wenn man uns aus einem kalten Wasser gezogen hätte. Zu Hause konnten wir nichts essen und mußten dann gleich zur Schule. Es wurde uns nur gesagt, leise zu sein und den Mund zu halten. Niemand sprach ein Wort oder erzählte uns, wie alles war und wie es dazu kam.

Zwei Tage später geleiteten wir unsern Onkel zu seiner letzten Ruhestätte. Zurück ließ er eine trauernde Witwe und vier unmündige Kinder. Nun mußte die arme Mutter sehen, wie sie weiter zurecht kam. Ein Jahr lang führte sie mit dem Gesellen den Witwenbetrieb weiter. Dann gab sie das Geschäft auf. Ein anderer Schneidermeister kaufte das Geschäft samt Wohnung. Die Tante nahm sich eine Zimmer-Küche-Wohnung und ging arbeiten.

Poldi, der Älteste, kam nach Wr. Neustadt in eine Schlosserlehre. Die anderen wuchsen auch heran, aber nur meine gleichnamige Cousine lernte die Schneiderei. Sie und Onkels ledige Tochter heirateten später zwei Brüder. Solange ich in Kirchschlag war, nähte sie mir meine Kleider. Als sie heiratete, zog sie mit Mann und Mutter nach Wimpassing, wo sie einen Bäckerbetrieb führten.

So sind mir die liebsten Menschen aus meiner Kindheit alle entschwunden. Es lag wohl so in der Familie, denn wie ich eingangs erzählte, verkehrte ja auch Vater nie mit seinen Geschwistern.

Wenn ich an die Zeit denke, wo ich einmal nicht mehr sein werde, wäre es mir bei meinem Hinscheiden ein lieber Trost, wenn sich meine Kinder, solange sie leben, gut verstehen würden. Dazu etwas tun, daß es so wäre, kann ich heute freilich nicht mehr.

Doch das Leben geht auch nach dem Tode eines lieben Menschen weiter. Es nimmt seinen Gang wie immer und überall. Die Sorgen lernte ich bereits verstehen, denn sonst wüßte ich ja nichts mehr davon.

Es kam Allerheiligen und ich durfte das letzte Mal Heiligenstriezel sammeln gehen. Weihnachten verging so wie jedes Jahr meiner Kindheit ohne ein einziges Geschenk. Nur die kirchliche Feier erinnerte daran. Doch es sagte auch niemand von den Schulfreunden, daß sie dies oder jenes bekommen hätten. So brauchte man auch nicht mit Neid auf andere sehen.

Nach Weihnachten begann die Faschingszeit, die auf dem Lande viel Lustbarkeiten bietet. Sind doch die meisten Hochzeiten im Fasching. Schon der Einzug in die Kirche kündigte eine große Feier an. Böller wurden abgeschossen, die Musik spielte lustige Weisen und das Übliche war die Zehn-Uhr-Brautmesse. Um zirka elf Uhr war sie aus, da hatten wir gerade eine Viertelstunde Pause in der Schule. Das reichte aus, um von der Kirche bis zum Gasthaus mitzulaufen.

Manchmal kamen wir auch zu spät in die Schule, doch die Lehrer hatten Verständnis für diese Sitte.

Bei jeder Hochzeit gab es eine Brautmutter mit einem großen Henkelkorb voll mit Krapfen. Davon warf sie mal auf die eine Seite des Zuges, dann auf die andere Seite eine Handvoll Krapfen aus, die Kinder balgten sich im Schnee darum. Manchmal warf sie auch den Schwächeren eine Handvoll zu. Wenn man Glück hatte, konnte man fünf Stück und noch mehr davon erwischen. Was machte es schon aus, wenn sie in den Schnee fielen, ein wenig naß wurden, es war trotzdem eine einmalig gute Speise, die man zu Hause das ganze Jahr nicht bekam. Heute bekommt man sie überall zu kaufen, das gab es damals nicht.

Wir achteten nicht auf die schöne Musik und die Böllerschüsse, die Furchtsamen zuckten wohl etwas beim Knall zusammen, rannten aber doch mit den anderen mit. Hernach hieß es schnell wieder zur Schule laufen. War das Gasthaus, in dem die Tafel bestellt war, weit entfernt, wurde es ohnehin später als die Pause dauerte. Die Gedanken waren nachher doch nicht mehr beim Lernen.

Am Abend war noch der Zug der Maskerer, die Braut wurde gestohlen, dem Bräutigam eine Falsche vorgesetzt, die ihn beschuldigte, ein Kind von ihm zu haben, er ließ sie sitzen und allein für das Kind sorgen, was manchmal sogar der Wahrheit entsprach.

Da versammelte sich groß und klein, um sich nichts entgehen zu lassen. Manche Leute sahen sich all das Lustige nur an, um vielleicht ein Gläschen Wein zu bekommen, die Kinder bekamen oft von einem bekannten Hochzeitsgast ein Stück Gugelhupf. – Doppelte Freude für alle.

Im Fasching gab es auch noch die Faschingsumzüge, die nur die Jugend veranstaltete, Burschen und Mädchen. Alle waren unkenntlich verkleidet. In den ländlichen Orten kannte jeder den anderen, aber man konnte nie erraten, wer denn die alle waren. Mit vielen Fahrzeugen kamen sie angefahren. Vom Schubkarren bis zum Leiterwagen. Das vornehmste Fahrzeug war ein Landauer, gezogen von zwei Schimmeln. Darin war die Faschingsbraut, die meist als Negerin verkleidet war, ihr Bräutigam mit den beiden Beiständen. Sie fuhren erst einmal zur Trauung, die selbstverständlich im Gasthaus stattfand und wo der Standesbeamte schon auf sie wartete.

Am Umzug nahmen auch alle Handwerksgruppen teil und führten allerlei Kunststücke auf. Daneben kamen auch noch die Kasperl zu ihrem Recht. Die Kinder liefen stundenlang während des Umzuges nebenher, bis sich der Umzug auflöste und die Maskierten im Wirtshaus verschwanden. Dort konnten sie endlich die Masken ablegen und die ganze Nacht durchtanzen. Diese Tanzvergnügen wurden in mehreren Gasthäusern abgehalten, eines reichte nicht aus. Wollten ja auch andere das Tanzbein schwingen, die nicht beim Umzug dabei waren. Das war noch echte, fröhliche Lustbarkeit, nicht so wie in der Stadt, wo die modernen Bälle mit prunkvollen Kostümen abgehalten werden.

Nicht selten aber wurde am Tanzboden auch gerauft, doch das gehörte zur Herausforderung der gegenseitigen Kräfte dazu. Viel zufriedener ging dann jeder nach Hause und hatte schöne Erinnerungen für ein ganzes Jahr.

Schon der kleine Hirtenbub kennt diese Zufriedenheit, im Liede wiedergegeben, drückt es sich etwa so aus:

Wenn morgens in alla Fruah' die Sunn' aufgeht,
von seiner Liegerstott der Hüterbua aufsteht;
stott sein' Morgengebet do juchatzt er voll Freud,
es steht nichts auf über die Zufriedenheit.
Am Land wenn Fasching ist, do geht's gar lustig zua,
do streit' und rauft' a jeder echte Bauernbua;
ans, zwa, drei Loch im Kopf, die muaß a jeder hob'n für gwiß,
ja weil er sunst des ganze Jahr net z'frieden ist.

Nichts aber dauert ewig, die schönen Tage nehmen nur allzu bald ein Ende. Mit dem Winteraustreiben (dieser Brauch wird bis heute noch gepflegt) hat dann die Tanzerei ein vorläufiges Ende gefunden. Es kommt wieder mehr Ernst in's Leben, die Fastenzeit beginnt. Diese wurde damals noch sehr streng eingehalten, es gab während der 40 Tage nicht einmal Fleisch zu essen. Bei den älteren Leuten durften auch keine Eier gegessen werden. Gekocht wurde nur mit Leinöl. Daher heißt es im Volksmund: „Wenn der März kein Fleisch bekommt, nimmt er ein paar alte Weiber mehr.“ Das heißt, wenn

Ostern erst im April ist oder der Aschermittwoch noch im Februar, ist der ganze März Fastenzeit, da sterben viele alte Leute.

In der Fastenzeit wurde auch in den Schulen mit dem Erstkommunionsunterricht begonnen. Diese Feier wurde ehemals am weißen Sonntag abgehalten.

Meist war es zu dieser Zeit noch sehr kalt und die kleinen Mädchen, die ohnehin in ihren weißen Kleidern vor Aufregung zitterten, froren sehr. So hatte man diesen Tag auf den letzten Sonntag vor Pfingsten verlegt.

Die Kinder wurden ausnahmslos erst in der dritten Volksschulklasse zugelassen. Wenn sie mit dem Lernen nicht zurecht kamen, waren sie oft schon elf oder zwölf Jahre alt.

Oh, wie groß war meine Freude, ich durfte zur Kommunion gehen! Vom Katechismus alles zu lernen machte mir keine Schwierigkeiten. Ja, ich mußte noch viel mehr lernen, da ich eine Woche nach Pfingsten gleich zur Firmung gehen sollte.

Meine Mutter wollte es so, da ich nun ein weißes Kleid hatte, in späteren Jahren würde es zu klein sein und nochmal eines kaufen konnten sie nicht. Grund genug, mich zu freuen und besonders glücklich zu sein!

Vorerst kam Ostern, ein von mir stets sehr geliebtes Fest, wo es so viel zu erleben gab. Die Zeremonien feierte ich leidend und freudig mit. Am Palmsonntag durfte ich erstmals bei den Sängern mitwirken. Welch freudigen Eindruck machte mir das Lied: „Singt dem König Freudenpsalmen, Völker ebnet seine Bahn, Tochter Sion streu' ihm Palmen, denn dein König kommt heran". Es wurde deutsch gesungen, wo man jedes Wort verstand, nicht so wie bei den lateinischen Texten, die an der Kirchentür gesungen wurden.

Später im Dienst durfte ich dann nicht mehr singen gehen. Da hieß es: „Bei der gnädigsten Zeit, wo die meiste Arbeit ist, willst davonlaufen zu den Proben, immer dabei sein, bei Begräbnissen und Feiertagen, da wärst du ja überhaupt zu keiner Arbeit zu haben". Das waren Stiche, die sehr weh taten, noch aber wußte ich nicht, wie es noch kommen sollte.

Im Kommunionsunterricht erzählte uns der Katechet von den kirchlichen Festen. Weihnachten, das große Fest. Gott sandte seinen Sohn auf die Welt, der Erlöser und Heiland ist. Die Freude unter den Menschen war groß. Frieden und Freude auf Erden, die auch noch heute in jedem Haus bereitet werden.

Das größte aller Feste aber ist Ostern, wo der Sohn Gottes sein Erlösungswerk vollbrachte und allen, die daran glauben, mit seinem Tod und Auferstehung das ewige Leben erworben hat.

Es steht geschrieben: „Jeder, der an mich glaubt, wird leben, auch wenn er gestorben ist". Solch große Worte machten immer enormen Eindruck auf mich.

Sind es heute bei den Kindern die Geschenke zu den jeweiligen Feiertagen, die wir ja nicht kannten, so waren für uns die Feste ausnahmslos dem Religiösen zugeordnet.

Auch diese letzten Ostern, die ich noch in meinem Elternhaus verbrachte, gab es für uns Kinder keine Geschenke, auch nicht von unserer Taufpatin. Diese Tante, Mutters ältere Schwester, wohnte weit weg, dort kannte man den Osterbrauch mit Ostereiern, große Kipfeln mit Geldstück nicht.

Nur mein Bruder brachte vom Ratschengehen viele gute Sachen heim, so hatten wir auch unseren Teil an Köstlichkeiten. Der Mensch kann nicht nur Gutes haben im Leben. Zum Verzicht wurde ich von frühester Jugend an erzogen, es macht mir auch im Alter nichts aus, sehr bescheiden zu leben.

Wie sich Ostern im Kreise der Familien abspielte, schrieb ich bereits. Hinzufügen will ich noch etwas von Tieren, die um Ostern als Legende oder Sage im Kirchlichen vorkommen. Diese Legenden sind vor vielen Jahren aus dem Osten gekommen und auch bei uns heimisch geworden. – Um welche Tiere handelt es sich da? –

Der erste ist der Esel, der schon bei der Geburt Jesu in Bethlehem mit den Ochsen an der Krippe stand, wie wir im Neuen Testament lesen können. Man nennt den Esel zwar störrisch, er ist jedoch ein ungemein gutmütiges Tier.

Ritt einmal ein ungestümer Junge auf einem Esel und wollte mit ihm Kunststücke im Galopp aufführen. Andere Esel riefen dem geplagten Artgenossen zu, er solle es doch dem Knaben entgelten lassen, aber der Esel meinte nur: „Welche Ehre würde es mir bringen, wenn ich den wilden Knaben abwerfe?“

Daher wird auch Jesus beim Einzug in Jerusalem einen Esel benützt haben und kein Pferd. Der Esel gehört nun einmal zu den Tieren in der Ostergeschichte.

Dann kommt die Henne. Man braucht sie zwar nur zum Eierlegen, holt doch der Hase von der Henne die Eier, wie es im Märchen heißt, da er ja selber keine legt. Diese beiden Tiere sind die wichtigsten für die Kinder zu Ostern. Manchmal sieht man auch Entlein dabei, sie sind ja artverwandt.

Trotzdem gibt es aber keine Osterhenne, sondern nur einen Osterhasen. Warum wohl? Es scheint, daß nur sehr friedliche Tiere dazu Aufnahme fanden.

Sehen wir uns den Hasen einmal an. Er besitzt keinerlei Waffen, um seine Feinde abzuwehren. Er hat keine Krallen, er beißt nicht, nur mit der Geschwindigkeit ist er Hunden und anderem Getier voraus. Er wird beim Jagen nur erreicht, wenn er seine Jungen bewacht, die er nie im Stich lassen würde, um zu fliehen. Die kleinen Hasen sehen gleich nach der Geburt und können auch in ein paar Tagen selbst grüne Blätter knabbern.

Auch der Hahn gehört zu den von Jesus erwähnten Tieren. Sprach er doch zu Petrus: „Ehe der Hahn zweimal kräht, wirst du mich dreimal verleugnen!“ Einer Legende nach, beschwerte sich der Hahn dieses

Ausspruchs wegen bei Jesus, daß er dadurch in Verruf kam. Jesus aber sagte ihm: „Du kommst auf den Kirchturm, da kannst du dich in alle Richtungen drehen, bist der Höchste und kannst alle Hühnerscharen übersehen, bist der Herr über sie.“ Der Hahn war zufrieden.

Auch das Lamm darf nicht vergessen werden. Das Osterlamm, die Speise, die Jesus beim letzten Abendmahle mit seinen Jüngern genossen hatte. Bei jeder Messe beten wir doch: „Oh du Lamm Gottes . . .“

Im ersten Lebensjahr nennt man dieses Tier Lämmlein oder Lamm, später ist es ein Schaf. Jesus sagte doch auch zu Petrus: „Weide meine Lämmer, weide meine Schafe!“ Die Schafe sind auch sehr nützlich. Zweimal im Jahr kommen sie zur Schur, das gibt gute Wolle zur Bekleidung und Verarbeitung zu Stoffen. Auch Schafkäse wird erzeugt.

Dann kommt noch die Taube. Wohl kommt sie erst zu Pfingsten an die Reihe, wo man ebenfalls ein Tier erwählte, das die Gestalt des heiligen Geistes versinnbildlichen soll. Wie sollte man einen hl. Geist anders darstellen. Doch davon schrieb ich ja schon.

Die Schwalben wären noch anzuführen, die ebenfalls zur Osterzeit bei uns ihren Einzug halten und sich gerne in der Kirche aufhalten.

Nachdem nun Ostern vorbei waren, mußte ich fleißig lernen, denn die paar Wochen bis zur Erstkommunion waren schnell um. Ein neues Kleid gab es auch für diesen Tag nicht. Aus einigen alten Sachen nähte mir meine Tante eine weiße Bluse, dazu einen Rock mit Rüschen, um die Mitte ein breites blaues Band, hinten mit einer großen Masche, ein Kränzlein im Haar und ich konnte mich in die Schar einreihen.

Es gab auch andere, die kein weißes Kleid hatten. Wichtig war, daß das kleine Kinderherz rein weiß war, und kein Fleck es trübte.

Nur noch einmal möchte man so hold, so schön und rein sein. Es schleicht Wehmut sich ins Herz hinein.

Könnten wir doch nach unserem Tode so rein vor dem Herrgott stehen.

Am Sonntag nach Pfingsten, dem lieblichen Fest, ging es dann zur Firmung. Wir *gingen* tatsächlich. Wir, das waren mein Vater und mein Bruder, der ebenfalls mit mir gefirmt wurde. Unsere Firmpaten waren Onkel und Tante, Mutters jüngste Schwester. Der Tante starb kurz vorher das einzige Kind, ein Mäderl mit zwei Jahren. Sie was sehr traurig und leiderfüllt. Die Gedanken waren bei dem verstorbenen Kind, den ganzen Tag weinte sie still vor sich hin. Der Onkel war überhaupt ein großer Schweiger, ich habe ihn nie zehn Worte auf einmal reden gehört. Sie führten aber eine gute Ehe zusammen. Später hatten sie noch zwei Söhne, die beide im Zweiten Weltkrieg gefallen sind. Die beiden Paten kamen von Weidmannsfeld, wir aus Kirchschlag nach Wiener Neustadt zur Firmung.

Am Samstag nach Pfingsten gingen wir wie gewöhnlich um sieben Uhr früh zur Messe, bei dieser gleich zur Beichte und Kommunion. Anstatt zur Schule, nahmen wir zu Hause schnell unser Frühstück ein, um uns dann gleich einer Prozession anzuschließen, die indessen in der Kirche den Reisesegen erbeten hatte und nun auszog, um nach Katzelsdorf wallfahrten zu gehen. Bis dorthin sind es fast 50 Kilometer zu gehen. Da hieß es tüchtig ausschreiten, was die kleine Füße der Neunjährigen oft nicht bewältigen konnten.

Nachdem wir die ersten 25 Kilometer bis Edlitz-Grimmenstein geschafft hatten, sah Vater ein, daß er mit uns die zweiten 25 Kilometer nicht mehr schaffen würde. Die Wallfahrer machten im Gasthaus Mittagspause, wir warteten auf einen Zugsanschluß und fuhren dann mit der Bahn nach Erlach, bis Katzelsdorf mußten wir wieder zu Fuß gehen. Als wir den Ort erreichten, kamen eine Stunde später schon die Wallfahrer nach. In der Kirche wurde eine Andacht für die Wallfahrer abgehalten, dann noch Maiandacht und Segen.

Die darauffolgende Quartiersuche war erfolglos. Wir mußten uns entschließen, wie viele andere auch, in einer Scheune um geringes Entgelt zu übernachten. Zu beiden Seiten der Scheune war Stroh ausgebreitet, wo wir auf dem bloßen Stroh ohne Laken, mit einer Pferdedecke zugedeckt schlafen konnten. Ungefähr 100 Personen verbrachten so die Nacht in der Scheune. Es wurde lange geredet, viel gehustet, manche mußten aufstehen und austreten, wobei sie oft über mehrere Schlafende steigen mußten. So gab es die ganze Nacht wenig Ruhe.

Um sechs Uhr früh standen wir auf, dann mußte man sich anstellen, um sich beim Brunnen waschen zu können, die Kleider ein wenig in Ordnung bringen, wir hatten ja alle damit geschlafen.

Wir hatten ziemlich weit zu gehen in die Kirche zur Sieben-Uhr-Messe, wobei man wieder zur Kommunion gehen konnte. Nach der Messe tranken wir im Gasthaus eine Schale Kaffee, Brot hatten wir selber mit. Nachher hatten wir wieder eine Stunde Fußmarsch bis Wr. Neustadt, wo Onkel und Tante an einem vorher bestimmten Ort schon auf uns warteten. Die Tante zog mir in einem Hausflur das weiße Kleid an, machte die eingedrehten Haare auf und richtete mich zurecht, damit sie sich mit ihrem Firmling nicht zu schämen brauchte.

Ein Bub hat es da leichter, dem braucht man nur das Firmungssträußchen am Rockaufschlag mit einer Nadel festmachen, die Mädchen bekommen noch ein Kränzchen auf's Haar gesetzt, auf das man wieder aufpassen mußte.

Scharenweise kamen die Paten mit ihren Firmlingen heran und wir reihten uns auch ein. In der Klosterkirche wurden wir gefirmt. In allen Gängen und Seitenschiffen wurden wir aufgestellt, auf einer Seite die Männer, auf der anderen die Frauen mit ihren Firmlingen. Volle vier Stunden waren wir so angestellt. Wie oft man da von einem Fuß auf den anderen steigt, ist nicht zu zählen, vom Hunger ganz abgesehen. Endlich sah man den Bischof mit seinem Gefolge herankommen. Es dauerte aber noch lange, bis beide Seiten fertig waren und auch wir drankamen.

Wie groß war dann meine Freude, als wir aus der Kirche in den Sonnenschein kamen, ich nicht mehr stillstehen mußte, was eine riesige Qual für mich war. Stillstehen war nie meine starke Seite.

Nach der Firmung suchten wir ein Gasthaus, wo man gut essen konnte. Sonst gab es ja nichts als ein gutes Essen, weder Geschenke noch Vergnügungen, wie es heute üblich ist. Die Luftballons gab es zwar und nur zu gerne hätte ich einen gehabt. Ich bekam ihn aber nicht, denn es hieß nur, sie fliegen schnell davon und das können sich nur reiche Leute leisten. Und solche waren wir alle nicht. Viel Unterschied zwischen reich und arm kannte ich nicht. Hatten doch die anderen auch nicht mehr bekommen.

Es dauerte aber noch sehr lange, bis wir im Gasthaus das Essen bekamen. Der Durst war dann ärger als der Hunger und wir tranken ein Kracherl nach dem anderen, bis das Essen kam, war der Hunger vorbei. Nachher gab's noch allerlei Süßes, Schaumrollen, Zuckerl und man trank noch mehr.

Vater, Onkel und Tante hatten sich lange nicht gesehen und wußten sich viel zu erzählen. Sicher ist das Problem der Kinder damals besprochen worden. – Ich konnte mich nach der Firmung nur noch sechs Wochen meines Elternhauses erfreuen. Es war gut, daß ich es nicht wußte. –

Ich achtete auch nicht auf das Wirtshausgespräch meiner Lieben, ich sehnte mich hinaus, da ich nun einmal in der Stadt war, wollte ich etwas sehen. Da sie aber keine Anstalten machten, aufzustehen und fortzugehen, schlich ich mich allein davon. Wo ich hingehen wollte, wußte ich ja nicht, kannte mich ja nicht aus in einer Stadt, die ich noch nie gesehen hatte, ich ging eben weiter. Als ich ganz nahe die Bahn pfeifen hörte, ging ich dem Pfiff nach und kam zum Bahnhof.

Etwas Schöneres und Interessanteres hätte ich nicht aufspüren können. In den Bahnhof hineinzugehen, kam mir gar nicht in den Sinn, doch zwischen den Bahngebäuden war ein breiter, hoher Lattenzaun, hinter dem konnte ich schön alle Geleise übersehen.

War das etwas Schönes, noch nie Gesehenes!

Ein Zug kam an, viele Leute mit Koffern und anderem Gepäck stiegen aus. Ein anderer Zug fuhr in die entgegengesetzte Richtung ab, die Leute kamen eilig heran, um den Zug noch zu erreichen. Vergessen waren meine Angehörigen, Zeit und Raum, an nichts dachte ich mehr als an das herrliche Geschehen da vor meinen Augen. Wie lange ich vor dem Zaun stand, wußte ich nicht. Im Gasthaus haben sie mich ja auch nicht gleich vermißt und glaubten, ich sei im Hof oder gehe durch andere Zimmer. Als ich aber nicht zurückkam, machten sich alle auf, um mich zu suchen. Wo sie auch überall suchten, sie fanden mich nicht. Es ist schwer, in einer großen Stadt ein kleines Mädchen zu suchen und zu finden.

Einige Stunden mußten wohl vergangen sein, als mein Bruder ebenfalls auf das Pfeifen, Pfauchen und Rauchen der Züge aufmerksam wurde und mich gleich dort vermutete. Ich habe sie nicht herankommen gehört, schaute mich auch nicht um, zu spannend war das Geschehen vor mir. Sie aber sahen mich schon von weitem. Geschimpft haben sie alle genug, wie ich das tun könnte, ich müßte doch erst fragen, wenn ich wo hingehen wollte. Obwohl ich das Sprichwort: „Wer lange fragt, geht leicht irr" damals noch nicht kannte, wußte ich doch, daß sie mich nicht hätten gehen lassen, wenn ich erst gefragt hätte. Jedenfalls bekam ich keine Schläge oder andere Strafe. Vielleicht dachten sie ein wenig auch selbst schuld zu sein und auf das Kind achten zu müssen.

Es wurde dann schon spät und Zeit zum Nach-Hause-Fahren. Onkel und Tante hatten ja daheim eine kleine Wirtschaft mit Schweinen und Ziegen, die am Abend versorgt werden müssen. Sie fuhren ab, so wie wir, als wir einen Zug hatten. Nach Hause brauchten wir nicht mehr zu Fuß zu gehen.

Ich wollte das Fahren im Zug recht genießen und viel beim Fenster hinausschauen. Leider sah ich bald nichts mehr, denn übermüdet von dem ereignisreichen Tag schlief ich nur zu rasch ein. Aber auch den Schlaf konnte ich nicht lange genießen. Durch das Rütteln des Zuges rebellierte der Magen und ich erbrach. Alles was ich gegessen und getrunken hatte, mußte heraus. Zuerst das lange Fasten, nachher alles durcheinander essen und trinken, soviel der Magen fassen konnte, wie sollte das gut gehen? Man sagt nicht umsonst: Der frißt wie ein Firmling.

Nun hatte mein Vater auch noch diese Schererei mit mir. Zuerst die Angst um das verlorene Kind und dann das im Zug. Es war eine hohe Strafe zu zahlen für die Verunreinigung des Zuges. Wie die Männer alle, hatte er ein rotkariertes großes Taschentuch, damit wischte er alles säuberlich auf, nahm auch noch das Tuch, in dem die Kleider eingewickelt waren, wusch alles im Klosett aus und der Platz war reiner als vorher. Eine Zeitung hatte ja damals noch niemand, denn wer sich eine kaufen konnte, fuhr erste Klasse, und nicht dritte Klasse.

Bald kam Edlitz-Grimmenstein, und wir mußten umsteigen. Es war ein langes Warten auf die Postkutsche nach Kirchschlag. Die Pferde mußten erst gewechselt werden. Einen Postautobus gab es erst drei Jahre später, 1914. In der Postkutsche bis Kirchschlag schlief ich vor Erschöpfung weiter. Von der Ankunft bis in die Wohnung mußte mich Vater tragen, da ich nicht wachzukriegen war. Es war ein Uhr nachts, als wir heimkamen.

Wenn man heute auf diese Art und Weise Kinder

zur Firmung schicken würde, was würden die wohl sagen? Doch so war meine Firmung am 19. Mai 1911 verlaufen.

Am nächsten Tag, Montag um sieben Uhr früh, wurden wir geweckt, um acht Uhr mußten wir in der Schule sein, und das schöne Fest, auf das wir uns solange gefreut hatten, war vorbei.

Maibaumschneiden – Fronleichnam

Dieses Vergnügen findet man heute noch überall auf dem Lande. Vor kurzem erst kam es sogar zu einer Gerichtsverhandlung. Es sind dies uralte Bräuche im Volk, sie bestehen nach einem ungeschriebenen Gesetz und viel wird zerstört, wenn sich die Behörden damit befassen. Es verschwindet ohnehin so viel von den Volksbräuchen, das Beste im Volke. So wie die Landestrachten verschwinden, die der modernen Kleidung Platz machen müssen, so ist es auch mit den schönen Volksbräuchen.

Den Prozeß bei der Gerichtsverhandlung gewannen in erster Instanz die Kläger, die Verhandlung mußte aber nochmals aufgenommen werden und der Volksbrauch siegte.

Der Maibaum jenes Ortes wurde in finsterer Nacht gestohlen. Auch das gehört zu dem ungeschriebenen Gesetz. Wenn die Burschen eines benachbarten Ortes den Baum stehlen können, ohne daß sie gesehen werden, ihn auch wieder ungesehen zurückbringen und aufstellen können, so ist es für die Bestohlenen eine Schande, weil sie den Baum nicht besser bewachten, aber geklagt kann nur werden, wenn die Stehler dabei erwischt werden.

Das Maibaum-Aufstellen ist an sich schon eine Festlichkeit. Es nehmen aber nur die Veranstalter daran teil. Der Baum wurde im Walde am Tag vorher umgeschnitten und hergerichtet. Am 30. April wurde er von vielen starken Männern in den Ort gebracht. Dies mußte in der Dunkelheit geschehen. Alle Beteiligten hielten es streng geheim, wann und bei wem der Baum aufgestellt wird. Meistens war es ein Wirt, öfters derselbe, manchmal ein anderer, der dann die Veranstalter freihalten mußte. Auch ein besonders tüchtiger Arzt konnte es sein oder der Bürgermeister. Jedenfalls ist es eine Ehre für den, welchem der Baum zugedacht war. In den Morgenstunden, wenn es hell wurde, stand der Baum stolz auf seinem Platz und niemand wußte, wer ihn aufgestellt hatte.

Es war ein Baum, etwa 25 Meter lang, ein beträchtlich grüner Gipfel blieb ihm erhalten. Die Rinde war abgeschält, vor dem Gipfel war unterhalb ein großer Kranz angebracht. Alles Grüne war mit bunten Bändern verziert, schon am Kranz hingen Weinflaschen, Würste und Keksrollen. Im Geäst waren neben dem schönen Schmuck noch allerlei gute Sachen zum Herunterholen bereit. Leicht war das aber nicht und das meiste, das oben hing, blieb bis zum Umschneiden oben.

Der Baum war am unteren Ende so dick, daß ihn Männerarme kaum umfassen konnten, außerdem war er am ganzen Stamm gut eingeseift, sodaß sich keiner halten konnte und abrutschte. Wenn einer 10 Meter hoch kam, war das schon viel. Erst Ende Mai (eher wurde er selten umgeschnitten) gelang es einzelnen, den Kranz zu erreichen, da durch die lange Zeit die Seife eingetrocknet war.

Erst im Juni, Pfingstmontag oder an einem Sonntag wurde er umgeschnitten. Die Veranstalter mußten darauf achten, daß nicht am gleichen Tag in einer Nachbargemeinde ebenfalls dieses Fest stattfand, damit viele Leute von nah und fern herbei strömten und möglichst viel Geld hereinkam. Dieses diente aber meist einem guten Zweck.

Durch Plakatanschlag wurde das Fest lange vorher angekündigt, damit sich jeder, der hingehen wollte, den Tag freihalten konnte.

Am Morgen des festgesetzten Tages spielte bereits die Blasmusik, jung und alt wartete schon voll Spannung, bis gegen 13 oder 14 Uhr der Umzug beginnen sollte. Nie wußte man, woher und aus welchem Ortsteil der Zug kommt. Bis man den Lärm und die Musik hörte, liefen alle Zuschauer entgegen und stellten sich an den Straßenrändern auf, um ja alles zu sehen. Am Hauptplatz war eine große Bühne errichtet, wo sich nach dem Umzug der Festakt abspielte. Der Umzug machte mehrmals einen Rundgang im Ort. Durch Böllerschüsse wurde er angekündigt.

Ja, was kam da nicht alles daher?

Im Zuge selbst mit Roß und Wagen kamen alle ehrsamen Handwerker, die es im Ort gab und zeigten auf den Wagen ihre Tätigkeiten. Das ganze Leben eines Jahres sah man vorbeiziehen.

Die Kindestaufe, die verulkt wurde, Taufpate und Hebamme sprachen nach der Taufe allzu sehr dem Wein zu und vergaßen dann den Täufling im Wirtshaus. Die Schulkinder mit dem strengen Lehrer wurden bemitleidet.

Die Hüterbuben kamen nicht gut davon und das ging so weiter, bis die Hochzeitsgäste kamen mit grossem Gefolge.

Schließlich kam der Tod, er ist unausbleiblich im Leben.

Alles kann ich nicht aufzählen, das würde zu lang werden.

Was aber neben dem Zug alles daherkam!

Die Kasperl, die überall dabei sein wollten, man brauchte sie, damit ihnen die Zuschauer Geld in die Büchsen steckten. Viele schöne, aber auch ganz grauenhafte Masken gab es. Alles was neben dem Zug einherlief, war maskiert. Wilde Tiere, Bären, Löwen und vieles Getier trottete einher, manchmal brummend und angriffslustig. Die Hexen, die den Leuten Böses prophezeiten oder auf dem Besen reiten konnten, den sie bei

Gelegenheit ins Wasser tauchten und die vielen Zuschauer bespritzten, die dann schreiend davon laufen wollten, jedoch aus der Menschenmasse nicht hinaus konnten. Alles ließ sich gar nicht übersehen.

Kam da bei einem Rauchfang eine Hexe mit einem brennenden Strohbündel heraus, sah man voll Angst nach oben, ob denn das alles gut ausgehen könne. Geschickt sprang sie vom Dach herunter und ein Mann mit einem Federnanzug lief ihr nach und raufte mit ihr, sie aber konnte sich mit dem Besen seiner erwehren. Während man da zusah, gab es auf der anderen Seite des Zuges wieder etwas anderes zu sehen, dies wollte man auch nicht versäumen. An die drei bis vier Stunden dauerte der ganze Spuk.

Dann stand wieder der Maibaum im Interesse der Zuschauer. Noch einmal probierten die Mutigsten, den Baum zu erklettern. Es gab dafür schöne Preise und wenn sie dazu noch vom Baum etwas herunter holen konnten, lohnte es sich wohl.

Nun kamen die Zimmererleute, die den Baum umschneiden mußten. Da sie aber nur eine Säge aus Holz, sowie eine Hacke aus Holz hatten, kamen sie mit ihrer Arbeit nicht weiter.

Mit großem Gelächter, Spässen und Scherzen verging die Zeit, bis endlich eine richtige Säge gebracht wurde und der Baum fallen mußte.

Fast eine Stunde dauerte dann noch die Verlosung des Baumes. Auch dabei gab es viel Lustbarkeit. Wir Kinder aber interessierten uns für dieses Geschehen weniger, wenn der Baum einmal am Boden lag. Außerdem war es schon an der Zeit für uns zu verschwinden. Für die Jugend gab es hernach vom Abend an oft bis fünf Uhr früh eine Tanzerei in mehreren Lokalen. All die vielen Tanzlustigen konnte ein Gasthaus nicht aufnehmen. Oftmals kam es sogar zu einer Rauferei wegen eines Mädchens. –

Wieder war ein schönes Erlebnis vorbei. Kleine

Kinder freilich weinten oft in der Nacht darauf und schrien vor Schreck auf über die fürchterlichen Gestalten, die sie geschaut hatten und noch im Traum sahen.

Mit Festen und Lustbarkeiten, zwischendurch auch ernsten Erlebnissen wie im ganzen Leben, ging meine Kindheit dem Ende zu. Anzuführen wäre noch Fronleichnam, wo ich das letzte Mal im weißen Kleide mit den Erstkommunikanten im Zuge mitgehen durfte. Die Kommunionkinder trugen alle gleich, ob Bub oder Mädel, eine breite blaue Schleife über die Schulter, an der Seite geschlossen. Diese Kinder durften auch alle vor dem Himmel gehen und beim Altar ganz nahe stehen. Das war eine besondere Freude.

Die folgenden Schuljahre war viermal im Jahr Schulbeichte und Kommunion. Der Kaplan achtete streng darauf, daß alle Schulkinder daran teilnahmen. War dies nicht der Fall, gab es eine schlechte Religionsnote. Von den Eltern wurden die Kinder ebenfalls streng dazu angehalten. Von der Schule ging der Klassenlehrer mit zur Kirche, schrieb alle auf, die fehlten und überwachte alle, die da waren.

In der heutigen Zeit gehen die Kinder zwar auch zur Erstkommunion, meist mit großem Tam-Tam, und viele Fotoaufnahmen werden gemacht, wir kannten das alles nicht. Doch wie wenige von denen, für die das Fest so schön gestaltet wird, gehen dann später noch einmal zu den Sakramenten, höchstens noch zur Hochzeit, doch auch diese wird meist nur standesamtlich vollzogen.

Wie soll man nun im Alter entscheiden können, was gut und richtig war und auch noch ist.

Über das Lesen

Meine größte Freude in diesem Schuljahr, da ich schon gut lesen konnte, waren die Bibliotheksbücher, die man ausleihen konnte. Da gab es 36 Bände von Christoph Schmids Erzählungen, angefangen mit „Heinrich von Eichenfels", bis zum 36. Band „Der gute Friedolin und der böse Dietrich". Ein Buch schöner als das andere zum Lesen. Ich habe alle gelesen und sogar mehrmals. Viele schöne Märchenbücher gab es und auch andere gute, welche aus anderen Ländern Reisebeschreibungen von Wasser und Land brachten.

Die Wahl war schwer, oft mußte man ohnehin nehmen was da war. Für Märchen hatte ich weniger Interesse, überhaupt für die üblichen, die jedes Kind kennt, bevor es lesen kann. Kam ich doch gar bald dahinter, daß es vieles, von dem geschrieben wird, gar nicht geben kann. Wenn ich andere in die Hand bekam, die ich nicht kannte, las ich sie auch mit großer Spannung, was denn alles vorkommen würde und wie es zu Ende geht.

Einmal las ich ein Märchen von zwei Königskindern, die der König in den Wald schickte, um eine Blume zu suchen. Wer sie als erster findet, soll Schloß und Besitz erhalten. Der Junge fand keine, seine Schwester hatte bereits eine gefunden. Er nahm ihr die Blume weg, erschlug sie und verscharrte sie im Walde. Mit der so erworbenen Blume lief er auf das Schloß. Nach vielen Jahren, als der König schon alt war, fand ein Hirtenknabe im Wald einen Knochen und machte eine Flöte daraus. Die Flöte aber spielte nur das eine Lied:

„Ach Hirte, lieber Hirte mein,
du flötest auf mein Totenbein.
Mein Bruder erschlug mich im Haine,
er schlug mich so fest, er schlug mich so hart,
hat ein Grab gemacht und mich im Walde verscharrt.
Mein Bruder erschlug mich im Haine."

Ein wandernder Sänger kaufte dem Hirtenknaben die Flöte des Liedes wegen ab. Eines Tages kam der Sänger auch an den Königshof und spielte dieses Lied. Der regierende König fiel vom Thron, als er das Lied hörte und war sofort tot. So entging er der Rache seines Vaters, der ihn auch getötet hätte, da er nun wußte, wo die Tochter verblieben war und wer es getan hatte.

Obwohl ich wußte, daß es ein Märchen war, ergriff es mich sehr. Immer mußte ich daran denken und selbst heute weiß ich noch genau den Inhalt des Buches, trotzdem schon so viele Jahre vergangen sind, seit ich es gelesen habe. Es war so ergreifend und überzeugend geschrieben, daß so ein Märchen in unserer realistischen Zeit jeden Tag sich auch in Wirklichkeit ereignen könnte. Ob Märchen, Sage oder Erzählung, immer geht es um ein Lebensbild im guten und oft auch bösen Sinn.

Ich las eben gerne und vieles, was ich in der Schule nie gelernt habe, holte ich mir später aus den Büchern. Als ob ich eine Ahnung gehabt hätte, daß mir das Lesen bald verboten werden würde. Dieses Verbot hat mir später großes Leid gebracht.

Im bäuerlichen Arbeitskreis ließ sich das Lesen nicht mit der vielen Arbeit vereinen, wo doch früher alles mit der Hand gemacht werden mußte. Doch längst habe ich in all den Jahren sehr viel nachgeholt.

Die Tage des dritten Schuljahres waren schon gezählt. Wie schön war es, die Ferien herankommen zu sehen. Hätte ich gewußt, daß ich keine Ferien der Kindheit nach meinem Sinn mehr erleben sollte, hätte ich mich weniger darauf gefreut.

Die Schule, vielmehr der Unterricht, machte mir immer Freude. Ich war stolz darauf, schon so viel zu können und zu wissen. Wir kannten schon alle Rechenarten, in Deutsch hatten wir vieles durchgenommen, es gefiel mir, schöne Aufsätze zu schreiben, man konnte so schön in der Phantasie schwelgen. Es mußte ja nicht alles wahr sein, was man schrieb, nur lange mußte er bei manchen Lehrern sein. Ein anderer Lehrer wollte den Stoff möglichst kurz zusammengefaßt haben. Immer mehr Gegenstände kamen im Laufe der Zeit dazu.

Nun, dieses dritte Schuljahr ging zu Ende, ich will mich zugleich verabschieden, nicht nur von der Schule, auch von meiner Kindheit war es der Abschied, wenn auch noch unbewußt.

Ein neuer Lebensabschnitt beginnt

Am 15. Juli 1911 ging das Schuljahr zu Ende, die Ferien begannen und dauerten bis zum 15. September. Was erlebte ich in diesen Ferien?

Zunächst mal gab es einen tiefen Eingriff in mein Leben, das trotz aller Entbehrungen, die man nicht spürte, im Elternheim doch schön war. Wenn ich es heute noch einmal erleben könnte, ich würde es mir nicht anders wünschen.

Gleich in den ersten Tagen der Ferien sagten mir meine Eltern, daß ich nun in den Dienst gehen müsse. Neuneinhalb Jahre war ich alt und ich mußte fort von daheim. Mein Bruder aber durfte im Elternhaus bleiben. Er war beinahe zwei Jahre älter als ich, er war im Haushalt sehr geschickt, konnte einfache Speisen kochen, die Strümpfe und Socken stopfen und sogar stricken konnte er. Mutter konnte gar nichts tun, wir mußten ihre so schönen, schwarzen Haare, die so lang waren, daß sie darauf sitzen konnte, abschneiden, sie konnte sich nicht selbst kämmen und es wären für sie auch zu arge Schmerzen gewesen, diese jeden Tag auszukämmen.

Das alles konnte mein Bruder tun, ich aber brauchte selbst jemand, der mich pflegte, diese Pflege bekam ich auf dem Bauernhof freilich auch nicht. Nur Läuse bekam ich. Man sagte nur zu mir: „Du mußt selber lernen, die Haare zu kämmen und zu flechten."

Der Tag kam heran, wo ich den Weg antreten mußte. Es mußten ja damals alle Kinder von armen

Leuten in einen Dienst bei den Bauern eintreten. Die Zeit um zehn Jahre herum, wo man das liebe Nest verlassen mußte, war gar nicht so früh. Mein Vater mußte schon mit vier Jahren zu einem Bauern, um die Schafe zu hüten und durfte auch keine Schule besuchen. So redete man mir zu, wie gut ich es an meinem neuen Posten haben werde, ich brauche keine Kühe zu hüten. Ich brauchte es auch tatsächlich nicht, dazu hatten sie ungarische Hüterbuben, die bekamen aber ganz schönen Lohn und mußten nicht nur das Vieh hüten, sondern wurden auch zu anderen Arbeiten tüchtig eingespannt.

Wie bereits erwähnt, war die Bäuerin, die mich aufnahm, die Freundin meiner Mutter, diese kannte ich schon länger, sonst aber das Haus mit allen anderen Insassen nicht. Es wurden meine paar Kleider und die Schürzerl, Hemderl samt dem einzigen Paar Schuhe, das ich hatte, in ein Kopftuch eingebunden (im Sommer ging man ja ohne Schuhe).

Mein Bruder bekam das Binkerl in die Hand gedrückt zum Tragen, in die andere Hand nahm er die meine und er brachte mich auf den Bauernhof. Er konnte wieder umkehren und nach Hause gehen, als er mich abgeliefert hatte, ich aber mußte bleiben. Hätte ich damals gewußt, was auf mich zukommt und was das alles bedeutet, hätte ich wohl Tag und Nacht geheult. So aber ging ich frohgemut dem neuen Leben entgegen.

Im Bauernhaus war nur die Bäuerin anwesend – alle anderen waren auf dem Feld – und diese nahm mich herzlich in Empfang. Das Kleiderbündel fand in einer Lade Platz. Sie fragte mich, ob ich ihr wohl Holz in die Küche tragen könnte und gab mir ein kleines Buckelkörbchen, da mußte ich oft gehen, bis der Herdwinkel gefüllt war.

Als mittags die Leute vom Feld kamen, sagte der Bauer: „Wir haben wohl Zuwachs erhalten?" – Die

Bauersleute hatten erst sechs Wochen vorher geheiratet und wußten bereits, daß sich ein Thronfolger einstellen würde, ich sollte dann das Kindermädchen sein. Bis dahin aber sollte es mir gut gehen.

Arbeit, die auch ein Kind tun kann, gab es stets genug auf einem Bauernhof. Dreimal täglich mußte ich das Geschirr abwaschen und die Stuben kehren. Das mußte ich auch dann machen, als wieder Schule war, ehe ich fortgehen durfte. Früh aufstehen war vom ersten Tag an die Parole. Es wurde mir zur Lebensgewohnheit. – Früh auf und spät nieder, iß schnell und geh' wieder. –

Hühner wollten ihr Futter, die Eier waren zu suchen, der Hof zu kehren, wo die Kühe beim Aus- und Heimtrieb ihre Visitenkarte hinterließen. Streu mußte man in den Stall tragen, und viele Dinge mehr waren zu tun. Die Arbeit machte ich später von selbst, ohne daß sie mir jedesmal befohlen worden wäre.

Der erste Tag war bald um, viel gab es zu erforschen, aber wo werde ich mein Köpfchen zur Ruhe legen? Bis am Abend war ich rechtschaffen müde. In der hinteren Stube standen zwei Betten, die gehörten den Schwestern des Bauern, die im Schnitt in Fischamend arbeiteten, in einem dufte ich schlafen.

Als sie zurückkamen, ging die Streiterei los. Wie sich die Bäuerin erlauben könne, den Fratzen in ihre Betten zu legen? Sie schlugen die Betten ab und zogen zu ihren Eltern, die nun im Ausgedinge waren, bei denen sie vor der Hofübergabe gearbeitet hatten.

Für mich wurde notdürftig ein Bett aufgestellt. Ich hätte mich gefreut, nicht allein schlafen zu müssen, was ich nicht gewohnt war, weil ich mich fürchtete. Zu Hause hatte ich immer noch bei meinen Eltern geschlafen und nun bin ich so plötzlich aus dem Nest gefallen. Wie oft nahm ich später noch mein Bettzeug, wenn nachts ein schreckliches Gewitter war, und ging damit in die Hausstube wo die Bauersleute schliefen, legte mich auf eine Truhe, verbrachte dort den Rest der Nacht, da ich mich gar zu arg fürchtete. Doch es war dies nicht das einzige, was ich an Lebenserfahrung sammeln sollte.

Zunächst sah ich mir mal die nähere Umgebung an, wo ich von nun an leben sollte und auch mußte. Man kann doch nicht davonlaufen, schon gar nicht seinem Schicksal. Es war mir trotz meiner Jugend klar, daß ich es woanders auch nicht besser hätte, eher schlechter. Würde ich aber zu meinen Eltern heimlaufen, so hätten sie mich bald wieder zurückgebracht, diesmal aber der Vater, der durchaus kein Wau-Wau war. So blieb mir nichts anderes übrig, als mich dort anzupassen, wohin ich gestellt wurde.

In der ganzen Foli-Au (Foli war der Hausname des Bauernhauses, wo ich hinkam und die ganze Au bis Kirchschlag hatte den Namen des Bauernhauses) gab es damals nicht viele Häuser. Das erste war das Hoschopf, ein armseliges strohgedecktes Hüttlein, wo ein altes Weiblein wohnte. Die alte Frau starb bald. Der Freiler Richard kaufte das Haus gegen Leibrente, die er nicht lange zu bezahlen brauchte.

Diese Familie, die mir sehr sympathisch war, hatte drei Kinder, der älteste Sohn war nicht mehr daheim. Als ich ihn kennenlernte, diente er bei der Marine. Wir Kinder rissen die Augen auf und sahen ihm nach, wenn er stolz mit dem schönen Matrosenanzug des Weges ging, am Kopf die Kadettenkappe, von der die langen Bänder hinten lustig im Winde flatterten. Leider kam er nicht gar oft auf Urlaub heim und sonst gab es keinen im ganzen Ort, der ein Seemann gewesen wäre.

Die Tochter ging mit mir zur Schule, war aber schon einige Jahre in derselben Klasse, und ich ließ sie ebenfalls wieder zurück, als ich in die nächste Klasse aufrückte. Der jüngste Sohn war um einiges jünger als ich, der kam in der Schule gut zurecht.

Bei diesen Leuten hielt ich mich im Vorbeigehen öfters kurze Zeit auf, zu einem kleinen Plausch, ehe ich wieder weiterging.

In der ganzen Au weiter gab es nur noch ein Haus, damals das Weingartleitner Stübl, welches zum Bauernhaus oben am Höhenweg gehörte. Darinnen wohnte eine alte Frau, die Heißenberger Resl. Diese hatte einen Buben in Kost und Quartier, für den sie von der Fürsorge bezahlt bekam. Er war etwa drei bis vier Jahre älter als ich, war sehr brav und hatte es gut bei der alten Frau.

Im Winter, wenn der Weißenbach zugefroren war, rutschten wir am Eise entlang von der Schule heim oder auch am Morgen zur Schule gings am Eise schneller als zu Fuß auf der Straße. Einmal wollte der große Reidinger Toni seine Kunststücke auf dem Eis vorführen. Wir sahen begeistert zu, trauten uns aber nicht es nachzumachen. Da brach auf einmal das Eis ein und Toni steckte mit beiden Beinen im Wasser. Wir halfen ihm heraus. Seine Ziehmutter war im Wald um Holz, er heizte tüchtig im Ofen ein und als sie heimkam, waren seine Hosen schon trocken. Niemand erfuhr etwas, nur wir Kinder wußten davon. Im nächsten Winter war er dann schon fort in einer Lehre.

Es gab aber noch Kinder genug in der Au, wuchsen die einen auf, kamen andere nach.

Oberhalb der Straße stand das Lokobauern-Stübl, das der Deitzer gekauft hatte.

Diese hatten eine ledige Tochter, welche meine Cousine war. Sie war um zwei Jahre älter als ich. Das nächste Schuljahr mußte sie dann auch schon in den Dienst gehen, und zwar kam sie zum Hönig, wo sie es sehr gut hatte.

Die Familie hatte noch fünf kleinere Kinder, die alle jünger waren als ich. Meine Cousine schlief dann mehrere Jahre bei mir im gleichen Bett, denn wir waren uns von Herzen zugetan. Meine Dienstleute hatten nichts dagegen, da sie ja wußten, wie beengt es die Deitzerleute hatten. Da gab es nur ein Zimmer für sieben Leute zum Schlafen. Ich hatte nun sozusagen eine Schwester und brauchte mich nicht mehr zu fürchten.

Hannerl kam einige Jahre später nach Wiener Neustadt auf einen Dienstposten. In späteren Jahren hörte ich nur mehr wenig von ihr, später dann gar nichts mehr, als ich schon in Wien war.

So gab es in der Umgebung genug Kinder und in der spärlichen Freizeit Spielkameraden.

Die Bewohner des Bauernhauses

Der Bauer war der zweitälteste Sohn von zwölf Kindern der Alt-Bauersleute, die im Juni den Hof übergeben hatten. Der älteste Sohn hatte schon vor mehr als zehn Jahren fortgeheiratet, nach Schönau auf einen Bauernhof. Als ich ihn kennenlernte, wenn er seine Eltern besuchte, gefiel er mir sofort sehr gut. Von ihm erzähle ich zu gegebener Zeit.

Auch die älteste Tochter war zu der Zeit, als ich auf den Hof kam, schon fünfzehn Jahre verheiratet. Drei Söhne hatten ein Handwerk erlernt und waren schon viele Jahre von zu Hause fort.

Die beiden anderen Söhne wurden bei der Hofübernahme vom Bauern als Knechte übernommen, ebenso blieb eine Schwester des Bauern als Magd im Hause. Die drei anderen sahen sich in der Stadt um einen Posten um.

Da war auch noch das Stübl gleich über dem Bach. Es war bewohnt von der Schwester des alten Bauern, deren Mann und Sohn, der ein Schneidermeister war und da selbst auch sein Geschäft führte. Die Mutter mußte, wie alle anderen Leute, die ein Stübl bewohnten, selbstverständlich von Ostern bis Allerheiligen im Bauernhaus arbeiten. Der Mann ging auswärts einer Arbeit nach und half nur gelegentlich einige Tage im Schnitt aus, wenn die Arbeit drängte. Es gab noch ein zweites Stübl, das war aber schon damals unbewohnt und dem Verfall preisgegeben. Dessen Geschichte werde ich noch erzählen.

Die Frau vom Stübl war sehr lieb und gut, sie erzählte mir vieles, so auch von ihren Geschwistern und ihren Eltern. Der Vater war schon lange gestorben, es war ein Jakob Gremel. Die Mutter lebte lange, sie wohnte, als sie den Hof ihrem Sohn Josef übergeben hatte, bei ihrer Tochter im Stübl. Der Wohnraum war nur, wie bei allen Stübls, eine offene schwarze Küche und eine Stube, in der sich das ganze Familienleben abspielte. Hier wurde gewohnt und geschlafen.

Die Frau vom Stübl wurde von allen die Gödl genannt, da sie von mehreren der zwölf Kinder ihres Bruders die Taufpatin war. Sie war auch schon verheiratet und hatte zwei Kinder, als ihre Mutter bei ihr lebte. Die alte Mutter ging dann einmal ins Bauernhaus etwas holen, bekam unterwegs einen Blutsturz und war sofort tot.

An Geschwistern war noch die Resl, die in Lichtenegg auf einem Dienstplatz war. Ich kannte sie, da sie öfter ihre Geschwister besuchen kam. Sie starb auf dem Hof, wo sie im Dienst war.

Dann war außer mehreren, die als Kinder starben, noch der Jakob, der in Aspang im Dienst war. Für ihn war aber bei der Hofübergabe vereinbart worden, daß er, falls er nicht mehr arbeiten könne, in seinem Heimathause Unterkunft und Verpflegung erhalten müsse bis zu seinem Ableben.

So kam er denn eines Tages mit seinen Sachen an, hat im Stall geschlafen, aber auch noch im Haus gearbeitet, den Stall hergerichtet, Futter gemacht, Werkzeug ausgebessert u.s.w. Einige Jahre lebte er noch und als er krank wurde, bereitete man ihm in der Hausstube ein Notbett, holte den Priester und noch am selben Tage starb er. Nur ganz wenige Tage war er pflegebedürftig. Er war aber geistig normal, die Resl hingegen war fast taubstumm.

Die Schuld daran, daß viele Kinder nicht normal

waren, gab man dem warmen Leinöl, womit auf vielen Bauernhöfen gekocht wurde. Die Schweinezucht wurde auf den Höfen noch wenig betrieben.

Der Gödl ging es nicht schlecht, ihr Mann verdiente gut, die Tochter hat jung nach Aspang geheiratet. Der Sohn war ledig, hatte den Schneidereibetrieb und viele vornehme Kunden. Er starb mit 38 Jahren vor Kriegsausbruch. Nach ihres Mannes Tode, holte die Tochter ihre Mutter zu sich nach Aspang, diese hatte ein eigenes Haus und Platz genug für die Mutter. Ich besuchte sie einmal dort, sie hatte es sehr schön, ein eigenes Zimmer und ihre Enkel stets um sich. Wann sie starb, weiß ich nicht, da wir nach Wien übersiedelten und nichts mehr von ihr hörten.

Doch waren sowohl der Altbauer, sowie seine Geschwister wirklich brave und nette Menschen, aus deren Munde man nie ein böses Wort hörte, aber auch intelligent. Man konnte sich bei ihnen richtig wohlfühlen.

Den Sommer über war da noch ein elfjähriger Bub aus Ungarn zum Kühehüten. Mit diesem hatte ich wenig Kontakt, er konnte nicht deutsch, die Ungarn brachten ja die Kinder deshalb bei den Bauern zum Viehhüten unter, damit sie die Sprache erlernten und zugleich etwas verdienten. Solche Kinder, die schon drei- bis viermal bei Bauern waren, beherrschten die Sprache schon ganz gut.

Unser Bub, er hieß Paul, war das erstemal in Österreich und konnte noch nicht viel Deutsch. Am Sonntag trafen sie sich im Ort, wo auch von den Bauernhöfen die Mädchen und Buben zusammenkamen und ihre Erlebnisse austauschten. Die einen hatten es gut, die anderen wurden oft wie Sklaven behandelt. Diese Bauern hatten es nicht leicht, das Jahr darauf wieder ein Hüterkind zu bekommen.

Unser Paul lernte den Sommer über ganz gut die deutsche Sprache. Ich erinnere mich noch, daß er keine Milchsuppe aß, diese war damals bei den Bauern die übliche Speise am Morgen und am Abend. Er bekam sein Schüsselchen Milch. Als ihn die Knechte neckten: „Wenn du Milchsuppe ißt, mußt du sterben, ißt du keine, mußt du auch sterben“, so sagte er, „aber so früh brauche ich nicht zu sterben, wenn ich keine Suppe esse“.

Zu Martini (11. November) ging er nach Hause und zu Weihnachten darauf starb er an Lungenentzündung, dies schrieben seine Eltern. Nun brauchte er kein zweites Mal in den Dienst fort, und auch das schwer erlernte Deutsch war umsonst.

Der jüngste Bruder des Bauern, er war 17 Jahre alt, mußte noch die Ochsen hüten, die übrige Zeit aber tüchtig mitarbeiten. Ich mochte ihn nicht, da er mich immer neckte.

Der andere Bruder, welcher auch vom Bauern als Knecht übernommen wurde, war 19 Jahre älter und sehr kinderliebend, er erzählte mir oft viele interessante Dinge.

Am Bauernhof geboren und als Kleinstkind schon mit dem Buckelkorb am Feld über die Stoppeln gepurzelt, war ich stets innigst mit allem verbunden, was sich am Bauernhof abspielte. Deshalb fügte ich mich leicht in alles, immer gab es etwas am Hof zu sehen, was man noch nie vorher erlebt hatte.

So sah man, wie eine Kuh kalbte und die kleinen Lämmer zur Welt kamen. Es gab auch ein Pferd am Hof, unser Brauner, so nannten wir ihn. Kam er vom Feld heim, so liefen wir Kinder, auch die vom Nachbarn, ihm ein Stück entgegen, er blieb von selbst stehen, bis wir den Wagen erkletterten. Ich glaube, er freute sich, von den Kindern so freundlich begrüßt zu werden. Hätte er reden können, würde er gesagt haben: Grüß' ich abends den heimischen Zaun, dann jubeln die Kinder, es kommt unser Braun'.

Drei Jahre später mußte er in den Krieg ziehen,

wie auch die tauglichen Männer alle. Ja, auch Pferde mußten einrücken, wie anderes Vieh zum Schlachten und auch Frucht abgeliefert werden mußte. Wir Kinder weinten um unseren Braunen, hatten wir doch damals noch keinen anderen Schmerz.

Die ersten Ferien, die ich fern vom Elternhaus verbrachte, waren schnell vorbei. Ich kam nur Sonntag nachmittag drei bis vier Stunden heim zu meinen Eltern, ging aber ganz gerne wieder zurück, da ich nun woanders Freud und Leid fand und nur mehr auf Besuch nach Hause kam. Es war eine schöne Zeit. Ehe aber noch die Schule begann, fiel ein Schatten auf mein Gemüt. Es kam zu einem Streit im Haus zwischen der alten Mutter und der jungen Bäuerin.

An dem Tag, an dem der Streit entbrannte, wurde im Hause Brot gebacken. Die alte Mutter durfte ihr Brot, das sie selbst anmachte, zum Backen bringen. An dem ausgebackenen Brot hatte die Mutter etwas auszusetzen. Die junge Bäuerin war sich keiner Schuld bewußt, sie sagte nichts und weinte nur, zum Streiten gehörten ja bekanntlich zwei. Der Bauer aber ließ seine Frau nicht beleidigen, er stritt mit seiner Mutter, wie man so sagt, daß die Fetzen flogen. Ob zu Recht oder zu Unrecht, ich wußte das nicht. Jedenfalls dauerte der Zank und Streit, der Unfriede von dem Tag an fort, nahm nie mehr ein Ende, solange die Mutter noch lebte, und das waren noch mehr als 15 Jahre, bis sie 1926 starb.

Über alles und jedes wurde fortan gestritten. Es war ihr nichts mehr gut genug, was sie an Ausgedinge bekam. Das Obst war das mangelhafteste und wurmig, bei Fleisch war die Sau schlecht gefüttert und hatte so viele Knochen, das Getreide schlecht geputzt und schlecht gemessen. Die Eier waren viel zu klein und die Milch gewässert, in der Zeit wo die eigene Kuh keine Milch gab. Ja, auch die Ausnahmekuh war ein großes Problem. Die anderen Kühe fraßen ihr das Futter weg, auf der Weide wurde sie dauernd vom Hirten geschlagen und nicht zu guten Futterstellen zugelassen. – Und so ging es weiter. – Kaum ein Tag verging, wo es keinen Streit gab. Die Bäuerin sagte oft zum Bauern, laß sie doch allein streiten, wenn sie kann, sie war nie anders, da muß man sie eben lassen, wie sie ist. Ich war Streit nie gewohnt, wir hörten daheim kein hartes Wort, geschweige denn einen Fluch. Der alte Bauer war ein so guter Mensch, ruhig, still und gemessen ging er seinen Lebensweg.

In anderen Bauernhäusern kommt es auch manchmal vor, daß gestritten wird, es ist aber nicht die Regel. Wo wir vorher in den Stüblein bei Bauern waren, arbeitete die alte Mutter mit im Hause, was sie eben noch tun konnte, hatte dort ihr Essen und nahm den Ausnahm nie in Anspruch.

Das ist bis heute noch so wie vor 70 Jahren, nur gibt es heute schon für diesen Berufsstand eine Rente und sie haben etwas Geld. Doch genießen sie ihren Ruhestand nicht, sie arbeiten weiter, wozu die Kraft reicht, nicht wenige plagen sich im Alter noch mehr, weil die Jungen in die Stadt gehen und die Alten den Hof nicht verkommen lassen wollen, solange sie leben.

Jedenfalls war mir der dauernde Streit höchst unangenehm, ausweichen konnte ich nicht, ändern konnte ich es auch nicht, so mußte ich mich daran gewöhnen, wie der Hund an die Schläge.

Wie sah es am Bauernhof aus

Es war ein Holzhaus, das Wohngebäude bestand aus einer großen Wohnstube, einer hinteren Stube und einer schwarzen Küche. In der selben Front war der Keller angebaut, dann der Schweinestall und die Streuhütte. Den Hof schloß an der hinteren Seite der Heustadel ab, dem gleich der Stall angebaut war. Eine Seite des Stadels war für die Frucht vorgesehen. In der Mitte des Stadels war die Tenne. In all diesen Gebäuden hatte man viel mehr zu tun als im Wohngebäude. Schon der Stall allein machte viel Arbeit. Vor dem Stall in gleicher Front, ließ der Mann der ältesten Tochter für seine Schwiegereltern einen Bau aufstellen, Zimmer, Küche und Kammer, sowie eine Stube für seine Frau. Sie war 25 Jahre alt, als sie den alten Mann (er war damals 70 Jahre alt) geheiratet hatte. Sie war in den Dienst auf seinen Hof gekommen, es war keine Bäuerin mehr da, und als der Alte wenig später seinen Hof übergab, nahm er das Mädel mit in die Ausnahm. Er brauchte jemand, der ihm die Arbeit machte und kochte. Damit aber die Leute nichts zu reden hatten, heiratete er sie. Sie war schon im 43. Lebensjahr, als er mit 87 Jahren starb. Es wurde eine gute Ehe, jeden Wunsch erfüllte er ihr. Er war sehr reich, daher konnte er leicht seinen Schwiegereltern eine Altenwohnung bauen lassen. Sie hätten sonst wohl auch in das Stübl ziehen müssen, als sie den Hof übergaben. Wann dies gebaut wurde, weiß ich nicht, als ich hinkam, wohnten die Eltern ja schon im Anbau. Sie hatten im Alter eine schöne Wohnung, schöner als die oben im Bauernhaus.

Im Mai 1914 starb der brave Schwiegersohn, noch vor dem Ersten Weltkrieg. Er hinterließ soviel Geld, daß seine Frau ein paar Bauernhäuser hätte kaufen können. Deshalb wäre sie auch eine gute Partie gewesen und viele Bewerber kamen und wollten sie heiraten. So mancher hätte seinen Hof schuldenfrei gehabt, hätte sie „ja" gesagt. Sie tat es nicht, bezog die Stube, die ihr Mann für sie angebaut hatte und wohnte fortan bei ihren Eltern. Gesprochen hat sie nie mit ihnen, solange sie lebten. Waren sie doch schon mit den Bauern verfeindet, sie hielt aber zu ihrem Bruder. Gleich als sie einzog, ging sie durch den Vorraum, aber nie bei der Türe zu ihren Eltern hinein. Sie arbeitete mit im Haus, wurde aber nicht wie ein Dienstbote behandelt, nahm auch keinen Lohn, nur ein Weihnachtsgeschenk.

Ihr Bruder riet ihr, sie sollte ihr Geld mündelsicher anlegen, ich weiß nicht, was sie dachte oder tun wollte damit. In den Jahren nach dem Krieg schmolz das Geld dahin, bis nichts mehr da war und sie ihr Leben lang eine Kleinrente vom Staat bekam. Auch dann nahm sie keinen Lohn, es reichte für sie, da sie ja zum Leben nichts brauchte.

In späteren Jahren erzählte sie dann mancherlei. Sie war die älteste und mußte die meisten ihrer vielen Geschwister aufziehen, sie hatte es nicht leicht. Die Mutter ging oft für mehrere Tage fort von Haus und Hof, es war ein ganz kleines Kind da, das nur die Brustnahrung hatte, das schrie dann Tag und Nacht, sie wußte nicht, wie sie es ernähren sollte. Für alle anderen mußte sie auch sorgen. Nie wußte jemand, wo die Mutter war oder warum sie fortging. Nach drei bis vier Tagen kam sie wieder heim. Vielleicht hat sie auch deshalb nicht mehr geheiratet, um im alternden Leben das alles noch einmal durchzumachen. Es ging ihr ja gut, arbeiten konnte sie, was sie wollte, schmutzige Arbeit wie Stallarbeit machte sie nicht, hat auch nie Kühe gemolken.

Ich war im 13. Lebensjahr, als sie in das Haus kam und da arbeitete. Sie unterhielt sich mit niemandem, schaute immer sehr strenge, will nicht sagen böse, im Grunde ihres Herzens war sie eine gute Seele wie ihr Vater. Nie, solange ich sie kannte, sah ich sie einmal lachen. Sie starb 1951 mit 81 Jahren. – Heute weiß ich, daß der Mensch so ist, wie ihn das Schicksal formte und was er zu ertragen hatte. –

Das Bauernhaus war uralt, vom Keller heraus war eine Steinmauer etwa einen Meter hoch, darauf setzte man ein Blockhaus aus lauter Baumstämmen, die vierflächig zugehackt waren. Schon als ich hinkam, sah ich die Stämme oft an, wie sie von innen heraus moderten, der Holzwurm fraß wohl schone lange Jahre daran.

Auf der Vorderseite waren drei, etwa dreiviertel Meter hohe und breite Fenster eingeschnitten, auf der Hofseite nur zwei. Innen waren entlang den Fenstern Bänke aufgestellt, in der Mitte, wo die Bänke einen Winkel bildeten, war der Herrgottswinkel, auf einem Eckkasten war der Altar aufgebaut, das Kruzifix mit zwei Kerzen, und an der Wand hingen Bilder. So einen Hausaltar gab es früher in allen Bauernhäusern.

Davor stand ein großer Tisch mit einem „Vergelt's Gott“, wo man rundherum die Füße stellen konnte. Der Tisch hatte eine sehr dicke Platte, die man auf- und zuschieben konnte, darinnen wurde das kleine Werkzeug, wie Feile, Hammer, Zange, Nägel und Schrauben aufbewahrt.

Ich weiß es noch so gut, weil wir Kinder, wenn es ein bißchen Freizeit gab, um den Tisch saßen und Karten spielten, die wir dann im Tisch in der hinteren Ecke versteckten. Die Platte wurde an der hinteren Seite kaum einmal aufgezogen. Ach, was spielten wir nicht alles! Schnapsen, 21, Herzerln, Schafschädeln, Bauernabschätzen und vieles andere noch.

Freilich, wenn man einmal erwischt wurde und sollte schon längst bei der Arbeit sein, gab es auch ein arges Geschimpfe. Das zeigt, wie wenig jemand in die Hausstube kam. Es gab dort nichts zu tun als die Mahlzeiten einzunehmen.

Der Bauer mit Familie schlief auch da. Wie überall war in der einen hinteren Ecke auch der Backofen eingebaut, er war groß, denn 25 Laibe Brot hatten Platz. Vom Ofen bis zum dritten vorderen Fenster war eine Estrade, eine Stufe mußte man hinaufsteigen, da stand neben dem Backofen das Kinderbett, dann die Ehebetten, vorne ein Schubladenkasten, an der Rückseite neben den Betten ein Kasten. Der zweite Kasten stand zwischen Backofen und der Türe.

Eine Doppelbank stand noch auf einer Tischseite, und hinter der Eingangstüre stand die Wäschetruhe. Es war noch so viel Platz in der Stube, daß viele hätten tanzen können. Nun, getanzt wurde nie in der Stube, eher brauchte man sie, um einen Verstorbenen aufzubahren.

Starb jemand vom Haus, so wurden alle Nachbarn eingeladen, man brauchte sie zum Tragen von Sarg und Licht. Die Nächte vor dem Begräbnis kamen von jedem Nachbarn zwei bis fünf Personen zum Leichnam-Hüten. Bis drei Uhr früh wurde gebetet, gesungen, getrunken und gegessen. Das ist heute noch so.

Das ganze Familienleben spielte sich auf diese Weise ab, alles in der Hausstube, es war ja kein anderer Raum dafür da. In allen alten Häusern war das so, nur jene, die schon aufgebaut hatten, bauten schon mehrere Räume.

Nun besichtigen wir die Küche. Es war eine schwarze Rauchküche. Von der jüngeren Generation würde mir bestimmt niemand mehr heute sagen können, was eine schwarze Küche ist. War sie schwarz ausgemalt? Nein, die Wände waren sogar sehr weiß mit Kalk geweißt. Sie hieß nur so, weil auf einem offenen Herd geheizt wurde und der Rauch den Plafond entlang in den Kamin abzog.

Ich habe sie bereits einmal erwähnt, wo ich mit meinen Eltern in dem Stübl wohnte, da hatten wir auch eine solche. Doch diese, sie schien nicht nur so, weil sie mein Heimatnest war, sie war auch wirklich nicht ganz so schrecklich wie diese, wo ich nun meine Bleibe hatte.

Denn diese Küche hatte nicht nur den schwarzen Plafond, den offenen Herd, wo oberhalb des Feuers ein großer Kessel mit Wasser aufgehängt war. Das Feuer ging ja nie aus, wollte man schnell etwas kochen, brauchte man nur die Asche wegzuputzen, das Feuer anzublasen, ein paar Kienhölzchen draufzulegen, und so schnell war etwas fertig wie heute mit Gas.

Die Küche ist schon viele Jahre das Schmuckkästchen jeder Hausfrau und ihr besonderer Stolz. Aber wenn ich nur 60 Jahre zurückdenke, daß es noch so etwas gab!

In der Küche konnte man sich nicht aufhalten, außer beim Herd stehen und sich die Hände wärmen, im Sommer ging man lieber nicht hinein. Zum Sitzen gab es nichts, es stand nur ein Tisch drinnen und ein Wasserbankerl. Unterm Herd war ein riesiger großer Raum, den ich immer mit Holz anfüllen mußte. Das Kochgeschirr war in der Speis, die Teller und Schüsseln im Vorraum auf einen Ständer umgestürzt. Auch ein Kasten stand im Vorraum für Mehl, Eier und die anderen wenigen Sachen, die noch gekauft werden mußten. Auch die Speisereste wurden darin abgestellt.

Das Allerschrecklichste aber waren die vielen, ich glaube hunderttausenden Mitbewohner der Küche: „Die Schwaben“.

Man sagt heute „Schaben“, aber die waren es bestimmt nicht. Ich kenne auch die Küchenschaben, das sind Mücken, die ihre Eier in Mehl, Nüssen und vielen anderen Lebensmitteln ablegen, wo dann die Würmer umkriechen.

Diese *Schwaben* waren so groß wie Maikäfer, aber kohlrabenschwarz. Sie konnten nicht fliegen, aber sehr schnell kriechen, man konnte nicht so schnell schauen, waren sie verschwunden. Wohin, weiß man auch nicht, sie müssen in den Mauern gelebt haben. Bei Tage sah man diese Tiere nie, auch solange Licht brannte, kamen sie nie hervor. Wehe aber, man hatte noch etwas in der Küche zu tun, sei es nur, man brauchte noch etwas Wasser. Ging man mit einem Licht in die Küche, war alles schwarz von den Käfern. An den Wänden, am Fußboden, wo es nur ein Platzerl gab. Ohne Licht würde man überall daraufgetreten haben, daß es nur so krachte und knackte. Mit Licht aber, beim ersten Schein, fingen sie zu laufen an, ließen sich schnell herunterfallen, um in ihre Schlupfwinkel zu gelangen. Im Nu war man zu Dutzenden von diesen Käfern überfallen, sie setzten ihre Lauferei auch am Körper fort. Das Gefühl des Grauens, welches einen dabei überfiel, kann sich jeder leicht vorstellen.

Nie konnte ich verstehen, daß sich so etwas Grauenhaftes in der Küche festsetzen kann und durch nichts wegzubringen war.

Sie waren nur dort zu finden, wo es warm war. Man sah keine in der Kammer, die als Speis verwendet wurde und die Milch aufbewahrt war. Nie fand man nur einen der Käfer im Speisekasten.

Daraus kann man schließen, daß sie auf Lebensmittel nicht aus waren. Im Vorraum, wo die Schweinezuber mit frisch gekochten Erdäpfeln standen, die belagerten sie auch, wenn sie noch warm waren. Wovon sie eigentlich lebten, weiß ich bis heute nicht.

Stand ein Schaff Wasser über Nacht in der Küche, war es morgens voll mit schwarzen Käfern. Man konnte es dann nicht mehr verwenden, nicht für das Vieh, schon gar nicht für etwas anderes. Das Wasser mußte aber von weit hergeschafft werden, für Mensch und Vieh.

Im Winter konnte man auch Ochsen und Kühe nicht zum Bach treiben, der am Wiesenrand beim Haus vorbeifloß und genug Wasser führte, denn er war den ganzen Winter zugefroren. Das war natürlich das allerunangenehmste für das ganze Haus, und der Bauer hatte einen schweren Stand.

Jahrelang mußte er warten, ehe er den Hof übernehmen konnte, waren doch noch so viele unversorgte Kinder da, deshalb wollten die Alten noch wirtschaften. Er war dann auch schon im 40. Lebensjahr, als er endlich heiraten durfte. Es waren zu dieser Zeit noch immer ein halbes Dutzend Kinder da, doch das schrieb ich ja schon, wie sie sich verteilten.

Bei der Hofübernahme waren so viele Schulden auf dem Haus, die er mit dem Hof übernehmen mußte, daß er nie davon los kam und sie 1935 auch wieder seinem Sohn mit Haus und Hof übergeben mußte.

Der Bauer wußte nach der Hofübernahme nicht, wo er zuerst beginnen sollte. Die Mitgift der Braut reichte nicht weit, sie war aus einer kleinen Keusche, die auch fünf Kinder hatten.

Die Felder waren verlottert, es war wenig Vieh im Stall, Schweine gab es überhaupt nicht. Die alten Leute kauften für den Haushalt jedes Jahr zwei Stück zum Schlachten. Für so viele Leute im Haus war dies natürlich viel zu wenig, so mußte mit Leinöl gekocht werden.

Es gab daher auch keinen Dünger, wo wenig Vieh ist und große Felder. Kunstdünger hatten die Felder noch nie gesehen. Der neue Bauer kaufte dann bei den Juden welchen auf Borg, er konnte zwar nach der Ernte den zehnfachen Ertrag aufweisen, aber er mußte auch den Kunstdünger erst bezahlen und brauchte zum Anbauen der anderen Felder wieder welchen, bis mehr Vieh heranwuchs und es wieder mehr Stalldünger gab. Die vielen Leute am Tisch und der große Ausnahm ließ nicht viel Sparen zu.

Es stellte sich ihm nun die Frage: – Die Küche wollte er umbauen und ein Brunnen wurde notwendig gebraucht. Was ist wichtiger und sollte zuerst in Angriff genommen werden?

So ließ er erst einmal einen Brunnengraber kommen mit der Wünschelrute, die anzeigen sollte, wo und in welcher Tiefe Wasser zu finden wäre.

Im Herbst, als die Ernte und Früchte unter Dach waren, fingen die Arbeiter an, den Brunnen zu graben. Gleich ober dem Küchenfenster, zwischen Haus und dem Fahrweg. Es wurden im Jahre 1911 noch zirka zwei bis drei Meter gegraben, doch als es Winter wurde und fror, mußte man aufhören und damit warten, bis die Erde wieder aufgetaut ist.

Die Grube deckte man mit Brettern ab. Der Brunnenmacher sagte, erst bei sechs Meter würde man auf Wasser stoßen. Der Bauer überlegte, ob er im Frühjahr weitermachen sollte oder ob es vielleicht doch zu viel kosten würde und das Geld dazu fehlen könnte, das woanders noch wichtiger wäre.

Der Winter kam still und leise ins Land, deckte alles mit seinem weißen Kleide zu. Der Schulweg war auch im Winter etwas Schönes. Wie vergnügt er auf dem Eise war, habe ich ja schon erzählt.

Ebenso, daß ich diese Weihnachten meinen ersten und letzten Christbaum bekam. Was machte es bei 35 Joch Wald aus, wenn man so ein kleines Bäumchen abschneidet, es bereitet ja allen Familienangehörigen Freude, wenn ein Kind im Haus ist und ein geputzter Baum in der Stube seinen Glanz ausstrahlt. Das erstemal war ich besser dran als mein Bruder, der zu Hause keinen Christbaum hatte, ich aber im Dienst einen hatte.

Ich hatte es wohl der guten Bäuerin zu verdanken,

die in der Vorfreude auf ihr zu erwartendes Kind, mir, dem einzigen Kind im Haus, eine Schachtel voll guter Sachen spendete, die ich noch nie in meinem Leben bekam. – Doch halt, das einzige Kind im Haus war ich ja nicht.

In der Altenwohnung gab es ein 1910 geborenes Kind bei der Großmutter, das die Tochter in der Stadt bei ihrer Dienstherrschaft nicht haben konnte, so wurde es von der Großmutter aufgezogen.

Doch der Winter hatte auch seine Schattenseiten. In der Stube, wo ich schlief, war es furchtbar kalt, und ich fror sehr. Es war morgens lange finster und um drei Uhr nachmittags schon wieder. Wenn wir in der Schule von zwei bis um halb vier Uhr Handarbeitsstunde hatten, war es bereits Nacht und dann erst der Heimweg.

Meine Arbeit mußte ich aber trotzdem machen. Mußte Rüben hacken für die Kühe und Schweine, wie oft traf es da die Finger bei schlechter Sicht!

Holz und Streu tragen war ja nicht so gefährlich. Man mußte sich daran gewöhnen, im Dunkeln zu tappen. Doch alles geht vorbei, Dunkelheit, Schnee, Wind und Kälte.

In der Schule wurde fleißig gelernt. Je weiter man in der Klasse aufrückte, desto mehr und Interessanteres gab es zu lernen.

Freilich gab es auch Stunden, die mich nicht interessierten, zum Beispiel Naturgeschichte. Warum sollte ich etwas lernen, was mir seit früher Kindheit vertraut war? Längst hatte ich beobachtet, wieviele Beine eine Grille oder ein Hirschkäfer hat und wie er seine Beute fängt. Kaum gab es ein Tier, das mir nicht vertraut war. Höchstens exotische, aber von denen hörten wir nichts.

Viel lieber war mit Erdkunde, Land und Leute kennenlernen, das war fein. Daß wir 23 Kronländer hatten, wußte ich längst, konnte sie alle aufsagen, ihre Größe, Grenzen, Flüsse, Berge und was es in jedem Land gab.

Lange dauerte es, bis ich einzelne Bundesländer in Natura kennenlernte, aber da gab es nur noch neun, alle anderen gehörten dann nicht mehr zu uns, ja man konnte sie nur schwer besuchen, bis heute kam ich nur nach Ungarn und in die Tschechoslowakei.

Doch man lernte wenigstens in der Schule, was es dort zu sehen geben würde. Es gab ja auch genug Bibliotheksbücher, durch die man sich ebenfalls viel Wissen aneignen konnte. Wenn es nur ein bißchen Zeit gab, steckte ich dahinter.

Der erste Winter war bald um, die Sonne schmolz den Schnee weg, auf den aperen Plätzen blühten bereits die Schneeglöckchen, ihnen folgten die Leberblümchen und die Veilchen. Man merkte sich die Plätze, wo sie zu finden waren.

In diesen Vorfrühlingstagen passierte auch folgendes. Es war der erste März, genau wie heute wo ich dies schreibe, als sich eine schwer trächtige Muttersau aus dem Stall herausarbeitete. Manche Tiere verstehen das vortrefflich, wie sie den Riegel lockern können, um in die Freiheit zu gelangen. Der Hof war ja auf der Vorderseite offen, es gab also kein Haustor. Wenn fünf oder mehr Schweine in ein Stallabteil gesperrt waren und alle auf einmal herauskonnten, war es sehr schwer, sie alle wieder einzufangen. Die jungen Tiere liefen oft bis zum Nachbarn, wo sie die Ferkel nicht immer wieder herausgaben.

Die älteren Tiere liefen selten weit fort,sie erkundeten meist nur die nähere Umgebung und wühlten in der Erde herum. Wenn sie wo Wasser fanden, legten sie sich hinein und badeten darin.

So tat es auch diese Sau, denn um weit fortzulaufen, war sie ja auch durch ihre Trächtigkeit viel zu schwer. Sie lief erst einmal um das Haus herum, als sie aber ober dem Haus vorbei kam, sprang sie über den angefangenen Brunnen und fiel samt den darübergelegten Brettern an die drei Meter hinunter. Es war gut, daß es jemand sah, sonst hätte man sie vielleicht gar nicht gefunden, wenn sie keine Laute von sich gab.

So aber liefen alle Leute, die im Haus waren, zusammen und standen nun vor der offenen Grube. Was war nun zu tun? Wie kann man das schwere Tier von so tief unten wieder heraufholen?

Da kam jemand auf die Idee, mit einem starken Leintuch könne man sie auf einer Rolle heraufwinden. Eine solche mußte man aber erst zusammenbasteln. Dann stiegen zwei Männer hinab und mußten erst mal die Bretter herauf befördern, welche vielleicht den Sturz gemildert hatten, so daß die Sau mehr rutschte als stürzte und ihr nichts geschah.

Zu dieser Zeit hatte man noch die starken Hausleinen-Bettücher, die hielten viel aus. Auf ein solches wurde nun die Sau draufgestellt, die vier Ecken des Tuches geknüpft und an die Rolle gehängt und heraufgezogen. Samt dem Bettuch hat man die Sau auf einen Karren geladen und in den Stall gebracht. Es ging alles gut, nichts ist dem Tier geschehen. Die Bauersleute haben aufgeatmet.

Ob so ein Tier vielleicht auch einen Schock davonträgt wie ein Mensch, läßt sich schwer sagen. Am nächsten Tag jedoch waren die Folgen da. Um die Sau herum wimmelten 13 kleine Ferkel, alle frisch und munter.

Das Muttertier hatte aber nur zwölf Zitzen, so hätte eines der Jungen keine Nahrung gehabt. Bei den kleinen Ferkeln hat jedes ihre eigene Zitze, da kann kein anderes heran.

So verschenkte man das dreizehnte an eine arme Söldnerin, diese hat es gehegt und gepflegt und mit der Flasche aufgezogen. Es kam auch davon und wurde bis Weihnachten dick und fett.

Bei uns in der Hausstube aber schrie ein kleiner Stammhalter. Durch den Schrecken des Vortages kam er zu früh zur Welt, es war ein Achtmonatkind. Er war zart und schwach, auch noch in den ganzen Schuljahren. Dann aber wurde er groß und stark. Die Altmutter freilich behauptete, das mit dem Achtmonatkind sei eine Lüge, sie hatten eben früher angebaut.

Aber auch da hätte die Zeit noch gestimmt, da sie Ende Mai oder Anfang Juni geheiratet hatten. Merkwürdig war nur, wieso die Mutter das besser wissen wollte, obwohl sie nicht dabei war.

Doch darüber machte ich mir damals noch keine Gedanken, wußte ich ja den Zusammenhang nicht. Mußte erst dann darüber nachdenken, als es mich selbst betraf und sie mir den Vorwurf machte, das war viele Jahre später.

Nun aber war ich zum Kindermädchen aufgerückt, was bedeutete, daß zu all den leichten Pflichten noch eine schwere dazu kam. Das aber nicht der Arbeit wegen, sondern wegen der besorgten Eltern.

Windeln waschen, Fläschchen geben, wickeln, ist ja nicht schwer, wohl aber aufzupassen, daß dem Kind nichts geschieht.

In den ersten Monaten, wo ein Kind noch viel schläft, ist ja wenig zu tun. Einen Kinderwagen zum Spazierenfahren hatten sie, wie auch ich später bei den drei Kindern, nicht. Man mußte das Kind eben manchmal aus dem Bettchen nehmen und ein wenig herumtragen. So geschah es auch einmal im Sommer, man konnte das Kind schon sitzend am Arm tragen, als ich mit dem Kind ins Nachbarhaus ging. Sie konnten mich sitzen sehen mit dem Kind auf dem Schoß, wenn sie beim Küchenfenster raussahen. Ich konnte den Kindern beim Spielen zusehen, das kleine Kind sah ebenfalls recht lebhaft zu.

Als ich dann mit dem Kleinen am Arm nach Hause mußte, ging ich, anstatt über den Hof, hinter dem Haus, wo ein schmaler Steig war zwischen Haus und einem Bächlein, da rutschte ich aus, hielt aber das Kind fest im Arm an mich gedrückt, es konnte ihm nichts geschehen. Leider haben aber einige Brennessel das kleine

Kinderhändchen erwischt, und es schrie noch lange vor Schmerz.

Da habe ich vom Bauern Schläge bekommen, schon dachte ich, er hört nie mehr auf mit dem Zuschlagen.

Einerseits fand ich die Hiebe gerecht, doch andererseits hätte dies auch einem Erwachsenen passieren können und ich tat es ja nicht absichtlich. Es war das erstemal und auch das letztemal, daß mich der Bauer schlug. Sie hatten auch keinen Grund dazu, denn sie wußten, daß ich ja selbst sehr besorgt war um das Kind und ihm nur das beste wollte. Kinder haben immer die kleinen Kinder lieb.

Sie konnten sich stets auf mich verlassen. Ich weinte selbst mit dem Kind, wenn es krank war und ihm etwas weh tat.

Der neue Brunnen

Da nun einmal etwas passiert war durch die Aufgrabung des Brunnens, lag es nun in aller Interesse, den Stein des Anstoßes wegzuräumen. Es mußte zur Entscheidung kommen: soll der angefangene Brunnen fertig gemacht werden, oder aber soll er zugeschüttet werden?

Also mußte der Brunnengraber kommen und sein Urteil abgeben. Dieser blieb bei seiner Meinung, daß es erst in sechs Meter Tiefe Wasser geben würde. Man entschloß sich für die Fertigstellung des Brunnens.

Die Frühjahrssaat war bereits unter der Erde, bis zum Heuen dauerte es noch eine Zeit, erst mußte etwas wachsen. Inzwischen sollte diese Arbeit gemacht werden. Alle Männer sollten mithelfen, damit man schneller fertig wird. Sofort wurde damit begonnen. Ein Mann mußte ständig mit einem Paar Ochsen den Schutt von der Grabung wegführen. Einer mußte den Aufzug bedienen und beim Graben mußte auch einer von den Hausleuten helfen, damit man schneller vorankam.

Das war für uns Kinder ein reger, interessanter Betrieb, wie alles so fleißig bei der Arbeit war. Oft ging jemand vorbei, da ja die Baustelle am Wegrand lag, die hätten gerne ein wenig geplaudert, doch dazu war keine Zeit. Nur zu den Essenszeiten wurde abgestellt.

So wie ich nur ein wenig Zeit hatte, war ich dabei, um zuzusehen. War es doch etwas, das ich noch nie vorher sah. Manchmal verjagten sie uns auch, da herumzustehen, wo man ohnehin jedes Platzerl braucht. Ja, wenn die Neugierde nicht wäre!

Man wollte sich nichts entgehen lassen. Fünf Meter hatten sie nun schon gegraben und noch immer gab es kein Wasser. Man bedenke diese Höhe, zweimal eine Wohnung hoch, die Leute unten waren kaum mehr zu sehen, es war ja auch dunkel unten. Einmal sagte ich zum Brunnengraber, als sie eben die Jause verzehrten: „Ich würde gar zu gerne einmal von unten herauf sehen, wie da die Welt aussieht!"

„Nun", sagte er, „komm doch, fahr mit hinunter!" Ich war gleich dabei und setzte mich in den Kübel. Hätte er mir vorher gesagt, daß er auch einen Lohn dafür wollte, hätte ich es mir sicher anders überlegt. Eine Weile sah ich mit Staunen zu, wie der große Eimer mit Schutt seinen Weg hinauf ging mit der Rolle und leer wieder herunter kam. Als ich genug gesehen hatte, wollte ich auch wieder nach oben fahren. Der Brunnenmacher aber sagte:

„He da, so schnell kommst du nicht wieder da hinauf, erst will ich meinen Lohn haben. Gib mir erst ein liebes Busserl, dann lass ich dich fahren."

Da stand ich nun und wollte mich nicht zu seinem Verlangen bekennen. Noch nie gab ich jemandem einen Kuß, schon gar nicht so einem Bärtigen.

Die Glocken von der Nase vermischten sich im Bart mit dem Saft der Pfeife, und ihm sollte ich ein Busserl geben. Wenn auch im offenen Bretter-Abort auf den Brettern gekritzelt stand, „was ein Busserl ist: Das ist ein spaßig's Ding, es regelt's ganze Blut, man ißt es nicht und trinkt es nicht, dennoch schmeckt es so gut".

Ich hatte mir dennoch etwas Verlockenderes darunter vorgestellt. Hin und her überlegte ich, wie ich dem Unangenehmen entkommen könnte, es gab keinen Ausweg. Das wußte der Mann und ließ mich nicht nach oben. Ich dachte, daß auch mein Vater einen großen Bart hat, der über den Mund herabhängt, freilich brauchte ich ihm kein Busserl geben. Aber ich wasch mich halt nachher, wenn ich oben bin und gehe dann nie mehr in seine Nähe. So konnte ich wieder rauf, ich hatte genug gezahlt für meine Neugierde!

Gar bald hatten sie den einen Meter noch geschafft und das Wasser war zur Freude aller da.

Wasser mußte man ebenfalls hinaufziehen, um den Brunnen von unten herauf ausmauern zu können. Das dauerte dann schon noch den Sommer über, bis dies fertig war. Hernach kam erst der Installateur, das Wasser wurde mit Rohren in die Küche geleitet, später auch in den Hof für die Tiere. Für den Abfluß brauchte man ja auch ein Rohr, da konnte man das Wasserrohr gleich dazu legen.

In der Küche stand der Brunnen mit Betoneinfassung. Brauchte man im Hof Wasser, mußte man viel auf einmal schöpfen. Wenn das Schaff voll war, mußte jemand rufen oder man ging selbst schauen.

Da man das Wasser zum Verbrauch jeweils frisch schöpfen mußte, konnten auch keine Schwaben hineinfallen, das Geschirr konnte man vor dem Gebrauch ausschwemmen. Wer beachtet dann noch die Wohltat des neuen Brunnens. Man nimmt sie hin, wie jede Neuerung und das vorherige Abschleppen ist bald vergessen.

Noch nicht ein einziges Mal gab der Brunnen wenig Wasser, so daß man hätte sparen müssen. Heute noch, nach mehr als 60 Jahren, versorgt er bestens Haushalt und Vieh. Längst sieht man nichts mehr von ihm, man muß nicht mehr schöpfen, er funktioniert jetzt mit elektrischer Pumpe. Haben die Jungen nicht wieder einmal mehr denen zu danken, die vor ihnen da waren?

Winter 1912/13

Das Leben im Hause ging seinen Gang, stets lernte man dazu. Hatte ich als Säugling, wenn auch unbewußt, schon das harte Leben zu ertragen, so änderte es sich in der Kinderzeit dahin, alles im Spiel zu erlernen. Auf dem damals schon modernen Hof, in dessen Stübel wir lebten, gab es Kinderfreuden genug. Nach der Übersiedlung in den Markt erlebten wir viel Schönes, ebenso das eine Schuljahr in Waldegg brachte mir viel Andersartiges, welches ich zum ersten Mal erlebte.

So war es nun auch auf meinem Dienstplatz. An die Leute habe ich mich bald gewöhnt, es waren doch stets zehn bis zwölf Personen bei Tisch. Der Tisch mußte für so viele Leute sehr groß sein. Bei den Mahlzeiten stand in der Mitte die Schüssel, wo fast alles von allen gemeinsam aus der Schüssel gelöffelt wurde. Nur Fleisch mit Knödel, Braten mit Salat oder Gulasch wurden für je zwei Personen auf Teller herausgeteilt. Das gab es aber nicht oft, nur bei den Schlachtungen. Bei so vielen Personen am Tisch, war das Fleisch natürlich bald aufgegessen.

Die üblichen Gerichte gab es am Montag: Knödel, Dienstag: Strudel aller Arten wie Grieß-, Rahm-, Apfel- oder Topfenstrudel. Grießstrudel wurden in Wasser gekocht, nur wenn die Kühe viel Milch gaben, auch in Milch. Mittwoch: Immer Sterz, ebenso abwechselnd wie Häferlsterz, Mohn, Bohnen, Erdäpfel eingemischt. Donnerstag: Das Nationalgericht Schöberl, im Juni, wenn der Hollunder blühte, vom gleichen Teig auch

Strauben, mit Salat oder Kompott. Freitag gab es nur eine Fastenspeise wie Nudeln in Milch oder Milchreis mit Zimt und Butter, ebenso die Bohnensuppe, in der Fleckerl eingekocht wurden und noch gerösteter Zwiebel dazu kam.

Samstag, jener Tag, der die meiste Arbeit brachte, das Haus mußte gereinigt werden, für das Vieh war auch das Sonntagsfutter zu richten, da gab es nur was Schnelles, das war der Kaiserschmarren mit Apfelkompott, im Winter Dörrobst.

In der Anbauzeit, Heuernte und Schnittzeit war kaum Zeit für die Reinigung, da galt der Spruch: „Der Waschel und der Sand, bringt kein Geld ins Land!"

Der Waschel war ein Strohgeflecht, der wurde selbst gemacht und auch zum Geschirrabwasch verwendet, denn Bürsten hätten Geld gekostet. Geschirr, Tisch, Bänke und Fußböden wurden nur mit feinem Sand gereinigt. Alles was man im Haus hatte. Seife wurde auch im Haus gemacht, anstatt Soda machte man eine Aschenlauge für die Wäsche.

Zucker wurde nur ganz wenig verwendet. Wenn es im Winter kalt war, beim Bach die Wäsche geschwemmt wurde, gab es für die Wäscherinnen zur Jause heißen Tee mit Zucker. Sonntag gab es zum Frühstück Kaffee. Der Schmarren oder Schöberl wurde nur obenauf ein wenig gezuckert. Zu Salat wurde nie welcher verwendet.

Zu jener Zeit gab es ja noch keinen Staubzucker, nur den Zuckerhut in vielen Größen. Heute ist diese Art von Zucker gänzlich unbekannt. In Brasilien gibt es einen Berg, der Zuckerhut genannt wird. Wie sah der Zuckerhut aus?

Im ersten Lesebuch gab es ein Rätsel zu lösen:

„Oben spitzig unten breit, durch und
durch voll Süssigkeit, blau im Kleide
(Packung), weiß am Leibe, kleinen
Kindern größte Freude!"

Mit Messer und Hammer mußte man kleine Stücke abhacken, als Staubzucker weiter mit dem Hammer zerreiben. Mancher Splitter fiel beiseite, darum balgten sich die Kinder. Gewiß war Zucker etwas Feines, man konnte ihn aber auch entbehren, die Speisen schmeckten auch ohne ihn gut.

Die Sonntagsspeise war meist Polsterzipf aus Germ- oder Mürbteig. Auf den Mürbteig wurde Rum mit Zucker aufgegossen, man wurde davon etwas berauscht, mit dem Germteig konnte man sich besser sattessen. Es war aber immer von allem genug da und es blieb auch noch etwas übrig. Geselchtes mit Kraut wurde auch sonntags gekocht, nicht aber in der Fastenzeit oder im Advent.

In den schweren Arbeitszeiten wurde zum Abendessen noch irgend eine Milchspeise, Topfen oder anderes gegeben. Sonst das ganze Jahr hindurch wurde früh und abends die traditionelle Milchsuppe gekocht. Sie schmeckte sehr gut, wenn Gerstenmehl mit Buttermilch vermengt in Salzwasser eingekocht wurde, bei Tisch noch Rahm eingerührt wurde und dann mit Brotbröcklein aus der Schüssel gelöffelt wurde. Das Brot wurde vom Bauern auf einen Blechteller aufgebröckelt und in die Suppe gegeben.

Einmal sagte ein Bauer zu seinem Knecht: „Heute gehen die Leute alle paarweise in die Kirche!“ Darauf sagte der Knecht: „Aber lauter Kleine!“ Der Bauer hatte nämlich die Brotbröcklein so klein geschnitten und der Knecht daher jedesmal zwei Stück auf einmal auf den Löffel geladen und zum Mund geführt. Solch feinsinnigem Humor konnte man oft auf beiden Seiten begegnen.

Beim Suppenessen konnte man sehen, daß selbst die Erwachsenen eine Milchstraße von der Schüssel bis zum Munde machten, um so mehr würden Kinder auf dem weiten Weg nur den halben Löffel voll Suppe heimgebracht haben. Die Arme waren noch zu kurz.

So bekamen wir (das waren die Hüterbuben und ich), ein kleines Blechschüsserl mit dem Mahl und mußten uns auf die lange Bank setzen, mit dem Schüsserl in der Hand auf den Knien. Wir bekamen aber soviel wir wollten und wurden nicht benachteiligt.

Bei der Morgensuppe schnitt der Bauer auch für uns das Brot ab, welches wir in die Schule mitbekamen. Wenn es Obst gab, legte die Bäuerin noch ein paar Äpfel dazu. Es gab nie etwas anderes, kein bestrichenes Brot, nur Trockenbrot. Auch für alle anderen Leute gab es zur Jause am Feld oder daheim nur trockenes Brot und selbst gepreßten Apfelmost. Nur bei schwerer Arbeit wurde zum Brot noch Butter oder Speck gegeben. Da fiel aber auch für uns Kinder etwas ab. So wenig wurde nie hingestellt, daß nicht etwas übrig blieb und unser Brot wurde genau so bestrichen wenn was da war. Wie gesagt, Hunger gab es nie, Reste waren immer da, die kamen dann ins Schweinefutter, wenn sie niemand mehr aß.

Zur starken Arbeit hatten sie immer noch fremde Leute. Das waren solche, die beim Bauern etwas angebaut hatten, Erdäpfel, Gerste oder Rüben, die mußten dies mit Arbeiten abdienen.

So lebte ich auf dem Bauernhof, es war eine große Familie, alle, die im Haus lebten, gehörten ihr an. Mit der Zeit gefiel es mir besser als bei meinen Eltern, wo alles doch viel dürftiger war.

In der Schule hatten wir eine Stunde Mittagspause, manchmal auch zwei, wenn eine Stunde ausfiel, da sollte ich meine Angehörigen aufsuchen. Doch ich rannte lieber mit den Schülern über Berg und Tal, Räuber und Gendarm zu spielen, als heimzugehen.

Ob ich nun im Winter auf dem Eis rutschte oder im Herbst über Berg und Tal sprang, überall gingen dabei die Schuhe kaputt. Das aber sollten sie nicht. Wer kann aber ein springlebendiges Kind anhängen? Im nächsten Moment war die Warnung vergessen. Mein

Vater ging mich oft suchen oder paßte mich irgend wo ab, wenn ich nicht nach Hause kam. Einmal erwischte er mich beim Eisrutschen am Zöbernbach. Diesmal bekam ich Schläge, wenn auch sonst kaum einmal. Ich konnte das mit den Schuhen ja noch nicht verstehen, daß man deswegen auf ein so schönes Vergnügen verzichten sollte.

Es kam zum erstenmal zu einer Debatte zwischen meinem Dienstherrn und meinem Vater. Er verlangte, daß ich Schuhe bekommen sollte. Der Bauer aber weigerte sich und sagte: „Man hat den Fratzen sowieso nur zum Fressen." Obwohl ich stets genug zum Essen hatte, wie bereits erwähnt, war das ausschlaggebend, wenn es ums Geld ging, da ja keine der beiden Seiten solches besaß.

Wenn ich heute das alles überdenke, glaube ich schon, daß ich soviel gearbeitet habe, was man mit diesem Alter leisten kann, sodaß ich mir Schuhe verdient hätte. Mußte ich doch auch auf's Feld gehen, Wasser und Jause zu den Leuten tragen. Kleidung bekam ich ohnehin keine, solange ich zur Schule ging. Diese Vorhaltung mit dem Fressen machte auf mich einen tiefen Eindruck und tat mir im Innersten weh. Schuhe mußte mein Vater kaufen.

Nach und nach verstand ich beide Seiten und verstand auch mit Bitterkeit, daß Kinderarbeit nie bezahlt wird. Alles was ich tat, hätte ein Erwachsener tun müssen, der sich wohl etwas verdient hätte, nicht aber ein Schulkind.

Immer weniger hatte ich Freizeit, immer mehr wurde ich zur Arbeit herangezogen, aber Schuhe bekam ich keine, solange ich die Schule besuchte. Es war keine Zeit mehr, die Schulaufgaben zu machen, so machte ich sie in der Mittagspause bei meiner Mutter. Manchmal aber hatte sie etwas zum Auswaschen. Mein Bruder tat zwar alles, aber gewisse, mit Blut befleckte Sachen konnte man eher einem Mädel in die Hand geben. Ein Bub würde unnötig fragen. An die Mädchen kommt das auf jeden Fall heran.

Das Wissen über solche natürliche Dinge des Lebens fehlte mir freilich gänzlich. In dieser Zeit meines Alters, wo heute schon jedes Schulkind über die intimsten Verhältnisse der Geschlechter aufgeklärt ist, stellt man selbstverständlich Vergleiche an.

Doch wenn ich nur einmal etwas länger stehenblieb beim Turnplatz mit allen Geräten, er war an dem Platz, wo in den Dreißiger Jahren die erste Passionsspielhalle erbaut wurde, wo ich mit Bewunderung den Buben beim Turnen zusah, gab es schon ein Geschimpfe, ob ich mich denn nicht schäme, den Buben zuzusehen.

Für uns Mädchen gab es kein Turnen in der Schule. So vieles gab es, worüber ich mich schämen sollte, nur konnte ich mir das Wort gar nicht deuten. Höchstens hob man das Kleidchen auf, das ja lange war, hielt es vor das Gesicht, um nachzudenken, was man verbrochen hat.

Meine Meinung von heute ist, daß man mit einem elf- bis zwölfjährigen Kind sehr wohl alles besprechen kann, das Verständnis dafür ist bestimmt da, nur die Entschlußkraft hat es noch nicht. Gar bald kommt man darauf, daß die Eltern ihre Welt für sich haben, von der die Kinder nichts wissen. Ebenso haben die Kinder ihre Welt für sich, in die sie die Eltern auch nicht eindringen lassen. Die Welt der Kinder ist eben eine andere.

Wenn man älter wird, kommt man darauf, daß es manchmal besser war, daß die Eltern nichts wußten. Die Eltern haben ihre Welt, die Kinder sind in eine andere hineingeboren, die die Großen oft nicht verstehen. Wir verstanden die Eltern auch oft nicht, sie sagten uns nie ihre Probleme oder Dinge, die an sie herantraten. Jeder Mensch hat eine Menge Heimlichkeiten, die nie jemand erfährt und ist auf diese Weise stets allein.

Schon in diesem Alter nahm ich mir vor, hätte ich selber einmal Kinder, werde ich versuchen, sobald sie es verstehen, ihnen zu erklären, warum man dies oder jenes nicht tun darf, nicht sich zu schämen. Wenn sie etwas nicht tun dürfen, muß man ihnen etwas anderes vorschlagen, was sie tun dürfen.

Heute glaube ich, mit dieser Methode ganz gut ausgekommen zu sein und es freut mich, zu erleben, wie meine Kinder es mit den eigenen Kindern auch so machen.

Mein Vater war ja wenig zu Hause, Mutter aber sprach nie über persönliche Dinge zu uns. Wir hatten eben zu gehorchen. Wenn ich auch ein voll Leben sprudelndes Kind war, dachte ich doch über vieles lange nach. Besonders über den Schuhstreit, wußte nicht, wie ich mit dem Schock fertig werden sollte, daß das „Fressen", nicht Essen, mir zum Vorwurf gemacht wurde. Aber ich sollte diesen Vorwurf noch öfter hören. Vorerst nahm ich mir vor, die Schuhe zu schonen, nicht mehr auf dem Eis in die Schule zu rutschen, anstatt herum zu springen steckte ich den Kopf in ein Buch, was ich ebenso gerne tat.

Der Winter ging zu Ende, der Fühling kam mit Blumen und Sonnenschein und jeder soll sich schämen, der nicht fröhlich kann sein. So stand es im Liederbuch.

Die neue Küche (1913)

Fast zwei Jahre war ich nun schon vom Elternhaus fort, man gewöhnt sich allmählich an alles, wie der Hund an die Schläge. So gewöhnte ich mich auch an alle Hausbewohner, wie auch an die ungarischen Hüterbuben, die aber jedes Jahr andere waren, daher wurde man auch nicht so vertraut mit ihnen wie mit den Nachbarskindern. Sie waren nur sechs Monate am Hof und mußten auch immer bei der Arbeit mithelfen, ich aber war Kindermädchen.

Unser kleiner Prinz konnte nun schon laufen und es galt noch mehr auf ihn aufzupassen. Damit sie mich für den ganzen Tag für's Kind haben konnten, wurde um die „Sommerliche Schulbefreiung“ eingereicht. Es gab damals die allgemein eingeführte Befreiung vom ersten Mai bis ersten November. Der Oberlehrer nannte sie die „gottverfluchte, verdammte Schulbesuchserleichterung“, die ab dem zwölften Lebensjahr gewährt wurde.

Die Kinder vom Markt Kirchschlag, welche bei ihren Eltern zu Hause waren, konnten die Schule ganzjährig besuchen. Für die eigenen Kinder der Bauern wurde erst gar nicht eingereicht, nur die Dienstkinder waren davon betroffen. Man wollte eben auch Nutzen von ihnen haben und nicht nur Schaden durch ihr „Fressen“.

Das hinzunehmen, sechs Monate nicht lernen zu dürfen, war für mich ein schwerer Schlag. Ich borgte mir wohl am Sonntag von anderen Kindern die Schulhefte aus und schrieb mir alles ab, doch wenn man nichts erklärt bekommt, kann man mit so manchem nichts anfangen.

Kam man dann nach Allerheiligen wieder in die Schule und wurde gefragt, wußte man vieles nicht. Der Lehrer schalt und schimpfte über diese Einrichtung, durch die die Kinder so viel versäumten.

Im Zeugnis stand dann über zwei Viertel des Schuljahres geschrieben: „Unklassifizierbar, gänzliche Schulbesuchserleichterung!"

Es gab auch noch eine teilweise Befreiung, da konnten die Kinder zwei bis drei Tage in der Woche fehlen, die anderen Tage aber mußten sie zur Schule gehen. Aber auch das wurde mir nie erlaubt, ich sah die Klasse erst wieder nach dem ersten November.

Ach, es war so bitter, daß man immer zur Arbeit gebraucht wurde, nie mit den Mitschülern zusammen sein durfte! Die Arbeit war doppelt schwer, wenn man nur daran dachte, daß die Kameraden in der Schule sitzen und lernen dürfen. Doch was konnte man dagegen tun, auflehnen half ja doch nichts! Schuhe gab es auch für die halbjährige Arbeitszeit keine, im Sommer kann man barfuß gehen und im Winter ging ich ja zur Schule, dafür verdiente ich mir keine. Da war das Essen noch zu viel.

Kleidung bekam ich von der Schwester meiner Mutter, meiner Taufpatin, sie schickte öfter getragene Kleider und Wäsche, kaufte mir aber auch was Neues, wenn es dringend notwendig war.

Schöne Kleider machten zeit meines Lebens keinen Eindruck auf mich, Hauptsache, man trug etwas am Leibe. Das war gut so, denn als später meine Kinder aufwuchsen, konnte ich auch nicht an neue Kleider denken, mußte froh sein, daß die Kinder etwas anzuziehen hatten. So ist es bis heute geblieben.

Gerade in jenem Jahr brauchten sie mich im Bauernhaus sehr notwendig. Hatten sie doch vorgesehen, eine neue Küche zu bauen. Rundherum in den anderen Bauernhäusern gab es kaum mehr eine Rauchküche. Der Bauer wollte es seiner Bäuerin auch einmal bequemer machen. Leicht war so ein Vorhaben nicht auszuführen. Außer viel Geld, kostete es auch noch eine enorme Einschränkung.

Wo sollte für so viele Leute und auch für das Vieh gekocht werden? Der Kessel, welcher über der Herdflamme thronte, wurde im Freien aufgestellt, damit man für die Schweine den Trank und die Futterrüben kochen konnte. Für die Hausleute borgte man einen blechernen Herd aus, dieser wurde in der Hausstube aufgestellt und da mußte alles zubereitet werden. Denn auch die Maurer bekamen das Essen, wie es bei allen Arbeitern üblich war. Ob Handwerker oder Taglöhner, sie mußten verpflegt werden. Nur das Brot mußte auch während der Maurerarbeiten von der Küche aus im Backofen hergestellt werden.

Eine Erleichterung war beim Umbau der Küche doch dabei, der Bruder unserer Bäuerin war Maurer, der machte sich mit seinem Gehilfen ans Werk. Der wußte auch grüne Kacheln für den Sparherd aufzutreiben, wo jemand in der Hausstube einen Kachelofen weggerissen hatte. Diese waren billig zu haben, denn die damals üblichen blauen waren sehr teuer.

So wurde Schritt für Schritt aus einer schwarzen Rauchküche eine moderne, mit einem großen Fenster, gebaut. Die Seitenwände blieben stehen, sie waren sehr hoch und man setzte weiter unterhalb ein neues Gewölbe mit Traversen ein. Der Raum zwischen beiden Gewölben diente später zur Fleischselcherei.

Der Herd wurde abgerissen und der neue aufgebaut. Dieser hatte eine große Kochplatte und hinten einen großen Aufsatz mit zwei Backrohren, außerdem noch eine große Kupferwasserwanne.

Sobald der neue Sparherd aufgestellt war, konnte man ihn schon in Verwendung nehmen. Das Kochen darauf war doch weitaus bequemer, und in viel kürzerer Zeit war alles fertig. Vor allem konnte man einen Strudel, Reisauflauf und dergleichen ins Backrohr stellen, und die Maurer konnten weiterarbeiten.

Wo auf der einen Seite neben dem Herd der Backofen seinen Platz behielt, wurde auf der anderen, rechten Seite der Kessel eingemauert. Wenn auch der Herd groß genug war, um auch für das Vieh Rüben und Erdäpfel kochen zu können, so brauchte man einen Kessel für die Wäsche und bei Hausschlachtungen.

Neben dem Kessel gab es eine Mauernische, da wurden Salz und diverse Sachen, die man beim Kochen zur Hand haben mußte, aufbewahrt. Unterhalb stand das Bankerl mit dem Schaff zum Geschirrabwaschen. Das war die rechte Seite von der Küchentür und dem Fenster, welches genau gegenüber der Türe war.

Linkerhand vom Fenster stand der Brunnen, so wie er gebaut wurde. An dem wurde nicht gerüttelt, war er doch das Kostbarste und Notwendigste, das es im Hause gab. Gleich neben dem Brunnen war die Türe in die Speisekammer, diese wurde auch gleich etwas ausgebaut. Im Winkel zwischen Speis und Küchentür gab's rundherum eine Eckbank mit einem großen Tisch dazu. Später wurde auch in der Küche gegessen.

Erst aber mußte alles fertig sein. Die Wände blieben ja stehen und wurden nur etwas verputzt, sowie auch der Plafond. Danach wurde die neue Küche schön ausgemalt.

Dachte man aber, die Schwaben wären nun verschwunden, da doch alles zugemauert und verputzt war, so war das ein großer Irrtum. Sie führten nach wie vor ihr nächtliches Regiment. Diese unangenehmen Mitbewohner blieben uns also erhalten. Der Fußboden in der Küche war aus Beton, so konnten sie nur in Mauern sein. Ganz zum Verschwinden konnten sie erst gebracht werden, als man um das Jahr 1950 das alte Haus ganz abriß und neu aufbaute.

Es dauerte bis zum Herbst, bis alle Arbeiten zu Ende geführt waren. In der neuen Küche nun zu schalten und zu walten, war etwas Herrliches. Es gab aber keine reine Freude im Haus. Immer wieder gab es Grund zu Streitigkeiten.

Die beiden Schwestern des Bauern, welche in die Stadt gingen, wollten nun heiraten und ihr Erbteil ausbezahlt haben. Der Bauer war wütend und sagte, hätte er von ihrem Vorhaben früher gewußt, würde er den Küchenbau noch um ein Jahr verschoben haben.

Doch was nun? Bekommen mußten sie jede die 200 Kronen, das stand geschrieben. Immer wieder gab es großen Streit. Da im Hause noch drei Geschwister dienten, wurde die Sache lang und breit besprochen. Die einen Geschwister hielten zum Bauern, die anderen wieder untereinander zusammen. Es nützte aber alles nichts, denn es war bei der Hofübergabe notariell festgelegt worden, daß sie bei ihrer Heirat die 200 Kronen ausbezahlt erhalten müssen. Den größten Streit führte die Mutter, hatte sie doch von der einen Tochter ein lediges dreijähriges Kind in Pflege. Dieses blieb ihr auch nach der Heirat der Tochter erhalten.

Schließlich blieb dem Bauern nichts anderes übrig, als das Geld bei den Juden aufzunehmen. Um 200 Kronen konnte man vor dem ersten Weltkrieg eine ganze Wohnungseinrichtung kaufen, es war also viel Geld und das gleich zweimal.

Wie schon erwähnt, hatte der Bauer den Hof mit vielen Schulden übernehmen müssen, anstatt nun etwas abzahlen zu können, wurden sie von Jahr zu Jahr mehr. Er kam auch nie los von den Schulden in den 24 Jahren, in denen er den Hof bewirtschaftete. Auch die sparsamste Bäuerin hätte bei diesen Zuständen in den vielen Jahren nichts ersparen können.

Man sagte zwar bei den Bauersleuten, daß die Frau mit der Schürze mehr hinaustragen kann als der Bauer mit dem Wagen hereinführt, unsere Bäuerin aber trug bestimmt nichts hinaus. Sie war eine selten gute Seele, stammte ja von einem kleinen Haus mit nur wenig Joch Grund, die mußten zu Hause auch sparen, und sie konnte das auch. Nie hörte man das Hausgesinde über sie schimpfen, alle versuchten sie zufriedenzustellen.

Nun hatte sie wenigstens eine neue Küche, es war jetzt vieles leichter für sie. Es war alles so sauber und rein, auch Platz war genug da, sodaß man auch das Kind in der Küche haben konnte. Bezahlt aber mußte der Neubau irgend wie werden, da er nun einmal gemacht war.

Ein Gewitter

Der Herbst zog wieder in das Land. Es war ein guter, fruchtbarer Sommer gewesen, die Feldfrüchte versprachen reiche Ernte. Der Schnitt war beendet, alles gut in der Scheune eingelagert. Von dem Korn wurde im Herbst nur so viel gedroschen, als im Hause gebraucht wurde, das andere kam erst im Winter an die Reihe. Vorerst mußte noch das zweite Heu gemacht werden (Grummet), das aber nicht soviel wert war zum Füttern wie das erste Heu vom Frühsommer. Durch die Sommerhitze ausgebrannt, war es nicht so saftig. Wenn es nur noch schöne Zeit zum Trocknen gab!

War nicht viel gewachsen, oder es wurde zu stark verregnet, war es unbrauchbar zum Füttern und es mußte im Spätherbst Vieh verkauft werden, wenn man dieses nicht mehr auf die Weide treiben konnte. Im Herbst sind die Tiere fett, im Frühjahr aber mager, wenn sie im Winter hungern müssen. Kein Fleischhauer würde dann so ein Stück kaufen. Das Rindervieh bekam im Winter ohnehin die Hälfte Gersten- und Haferstroh unter das Heu gemischt. Aber wir hatten auch ein Pferd, unseren Braunen, der fraß nur Heu und Hafer.

Es war am ersten September, die Ägidinacht, ach, wie gut erinnere ich mich. Den ganzen Tag über war es sehr heiß gewesen, überall hatten die Bauern das Gras für das zweite Heu gemäht und die Kegel auf dem Feld waren aufgestellt. Viele fleißige Hände hatten mitgeholfen.

Mit dem Sonnenuntergang zogen schwarze Wolken auf, erst war es nur Wind, der die Heukegel in alle Richtungen verstreute. Wer weiß, wo dieses Wetter hinzieht und niedergeht, so dachten die Leute, oder die Wolken zerreißen sich. Sie taten das nicht, es kamen nach den schwarzen die weißen, die den Hagel enthielten. Diese richteten auch noch keinen Schaden an und zogen weiter. Gnade Gott, wo die ausleeren, meinten die Leute.

Wir setzten uns zur Suppenschüssel und verzehrten unser Nachtmahl. Aber ober uns gab es keine Ruhe, es zogen neue Gewitterwolken auf und es begann schon zu regnen, wenn auch noch nicht stark. Nun, wird was kommen, oder können wir zur Ruhe gehen? Ruhe oder gar Schlaf gibt es nicht bei einem schweren Gewitter. Wer einmal im Gebirge eines erlebte, weiß das.

Wieder kamen schwarze Wolken, die um so dunkler erschienen, je mehr es Nacht wurde. Ganz weit weg, in etwa zehn Kilometer Entfernung hörte man den Donner. Ich weiß nicht, mit welcher Stundengeschwindigkeit so ein Wetter dahin zieht, in der Ebene vielleicht schneller als im Gebirge, wo es in den Bergen oft stehen bleibt, wenn die Wolken recht tief stehen.

Der Himmel wurde schließlich ganz mit Wolken bedeckt und die Blitze zuckten unaufhörlich, sodaß die Nacht taghell erleuchtet war. Man hörte, wenn auch noch weit weg, das Sausen und das Sieden in den Wolken, sowie ein dauerndes Murren zwischen dem Aufleuchten der Blitze. Die halbe Nacht verging noch, ehe es sich mit der ganzen Wucht bei uns entlud.

In Lembach hatten die Gemeindeangehörigen Wetterglocken gespendet, die bei schweren Gewittern geläutet wurden, damit das Wetter schnell weiterzieht. Auf der Gremelhöhe standen drei Wetterkreuze und zwischen drin blieb es meist stehen, dort tobte sich das Unwetter aus. Der Hagel fällt ja immer nur in Streifen.

Von uns ging niemand zu Bett, alle verfolgten das grausige Naturschauspiel. Längst ging ich nicht mehr mit meinem Bettzeug in die Wohnstube schlafen, an die Gewitter hatte ich mich gewöhnt. Jedoch ein solches, wie in dieser Nacht, erlebte ich nie vorher und auch nachher nie wieder.

Es war genau Mitternacht, als es zur vollen Entladung kam. Die alte Uhr mit den Eisengewichten in der Stube schlug zwölf, als der schreckliche Blitz mit sofort krachendem Donner beim Leidenbauer einschlug. Er zündete im Stadel bei Heu und Frucht, so war das Vieh im Stall nicht gleich rettungslos verloren.

Bei dem Bauern war der jüngste Sohn vom Freiler, Richard, im Dienst zum Ochsenhalten. Da er im Stall schlief, rettete er das ganze Vieh aus dem Stall. Bekanntlich wollen die Tiere nicht aus dem Stall, wenn sie Feuer sehen, sondern rennen direkt hinein. Er aber trieb sie hinaus, hatte sie zu viert im Hof mit Ketten zusammengehängt, so konnten sie nicht zurück in das Feuer. Als er sie alle beisammen hatte, trieb er sie ins Nachbarhaus, wo sie eingestellt wurden.

Kein einziges Stück war zu beklagen. Man bedenke, was so ein elfjähriger Bub zu leisten imstande war. Das konnte so leicht keiner nachmachen. Doch es wunderte sich niemand darüber, die Erwachsenen wurden ja beim Feuer gebraucht.

Wie glücklich jene, die es nicht trifft! Den Feuerschein sah man in der finsteren Nacht, als ob es nebenan wäre. Am nächsten Tag brannte es noch immer. Es war kaum zu glauben, daß die Wolken soviel an Hagel und Wasser fassen können, als ob der Himmel alle Schleusen geöffnet hätte.

Wir gingen in dieser Nacht nicht zu Bett, hatten genug zu tun, um uns vor dem Wasser zu schützen. Der Bach unter dem Hof stieg um drei bis vier Meter an und kam ganz zum Wohnhaus herauf. Überall trat er aus seinem Bette und überflutete alles. Man kann einem Feuer ausweichen, nicht aber dem Wasser. Es trägt alles davon, Lebendes und Totes nimmt es mit.

Glutrot ging am nächsten Tag die Sonne auf. Wie zum Hohn, als ob nichts gewesen wäre in dieser denkwürdigen Nacht! Man brauchte sie aber notwendig, um alles zu trocknen. Vor allem das überall verstreute Heu mußte gesammelt und getrocknet werden.

Der Herbst brachte auch weiterhin eine schöne Zeit, das Heu konnte gut eingebracht werden. Die Anbauzeit ging gut voran, während Erdäpfel und Rüben wachsen konnten. Diese wurden erst im Oktober herausgenommen. Kurz und gut, eine schöne friedliche Zeit, was sie ein Jahr später nicht mehr war, in diesen Monaten.

Winter 1913/14

Es war das Jahr des tiefsten Friedens, ich vollendete in diesem Winter mein zwölftes Lebensjahr. Eine Lebenszeit, in der man nur allzu gerne erwachsen sein möchte. Fragte man etwas, hieß es nur: „Warte, bis du groß bist!“. Die blühende, schöne Zeit sieht man nicht und lebt nur in der Erwartung des Kommenden. Es braucht lange bis man verstehen lernt, daß man seine Lebensuhr nicht zurückdrehen kann, aber auch nicht vorwärts, damit sie schneller geht.

Diese Zeit ist aber auch eine Zwitterzeit. Auf der einen Seite wurde man als Fratz behandelt, der zu nichts nütze ist als zum Fressen, auf der anderen Seite hieß es: „So eine große Dirn noch in die Schule gehen, arbeit' nur, bist groß genug dazu, willst leicht gar noch mit den kleinen Kindern spielen?“ Diese Zweiseitigkeit empfand ich sehr bitter. Da noch ein Kind und unnütz, aber sofort wieder nur zum Arbeiten im Haus. Warum wurde man nicht behandelt als das, was man wirklich war?

Die Schule war das rote Tuch der Bauersleute. Mit zwölf Jahren sollte man eben schon voll einsatzfähig sein und nicht mehr so viel Zeit der Schule widmen, wo es doch so viel Arbeit gab.

Merkwürdig, wie groß und stark man zur Arbeit schon war, aber ohne ein Recht, etwas dafür verlangen zu können. Wie glücklich müßten die Eltern heute sein, die ihre Kinder in die Schule schicken können, anstatt auf einen Dienstposten. Und erst die Kinder, die verwöhnt werden und alles Gute auf Erden haben können, dann aber gar nicht lernen wollen.

Ich neide es niemandem, auch wenn es heute noch so wäre wie damals, nur Gerechtigkeit würde ich mir wünschen und nicht immer die Nahrung vorgeworfen zu bekommen, die jeder Mensch braucht. Die Arbeit habe ich nie in meinem Leben gescheut, tat auch damals alles, was in meiner Kraft stand. Die Müdigkeit vergeht doch bald. Ich hätte mich geschämt, einzugestehen: Ich kann nicht mehr, ich bin zu müde.

Trotz allem kam der erste November heran, wo ich wieder zur Schule gehen durfte, ja mußte, laut Gesetz. Für mich zur Freude, für die Hausleute zum Ärger. Jedoch ein Sprichwort sagt: „Des Lebens ungetrübte Freude wird keinem Irdischen zuteil!"

Auch mir wurde sie nicht zugeteilt. Auf Fragen des Lehrers in der Schule stand ich wie blöd da und wußte keine Antworten. Nun merkte ich erst, wie viel ich versäumt hatte. Es blieb aber keine Zeit, etwas nachzulernen. Zu Hause wartete ja wieder die Arbeit. Wehe, man kam zehn bis fünfzehn Minuten später heim.

Im Herbst gab es die meiste Arbeit im Bauernhaus. Auf dem Acker Kartoffeln nachsammeln, das Kartoffelkraut zu Haufen tragen und verbrennen. Die Futterrüben ausnehmen helfen, die Erde davon abputzen und aufladen. Die Blätter werden erst abgeschnitten, wenn man sie Stück für Stück vom Wagen nimmt. Die Rüben in den Korb geben und in den Keller tragen. Das letztere geschah alles bei Laternenlicht. Im November wird es um fünf Uhr schon dunkel, da mußte viel bei Laternenlicht getan werden. Wann es auf dem Bauernhof später elektrisches Licht gab, weiß ich nicht mehr. Solange ich dort arbeitete, gab es keines.

Der Herbst ist auch die Zeit der Obsternte. Meist gab es nur Spätobst, das erst vor dem Einfrieren völlig abgeerntet wurde. Das Fallobst mußte natürlich bei Tageslicht in Körbe gesammelt werden. Verarbeitet wurde es ebenfalls erst bei Lampenlicht. Zu Maische verarbeitet und gepreßt ergibt es einen wohlschmeckenden Trunk. All diese Arbeit machte mir viel Freude, ich tat alles gerne, wann aber sollte ich eine Schulaufgabe machen? Die Stallarbeit mußte ja auch getan werden, das Vieh konnte ja ebenfalls nur bis zum Dunkelwerden auf der Weide bleiben. Vor dem Nachtmahl mußte das Vieh bedient und gemolken werden.

Längst war ich nicht mehr Kindermädchen, das Kind war bereits fast zwei Jahre alt und konnte nun schon allein spielen, in der Küche war immer jemand da. Ich aber mußte bereits melken lernen.

Leicht fiel mir das nicht, leichter lernte ich ackern als melken.

Es dauerte lange, bis sich meine Finger, von Zeigefinger bis zum kleinen Finger, daran gewöhnten, einer nach dem anderen, die Milch aus den Zitzen der Kuh zu drücken. Beim Melken braucht man unbedingt jeden Finger. War einer mal eitrig oder man hatte sich geschnitten, was beim Speckschneiden sehr häufig vorkam, konnte man nicht melken.

Heute gibt es ja schon die Melkmaschine, doch die Bauersleute müssen auch noch heute melken können, denn die Kühe müssen nachgemolken werden.

Es würde zu lange dauern, alles aufzuzählen, was es an Arbeit gibt zu den einzelnen Jahreszeiten. Der Bauer mußte sehr genau einteilen können, um mit allem zurecht zu kommen.

Damals wurde nicht alles sofort ausgedroschen so wie heute, das war Winterarbeit. Nur wenn das Brot- oder Kochmehl zur Neige ging, mußte man zwischendurch einen oder zwei Tage dreschen. Stroh, zum Einstreuen für die Schweine und Rinder, brauchte man immer, wenn die Streu im Wald zu naß war, um welche heimholen zu können.

Streurechen war immer eine schöne Arbeit. Es wurden dabei manche lustigen Schwänke und Geschichten erzählt. Oft blieb man den ganzen Tag im Wald, denn der Tag war kurz und der Heimweg weit. Das Essen wurde in den Wald nachgetragen, damit nicht zu viel Zeit für die Arbeit verloren ging.

Das war nun so ein kurzer Überblick der Herbstarbeit. Gut ist es, wenn das schöne Wetter lange anhält und nicht die Kartoffel in der Erde einfrieren und mit Schnee bedeckt sind. Der Bauer hat nun mal seine Werkstatt unter freiem Himmel, da kann das Wetter sehr wohl ab und zu einmal einen Strich durch die Rechnung des Bauern machen.

Rückt dann der Advent heran, die stillste Zeit des Jahres, geht die meiste Zeit des Tages mit der Sorge um das Vieh auf. Dieses kann sich ja im Winter sein Futter nicht selbst auf der Weide suchen und muß daher im Stall mehrmals am Tage gefüttert werden.

Die Zeit des Schlachtens steht ins Haus. Heißt es doch: „Zu Weihnachten haben wir ein Schwein geschlachtet, zu Lichtmessen (zweiter Februar) war alles g'fressen!"

Holz mußte gemacht werden, solange es nur gefroren war und noch kein Schnee lag, konnte man auch im Wald Holz schlagen; sonst eben nur zu Hause Brennholz. Solches wird viel gebraucht in der kalten Jahreszeit. Zum Brotbacken im Hausofen muß es ganz trokken sein.

Diese Außenarbeiten interessierten mich wenig, ich hatte ja nur Holz in die Küche zu tragen. Da es nun im Hause weniger Arbeit für mich gab, war ich umso inniger wieder mit der Schule verbunden und versuchte nachzuholen, was ich nur konnte. Die Lehrer wußten und erkannten, daß ich mir ehrliche Mühe gab; meine Zeugnisse blieben weiterhin gut.

Theaterspiel

Über ein wunderschönes Ereignis will ich nun berichten, welches in diesem Winter stattfand und mir sehr große Freude bereitete. Wir führten ein Theaterstück auf. Es wurde von der Schule aus angeregt, wer sich dafür einsetzte und die Proben leitete, weiß ich heute nicht mehr.

Ich durfte mitspielen, war ich doch bereits zwölf Jahre alt, gehörte schon zu den Großen, von welchen man die geeigneten aussuchte. Für die Hauptrollen suchte man solche mit guter Merkfähigkeit aus, denn diese hatten viel zu lernen. Eine Hauptrolle bekam ich zwar nicht, das war auch gut so, ich hätte nicht so viel Zeit für die Proben aufbringen können, wenn ich es auch mit dem Lernen geschafft hätte.

Außerdem waren ja für die Hauptrollen die sogenannten „Besseren" bestimmt, die Kinder vom Oberlehrer und die der Geschäftsleute, welche sich einen Geschäftsaufschwung erhofften, wenn man ihre Kinder auf der Bühne bewundern konnte.

Nie gab es im Ort eine Schüleraufführung und nach dieser gut gelungenen vergingen wieder 14 Jahre, ehe wieder Theater in der Schule gespielt wurde. Mich wundert es heute noch, daß ich frei bekam und mitspielen durfte. Lange habe ich das Bild aufgehoben, ich weiß nicht, wo es im Laufe der Jahre hingekommen ist. Es war das erste Foto, das von mir gemacht wurde. Man kannte damals Fotos noch nicht. Das Theaterstück hatte den Titel: „Die Waldkapelle". Mir gefiel es sehr gut und paßte auch in die melancholische Zeit.

Es handelte von zwei Kindern (es waren dies Herta und Herbert, die Kinder vom Oberlehrer), deren Mutter sehr schwer erkrankt war. Weihnachten stand vor der Tür, und die Kinder wollten sich von Gott nur das eine Geschenk erbeten, daß ihre Mutter wieder gesund würde. Hin und her überlegten sie, was sie tun könnten, um den lieben Gott wirkungsvoll um dieses Geschenk anzuflehen. Wenn sie auch zu Hause im stillen Kämmerlein beteten, bis ihnen die Augen zufielen, erschien ihnen das viel zu wenig für so ein großes Anliegen. Sie hatten davon gehört, daß es im Wald eine Kapelle geben soll, diese hofften sie heimlich und allein zu finden. Dort wollten sie beten, vielleicht würden dort ihre Gebete erhört.

Ebenso heimlich schlichen sie von zu Hause weg, dachten nicht an die Wölfe im Wald und trotteten den ganzen Tag herum, bis sie vor Einbruch der Dunkelheit die Waldkapelle fanden. Das Eisentürchen war offen und sie gingen hinein. Viel gebetet werden sie kaum noch haben, sie fielen vor Müdigkeit gar bald in den Schlaf. Gar jämmerlich wären sie erfroren in dieser kalten Winternacht, wären nicht einige Rehe gekommen, die sich zu den Kindern legten und sie wärmten.

Als der Vater heimkam und die Kinder nicht vorfand, war seine Sorge groß. Er rief einige Männer zusammen und machte sich mit ihnen auf die Suche. Doch nach Einbruch der Nacht war die Suche zwecklos. Erst nach weiteren zwei Tagen wurden die Kinder aufgefunden.

Die Freude des ganzen Dorfes war groß, als man die Kinder wohlbehalten in der Kapelle fand. Gott zum Dank veranstalteten die Dorfbewohner eine Wallfahrt zur Waldkapelle.

Bei dieser Wallfahrt durfte ich mitwirken. Warm angezogen, ein großes Schultertuch umgebunden, ein Binkerl Wegzehrung in ein rotes, kariertes Taschentuch gebunden, ging ich mit den Wallfahrern.

Meine Freude über die gefundenen Kinder und daß ich mitwirken durfte, war groß. Wenn es auch keine hochtragende Rolle war, aber das Gefühl, dabei zu sein, war schön.

Im Winter waren in der Bevölkerung sonst keine Wallfahrten üblich, es war zu kalt dazu, die Wege oft eisig. Man kannte damals noch keinen Mantel, nur die Schultertücher aus Wolle. Als ich den ersten Mantel trug, war ich schon zehn Jahre verheiratet.

Das Theaterstück mußte zwischen Weihnachten und Heiligen Drei Könige (sechster Jänner) öfters aufgeführt werden und war immer ausverkauft. Und doch wurde in den weiteren Jahren kein Versuch gemacht, wieder einmal zu spielen.

Die Zeit rückte weiter, es war wieder Fasching. In den Schulpausen konnte man wieder Krapfen fangen gehen und den Faschingsumzügen nachlaufen. Nicht nur in der Kirche gab es Hochzeiten, auch bei den Umzügen fuhr ein Bräutigam mit seiner Negerbraut im Wagen mit. Doch wie alljährlich ist der Fasching mit seinem lustigen Treiben schnell vorbei. Die Fastenzeit dauert länger und ist ernster.

Wer aber freut sich nicht auf Ostern, das schöne Frühlingsfest. Um diese Zeit grünt bereits auf den Feldern die neue Saat. Ihr ging der Frühjahrsanbau voraus, die Arbeit auf den Feldern beginnt auf's neue. Irrtümlich wird geglaubt, die Arbeit in der Landwirtschaft ist eintönig, aber das stimmt nicht. Stets ist etwas anderes zu tun, nur Heu muß zweimal im Jahr gemacht werden, alles andere wechselt ständig.

Ist aber Ostern vorbei, kommt schnell der erste Mai, und der Schulranzen muß wieder weg. Bei der Arbeit auf dem Acker kann man nur noch träumen, wie schön es in der Schule wäre.

Ich kann heute noch nicht verstehen, daß so viele Kinder die Schule hassen. Müßten sie aber so ran an die Arbeit wie wir, sicher würde ihnen die Schule und auch das Lernen viel besser gefallen.

Der erste Mai war vorüber, und ich mußte wieder Tag für Tag auf's Feld. Doch man gewöhnt sich an alles.

Am 14. Mai starb der Mann der ältesten Tochter, Herr Gamperl. Er war 88 Jahre alt, für jene Zeit ein enorm hohes Alter. 18 Jahre war er mit seiner zweiten Frau verheiratet, hatte weder mit der ersten noch mit seiner zweiten Frau Kinder. Er war sehr reich, das hinterlassene Erbe hätte zum Ankauf von zwei Bauernhöfen gereicht. Bei seinem Tode glaubte er alles sicher angelegt zu haben, seiner Witwe sollte es für den Rest ihres Lebens gut gehen. So glaubte er und alle Verwandten, daß aber alles anders kam, konnte er nicht wissen, und er erlebte es ja auch nicht mehr.

Im Ort gab es ein großes Begräbnis mit vielen geladenen Gästen, der Leichenschmaus war reichlich. Auch so etwas war für die Schulkinder interessant, sie drückten sich beim Gasthaus herum, um ein Stück Gugelhupf oder einen anderen, übriggebliebenen Happen zu bekommen. Bei armen Leuten gab es kaum ein Totenmahl.

Für uns im Bauernhaus wurde so manches anders, als die 43-jährige Witwe mit ihren vielen Sachen in den Hof, in das von ihrem Mann erbaute Zimmer, einzog. Man wußte anfangs nicht, was sie machen würde, sich in Trauer einspinnen oder nur gut leben mit ihrem vielen Geld.

Nein, nichts von alldem tat sie. Als sie ihre Sachen verstaut hatte, zog sie ihre Arbeitskleidung an, ging ins Haus und fragte, ob sie arbeiten könne im Haus und Feld. Der Bauer sagte natürlich ja, denn jede Hand tut not, aber vorher müsse sie sagen, was sie verlange.

Sie sagte nur: nichts, nie will sie dafür etwas annehmen, zahlen kann er seine Dienstboten, sie aber will keiner sein. Sie will nur das arbeiten, was sie leicht kann, und wenn sie dafür ihr Essen bekomme, sei sie vollkommen zufrieden.

So hielt sie es ihr Leben lang. Sie war die Tante im Haus und tat nur das, was sie gerne tat. Nie ging sie in den Stall, um die Kühe zu melken, wohl aber versorgte sie die Milch, die vom Stall hereingebracht wurde. Es war dann ihre Arbeit, das Melkgeschirr zu reinigen und die Butter zu machen.

Auch als gut 20 Jahre später die Milch schon in

die Molkerei geliefert wurde, reinigte nur sie die Kannen.

Das Geschirrabwaschen besorgte sie ebenfalls. Die Schweine fütterte sie nie, doch bei einer Schlachtung den Speck zu Schmalz auslassen, das tat sie. Es machte ihr nichts aus, den ganzen Tag am heißen Herd zu stehen, denn niemand machte es so gut wie sie.

Kochen konnte sie vorzüglich, jedoch tat sie es selten, nur wenn sie gebeten wurde, einmal die Bäuerin zu vertreten. Die übliche Milchsuppe am Morgen und am Abend kochte sie immer. Sie sparte auch nicht mit dem Rahm, die Bauersleute wollten aber nichts zu ihr sagen und ließen sie gewähren.

Weniger beliebt war sie bei der Feldarbeit, war sie doch allzu pedant, nicht das kleinste Fleckchen durfte unbehackt bleiben. Nichts übersah sie, keine Ähre durfte liegengelassen werden beim Schnitt, es mußte in allem sauber gearbeitet werden.

Ein schlampiger Bauer kommt zu nichts, einen Hof erkennt man, wie er bearbeitet wird. Andererseits sollte man aber auch schnell vorankommen, braucht nur Schlechtwetter zu kommen, so verfaulen besser nur einige Ähren als viel Frucht. Auch dafür hatte man ein Sprichwort: „Geschwind und fein, kann nicht sein!"

Bei der Arbeiterschar war sie Vorarbeiterin, sie bestimmte, wie breit ein Stück Acker auf einmal bearbeitet wurde. Einerseits war sie eine große Hilfe, andererseits war es schwer, sich allen ihren Eigenheiten zu fügen.

Sie war und blieb, solange sie lebte, ein sogenanntes „Hausinventar".

Kriegsausbruch

Schon der nächste Monat brachte einen großen Schrekken, sodaß solche Sachen nur Kleinigkeiten waren gegenüber den Weltereignissen.

Am 29. Juni wurde in Sarajewo der Thronfolger ermordet. Ein Schock für alle Leute in Stadt und Land. Zu Recht vermuteten die Leute, daß diese Tat einen Weltkrieg auslösen würde. Prompt erfolgte nur einen Monat später die Kriegserklärung.

Es war ein Sonntag, als der jüngste Bruder des Bauern erst vom Kirchgang heimkam, als das Mittagessen schon fast beendet war. Man sah das nicht gerne, wenn nicht alle rechtzeitig zum Essen kamen, ohne vorher gesagt zu haben, wo sie zu tun haben. Er zog seinen Rock aus, setzte sich an seinen Platz am Tisch und man brachte ihm das Essen. Doch dieses mußte warten, erst fing er an zu erzählen.

Als er noch auf dem Kirchhof mit anderen beisammen stand, wo immer die Meinungen ausgetauscht wurden, kamen die Extraausgaben auch in den kleinsten Ort, die über das ganze Land die Meldung brachten, daß der Krieg gegen Serbien erklärt worden war.

Nur diesen einen Satz hörte ich, mir blieb sofort der Bissen im Mund stecken, ich mußte hinausgehen um ihn auszuspucken, sonst wäre ich erstickt.

Dabei hatte ich keine bloße Ahnung, was ein Krieg überhaupt ist. Von Kriegen hörten wir in Geschichte, es gab einen Dreißigjährigen Krieg, doch das waren mehr Fehden, wie es aber im Krieg wirklich zuging, davon lernte man wenig.

Wir in Niederösterreich spürten vorerst in der Heimat wenig, außer jenen, die sofort zum Militär und an die Front mußten. Bald kamen auch genug Verwundete zurück und Tote wurden gemeldet.

Der Staat Österreich-Ungarn bestand zu jener Zeit noch aus 23 Kronländern, wo es viele Rassen und Sprachen der einzelnen Bundesländer gab.

In den anderssprachigen Gebieten gärte es schon viele Jahre vor Kriegsausbruch, nur wußte man das nicht. Im geheimen hatten sie die Sokolgemeinschaft, denn die Böhmen, Polen, Ruthenen, Slowaken, Serben, Ungarn und Slaven, arbeiteten darauf hin, ein eigenes Land zu haben. Daher konnte auch der Krieg für uns nicht gut ausgehen, waren doch die Deutschsprachigen weit in der Minderheit. Außerdem hatten diese Völker vom Ausland genug Hilfe, während man die Deutschen überall haßte. Diese wollte man aushungern, damit sie auch im Hinterland weniger wurden. In der Schule wurde uns das so erklärt und wie es um uns stand.

Bei uns im Bauernhof änderte sich vorerst wenig. Unser Brauner war der erste, der bei der Pferdemusterung für tauglich erklärt wurde und für Militärzwecke fort mußte. Wie weinten wir Kinder alle um ihn, auch die Nachbarskinder!

Ein Bruder des Bauern, er war Wirt in Schönau, mußte auch sofort an die serbische Front. Drei Wochen später war er schon wieder in Wien mit einer zersplitterten Ferse. Er war 33 Jahre alt und blieb sein Leben lang ein Krüppel.

Als nächster mußte der jüngste Bruder des Bauern fort, erst einmal zur Ausbildung. Er war noch in Friedenszeit bei der Musterung für tauglich befunden worden und mußte im August einrücken. Das hätte er auch müssen, wenn kein Krieg ausgebrochen wäre. Die Mutter jammerte und hoffte, daß er nur nicht zu den Pferden käme. Er kam zum Dragonerregiment Nr. 3. Das waren die schönsten, mit blauer Jacke, roten Hosen und Kappen. Diese Uniform war nur in der Kaserne zu tragen, als sie im Oktober ins Feld mußten, trugen sie wie alle anderen das Feldgrau.

Zur Arbeit war nur ein Mann und ein Pferd weniger, und man spürte das auch bereits. Nach und nach wurden die Reservisten ja nach Alter eingezogen. Dann kam der Landsturm und die jüngeren Jahrgänge. Bis die 1900-Geborenen drankamen, schrieb man 1918.

Serbien war in drei Wochen besiegt, aber inzwischen traten viele Staaten gegen Österreich in den Krieg ein. Vor allem das mächtige Rußland. Sofort nach Serbien wurden die meisten Truppen dorthin befördert. Als Verbündete waren nur Deutschland und die Türken Österreich zur Hilfe gekommen.

Zu Kriegsbeginn glaubte man, der Krieg würde schnell zu Ende gehen, wenn man den ersten Feind in so kurzer Zeit besiegte. Doch das Völkermorden ging noch mehr als vier Jahre weiter, immer mehr Staaten traten in den Krieg ein. Italien, das mit Österreich verbündet war, brach die Treue und kämpfte gegen Österreich. Im Westen hielten die Deutschen die Front, aber im Osten mußte Österreich Truppen abziehen und nach Italien befördern.

Als das Jahr 1914 zur Neige ging und vom Kriegsende keine Rede mehr war, mußte sich Jung und Alt umstellen und die schweren Anforderungen des Krieges auf sich nehmen. Die rüstigen Arbeitsleute waren bald alle im Krieg, obwohl sie viel lieber in der Heimat die schwere Arbeit getan hätten, mußten sie doch an der Front täglich ihr Leben einsetzen. In den Bauernhäusern spürte man das Fehlen der stärksten Arbeitskräfte umso mehr.

Mehr und schneller konnte zwar niemand arbeiten, es dauerte halt länger, bis alles unter Dach und Fach gebracht war. Bei so manchen, je nachdem wieviele Leute sie entbehren mußten, fror im Herbst der Acker ein und ein früher Schnee bedeckte die Felder, ehe noch die Kartoffel und Futterrüben hereingebracht werden konnten. Da hieß es dann eben den Viehstand verringern.

Zur Versorgung der Stadt und des Heeres mußte ohnehin ständig Vieh abgeliefert werden. Auch die Schweine wurden stets gezählt, man konnte das Vieh ja nicht irgendwo verstecken und wußte auch nicht, zu welcher Zeit sie requirieren kämen.

Für den Hausbedarf wurde vorgeschrieben, wieviel verbraucht werden darf. Schwarzschlachtungen wurden streng bestraft. Doch taten es viele Bauern, das Bewilligte war nur allzu karg bemessen. Hörten dann böse Nachbarn etwas, zeigte einer den anderen an. Auch Dienstboten taten es, wenn sie nicht gut gehalten wurden. Arbeit bekamen sie anderswo ja wieder leicht, wo soviele Arbeitskräfte fehlten.

Die Ungarn ließen nach Kriegsausbruch keine Kinder mehr nach Österreich herein, wozu sollten sie noch deutsch lernen, so sie doch einen eigenen ungarischen Staat wollten. Für das Vieh wurde im angrenzenden Meierhof ein Stück Grund gemietet, welcher eingezäunt war, so brauchte man auch keine Hüterkinder mehr.

Doch trotz aller Mühsal und Plage, die der Krieg brachte, ging der Streit zwischen dem Bauern und seinen Eltern weiter. Im Jahre 1913 mußte auch die eine Tochter, die noch im Haus arbeitete, da aufhören und in den benachbarten Meierhof arbeiten gehen. Dort wurde mehr gezahlt, doch der eigentliche Grund war, daß die eigene Mutter den Sohn ohne Arbeiter sehen wollte und wie er weiter zurecht kam.

Für Eltern und Tochter wäre es besser gewesen, sie wäre im Elternhaus geblieben. So ging sie morgens in den Taglohn arbeiten und abends wieder heim. Dort lernte sie den Sohn der Pächterfamilie kennen, und er begleitete sie nach getaner Arbeit nach Hause, ein langer Weg, der auch durch tiefen Wald führte. So lernte sie ihn nicht nur kennen, sondern auch lieben. Daß er gut zehn Jahre jünger war, sie ja schon 35 Jahre alt war, tat der Liebe keinen Abbruch.

Nicht lange dauerte es und sie war schwanger. Niemand wußte etwas davon, denn die Kleidung war zu jener Zeit günstig. Lange Röcke, bauschige Schürzen, erst in den letzten Schwangerschaftsmonaten merkte man es. Als es dann nicht mehr zu verheimlichen war und auch die Mutter es sah, oh weh, ihre Tochter hätte ich nicht sein wollen.

Das erste war, daß sie die Tochter mit Schimpf und Schande aus dem Haus und von der elterlichen Wohnung verjagen wollte. Sie trieb es so arg, daß sich die älteste Tochter ihrer Schwester annahm und der Mutter die Leviten las. Sie möge doch ihre eigene Schuld einsehen, hätte sie die Tochter daheim behalten, wäre es dazu nie gekommen.

Wenn auch in meiner Nähe geschwiegen wurde, wußte ich doch über solche Vorgänge Bescheid, in der Schule hörte ich manches, ob wahr oder unwahr, man wurde über die Wahrheit ja nie aufgeklärt.

Ich aber, zu meiner Schande muß ich es gestehen, ich verstand es damals nicht besser, spottete die arme Schwangere aus, die um 22 Jahre älter war als ich. Einmal traf ich sie allein, als sie eben Schweine fütterte und ich sang: „Einmal eins ist eins, die Maridl kriegt was Klein's, zwei mal zwei ist vier, sie kann ja nichts dafür." Und so weiter. Kinder sind grausam, und was hat so ein kaum 13-jähriger Fratz doch für eine lose Zunge.

Sie schlug beide Hände vor's Gesicht, lehnte sich an den Schweinestall und weinte bitterlich. Als ich sah, was ich angestellt hatte, tat es mir unendlich leid. Ich nahm ihre Hände, bat sie um Verzeihung und sagte, ich werde ihr immer helfen.

Bis zum letzten Tag vor der Entbindung mußte sie arbeiten. Krankenstand oder Krankengeld gab es damals ja auch noch nicht. Doch die Arbeit war ihr einziger Trost. Die Hetlinger-Mutter war ja sehr gut zu ihr. Der junge Bursche und Vater des zu erwartenden Kindes war ihr ältester Sohn und ledig geborenes Kind. Darum konnte sie so manches nachfühlen. (Ich erwähnte die gute Frau schon einmal, als ich vom Milch-Holen schrieb, ihre Tochter war eine gute Schulfreundin von mir.)

Auch Vater Hetlinger war ein guter Mensch, er machte keinen Unterschied zwischen seinen eigenen vier Kindern und dem ledigen Sohn seiner Frau. Hätte nicht schon die Schwester bei der Mutter ein Machtwort gesprochen und ihr klar gemacht, daß die Schande auf sie selbst zurückfallen würde, wenn sie die Tochter verjagte, Mutter Hetlinger hätte sie sofort bei sich aufgenommen und Vater Hetlinger wäre damit einverstanden gewesen.

So halfen sie ihr eben wo sie nur konnten, aber auch sie konnten nicht erreichen, daß der Sohn zu einer Aussprache kommen durfte und sie hätte heiraten können. Da war der Bauernstolz viel zu groß, eine Bauerntochter einem Hilfsarbeiter zu geben.

Außerdem hielten die Eltern diese Tochter selbst nicht für voll heiratsfähig. Das stimmte aber nicht, sie war nicht unintelligent, sie konnte nur den Buchstaben „G" nicht aussprechen, statt „G" sagte sie ein „D". Dieser Schaden hätte in der Kinderzeit leicht behoben werden können, doch wer tat damals etwas dagegen, noch dazu wenn es Geld gekostete hätte?

Zum Heiraten wäre es ohnehin nicht gekommen, denn der Krieg brach aus, er war einer der gedienten Soldaten, die als erste eingezogen wurden. Wie gesagt, wohnte die älteste Tochter, die kinderlose Witwe, neben den Eltern und ging nie zu ihnen, wohl aber in dem Fall, um ihrer Schwester zu helfen.

Das Kind wurde Mitte September 1914 geboren, die Schwester holte die Hebamme, kaufte alles ein, was notwendig war, trug das Kind zur Taufe und gab ihm ihren Namen: Johanna. Das Kind war sehr schwach und viel krank, es lernte erst mit 16 Monaten laufen. Gepflegt hat es die Großmutter gut, die Taufpatin sah aber auch sehr streng darauf, daß dem Kind nichts fehlte an Leib und Seele.

Im Altenteil gab es nun zwei uneheliche Kinder, also insgesamt fünf Personen. Da die alte Mutter nicht mehr alle Arbeit für die große Familie schaffen konnte, mußte die junge Mutter daheim bleiben. Sie fütterten fünf bis sechs Schweine, denn das Fleisch, das sie als Ausnahm bekamen, wäre für fünf Personen viel zu wenig gewesen. Außerdem brauchten sie auch Geld, niemand von den fünf verdiente etwas. Die beiden Alten hatten ja ihren Ausnahm, womit sie eventuell die Tochter erhalten konnten. Ob die andere Tochter, deren lediges Kind auch bei der Mutter lebte, für ihr Kind etwas zahlte, ist mir nicht bekannt.

Säuglinge aber können noch lange nichts verdienen, nur verbrauchen. Hier also setzte meine Hilfe ein, die ich der werdenden Mutter versprach. Von irgend woher mußte sie für das Kind etwas bekommen, zumal sie selbst kein Einkommen hatte. Die Fürsorge zahlte nichts, da der Kindesvater beim Militär war. Also mußte sie beim Kriegsministerium einreichen, um eine Unterstützung für das Kind zu bekommen.

Niemand hätte ihr das gemacht, der Bauer nicht und auch sie selbst wäre nicht in der Lage gewesen, da sie ja von der Arbeit hätte weggehen müssen. Außerdem hätte sie sich gar nicht getraut, bei den Behörden sowas zu unternehmen. Auch die Eltern waren noch nicht so schreibkundig.

Ich aber mußte ohnehin alles Schriftliche machen, was durch den Krieg anfiel, die Selbstversorger-Lebensmittelkarten bei der Gemeinde holen, Bezugsscheine ausstellen lassen für Kleider und Schuhe und vieles mehr. So habe ich auch um die Unterstützung für das Kind eingereicht, die sie dann regelmäßig ausbezahlt bekam, solange der Krieg dauerte.

Als nach einigen Monaten der junge Vater auf Urlaub heimkam, bin ich Wache gestanden, um ihnen zu ermöglichen, daß sie mitsammen sprechen konnten. Auch habe ich von den Großeltern die Erlaubnis erreicht, daß der Vater sein Kind sehen konnte.

Es war das erste und letztemal, daß er alle seine Lieben sah. Das Jahr darauf wurde er als vermißt gemeldet. Soviel ich auch an alle zuständigen Stellen geschrieben habe, auch nach dem Krieg war ich noch mit dem Roten Kreuz in Verbindung, nie konnte man mehr etwas von ihm in Erfahrung bringen. Sicher ist er im Feindesland umgekommen. Für das Kind wurde dann von der Stelle für Kriegshinterbliebene weiter gezahlt.

Der Krieg tobte weiter, also mußten wir notgedrungen mit ihm leben. Der erste Kriegswinter war noch nicht so arg, da ja zuerst alle Reservisten einberufen wurden und die Bauern noch enthoben wurden, um ihre Wirtschaft zu führen.

Die Zeit brachte es auch mit sich, daß der Schuhstreit gegenstandslos wurde. Es gab auch auf Bezugsscheine nur noch Holzschuhe zu kaufen. Die Holzsohlen bekam man fertig um einen geringen Preis zu kaufen. Mein Vater machte aus altem Leder Oberteile darauf und diese hielten länger als die fertigen mit Ledersohle.

Freilich das Gehen damit mußte man erst lernen. Besonders auf dem Acker, wenn die Erde regennaß war, da wurden die Absätze mit Erde wie Stelzen so hoch, die man immer wieder abklopfen mußte, um gehen zu können. Am Kleeacker oder auf den Getreidestoppeln ging es ganz gut. Da der Mensch aber bekanntlich ein Gewohnheitstier ist, gewöhnte man sich bald daran, wie auch an vieles andere.

Der Winter ging herum, leider konnte man mit den Holzschuhen nicht auf dem Bach zur Schule rutschen. Die Arbeit war dieselbe, nur etwas mehr entfiel auf jeden Hausangehörigen.

Im Jänner 1915 kam ein allerliebstes, kleines Mädchen im Bauernhaus zur Welt. Es war unnatürlich blond, mit großen blauen Augen, die sehr klug in die Welt schauten.

Der Kronprinz hatte ein Schwesterchen. Nur ich brauchte nicht mehr Kindermädchen machen, wurde zu aller anderen Arbeit herangezogen. Die Tante Johanna (wir nannten sie Hannitante) wurde die Taufpatin, wie sie es vier Monate vorher bei dem ledigen Kind ihrer Schwester wurde. Nur tauften sie dieses Kind auf den Namen Maria. Wieso sie diesen Namen wählten, weiß ich nicht, die Kindesmutter hieß Theresia.

Am Lande war es immer eine große Ehre, Taufpate oder Patin zu sein. Niemand verweigerte dieses Amt zu übernehmen, und sei es bei den Allerärmsten. Auch nahmen sie sich der Kinder an, sahen immer darauf, daß was Rechtes aus ihnen wurde.

Solange die Mutter im Kindbett lag, lastete der ganze Haushalt auf der Hannitante. Zu jener Zeit durfte eine Wöchnerin nie vor 14 Tagen aus dem Bett steigen. Manchesmal, wenn zuviel auf sie einstürmte, wurde sie etwas unwillig, doch war es nie ernst gemeint. Sie war es doch nicht gewohnt, in den Stall zu gehen, die Kühe zu melken und die Schweine zu füttern. Aber die Freude, ein Patenkind zu haben, wog alles Unangenehme auf.

Die zwei Wochen gingen schnell vorbei, und sie nahm die Patenpflicht sehr ernst. Sie hatte das Patenkind mehr in ihren Händen als die Mutter selbst.

Alle Hausbewohner hatten das sonniglächelnde Kind sehr lieb. Es wuchs gesund und munter heran, zur Freude aller. Es lernte früher laufen, als das ledige

Kind in der Altenwohnung, was natürlich wieder Eifersucht hervorrief. Dazu bestand aber kein Grund, wie wir im weiteren Lebenslauf sehen werden.

Die Tante war nun knapp neun Monate bei uns im Hause und sie hatte sich bereits eine gesicherte, ehrbare Stellung geschaffen. Mit einem Wort, sie war unentbehrlich, und man konnte sich auf sie verlassen.

Als das Trauerjahr um ihren Mann um war, stellten sich auch die Freier ein. Es waren nicht wenige, auf große Höfe hätte sie einheiraten können, doch sie wies alle ab und lebte bis zu ihrem Tode im Elternhaus.

Am 28. Jänner 1915 starb meine Großmutter im Armenhaus in Kirchschlag. Sie war vorher mehrere Jahre bei der anderen Tochter in Waldegg, wo auch ich ein Jahr zur Schule ging. Nie habe ich erfahren, warum man sie im Herbst 1914 zu ihrer selbst schwerkranken Tochter, meiner Mutter, gebracht hat. Es wäre in der Nähe von Waldegg noch ihre jüngste Tochter gewesen, die dort verheiratet war, die hatte aber für ihren 90-jährigen Schwiegervater zu sorgen.

Großmutter war aber nicht lange bei meinen Eltern. Bis mit der Fürsorge alles geregelt war, holte man sie ab und sie kam in das Armenhaus, heute nennt man es Altersheim. Ich hatte sie sehr lieb und besuchte sie auch öfters, wenn mir Zeit blieb. Auch am 27. Jänner war ich nach der Schule noch bei ihr. Am nächsten Morgen begegnete ich am Schulweg einigen Krankenschwestern, die mir sagten, daß sie um drei Uhr früh gestorben sei.

Meine Mutter sah sie nicht mehr, nachdem sie abgeholt worden war, auch zum Begräbnis konnte meine Mutter nicht gehen. Großmutter wurde in einem Armensarg begraben, wie auch meine Mutter zwei Jahre später. Nun lebte niemand mehr von den Großeltern. Ihr Bild aber halte ich noch heute in Ehren.

Mit diesen teils freudigen und teils traurigen Ereignissen ging der Winter vorbei, und der Lenz zog wieder ins Land. Ich mußte überall im Haus und Feld mitarbeiten, aber noch war die Schule zu besuchen. Wohl konnten die Wochen schon gezählt werden, doch ließen sie sich nicht überspringen.

Zieht der Frühling in das Land, so bringt er auch den Mai und alle konnten es kaum erwarten, daß die Schulbesuchserleichterung wieder einsetzte.

Wie wurde da beim Frühjahrsanbau schon gejammert, daß die große Dirn noch in die Schule gehen muß! Im Herbst waren es dann nur mehr sechs Wochen, wo ich die Schulbank drücken mußte. Im Winter, wo die Tage kurz sind, da ist eher Zeit dazu.

Aus der Schule ausgetreten ist man damals genau am 14. Geburtstag, man mußte also nicht das ganze Schuljahr noch durchmachen.

Wir waren drei, meine Freundin am 13. Dezember geboren, der Frühwirt am 16. Dezember und ich am 19. Dezember. Die beiden machten mit mir noch die Woche bis Samstag durch, und wir holten uns gemeinsam unsere Entlassungszeugnisse.

Erst aber kam der erste Mai. In der Schule fragte mich der Oberlehrer, was ich weiter zu unternehmen gedenke. Ich saß ja nun in der Klasse schon hinten an der Fensterseite, da waren die Großen und Gescheiten. Trotz des halben Schuljahres, wo ich nicht gehen durfte, hatte ich immer nur Einser. Ich war nicht stolz darauf, aber der Lehrer sagte, ich soll doch weiter lernen, es wäre schade, mit dem Zeugnis Dienstmagd zu sein, wo ich doch mehr leisten könnte.

Ja, Lehrerin werden, wäre freilich mein Wunschtraum gewesen! Doch gab es damals noch keinerlei Hilfe und öffentliche Begünstigungen wie heute. So konnten solche Träume nur reiche Leute ihren Kindern ermöglichen.

Als ich es daheim bei der Arbeit nur so nebenbei erzählte, daß ich gerne Lehrerin werden möchte, da fuhr man mich voll Hohn an und es hieß nur: „Die hat Ideen, geh' doch raus in den Kuhstall, da hast Schul genug. Wir werden gleich mit deinem Vater reden, damit er dir diese Mucken austreibt. Jetzt haben wir dich die ganzen Jahre ohnehin nur zum Fressen gehabt, nun willst gehen, wo man dich zum Arbeiten gebrauchen könnte!"

Ich könnte heute noch heulen, wenn ich daran denke. Doch nicht weil mein Wunsch nicht in Erfüllung gehen konnte, so dumm war ich im 14. Lebensjahr nicht mehr, um nicht zu wissen, daß es allen Armen nicht besser geht. Nein, das war es nicht. Aber die harten Worte! Immer das Fressen! Nie in meinem ganzen Leben würde ich eigenen Kindern das Essen vorhalten.

Es war so bitter, wie oft ich das immer wieder hören mußte. Diesmal war es aber das letztemal. Das ganze Jahr über sagte dann niemand mehr etwas, obwohl Kriegszeit war. Es war auch das einzige, das Essen, was ich für meine Arbeit bekam. Lohn noch lange keinen. Höchstens zu Weihnachten einmal einen Stoff für eine Schürze, wenn es hoch herging, auch für ein Kleid.

Kriegsjahr 1915/16

Der Krieg dauerte nun bald ein Jahr, alle die nur irgendwie erfaßt werden konnten, waren schon zum Kriegsdienst eingezogen, man holte schon die älteren Jahrgänge zu den Soldaten.

Der älteste Bruder des Bauern, er war schon 48 Jahre alt, mußte auch einrücken. Er hatte um die Jahrhundertwende nach Schönau in ein großes Bauerngut eingeheiratet. Seine Frau ging mit ihren Freunden zum Höhwirt und brachte den schönen Hof durch. Sie litt an Epilepsie. Da konnte man sie auch leicht bestehlen. Die Betroffenen wissen nach dem Anfall nichts mehr von sich.

Jedenfalls war nach Ausbruch des Krieges von der ganzen Wirtschaft nur noch ein Haus mit einigen Zimmern übrig geblieben. Als Toni erfuhr, daß er zum Militär muß, ließ er seine Frau unter Kuratel stellen, damit sie nicht auch das wenige, was noch da war, noch versaufen konnte, wenn er nicht darauf achten kann. Zum Leben bekam sie ja ihre Unterstützung, wie alle Frauen der Eingezogenen, zum Trinken ging sie stehlen, Hühner und dergleichen. Doch ihr Mann war ein guter Mensch, er harrte bei ihr aus, bis sie 1927 an ihrer Krankheit starb.

Konrad, der zweitjüngste Bruder des Bauern, war schon längst an der Front. Nur Hermann war noch enthoben, er war Zimmermann und Polier, die mußten Militärbaracken aufstellen.

Der Bauer selbst, war nur mehr bis Spätherbst

1915 daheim, dann mußte er einrücken. Da war noch sein um zwei Jahre jüngerer Bruder, der Hans, welcher als Knecht bis zu seinem Tode am Hof lebte. Er war ja nicht gerade dumm, ein fleißiger Mann, der für zwei arbeiten konnte, aber den Hof führen konnte er nicht. Er konnte nicht säen, auch nicht Arbeit einteilen, er tat nur, was ihm angeschafft wurde.

Die Bäuerin, die das kleine Kind noch stillte, konnte auch nicht soviel am Felde arbeiten. Über Winter ging es ja, zum Dreschen wurde ein Taglöhner aufgenommen. Als im Frühjahr die Arbeit auf dem Feld wieder begann, war die Bäuerin abermals schwanger und konnte die schwere Arbeit, wie säen, ackern und mähen, nicht leisten. Ohne sich bitten zu lassen, kam der alte Vater aus seiner Austragstube, stellte sich zur Verfügung und ersetzte den Bauern. Er war 73 Jahre alt, geb. 1843.

Er nahm die ganze Leitung des Hofes auf sich, nur bei schweren Entscheidungen schrieb man an den Bauern um Rat. Mähen tat er nicht mehr, dafür war ja Hans da, der Sohn, welcher auf dem Hof diente; Heu und Frucht heimführen wohl.

Auch ich lernte die Wagen beladen und war stolz darauf, denn bei mir bekam nie einer das Übergewicht. Die Frucht auf den Wagen hinaufzugeben ist ja noch schwerer. Zur Heu- und Erntezeit halfen meist Taglöhnerleute, welche Erdäpfel und Gerste beim Bauern angebaut hatten.

Ich war nun im 15. Lebensjahr und es war viel für mich, was ich leisten mußte, obwohl von einem Lohn noch keine Rede war. Als mein Vater zu Neujahr 1916 fragte, wie es mit dem Lohn aussehe, sagte man ihm nur, wir werden ihr schon geben, was recht ist. Vater arbeitete im Schnitt, Heumahd und beim Dreschen auch öfter im Haus, er sah, daß ich nicht faul war, immer jede Arbeit von selbst sah und abends todmüde ins Bett sank.

Der liebe, gute, alte Bauer, den ich in den fünf Jahren, die ich nun schon auf dem Hof war, eigentlich nur vom Sehen kannte, da er in seinem Altenteil lebte und wenig unter Leute ging. Ich wußte früher nicht, wie er wirklich war, doch das muß ich heute noch sagen: Was war das für ein Mensch!

Mein Vater starb mit 73 Jahren, der alte Hausvater aber wurde mit diesem Alter wieder agil. Als er die Arbeit abermals aufnahm, floß ihm neue Kraft zu und er lebte von da an noch zehn Jahre. Welch schöne Zeit verlebte ich junges Ding mit dem alten Mann, wie viel konnte man von ihm lernen: Ruhe, Gelassenheit, Aufrichtigkeit, Ausdauer, Güte und viel Verständnis für die Jugend. Von Erziehung sprach zu dieser Zeit niemand, was ist sie aber anderes als Vorleben. Die Mutter schimpfte zwar, als er wieder arbeiten ging, doch sah sie dann, wie er wieder auflebte dabei und ließ ihn gewähren.

Am meisten war ich mit ihm den ganzen Tag bei der Arbeit beisammen, wir holten das Futter für die Tiere, die Streu vom Walde, bei der Dreschmaschine legte er ein, ich öffnete die Garben, reichte sie ihm zu und vieles andere. Er hat mich das Ackern gelehrt, wir spannten um sechs Uhr früh die Ochsen ein, fuhren auf das Feld und arbeiteten bis zehn Uhr. Dann spannte er die Ochsen aus und ließ sie auf die Weide. Ich blieb bei ihnen, er ging nach Hause zum Essen. Mir brachte er das Essen auf's Feld. Während ich aß, setzten wir uns zusammen, und er erzählte mir vieles aus seinem Leben. Man soll nicht sagen, es wäre nichts los in der Einschicht. Eines seiner Erlebnisse will ich hier anführen.

Das alte Stübl

Von den Stübeln hörten wir schon am Anfang dieses

Buches. Mein Leben am Bauernhof war ein Vierteljahrhundert mit diesen innig verbunden, schon von Geburt an. Fragt man heute nach diesen Wohnstätten: es gibt sie nicht mehr. Die baufälligen wurden abgerissen, andere verkauft oder gingen in Eigenbesitz über, wieder andere kauften Städter und richteten sie rustikal ein, als Zweitwohnung für die Wochenenden.

Auch das Stübl, in dem ich meine Kindheit verbrachte, bekam eine Tochter des Bauern, wo meine Mutter arbeitete, als Eigentum. Der Mann war Straßenbediensteter und obwohl die Frau früh starb und drei kleine Kinder zurückließ, steht es heute als schönes Stockhaus da, nach zwei Seiten aufgebaut. Nichts erinnert mehr daran, daß es einst ein Bauernstübl war.

Doch ich will ja von dem zweiten Stübl erzählen, von dem ich bereits erwähnte, daß es schon verfallen war, als ich auf den Hof kam. Was für eine Bewandtnis es damit hatte und warum es unbewohnt war, erzählte mir beim Ackern einmal der alte Vater.

Der Vater übernahm 1869 den Bauernhof, von seiner Mutter schrieb ich, daß sie im hohen Alter an Blutsturz starb. Das Anwesen hatte 70 Joch Grund, Wald, Wiesen und Gräben eingerechnet. Auch die brauchten Arbeit, wollte man sie nicht verwildern lassen. Jede Arbeit mußte man aber mit der Hand machen, daher brauchte man mehr Leute. Da in dem einen Stübl, nahe beim Haus, meist die alten Leute im Ausgedinge wohnten, gab es ein zweites für Leute, die zur Arbeit taugten.

Daß aber dieses so weit weg vom Bauernhaus, am höchsten Grund, errichtet wurde, ist nicht erklärlich. Es gab nirgends Wasser dort, die Bewohner mußten dieses weit vom Graben unten mit einer Butte herauftragen. Für die Wäsche wurde das Regenwasser aufgefangen.

Als der Altbauer den Hof übernahm, meldeten sich junge Leute, die das Stübl beziehen wollten. Junge scheuen so leicht keine Plage, haben auch noch Kraft, wenn es schwer im Leben ist. Sie zogen ein, waren tüchtig, der Mann arbeitete beim Bahnbau, die Frau im Haus. Da keine Kinder kamen, konnten sie sich manches ersparen. Solche Leute sind auch als Paten sehr beliebt, da sie dem Patenkind mehr geben können. So hatten sie auch einen Patensohn. Der wuchs heran und besuchte sie öfters. Er war bereits erwachsen, so mußten auch die Leute nicht mehr so jung gewesen sein.

So kam er auch an einem Neujahrstag einmal, um seinen Paten ein gutes Neujahr zu wünschen. Als er die Stube betrat, hatte sein Pate die Schranktüre offen und wollte sich zum Kirchgang anziehen. Der junge Mann sah da zum erstenmal, welch schöne Kleider sein Pate hatte. Diese wollte er haben. Sogleich packte er den Mann und erwürgte ihn.

Dann ging er hinaus in die Küche, begrüßte die Frau, nahm die Eisenstange, welche hinter der Tür lehnte und erschlug sie. Auch sie mußte sterben, damit sie ihn nicht verraten konnte.

Er zog sich das Gewand seines Paten an, sein altes band er zu einem Bündel, nahm noch Wäsche und sonstiges passendes mit, ging in den dichten Meierhofwald und warf dort das Bündel mit den alten Sachen weg. Er muß auch das Geld gefunden haben, sonst hätte er nicht so weit fortkommen können, ehe man ihn fand.

Es war dann ein schöner trockener Jänner, der Bauer ging in den Wald um zu sehen, ob es trocken genug ist, daß man Streu rechen kann. Da dies der Fall war, wollte er die Leute im Stübl gleich für den nächsten Tag zum Streurechen einladen und fand sie beide tot vor. Hühner, Ziegen und Schweine waren verhungert.

Er ließ alles wie es war und erstattete Anzeige. Inzwischen hatten sie auch beim Nachbarn mit dem Streurechen angefangen, dabei fanden sie das Bündel im Wald. Man erkannte sofort das Gewand und wußte, wer der Mörder war. Nach wochenlangem Suchen fand man ihn.

Das war des alten Vaters Erzählung über die letzten Bewohner des Stübls. Er sagte mir keine genaue Zeit über diesen Vorfall, aber man könnte sich darüber leicht informieren indem man erfährt, wann in Österreich die Todesstrafe abgeschafft wurde. Dieser Mann, so erzählte der Vater, war der letzte, der gehenkt wurde.

Nun ist es nur natürlich, daß in dieses Haus niemand mehr einziehen wollte. Es fand sich kein Ehepaar mehr, das den Mut hatte, dort zu wohnen. Somit war das Stübl dem Verfall preisgegeben.

Als ich es kennenlernte, war zwar noch ein löcheriges Dach darauf, doch die Mauern bröckelten bereits ab.

Im Stall sah man noch die Futterraufen, der Schweinestall war schon verfault. Nicht einmal zum Verheizen räumte man, was an Holz da war, weg.

Fortan ging ich stets mit Gruseln vorbei, nachts lag ich oft in Gedanken wach. Die Obstbäume rund um das Haus blühten und trugen Frucht. Davon holte man sich wohl etwas.

Der Bauer, bei dem ich im Dienst stand, ließ es noch stehen wie es war, auch dessen Sohn noch, erst der Enkel hat es abgerissen und dem Erdboden gleichgemacht. Nichts deutet heute mehr darauf hin, daß dort Leute wohnten, Glück und Leid erlebten. Den Wassersteig in den Graben, bis hinunter zum Wasser, kann man noch erkennen.

Die letzten Kriegsjahre

Der Krieg brachte in den zwei Jahren schon viele zur ewigen Ruhe. Fast in jedem Haus gab es einen Gefallenen. Um so schwerer zogen die Neueinberufenen von daheim fort. Nur selten ist einer fort beim Morgenrot, hat lustig g'schrien auf Wiedersehn und hat sein' Heimat nimmer g'sehn.

Zur Arbeit waren ohnehin nur mehr die ganz alten und die ganz jungen da. Die Frühjahrssaat brachten wir gut unter die Erde. Ich mußte beim Säen vorgehen, das heißt, die Tritte genau in der Reihe machen, soweit beim vorherigen Säegang die Körner fielen, damit kein leerer Platz bleibt, wo dann nichts wächst. Heute kann man sich nach den Rädern der Saatmaschine richten; Saatgut nachfüllen muß man in der Maschine auch, wie im Säetuch. Später wurde noch Lein angebaut, Fisolen und Erbsen.

Die Heuernte ist ja noch weniger schwer als die Getreideernte, der Schnitt. Im Heu arbeitete ich gern, den Schnitt fürchtete ich. Erstens war ich die schwere Arbeit nicht gewohnt, zweitens fehlten mir noch die Kräfte. Die Erntezeit dauerte meist vom Annatag (26. Juli) bis Maria Geburt (8. Sept.).

Am fünften August abends schickte mich die Bäuerin eilends fort, ich sollte ihre Mutter von der anderen Au herüberholen, dann aber weitergehen um die Hebamme, die Mutter aber möge sofort kommen.

Am sechsten August war ein kleines schwarzes Mädchen da. Schwarze Haare, aber auch eine dunkle

Haut, der Gegensatz zur eineinhalbjährigen weißblonden. Die Größmutter trug sie auch am nächsten Tag gleich zur Taufe, sie bekam den Namen Theresia.

Ein Kriegskind, man hatte nicht viel Zeit für sie, zumal ja die andere auch noch klein war. Doch sie war gesund und stark, war sehr brav und wuchs unbemerkt zu den anderen dazu.

Dem Vater teilte man telegraphisch das freudige Ereignis mit, er war zu der Zeit in Krakau stationiert, damals klappte es noch mit der Post. Die nicht direkt an der Front waren, bekamen einige Tage Urlaub. Fünf Monate später war der Bauer dann schon mit seinen Kameraden in Krakau eingeschlossen, da hätte es keinen Urlaub mehr gegeben. Wir brachten trotz aller Mühen die ganze Ernte ohne Verlust gut heim. Ebenso Kraut, Rüben und Kartoffeln. Für den Winter war gesorgt.

Ganz plötzlich kam im November ein arger Schock über Land und Volk: der alte Kaiser war gestorben. Er ist nicht hundert Jahre alt geworden, sondern nur 86. Den Krieg hatten wir nun schon mehr als zwei Jahre, solange war das Leuteumbringen schon im Gange. Längst wußte ich schon, daß damit der Krieg gemeint war. Das Begräbnis des toten Kaisers war Ende November.

Der junge Kaiser Karl – ein Vetter des verstorbenen alten Kaisers – war nur zwei Jahre Kaiser. Seine Frau war eine Italienerin. Obwohl sie sehr bemüht war um die Leute, damit sie genug zu essen hatten, warf man ihr Verrat vor, stand doch Österreich im Krieg mit Italien. Kaiser Karl wurde im November 1918 entthront und starb 1923 im Exil. Seine Frau lebt heute noch. So ging das Jahr 1916 zu Ende.

Zum Neuen Jahr mußte ich nach Hause gehen. Ich weiß nicht, wie das ausgehandelt wurde. Es hat mich wieder einmal niemand gefragt oder mir etwas davon gesagt. Man hatte nur zu folgen.

Ich sollte in eine Lehre als Schneiderin eintreten. Erfreut war ich nicht davon, doch weil auf diesem Posten auch meine Schulkameradin als Lehrmädchen war, so war es mir recht.

Meine Tante wollte, daß ich mir wenigstens die Grundbegriffe aneigne, um mir dann später das Notwendigste selber machen zu können. Damit hatte sie ja recht, aber dafür mußte man zahlen. Daß sie aber ihre Mutter ein Jahr vorher ins Armenhaus schickte, die dann nur mehr acht Wochen lebte und mir die Schneiderlehre bezahlte, ging mir nicht ein. Das Richtige erfuhr ich nie.

Auch von meinem Dienstposten ließen sie mich ungehindert weggehen. Niemand murrte oder schimpfte. Nur die Kinder weinten, aber ich sagte, daß ich ja wiederkommen und sie auch besuchen werde. Dazu kam es aber nur selten.

Die Schwester des Bauern, die in Neunkirchen im Dienst war, kündigte dort ihren Posten und kam in den Haushalt ihres Bruders. Auch die andere Schwester, die bei den Eltern mit dem Kind zu Hause war, durfte helfen, wenn sie gebraucht wurde. Der Bauer war ja nicht da, der war in der Festung Krakau eingeschlossen. Nur die Bäuerin sagte mir, daß sie viel lieber mich zur Arbeit hätte als ihre Schwägerinnen.

So trat ich denn am zweiten Jänner zur neuen Arbeit an. Diese gefiel mir von Anfang an gut. Man stelle sich vor, anstatt am Felde den ganzen Tag herumzustolpern mit den Holzschuhen, im schönen Zimmer zu sitzen, mit Aussicht auf die Straße und nähen.

Lange dauerte dieser schöne Zustand freilich nicht, denn kein Glück ist je vollkommen. Dafür daß es mir arbeitsmäßig gut ging, hatte ich kaum etwas zu essen. Vater konnte sich ab und zu einmal satt essen, wenn er wo auf Arbeit war. Mutter konnte von ihrer Milch leben, die ihr vom Arzt reichlich verordnet wurde. Ich aber hatte nichts, um meinen Hunger zu stillen.

Acht Wochen bekamen wir schon kein Brot und auch kein Mehl. Nur Gemüse und Erdäpfel gab es. Das aber konnte man nicht zum Frühstück essen oder mitnehmen.

Die Mutter meiner Meisterin hatte einmal einen Rucksack voll mit Haferschrot eingehamstert. Daraus backte sie Fladen. Wir Mädchen bekamen auch jede ein Stück. Ach, war das gut, viel besser als heute die feinste Torte!

Eines Sonntags nahm ich einmal meine Freundin mit, und wir gingen zum Hammerbauern, guten Bekannten meiner Eltern. Diese gute Bäuerin füllte uns unsere Rucksäcke so voll an, daß wir schwer zu schleppen hatten. Doch die Freude, etwas zu essen zu haben, wog alles auf.

Auf lange Wochen hatten wir wieder etwas zu essen. Die Frau ließ sich nichts bezahlen, wir konnten nur sagen: „Vergelt's Gott". Wir sollten auch niemand was sagen, sonst würden alle Leute angerückt kommen. Mittlerweile kam dann ein Waggon mit Lebensmitteln an, von der Kaiserin Zita, und man hatte wieder eine Zeitlang was zum Leben.

Im Herbst konnte ich öfters mal irgendwo beim Erdäpfelausnehmen helfen, da bekam man auch das Essen und Lebensmittel anstatt Geld.

Leider durfte ich diesen schönen Beruf nur von Neujahr bis Ostern ausüben. Meine Mutter war schon so arg pflegebedürftig, daß es unmöglich war, einen Beruf nebenbei auszuüben. Wir mußten sie heben und legen, von einem Bett ins andere, sie ließ alles unter sich gehen. In diesen Jahren gab es noch keinen Plastikbelag, so mußte man alles immer wieder waschen. Kriegsbedingt gab es auch keinen Kautschuk, wie man ihn zwei Jahre später schon bei Entbindungen verwendete.

Durch das jahrelange Liegen war der ganze Rükken eine Wunde und eiterte stark. Wir halfen uns mit den großen, grünen Huflatichblättern, die konnte man vergraben, wenn sie voll Eiter waren und man frische einlegte. Man kann sich vorstellen, daß damit riesige Schmerzen verbunden waren und sie daher auch des Nachts nicht schlafen konnte.

Da ständig jemand bei ihr sein mußte, schlief ich eine halbe Nacht, die andere Hälfte der Vater. Allein konnte ich sie leider nicht ins andere Bett heben. Da Vater die Kranke allein heben konnte, war es daher nicht möglich, daß er arbeiten ging, um zu verdienen, wovon wir leben sollten. Da war es noch leichter für mich, arbeiten zu gehen, obwohl ich kochen mußte und jeden Tag eine Menge Wäsche zu waschen hatte. Doch viel bekam man ohnehin nicht zu kaufen, so mußte eben das wenige reichen, was ich verdienen konnte.

Mit viel Leid, Sorge und Hunger wurde es Herbst, und am elften November starb meine Mutter. Nach Empfang der Sterbesakramente wurde sie an einem Sonntag aus diesem Leben abberufen. Ich mußte zwei Frauen holen zum Waschen und Anziehen. Bei der Mutter meiner Freundin setzte ich mich hin und sagte: „Nun hab' ich keine Mutter mehr!“ Und dann weinte ich mich aus.

Danach aber sah mich niemand mehr eine Träne vergießen. Unsere Hausfrau sagte, das hartherzige Mädchen hat nicht eine Träne um ihre Mutter vergossen. Mich kümmerte das nicht, ich wußte es besser. Wie oft und wie lange betete sie darum, sterben zu können. In der letzten Zeit waren die Beine krummgezogen von den Schmerzen, sodaß bei ihrem Tode die Fersen bei den Schambeinen anstanden. Natürlich konnte man sie nicht mehr gerade biegen und brechen wollte man sie doch nicht. So wurde der Sarg so hoch angefertigt, daß man sie trotz der gekrümmten Beine in den Sarg betten konnte.

Es war dann am Dienstag ein richtiges Armenbegräbnis, sogar der Himmel weinte, so sehr regnete es. Wenn auch nicht vom Armenhaus, war das Begräbnis ebenso armselig, wie das ihrer Mutter. Nur jene brauchte nicht so viel leiden.

Nach dem Begräbnis mußte Vater sogleich wieder arbeiten gehen, damit wir alle unsere Schulden zahlen konnten. Arbeit gab es genug, es war ein Jahr vor Kriegsende, überall brauchte man Leute.

Ich erledigte erst mal alles Schriftliche, mein Vater konnte ja nicht schreiben. Wenn es ein paar Tage wo Arbeit gab, griff auch ich zu. Sonst hatte ich erst mal die Wäsche alle richtig zu waschen, nicht nur so schnell beim Bach, und alles auszubessern.

So vergingen die sechs Wochen des Jahres 1917, und im neuen Jahr ging ich wieder auf meinen alten Dienstplatz zurück. Umsonst aber waren auch die drei Monate Lehrzeit nicht, ich konnte sie im ganzen Leben gut gebrauchen. Vieles habe ich selbst gemacht, sogar die Bubenkleidung und aus vielen alten Sachen etwas Neues, in diesem und im zweiten Weltkrieg.

Das war mein 16. Lebensjahr. Andere junge Mädchen lernten bei Grammophonplatten tanzen. Wie hätte ich auch nur einen Tanzschritt machen können, bei all dem Leid, das ich ansehen und ertragen mußte. Ich lernte es auch nie, richtig zu tanzen, wollte es auch nicht, da ich immer an diese Zeit zurückdenken mußte, da ging es nicht mehr.

Ich habe es aber nie vermißt. Man kann dem Leben auch andere schöne Seiten abgewinnen.

Zum Jahre 1917 wäre noch zu sagen, daß im Herbst der ganze Bezirk von der Maul- und Klauenseuche heimgesucht wurde. Und das im ärgsten Krieg, wo man jeden Liter Milch so nötig gebraucht hätte. Das Vieh mußte ohnehin schon alles bis zur äußersten Grenze abliefern. Die Soldaten, welche kämpfen mußten, konnte man am wenigsten hungern lassen, dann eher die Leute in der Heimat.

Der alte Brauch des Heiligenstriezelsammelns wurde abgeschafft, da die Seuche dadurch hätte von Haus zu Haus verschleppt werden können. Der schöne Brauch, der für viele Leute kostenloses Brot bedeutete, wovon sie längere Zeit leben konnten, kam nicht wieder auf, als es keine Seuche mehr gab.

Politisch kam es im Oktober 1917 zur Revolution in Rußland, wo alle Mitglieder des Kaiserhauses ermordet wurden. Der Krieg war dort nur mehr ein Stellungskrieg, da sie im eigenen Land genug zu tun hatten. Unsere Soldaten wurden größtenteils abgezogen und an der Italienfront eingesetzt.

Mein Wiedereintritt in das Bauernhaus wurde vor allem von den Kindern jubelnd begrüßt. Die Schwester Anna, die während meiner Abwesenheit nach Krumbach zu ihrem Bruder Alois, dem Gastwirt und Viehhändler, geholt wurde, war nicht mehr am Hof. Dort hatten sie im November einen Buben bekommen, sie wurde Taufpatin und pflegte die Wöchnerin. Auch der alte Vater konnte nicht mehr mitmachen, nur noch ganz leichte Arbeit. Hans, der behinderte Bruder, wurde inzwischen auch zum Militär geholt. Er war zwar schwerhörig, doch bei Arbeitspartien brauchte man auch Leute, da machten eben solche den Dienst.

Doch nun war inzwischen der älteste Bruder des Bauern, der Toni, aus dem Heer entlassen worden. War einer schon über 50 Jahre alt, durfte er beim Militär keinen Dienst mehr machen.

Dieser war nun auf dem Hof und vertrat den Bauern. Selber hatte er ja keine Wirtschaft mehr, so mußte er sich Arbeit suchen, um leben zu können. Da bot er natürlich zuerst seine Dienste im Heimathause an und wurde mit Freuden aufgenommen.

Wieder war ich es, die den ganzen Tag mit ihm arbeitete. Ich kannte ihn nur von einem kurzen Besuch und mußte ihn daher erst richtig kennenlernen. Vom ersten Tag an aber hatte ich ihn gern. Er war genau so gütig und verständnisvoll wie sein Vater.

Im Winter führten wir den Mist hinauf auf den Acker, wenn es ging mit dem Schlitten, war kein Schnee, mit dem zweirädrigen Karren.

Es war am 25. März, Maria Verkündigung, ein halber Feiertag. Abends vor dem Essen, wurde in der Hausstube der Rosenkranz gebetet. Die Kinder waren schon im Bett, jedoch die kleine Maria betete laut mit. Klein-Reserl war erst eineinhalb Jahre alt und konnte noch nicht reden. Nachts fing Maria zu fiebern an. Morgens schickte man sofort um den Arzt, er kam aber erst um ein Uhr Mittag. Als er das Kind sah, sagte er: „Schnell, schnell das Medikament aus der Apotheke holen, vielleicht können wir es noch retten!" Toni war jedoch noch keine 100 Meter vom Hause entfernt, als das Kind starb.

Was war das für ein schwerer Schlag! Alle hatten das blauäugige, weißblonde Mädchen von Herzen lieb. Nun stand die Mutter allein da in ihrem Leid, der Vater war nicht zu erreichen. Ich weiß nicht, wann ihn die Nachricht vom Tode seines Kindes erreichte, auf alle Fälle war es bis dahin schon lange begraben.

Hannitante, ihre Taufpatin, war besonders untröstlich. Sie haderte mit dem Herrgott, wie er ihr denn das Kind wegnehmen konnte. In ihrem Schmerz sagte sie sogar: Wäre doch die Schwarze gestorben!

Ich hatte die beiden älteren Kinder drei Wochen vorher mitgenommen zum Gang zur Fastenzeit, den Kreuzweg hinauf. Kinder gehen immer gerne mit einer Prozession. Hernach ließ ich sie beide fotographieren. Dieses Foto nahm die Tante und steckte es in den Ofen. Sie sagte, nie mehr im Leben würde sie das Bild ansehen können.

Ich tröstete die Mutter, sie hat nun ein Englein im Himmel, das wird erbitten, daß der Vater gut wieder heimkommt. Sie nahm auch den Trost an und sah ein, daß sie auch noch für die beiden anderen Kinder da sein muß, wenn ohnehin der Vater fehlt. Oft sagte sie zu anderen Leuten, sie hat es nur mir zu verdanken, daß sie sich nicht in ihrem Schmerz vergraben hat.

Die Tante aber war unzugänglich. Die kleine Reserl sah sie überhaupt nicht an. Sie nahm es ihr übel, daß nicht sie gestorben ist, statt der anderen, ihrem Liebling.

Einmal aber legte sich auch ihr Schmerz etwas und sie sah ein, daß aller Trotz nichts mehr ändern würde. Da hätte sie dann ein Foto von dem Kinde gesucht. Da die Bilder vom Fotographen waren, konnte man sie nachbestellen.

Jeder Mensch reagiert eben anders in schwerem Leid. Man kann alles verfluchen, man kann resignieren, es führt zu nichts. Das einzige, das uns hilft, ist allein nur, auch die schwersten Schicksalschläge hinzunehmen und zu ertragen. – Denn das Leben geht weiter. –

Mit Toni hatten wir viel gewonnen in diesem Jahr. Wir konnten die Frühjahrsarbeit gut voranbringen, wie auch den Schnitt. Im April kam Karl, der jüngste Bruder, auf Urlaub heim. Wenn er auch einige Besuche machte, so half er doch fleißig bei der Arbeit mit. Der älteste und der jüngste Bruder beim Frühjahrsanbau.

Ich sah ihn und liebte ihn. Obwohl ich ihn nie leiden konnte, war nun auf einmal alles anders. Auch er schwor mir Liebe. Als er wieder fort war, schrieben wir uns so oft wie möglich.

Seine Mutter fing die Briefe ab und gab sie mir nicht. Da numerierten wir unsere Briefe. Sie mußte dann doch einsehen, daß sie das Briefgeheimnis verletzt. Dem Briefträger sagte ich, daß er nur mir die Briefe geben soll. Da bekam ich sie dann alle. Noch heute habe ich sie als teures Pfand aufgehoben.

Die Entscheidung im Kriege fiel im Herbst dieses Jahres.

Ende des Krieges

Beim Jahr 1918 blieb ich stehen mit meinen Erinnerungen. Da will ich noch einmal zurückgreifen auf das Vorjahr, wo ich bei den Eltern zu Hause war.

Ich schrieb bereits, daß wir damals eine Zeit von acht Wochen überhaupt nichts auf unsere Lebensmittelkarten bekamen, und ich mußte zu guten Bauersleuten um Lebensmittel betteln gehen, die mich auch reich beschenkten.

Als meine Mutter noch lebte, machten sich meine Eltern miteinander aus, daß ich im kommenden Jahr wieder zu einem Bauern in Dienst gehen sollte. Dienstbotenwechsel gab es nur zu Lichtmessen (zweiter Februar). Vorher mußte man es aushandeln und bekam ein Silberstück zu fünf Kronen als Leutkauf, dieses mußte man verdoppeln, wenn man dann nicht im Dienst dort eintrat. Ich muß vorausschicken, daß dies ohne mein Wissen geschah. Vater ging hin und handelte den Lohn und alles aus, ohne mir etwas zu sagen. Als Mutter starb, ging ich ja wieder auf meinen alten Dienstplatz zurück, wie es vorher ausgemacht war.

Einige Wochen später gab mir Vater dann das Silberstück und sagte mir, daß ich nun zu dem anderen Bauern in den Dienst gehen müsse. Natürlich mußte ich erst kündigen.

Ich hätte es ja richtiger gefunden, wenn Vater gegangen wäre, um zu kündigen. Doch als folgsame Tochter tat ich, was man von mir verlangte. Da es aber nicht meine Sache war, mir einen anderen Posten

zu suchen, so ärgerte ich mich mächtig, als dann bei meiner Kündigung die Schimpfwörter nur so auf mich niederprasselten. Was ich mir denn zu tun getraue, aus Erbarmen nahmen sie mich auf, weil Mutter krank war, so viele Jahre hatten sie mich nur zum Fressen, (noch immer geisterte das abscheuliche Wort um mich herum) zur Arbeit war ich soviele Jahre nicht zu gebrauchen. Dies und vieles mehr hat man mir vorgeworfen, jetzt weil ich schon so tüchtig sei, wolle ich woanders hingehen.
Ich selber wollte es ja gar nicht und blieb.

Also mußte ich das Silberstück nehmen und noch eines von mir dazulegen und zum Hammerbauern gehen, mich dort abermals demütigen lassen, weil ich den Dienst nicht antreten wollte. Sie hätten mich ebenfalls notwendig gebraucht, da die jüngste Tochter, die noch im Hause war, ein Kind bekam. Sie konnte noch nicht einheiraten ins Nachbarhaus, da die Alten den Hof noch nicht in die jungen Hände übergeben wollten.

Ich hätte es dort bestimmt auch gut getroffen. Noch oft denke ich nach, wie in meinem Leben alles anders gekommen wäre, wäre ich dort in den Dienst eingetreten. Meinen Mann und späteren Vater meiner Kinder hätte ich dort bestimmt nicht kennengelernt. So wurde alles in Unkenntnis der Kinder von den Eltern abgemacht, die Folgen aber trugen die Kinder, nicht die Eltern.

Gebraucht wurde ich auf meinem bisherigen Posten sicher auch notwendig, wo der Bauer und seine Brüder im Krieg waren, die Frau mit zwei kleinen Kindern allein war, die Arbeit nur Frauen und alte Leute verrichten mußten.

Wie ich im vorigen Teil schrieb, war der jüngste Bruder des Bauern auf Urlaub daheim und nachher schrieben wir uns.

Nie sah ich nach einem anderen Mann aus. Mein Vater wollte mich in diesem Jahr zweimal verheiraten.

Er wußte nichts davon, daß ich einem Burschen schreibe, das taten damals viele Mädchen, die Soldaten freuten sich, Post zu erhalten. Man wußte auch nicht, ob sie je wieder nach Hause kommen würden. Viele blieben dieses Jahr noch auf dem Felde der Ehre.

Mein Bruder, der in Stang lernte, mußte im März 1918 zur Musterung, wurde aber als nicht tauglich befunden. Er hatte einen guten Freund, ein Schmiedesohn aus Tal in der benachbarten Gemeinde, der war vom Krieg freigestellt, da er einen kürzeren Fuß hatte. Er kam öfter mit meinem Bruder zu meinem Vater. Wenn ich frei hatte, ging auch ich zu meinem Vater und so lernten wir uns kennen. Er erzählte, daß sie ein Haus mit einer kleinen Wirtschaft und vier Kühen haben, das Schmiedehandwerk ging ebenfalls gut.

Bei meinem Vater hielt er um meine Hand an, er könne sofort heiraten. Vater drängte mich, ihn zu heiraten, das wäre ein reiner Glücksfall, sowas fände ich nie wieder. Mein Sinn aber stand nicht nach Haus und Wirtschaft. Ich hatte auch zeit meines Lebens kein eigenes Haus, ein solches bekomme ich erst, wenn ich gestorben bin und das ist so groß, daß die Nase am Giebel ansteht.

Dieser Mann lief mir lange nach und dachte, daß ich mit der Zeit ihm meine Liebe schenken würde. Es wurde nichts daraus. Er wollte mich auch zu einem intimen Verkehr haben, wofür ich nicht zu haben war. Mein Bruder zog dann fort, er nahm eine Stellung in Waldegg an, dann blieb auch sein Freund aus.

Den anderen bekam ich im Herbst angeboten, kurz bevor der Krieg beendet wurde. Er hatte an der Straße nach Schönau ein Eigenheim mit einigen Stück Vieh. Seine Eltern starben kurz nacheinander, so brauchte er jemand für den Haushalt. Er war geistig nicht ganz auf der Höhe, das waren auch seine Eltern nicht. Auch da wollte ich nicht anbeißen, lieber als

Dienstbote mein Leben weiterführen. Arbeiten hätte ich da auch müssen.

Die armen Leute, die selbst keinen Besitz hatten, sahen diesen als höchstes Glück an, das Glück ihrer Kinder war nichts gegen Hab und Gut. Auch noch mein Mann, der ja selbst auch nie was Eigenes hatte, wollte gerne seinen Sohn auf so ein Kleinhaus mit einigen Stück Vieh einheiraten sehen. Der tat es ebensowenig wie ich. Ein Eigenheim schuf er sich selbst, aber ohne Vieh.

So ging der letzte Kriegssommer dahin, gab es doch so wenig Leute zur Arbeit. Das meiste und schwerste mußte ich mit Toni, dem ältesten Bruder des Bauern, tun. Ich belud die Heuwagen, dann die Erntewagen. Die Frucht auf den Wagen zu laden war ja sehr schwer, außerdem reichte eine Frau nicht so hoch hinauf. Die Streu fuhren wir heim vom Wald, erst beluden wir den einen Ochsenwagen, dann den zweiten und fuhren mit den Ochsen heim.

Die Felder haben wir dann umgeackert und die Herbstaussaat in die Erde gebracht. Dann galt es noch Kraut einsäuern, Futter und Halmrüben nach Hause zu schaffen, ebenso die Kartoffel. Es gab eine gute Ernte, der Winter war nicht zu fürchten. Es war genug da, auch für die Soldaten, wenn sie nur bald heimkämen.

Man hörte munkeln, der Krieg würde bald zu Ende sein, aber Genaues wußte niemand. Wer hatte schon eine Zeitung oder gar Zeit zu lesen.

Zu Allerheiligen nahm ich mir einige Tage frei, niemand hatte etwas dagegen, sie wußten, daß ich den ganzen Sommer und Herbst über schwer genug gearbeitet hatte und gönnten mir ein paar Tage Freizeit. Ich fuhr zu meiner Tante und Taufpatin. Es war damals nicht leicht zu reisen. Eine Reise war es aber, wenn auch nur 60 bis 70 Kilometer. Das letztemal war ich zu Pfingsten dort.

Mein Vater und mein Bruder sind zu Fuß bis Gleisenfeld gegangen, erreichten dort den Vormittagszug, den ich, die ich mit dem Autobus fahren wollte, davonfahren sah, und erst am Nachmittag weiter fahren konnte. Dieser hatte viel Verspätung, sodaß der Zug nach Piesting weg war und ich erst um halb elf Uhr mit dem Theaterzug hinkam.

Aber zu Allerheiligen klappte es besser. Mag sein, daß wegen der Unruhen weniger Leute fuhren. Ich konnte dort einige schöne Tage verbringen. Doch auf der Heimfahrt erlebte ich das Ende der Monarchie mit Schrecken. Bis heute habe ich es nicht vergessen.

Ich war so überrascht und ebenso verwirrt, wußten wir doch im Bauernhaus nichts von dem, was sich draußen in der Welt abspielte. Fremde Soldaten gab es im Inland nicht, als der Krieg aus war. Die eigenen durften längst nicht mehr auf Urlaub fahren.

Als ich am dritten November über die Wöllersdorfer Heide fuhr, dauerte die Fahrt mehrere Stunden über eine Strecke, die man zu Fuß in zwei Stunden zurücklegen kann. Die Heide war eines der größten Munitionszentren, die Pulverfabrik in Blumau, die Waffenfabriken rundherum und die Soldatenbaracken, alles, alles soweit man sehen konnte, brannte lichterloh. Man fragte sich, was das alles zu bedeuten haben soll. Doch die Mitreisenden, es waren nicht viele, kamen ebenso von den Bauern und wußten auch nicht mehr.

Der Zug wurde immer wieder aufgehalten, wenn der Wind die Feuergarben herantrug und die Durchfahrt gefährlich wurde. Es krachte und donnerte im ganzen Gebiet, die Sprengstoffe flogen durch die Luft. Es war ein anderes Feuer, ganz verschieden von dem, wenn ein Haus niederbrannte. Solche hatte ich oft schon gesehen.

Als man dann endlich näher der Stadt kam, sah man an allen Planken und Hausmauern die Aufschriften: „Nieder mit der Monarchie, es lebe die Republik!" Oder: „Hinaus mit Kaisern und Königen, die verbrauchen nur unser schwer erarbeitetes Geld!" Ein anderer Spruch hieß: „Nie wieder Krieg!"

Dieser Spruch hatte allerdings nur 20 Jahre Gültigkeit. Aber das erlebten schon meine eigenen Kinder, darüber brauche ich nicht zu schreiben.

Dem allem war zu entnehmen, daß der Krieg zu Ende war. Wir in der Heimat sollten ihn freilich drei Jahre später noch einmal erleben. Das war alles so schrecklich, daß der Krieg auf solche Art und Weise endete. Es dauerte lange, bis man das alles begreifen konnte.

In der Schule lernten wir von den 23 Kronländern, dann gab's auf einmal nur noch neun Bundesländer. Mit einem Mal wollten alle, die einer anderen Sprache zugehörig waren, einen eigenen Staat haben und bekamen ihn auch. Sie wurden aber nicht glücklicher. Immer wieder bekam man von den Leuten, welche diese Zeit erlebten, zu hören, die alte Kaiserzeit war die schönste Zeit im Leben.

Was mit den Kaisern und Königen geschah, kann man in den Büchern nachlesen. Es wird nicht viele Länder geben, die mehr zerstückelt wurden als unseres.

Ein anderes Problem kam auf unser Land zu. Wird dieser Kleinstaat auch lebensfähig sein? Der Krieg wurde ja nicht deshalb verloren, weil etwa unsere tapferen Soldaten versagten, nein, sondern die Gegner haben uns ausgehungert. Da wir ein Binnenland wurden, wurden wir von aller Einfuhr plötzlich abgeschnitten. Die Soldaten hungerten an der Front, sowie auch die Zivilbevölkerung. Die Soldaten aus den anderssprachigen Gebieten liefen über in die feindlichen Linien. Die Ablieferung an Nahrungsmitteln aus diesen Ländern wurde sabotiert. Wie sollte es da noch reichen für die Bevölkerung, nur von dem, was von den Alpenländern kam?

Zugleich blühte an allen Grenzen ein schwunghafter Schmuggel. Von unserem Ort war es nur eine halbe Stunde zur Grenze. Das Vieh wurde über die Grenze gejagt, überall an einsamen Gegenden konnten ja keine Zollbeamten stehen. Kein Bauer hatte einen Gewinn von dem Handel, den steckten die Schmuggler ein, die dann später die sogenannten Neureichen wurden.

Wir im Bauernhaus spürten zwar keinen Hunger, wenn auch alles requiriert wurde. Doch kein Bauer lieferte den letzten Tropfen Milch ab, auch die Erdäpfel konnte man verstecken. Wir waren auch nur wenige Leute im Haus, und Frauen sind nicht so starke Esser. Es gab auch noch Obst, vieles, was arme Leute nicht hatten, ohne eigenen Besitz. Gar so abwegig ist also das Trachten um ein eigenes Stück Land gar nicht.

Kaum war ich eine Woche zurück vom Allerheiligen-Besuch, kamen auch schon die Soldaten von der Front zurück. Als erster kam der Bauer heim. An der russischen Front war alles früher vorbei, da war 1917 die Oktoberrevolution gewesen, nachher wurde kaum noch gekämpft. Dann kamen die Brüder des Bauern. Hans war ja nur im Hinterland bei einer Arbeitsgruppe.

Man schickte alle auf schnellstem Weg heim, da keine Verpflegung für sie da war. Manchmal dauerte der Weg auch länger, wenn es keine Fahrtmöglichkeit gab.

Karl, der jüngste, war noch an der italienischen Front, wo bis zuletzt gekämpft wurde. Vor der Herbstschlacht an der Piave schrieb er mir: „Bete für mich, es werden nicht viele übrigbleiben, nachher aber, so Gott will, werde ich gesund heimkommen!"

Doch noch kurz vor der Schlacht kam er als Pferdebursche zum Oberst und war dann nicht direkt beteiligt. So war er bald auf dem Weg in die Heimat.

Mit Roß und Wagen brachen sie auf, unterwegs verkauften sie beides, gingen zu Fuß bis Innsbruck, von wo sie mit einem Viehwagen bis Wien fuhren. Am zwölften November kam auch er im Heimathause an.

Junge Liebe

Mir erschien es ein neuer Anfang. Und doch war es nur ein Schlußstrich unter die Tage meiner jugendlichen Unschuld. Heute ist es anders. Heute spricht kein Mensch mehr von der Unschuld eines Mädchens, die zwölfjährigen holen sich heute schon vom Arzt die Pille. Wenn es diese schon damals gegeben hätte, würde ich sie erst mit 18 Jahren gebraucht haben. Aber es gab sie nicht, auch in meinem ganzen Leben nicht.

Nun begann ein ganz anderes Leben, die Frauen konnten sich wieder ihrer Arbeit widmen, die Männer machten die schwere Arbeit. Doch um die Arbeit allein ging es nicht. Es ging um das Zusammenleben von uns beiden.

Im Hause wußten alle, daß wir uns liebten. Jeder sah es mit anderen Augen an. Hans sagte: „Den langbeinigen Karl willst grad haben, nimm doch mich, bei mir würdest du es viel besser haben. Der wird nie auf dich schauen, der geht immer seine eigenen Wege. Kartenspieler ist er auch, er hockt dann im Wirtshaus und du kannst allein daheim bleiben."

In dem einen Punkt hatte er ja recht. Doch von seiner Seite war eben die Eifersucht da. Gar zu gerne hätte er mich öfter in eine Ecke gedrückt oder mich über sein Bett im Stall geworfen.

Hätte ich Hans genommen, wäre das auch der Mutter recht gewesen. Erstens hätte dann der Eigenbrötler und halb Taube auch einen Hausstand gründen können, und zweitens wäre ein lediges Kind weniger auf dem Hof gewesen. Zwei waren ja noch da ohne Ehestand.

Die Mutter, der nie eine Schwiegertochter recht war, fünf hatte sie ja bereits, hätte am liebsten ihre Söhne selbst geheiratet. Ja, wenn wenigstens einer eine Bauerntochter genommen hätte! Daher wollte sie den jüngsten in einen Bauernhof haben.

Es war nun so, daß sie mir stets auflauerte, oder sie hatte ihre Späher. Ganz offen sagte sie mir bei jeder Gelegenheit: „Renn' ihm nur nicht nach und fang' was an mit ihm, er muß in ein Bauernhaus einheiraten!"

Karl sagte: „Wie soll ich nur wo hingehen, wenn ich nichts anzuziehen habe?"

Ja, nicht einmal ein Paar Socken oder ein Taschentuch hatte er, als er heimkam. Von seiner Truhe, die am Boden stand, nahmen Vater und Hans, der ja erst in den letzten zwei Kriegsjahren einrückte, alles heraus, was drinnen war. Zu kaufen bekam man ja auch nach dem Krieg noch lange nichts. Alles war aufgebraucht, so mußte er bei der Arbeit noch lange Zeit mit dem Militärgewand arbeiten. Für Sonntag fand ich einen alten schwarzen Rock, vom Bauern eine Hose. Unterhosen und Hemden machte man aus Hausleinen. Der Bauer und die Bäuerin sagten niemals ein Wort zu uns beiden, obwohl sie es auch wußten, daß wir zusammenschauen.

Sie haben mich nicht fortgelassen auf einen anderen Dienstplatz, so war ihnen das recht, wie alles kam. Es wurden ein paar Pferde gekauft, und Karl mußte damit fuhrwerken. Von der Bahn und zur Bahn, Waren aus- und einladen, aber auch am Feld ging alles schneller mit den Pferden als mit den Ochsen. Um Aufträge kümmerte sich der Bauer. Das war schon 1919.

Der Lohn, der für ein Jahr ausgehandelt wurde, war bald nichts mehr wert und man arbeitete großteils umsonst, außer Essen und Unterkunft. Aber man braucht das Geld ja gar nicht, es gab nichts zu kaufen.

Das Vieh war im Krieg wegen der Ablieferungen zusammengeschmolzen und mußte erst wieder nachwachsen. Der Fuhrwerksverdienst mußte zum Ankauf von Kunstdünger verwendet werden. Viele Leute waren nun im Haus, man brauchte auch wieder mehr zum Leben.

Friedensmäßig war das Leben noch lange nicht. Die letzten Soldaten kamen erst zwei Jahre später heim. So manche blieben überhaupt verschollen. Auch an den neuen Zwergstaat hatte man sich noch nicht gewöhnt. Das Schicksal des letzten Kaisers ging vielen zu Herzen.

Es gab die Deutschnationalen, diese wollten den Anschluß des nun so kleinen Landes an Deutschland. Zur Zeit nach dem Kriege hatten die Sozialdemokraten die Macht in der Hand. Wer nicht bei der Partei war, bekam keinen Posten in einer Fabrik oder sonstwo in einem Amt, schon gar nicht in der Regierung. Die Parteien schossen wie die Schwammerln aus dem Boden. Bei sovielen Parteien konnte sich die rote Regierung nicht lange halten.

Im Bauernstand achtete man nicht auf das politische Leben, aber neu war doch alles und vom Leben vor dem Kriege ganz verschieden. So mancher intelligente Knecht hatte die Hoffnung, daß er nicht immer Knecht bleiben müßte, sondern sich weiterbilden könnte und sich ein Heim gründen würde. So traten viele in die Gewerkschaft ein. All das war neu, aber von den Bauern nicht gern gesehen.

Karl und ich waren eben auch junge Leute und wir hatten ebenso Interesse, wie es um die Aussicht stand, einmal heiraten zu können. Denn in einem Haus zusammen zu sein, da war die Gefahr, daß es einmal zu mehr kommen könne, als zu herzlichen Küssen. Und das fürchtete ich. Doch vorderhand ließ er mich mit intimen Beziehungen in Ruhe.

Das Frühjahr ging vorbei, auch die Heuernte. Inzwischen ist dann immer je nach Wetter eine kurze oder längere Pause, bis die Frucht reif wurde. Diese Zeit wollte ich nützen, um mir beim Schnittausgehen etwas zu verdienen.

Mein Vater ging nach Fischamend, übernahm bei einem Bauern 40 Joch zum Arbeiten. Auf meine Bitte, ob ich mitmachen dürfe, ließ er mich teilnehmen. Mein Vater nahm sich noch einen Schnitterbuben aus Karl, das war damals noch Ungarn, und die Mitterbacher Adelheid, meine beste Schulfreudin, war mit von der Partie.

Bei schönem Wetter konnte man in drei Wochen fertig werden, wir hatten aber viel Regen, auch mußten wir zwei Tage auf die Reife der Frucht warten, so kamen wir erst nach vier Wochen wieder heim.

An die Herrenleute kann ich mich heute nicht mehr erinnern. Nur, daß wir es sehr gut hatten, weiß ich noch. Jeden Tag Fleisch mit Gemüse oder Salat. Ein ganz anderes Essen, als wir es gewohnt waren. Zum Frühstück gab's immer Schinken oder Speck zum Brot und eine Zweiliterflasche Wein, da kam auf jeden ein halber Liter. Ich hatte noch nie Wein zu Hause getrunken, meist nur Milch und Brot zur Jause. Mein Vater aber bestand darauf, daß ich den Wein trank, er sagte, nur der gäbe die Kraft, die Arbeit durchzustehen. Abends wieder ein Essen wie mittags, nicht die gewohnte Milchsuppe wie zu Hause. Auch Bier trank ich damals zum erstenmal.

In Fischamend steht ein schöner Stadtturm, den sah mein Vater oft doppelt, weil er den Wein trank, den wir übrigließen. Es gab Dorf und Markt Fischamend und es war allerhand los. Zur Donau konnte man gehen um zu sehen, wo die Fischa einmündet. Freilich nur abends, wenn man etwas Schlaf opferte, konnte man sich etwas anschauen.

Als wir die paar Tage frei hatten, fuhren wir zum Krematorium, da sah ich erstmals eine Leichenverbrennung. Schaurig! Auch nach Wien fuhren wir, es ging ja die elektrische Bahn hin und her jede Stunde. Mit vier Jahren nahmen mich Mutter und die Tanten mit zu Großvaters Begräbnis, weil ich zur Mandeloperation mußte. Aber bewußt lernte ich erst in diesem Jahr die schöne Stadt kennen.

Nicht nur Freuden, auch der Plage gab es genug. Vergleicht man mit heute, wo in zwei Tagen die Maschine soviel bewältigt, wozu wir vier Wochen brauchten, die Frucht zugleich auch gedroschen ist, welchen Schweiß uns diese Arbeit gekostet hat.

Doch die Jugend kann das durchhalten. Froh waren wir doch alle, als es wieder heimzu ging mit 600 Kronen in der Tasche, das war viel Geld. Hätte ich gleich damit etwas kaufen können, hätte ich Küchen- und Zimmermöbel dafür bekommen. Aber wohin damit? So wollte ich halt sparen für einen eigenen Haushalt.

Daheim ging dann auch gleich die Schnittarbeit an. Da war ich es wenigstens schon gewohnt. Die Arbeit war ja die gleiche, doch des Berglandes wegen noch schwerer. Draußen am Land sagte man: „Niemand kommt unbuckter heim." Aber auch im Gebirge mußte man sich den ganzen Tag bücken. Das aber bei magerer Kost. Nicht nur mähen, binden und die Garben aufstellen, auch aufgeladen und heimgeführt mußten sie werden, im Stadel noch weit geschupft, damit die ganze Ernte Platz findet. Gedroschen wurde ja erst im Winter. Daheim dauerte die Ernte länger, bei schönem Wetter vier Wochen, bei schlechtem sechs Wochen. Dann wartet schon die zweite Heumahd, Grumet genannt. Bis dies auch beendet ist, geht es schon in den Herbst.

Als der Schnitt beendet war, die Arbeit dadurch leichter, vielleicht auch durch meine längere Abwesenheit, drang Karl immer mehr, daß er mich einmal haben kann. Gewiß beteuerte er mir, er wird mir nichts antun.

Eines Sonntags im August nahm er mich dann und ich gab mich ihm hin. Ach, hätte doch meine Mutter noch gelebt, vielleicht wäre alles anders gekommen! Sonntag nachmittag war ich stets zuhaus. Ich hätte mich mit ihr aussprechen können. Sie, die mir immer gepredigt hatte: „Kind, bewahre deine Unschuld!“ Ich gab sie hin.

Was ist so eine kurze Spanne der Lust, gegen die lebenslangen Folgen. Auch in der schönen Jugendzeit mußte ich denken: „Wäre ich doch nicht als ein Mädchen geboren worden!“ Ein Bursche behält sein Ansehen, seine Ehre, bei ihm wird nicht gerüttelt. Beim Mädel ist das mindeste, daß sie eine Schlampe ist, sie hurt herum. Niemand sagt etwas vom Mann. Es heißt nur, sie läuft ihm nach, obwohl es fast immer umgekehrt ist, daß der Mann drängt.

Als dann der September zu Ende ging, mußte ich zur Kenntnis nehmen, wieviel es geschlagen hat. Ich hatte oft reden gehört, man solle recht heiße Fußbäder nehmen, dann stellen sich die Blutungen wieder ein. Das tat ich dann, leider ohne Erfolg. Da aber sonst keinerlei Störungen auftraten, war ich noch heiter und lustig wie sonst.

Es war am Neujahrstag 1920, als Karl und ich uns einen Film ansahen. Er hieß: „Gottes Mühlen mahlen langsam, aber fein!“

Am Heimweg sagte ich Karl dann, daß ich heute zum erstenmal sein Kind in meinem Leib spüre. Er nahm mich in seine Arme, trocknete meine Tränen und sagte: „Irgendwie werden wir schon zurechtkommen, ich werde dich nie verlassen!“

Das war gut und schön, im Moment ein Trost, aber alles andere kam erst. Heute, wo ich alt bin, spüre ich noch die salzigen Tränen über die Wangen rinnen, die ich in jenen Monaten geweint habe. Aber nur im Verborgenen und nachts. Niemand sollte mich in Reue zerflossen sehen.

Nun mußte ich es auch den Bauersleuten sagen, die Bäuerin wußte von der Wäsche aus schon davon.

Sie sagte nur, soviel werden wir schon noch haben, daß das Kind auch was zu essen hat. Das war schon mehr Trost um stark zu sein, Karls Schwester Hanni, die bei den alten Eltern wohnte, hat sich nie mit einem Wort geäußert.

Meinem Vater mußte ich es ebenfalls sagen, ach, es war so schwer, wo er mich ein Jahr vorher doch zweimal verheiraten wollte, da wäre ich in Ehre dagestanden, aber so!

Er sagte, wenn's wenigstens ein anderer wäre, aber den stolzen Bauernburschen, den will er nie als Schwiegersohn.

In dem, was man den Stolz der Bauern nannte, hatte er ja recht. Diesen Stolz legte Karl in seinem ganzen Leben nicht ab. Ich litt oft genug darunter.

Der Schwiegersohn wurde er aber dann doch. Vater sagte dann nie mehr etwas gegen ihn. Oft genug arbeitete er später mit ihm, aber über seine Schwiegertochter hatte er mehr Freude. Die war ein armes Waisenmädel.

Ich glaube, daß der Stolz der Bauern noch auf die Zeit zurückgeht, wo es Freie und Leibeigene gab, andere gab es nicht. Heute hat sich auch dies weitgehend gebessert. Meine Kinder hatten darunter mehr zu leiden.

Weiters sagte ich zu niemand etwas, ich überließ es Karl, ob er mit seinen Eltern reden wollte, er tat es nicht. Hätte er sich bei seinen Eltern zu mir bekannt, würde ich vielleicht von ihnen weniger harte Worte zu hören bekommen haben. Zu tragen hatte alles ich allein, die Unbilden und das Kind. Damit konnte ich wenigstens gleich etwas von der Sünde abbüßen, die ich begangen hatte.

Allzu lange ließ sich mein Zustand nicht mehr verheimlichen. Bald sagte Hans zu mir: „Sing doch wie du immer gesungen hast, warum bist du so still und läßt die Schnappen hängen, mir scheint, da ist was los!".

Nun, wenn der es wußte, dann wußte es die Mutter auch. Nun war ich an der Reihe, vor sechs Jahren war es ihre Tochter. Nur war sie mit mir noch gnadenloser als mit der eigenen Tochter. So als ob sie dabei gewesen wäre, wie hätte sie sonst behaupten können, was sie alles sprach!

Vorausschicken will ich, daß sie mich früher, ehe ich ihrem Sohn Briefe schrieb, ganz gern mochte. Ich erzählte oft lustige Sachen, wenn sie auf der Bank vor dem Fenster saß, oder sang ein Schnaderhüpfel beim Fenster hinein im Vorbeigehen, worüber sie lachte.

Wollte sie mal bei mir über den Bauern schimpfen, sagte ich nur, mich geht das nichts an und sie glaubte mir auch, daß ich kein Interesse daran habe. Wenn sie etwas anbringen wollte, kam sie in den Stall, wo ich die Kühe fütterte, und sie ihrer Kuh einen extra Happen brachte. Ich war ja nur die Kuhdirn. Ist die vielleicht achtenswert?

So war es auch damals. Kaum daß sie noch den Fuß über die Schwelle gesetzt hatte, schrie sie schon: „Na, bist nun herumgeflogen genug, du Schlampen, hast den Arsch einmal eintunkt. Aber bilde dir ja nicht ein, daß der Karl der Vater ist. (Karl konnte alles deutlich hören, er war im Pferdestall nebenan.) Wer weiß, wo du herumgehurt hast. Oder hast es vom Schnitt heimgebracht?"

Nun, das letztere stellte sich ja dann heraus, gegen das andere hatte ich keinen Beweis. Das waren nur ein paar der Anschuldigungen. Damals aber schwor ich mir, daß ich nie mehr, solange ich ledig bin, mit einem Mann etwas zu tun haben werde, und diesen Schwur hielt ich auch. Nicht für alle Schätze der Welt würde ich noch einmal schwach werden. Einmal kann es einem passieren, ein zweitesmal nicht mehr. Nur so konnte ich all diese Gehässigkeiten ertragen. Auch wenn Karl sich von mir abgewendet hätte, wäre ich nicht anderen Sinnes geworden. Ich hätte mich schon fortgebracht allein mit meinem Kind.

Er tat es aber nicht, vielleicht achtete er mich gerade deswegen umso mehr. Er versprach mir ja schon in seinen Briefen aus dem Krieg, daß uns nichts mehr trennen würde, wenn er nur zurückkommt.

Als die Mutter sah, daß sie mit all den bösen Worten nichts ausrichten konnte, sagte sie: „Mir scheint, du bildest dir noch immer ein, daß es Karl war, aber warte nur, wenn sechs Wochen um sind, müßt ihr zum Gericht, da wird er dir schon sagen, wer der Vater ist." Ich gab ihr keine Antwort darauf.

Als sie uns an einem Sonntag auflauerte, als wir zum Kirchgang aus dem Haus gingen, schob sie ihre beiden Enkelkinder vor sich her und schrie mich an: „Willst du dich nicht schämen, mit meinem Sohn in die Kirche zu gehen, als ob er dein Mann wäre. Du hast in der Kirche überhaupt nichts zu tun, willst du denn nur deine Schande hineintragen, damit es alle sehen!" Auch darauf erwiderte ich nichts, drehte mich um und ging ins Haus zurück. Wieder einmal mußte ich sehen, daß nur das Mädl in der Schande ist, nie der Bursche. Karl ging seinen Weg weiter und sagte nichts. Ihm sah man nichts an, er war nicht in der Schande, er wurde auch am Kirchgang nicht gehindert. Wieviel Leid und Bitterkeit wegen ein paar Minuten Vergehens!

Aber nun genug, es genügt dies wenige, um sich ein Bild von meinem Kreuzgang machen zu können, und die Tränen können ja ungesehen fließen. Das waren nur die seelischen Qualen, körperliche taten nicht so weh.

Jeder werdenden Mutter wird verboten, in den letzten Monaten schwere Sachen zu heben oder zu tragen. Bei einer Ledigen sagte man nur, recht geschieht ihr, wenn sie es recht schwer hat, wenigstens merkt sie sich's. Mutterschutz gab es damals noch nicht, man mußte bis zum letzten Tag schwer arbeiten.

Im Winter beim Dreschen war es besonders schwer, weil noch die beißende Kälte dazukam.

Ich wollte auch gar keine Begünstigung haben. Niemand sollte sagen, daß ich weniger leisten kann, weil ich ein Kind trug.

Die Arbeit half mir, alles leichter zu tragen, man hatte keine Zeit nachzudenken. Allein von den Bauersleuten hatte ich nie ein böses Wort gehört. Sie heirateten ja erst sehr spät, als bei anderen das Kinderkriegen schon zu Ende war, sie hätten selber gerne mehr gehabt, doch ihre Zeit war vorbei. So freuten sie sich auf meines.

Mein erster Sohn

Als es bei mir soweit war, holte der Bauer selbst die Hebamme. Karl war nicht zu Hause, er war beim Begräbnis von seines Bruders zweijährigem Kind in Neunkirchen.

Zwei Tage vorher hatte ich schon Tag und Nacht Wehen. Doch ich verrichtete meine Arbeit nach wie vor. Am Abend des zweiten Tages sagte die Bäuerin, nun schaue sie nicht mehr länger zu. Vor dem Schlafengehen wurde die Hebamme geholt. Die war keine Gute. Die ledigen Geburten haßte sie. Bei mir getraute sie sich doch nicht, all ihre Beschimpfungen anzubringen, sie wußte um die Verhältnisse Bescheid. Aber fühlen ließ sie es mich umso mehr.

Die Leute sagten allgemein, die Geburtswehen sind vergessene Schmerzen. Ja, wenn man jede Hilfe hat, die man benötigt. Ein Viertel der Schmerzen hätte ich weniger zu ertragen gehabt, hätte ich eine wirkliche Hilfe gehabt.

Als sie kam, sah sie nach, wie alles steht und sagte zur Bäuerin, es wird in der Nacht vorbeigehen. Dann zog sie sich aus, legte sich auf ein leerstehendes Bett und schlief den Schlaf des Gerechten. Um vier Uhr früh, als sie die Bäuerin in der Küche hörte, war sie schnell auf und angezogen. Die Bäuerin sah dann nach mir, brachte mir starken, heißen Tee, der mich kräftigen sollte, um die Geburt zu Ende zu bringen. Nun getraute sich die Hebamme doch nicht mehr zu schlafen, da ja jemand hereinkommen könnte und kümmerte sich dann doch um mich.

In der nächsten halben Stunde war das Kind da. Aber wie grob sie mich behandelte, weil sie den Worten nicht Luft lassen konnte und was sie alles unterließ, das sah ich erst, als ich beim dritten Kind eine andere Wehfrau hatte. Doch Gott sei Dank, es war vorbei.

Ich weinte, aber diesmal vor Freude. Ich konnte in die blauen Augen meines Buben sehen. Das Glück, mein Kind zu haben, wog alle Bitterkeiten und vergossenen Tränen der vergangenen Zeit auf. Ich habe das Weinen fernerhin aufgegeben. Alle Widerwärtigkeiten wurden gering und ich würde schon damit fertig werden.

Als Karl heimkam, nahm er mich in seine Arme, küßte mich und das Kind. Wenn wir auch noch ledig waren, die Liebe zum Kind war die gleiche, nie hätte er mich ziehen lassen mit dem Kind, das hätte er so wenig wie ich hergegeben.

Am zweiten Tag sollte er getauft werden. Mutter hat schon vorher im Stall zu ihrem Sohn gesagt: „Untersteht euch ja nicht und tauft ihn Karl!" „Gut", sagte ich, „aber wenn ich von ihm noch zehn Söhne haben würde, keiner bekäme diesen Namen." Die Bäuerin trug das Kind zur Taufe, fragte um den Namen und ich sagte: „Tauft ihn, wie es heute im Kalender steht." Am 19. Mai wurde er geboren, am 21. war Felix. Also wurde er Felix getauft.

Auf dem Land war es und ist es heute noch üblich, daß die Wöchnerin von der Taufpatin einen Korb mit Lebensmitteln geschenkt bekommt, wie Zucker, Kaffee und allerlei Weißgebäck. Brot durfte sie ja nicht essen. Das fiel bei mir alles weg, da ich ja die Verpflegung im Haus hatte, und Semmeln gab es noch lange keine.

Als Karl einmal für einen Wirt in Erlau (Ungarn) Wein holen mußte, brachte er Semmeln nach Hause, nach länger als vier Jahren die ersten, die wir sahen, da war Felix schon eineinhalb Jahre alt.

An solche Kleinigkeiten erinnert man sich nach so

vielen Jahren. Doch ist nicht alles Erinnerung, was ich hier schreibe? Es ist gut, sich die Erinnerungen der Vergangenheit zu bewahren, sie gehören zu den Dingen, die Bestand haben. Man kann sie niemals verlieren.

Der Mai war gerade eine gute Zeit, wo einige Tage Arbeitsausfall durch eine Geburt nicht allzuviel ausmachten. Zur Heuernte konnte ich schon wieder mithelfen. Zum Mähen brauchte man die Frauen nicht, sowie im Schnitt.

Ich konnte das Kind stundenlang allein lassen, als hätte er es gewußt, daß niemand Zeit hat, er schlief brav, auch in der Nacht. Später, als er nicht mehr solange schlief, mußte ich ihn eben in einen Buckelkorb packen und auf das Feld mitnehmen, es war ja zu weit, schnell heimzulaufen und ihm zu trinken geben.

Über den Korb legte ich Hasel- und Birkenzweige, wo er mit dem Laub spielte und zugleich die Fliegen abwehrte.

Am Abend nach der Arbeit badete ich ihn, wusch die Wäsche und Windeln, meist war es schon halbelf, ehe ich ins Bett kam, um drei Uhr mußte man im Schnitt wieder raus.

Nicht eine einzige Nacht mußte ich opfern, er schlief immer durch. Freilich wäre es schön gewesen, wenn die Mutter ein wenig auf ihn geschaut hätte, sie war ja daheim, aber nie sah sie ihn an, solange sie noch lebte. Als sie starb, war Felix schon fünf Jahre alt.

Als er schon sitzen konnte, haben ihn alle aufgenommen und mit ihm gespielt, am meisten der Hans. Der Bauer, der ja nicht im Stall arbeitete, hatte ihn stets am Schoß sitzen und spielte mit ihm. Es gab niemand, außer Mutter, der ihn nicht von Herzen gern hatte. Ja, sogar die alte Tante bis zu ihrem Tod, 30 Jahre später. Alle waren ungemein kinderliebend.

Mein Vater hatte den Buben ebenso in sein Herz geschlossen, er arbeitete ja öfters auf dem Bauernhof. Nun waren da noch meine Tanten, Mutters Schwestern, denen mußte ich ja auch Mitteilung davon machen, was mich betroffen hatte.

Die jüngere schrieb: wie ich mich denn auf so etwas einlassen konnte und meine Unschuld verlieren, sie waren alle bis zur Ehe brav gewesen und seien unschuldig zum Traualtar geschritten, meine Mutter würde sich im Grab umdrehen, wenn sie wüßte, wie schlecht ich geworden bin. Und so weiter ... Zugleich aber schickte sie mir ihre gesamte Kinderwäsche. Die konnte ich gut gebrauchen. Nur das Taufgewand mußte ich kaufen, dieses kostete genau die 600 Kronen, die ich mir im Sommer vorher im Schnitt verdient hatte.

Die andere Tante schrieb mir kurz und bündig: Glücklich ist, wer vergißt, was doch nicht zu ändern ist. Nur deine Jugendzeit ist dahin. Aber würdest du es auch noch so sehr bedauern, zurück kommt keine Jugend mehr. Daran hatte ich nie gedacht.

Nun zur Unterhaltspflicht vor Gericht. Wir wurden beide im Juli vor Gericht geladen. Karl wurde gefragt, seine Ansicht betreffend des Kindes bekannt zu geben und er sagte, wir werden heiraten.

Wann? Ja, sobald man das Nötigste dazu zu kaufen bekommt. Das kann noch lange dauern. Er wurde angewiesen, 20 Prozent seines Lohnes für das Kind zu bezahlen. Aber das konnte nur Formsache sein und bleiben. Wurde das heute festgelegt, so war es nur einige Monate später ein Nichts. Der Wert des Geldes fiel rapid. Bald mußte man die Tasche für das Geld nehmen, anstatt die Geldbörse. Handelte man zum neuen Jahr den Lohn aus, war das Geld einige Wochen später nichts mehr wert. Womit sollte der Bauer seine Arbeitskräfte bezahlen, er hatte ja selbst nichts. Schon vor dem Krieg war er seinen Dienstleuten im neuen Jahr noch den Lohn vom Vorjahr schuldig.

Das Essen hatten wir alle drei, zum Anziehen bekam man ja noch immer nichts zu kaufen, einen Kinderwagen hatte ich erst beim vierten Kind. Ein Tragkleidchen für das Kind machte ich aus einem noch guten Stück von alten Sachen. Strampelhoserl kannte man noch nicht. Aber zu gewissen Dingen brauchte man doch Geld, Seife, Zucker und dergleichen. Ins Wirtshaus ging Karl ja auch.

Dem Geldmangel abzuhelfen, hielt ich mir einige Hühner, so konnte ich die Eier verkaufen. Zwei Schafe hatte ich, von denen ich für die Wolle und Lämmchen Geld bekam. Sicher war es zu wenig, um etwas für's Heiraten zu kaufen, grad nur ein Taschengeld war es. Doch die Geldsorgen wogen nicht allzu schwer.

Nach der Heuernte erkrankte der Bauer schwer. Einige Tage später auch die Tante. Sie hatte Lungenentzündung. Es gab 1920 noch kein Penicillin, da war so eine Entzündung eine ganz gefährliche Krankheit. Viele Menschen starben daran, Hausmittel helfen oft am besten. Man machte Topfenwickel, der zog das Fieber aus dem Leib. Wenn er trocken war, machte man einen frischen Umschlag. Die Tante überstand die Krise, die am neunten Tag auftritt, ganz gut und war bald über dem Berg. Schwach war sie halt noch, daher mußte sie noch einige Wochen liegen und konnte auch dann noch nicht schwer arbeiten.

Der Bauer hatte Nieren- und Rippenfellentzündung. Der Arzt wußte nicht, ob er die Krankheit überstehen würde. Die Bäuerin hatte alle Hände voll zu tun mit den beiden Kranken, nur mit Not konnte sie grad noch kochen. Sie konnte für mein Kind nichts tun, daher mußte ich es überallhin mitnehmen.

Niemand half mir, es war erst sechs Wochen nach der Entbindung und ich mußte alles übrige im Hause allein tun. Wir hatten sieben Kühe zu melken, damals noch drei mal am Tag, neun Stück Jungvieh zum Aufziehen im Stall stehen, dann noch die kleinen Kälber, die getränkt werden mußten.

Was das für Arbeit kostete! Den Dünger hinausräumen, Streu und Futter hineinschleppen. Die Milch mußte ich dann noch seihen und kühlen. Das Geschirr wartete in der Küche zum Abwasch. Die Milch und das Geschirr machte sonst die Tante.

Dann erst konnte ich den Buckelkorb nehmen und mit dem Kind aufs Feld nachhasten. Die Männer dengelten einstweilen ihre Sensen und waren ausgeruht. Wann kam ich zur Ruhe?

Das ist heute alles anders. Heute machen auch die Männer im Haus alle Arbeit, gemolken wird mit der Maschine, das tut jeder Mann auch. Früher hätte sich ein Mann geschämt, in den Kuhstall zu gehen und Frauenarbeit zu verrichten.

Sechs Wochen lag der Bauer zu Bett, lange in Lebensgefahr. Als diese vorbei war, er wieder aufstehen konnte, wurde es für mich wieder leichter. Drei Monate war er samt Genesung krank. Das Kind brauchte ich dann nicht mehr aufs Feld mitzunehmen. Es war daheim in guten Händen und bekam schon die Flasche.

Jedermann, der mit diesen Verhältnissen nur irgendwie vertraut ist, weiß, was es auf dem Bauernhof an Arbeit gibt und wird verstehen, daß ich Unmenschliches zu leisten hatte. Wer denkt in solchen Zeiten an Geld und Einkaufen. Nur wenn etwas bitternotwendig gebraucht wurde.

Die Zeit geht aber auch bei Krankheit unaufhaltsam dahin. Ehe man zum Aufatmen kam, war es Herbst geworden. Karls Schwager, der Mann seiner Schwester, kam um diese Zeit erst von Rußland zurück. Immer noch kamen vereinzelt Heimkehrer nach Hause. Überall veranstaltete man bis in den späten Herbst hinein Heimkehrerbälle.

In unserer Gemeinde war ebenfalls einer angekündigt, Karl ging hin. Ich kam nirgendwo hin, da ich das Kind hatte. Im Krieg gab es keine Unterhaltung. Ich vermißte sie auch nicht.

Als Karl um vier Uhr früh vom Ball heimkam, war die Bodentür versperrt, der Schlüssel nicht zu finden.

Da er oben sein Bett und seine Sachen hatte, wußte er nicht, was er tun sollte. Im Heu sich hinzulegen, war es zu kalt.

Wahrscheinlich zog die Mutter den Schlüssel ab, daß er vielleicht bei ihr anklopfen würde, denn als wir zur Früharbeit in den Stall gingen, steckte er wieder im Schloß. Er klopfte aber bei meinem Fenster an, ich stand auf und ließ ihn herein. Er legte sich ins leere Bett und schlief sofort ein.

Es wird nun in so einem Haus gut aufgepaßt und es blieb nicht verborgen, daß ich ihn ins Haus ließ. Im Stall sagte die Mutter sogleich: „Na, der Bub wird bald ein Schwesterl haben!" Ich sagte nichts dazu, ich wußte es besser. Wenn kein Verkehr ist, kommt auch kein Kind. Wenn man in einem Haus beisammenlebt, ist es doch ganz anders. Mit einer Heirat schien es noch lange nichts zu werden. Nur das eine sagte ich: „Bis der Bub reden lernt, will ich, daß er Vater sagen darf." Buben fangen im allgemeinen erst später zu reden an, so mit zwei Jahren.

Weihnachten kam heran, ich freute mich darauf. Mein Kind soll erstmals den Lichterbaum sehen und nach dem gleißenden Schmuck langen. Schokoladestücke in Silberpapier gab es nicht, nur selbstgebackene Kekse hingen am Baum. Er war nun acht Monate alt, nach dem Krieg die zweiten Weihnachten.

Das Leben in Haus und Hof ging seinen Lauf wie in Friedenszeiten. Was es nicht gab, vermißte man auch nicht. Wir hungerten nicht. Wohl aber viele andere Leute. In den Städten gab es noch große Hungersnot. Nicht jedermann konnte sich im Schleichhandel etwas kaufen.

Die Siegerstaaten aber saßen noch immer beisammen und verhandelten, wie man das deutsche Volk in die Knie zwingen könnte. Noch wußte man nicht, wie der neue Staat aussehen werde. Man wußte vom Krieg her, daß die Alliierten den Italienern Südtirol versprochen hatten, wenn sie in den Krieg eintreten und auf ihrer Seite kämpfen würden. Wir hatten ja auch nur zwei Kilometer bis zur ungarischen Grenze, im Grenzgebiet zu wohnen ist immer mit Gefahren verbunden.

In Ungarn machten sie scharf auf die Adeligen. Viele flüchteten über die Grenze. Von Zeit zu Zeit kamen auch Freischärler herüber, die Jagd auf Fürsten und Grafen machten. Sonst war noch Ruhe, man konnte der Arbeit nachgehen.

Mein blonder Junge war nun bald ein Jahr alt und spielte schon mit den anderen Kindern. Reserl war im fünften Lebensjahr und Sepperl im neunten. In einem Bauernhaus wächst ein Kind zu den anderen dazu, sie brauchen da noch wenig Aufmerksamkeit, wenn sie keine Windeln mehr brauchen, sie laufen herum und bei Tisch essen sie mit den anderen mit. Man gewöhnt sie schon mit neun Monaten an die übliche Kost. Babynahrung gab es noch viele Jahre keine. Alle meine Kinder sind ohne eine solche aufgewachsen und wurden groß und stark.

All meine Gedanken gingen dahin, wie ich zu Geld kommen könnte, um heiraten zu können. So beschloß ich zu fragen, ob sie mir erlauben würden, wieder im Schnitt auf dem Land zu arbeiten. Es wurde mir anstandslos bewilligt. Der Bauer konnte uns ja keinen Lohn geben, unterm Jahr gab es überhaupt keinen, aber auch zu Neujahr hatte er kein Geld. Und solange im Haus beisammen zu leben, ohne Aussicht auf eine Ehe, da hätte ich mir eher mit dem Kind einen anderen Posten gesucht.

Eine Schnitterpartie hatte ich bald gefunden. Mein Vater, er wurde 1860 geboren und wir schrieben das ereignisreiche Jahr 1921, war nun doch schon über 61 Jahre alt und konnte eine solche Plage nicht mehr mitmachen. Ich konnte mit dem Vater einer Schulkollegin mitgehen, auch meine beste Freundin war wieder mit dabei.

Am Peterstag (29. Juni) zogen wir fort, nach Neusiedl an der Fischa, wir hatten es dort gut getroffen. Es gab eine schöne Zeit, kaum daß wir einmal einen Tag wegen Regen Rasttag hatten. Es gab auch keine Lagerfrucht, die lange aufhält. In drei Wochen hatten wir die 40 Joch abgeerntet und konnten wieder heimfahren. In diesen drei Wochen, die wir dort arbeiteten, bekam die Frau des Hauses einen Buben. Wir gingen uns das Kind ansehen, es war das erste der jungverheirateten Herrenleute. Die Frau erzählte uns, wie schwer die Geburt war und daß sie nie wieder ein Kind haben wollte. Ich erinnere mich noch wie sie sagte, wenn der Mann noch einmal ins Bett kommen will, kratzt sie ihm die Augen aus. Das folgende Jahr war ich nicht mit im Schnitt, aber das Jahr 1923 ging ich wieder mit. Die Frau bekam zur selben Zeit, als wir dort arbeiteten, ein Mäderl, doch der Mann hatte seine Augen immer noch. Sie waren beide sehr glücklich und freuten sich über das kleine Pärchen. So ist das Leben.

Meine Freude, als wir nach drei Wochen heimfahren konnten, war groß und auch die Sehnsucht, meinen 14 Monate alten, blondlockigen Buben wieder in meine Arme schließen zu können.

Während ich weg war, hatten sie ihm die Locken abgeschnitten und ich sagte, das ist mein Kind nicht. Sie meinten, es sei viel zu warm im Sommer, um das Kind mit den langen Haaren zu quälen. Es dauerte lange, bis ich mich daran gewöhnt hatte. Ein Bub war er halt doch und er konnte nicht immer die Haarlocken tragen.

Daheim begann die Frucht ebenfalls zu reifen, und wie immer war im Schnitt viel zu tun, daß alles unter Dach kommt, solange schönes Wetter ist.

Sonntags ging ich mit Karl baldigst zum Schneider. Wir suchten einen Stoff für einen Hochzeitsanzug aus, ließen ihn anmessen, und ich zahlte gleich aus, ehe mein Geld wieder die Schwindsucht bekam. Der

Schneider versprach, den Anzug in sechs Wochen fertigzustellen.

Wenn man heiraten wollte, bekam man auch einen Bezugsschein für Leib- und Bettwäsche, das kaufte ich ebenfalls alles gleich mit meinem Geld.

Für den Buben mußte ich auch was kaufen, er war ja längst aus den Kinderjäckchen herausgewachsen. Ich sehe ihn noch vor mir, mit seiner ersten Hose und den grünen, geblumten Hosenträgern, ein weißes Hemd, so richtig ein kleiner Steirerbua.

Ich selbst bekam meinen Hochzeitsstaat von der Bäuerin. Nach mehr als zehn Jahren treuer Dienste hatte ich mir das verdient.

Wir rechneten uns aus, daß wir so nach Allerheiligen, wenn die Feldfrüchte alle eingebracht sind, still und ohne Aufwand (ich meine damit, nicht viele Leute einladen) heiraten werden.

Aber es kam alles anders. Wir hatten die Rechnung ohne den Wirt gemacht. Nun kam erst für uns in der Heimat der Krieg. Was war die Ursache?

Die Friedensverhandlungen waren soweit gediehen, daß Burgenland zu Österreich kommen sollte. Lange genug wurde darüber verhandelt. Erst sollte Ödenburg die Hauptstadt werden, aber man machte nochmal einen Abstrich, trieb einen Keil ins Land, um die Stadt auszuschließen. Nun wurde Eisenstadt die Hauptstadt. Sie nahmen einem anderen Land einen Teil weg, um es Österreich als Ersatz für Südtirol zu geben. Dies wurde bei den Friedensverhandlungen erreicht. Natürlich waren die Ungarn mit der Wegnahme dieses Landesteils auch nicht einverstanden und wehrten sich. Es war nicht die Regierung, die kämpfte, es wurde auch kein Krieg erklärt, sondern es waren Banditen, Studenten u. dgl., die entlang der Grenze einbrachen. Ähnlich wie es im Zweiten Weltkrieg in Jugoslawien war.

Hatten wir im Krieg nichts gespürt vom Kampf,

so mußten wir den Banditenkrieg drei Jahre später in der Heimat erleben.

Mit dem Schnitt waren wir fertig und hatten soeben den Mohn geerntet. Dieser Acker wurde für die Weizenherbstsaat benötigt.

Es war der fünfte September 1921, ein Montag. Wir mußten das Mohnstroh verbrennen. Am Nachmittag sollte der Acker gepflügt werden. Mitten in dieser Arbeit hörten wir plötzlich ein andauerndes: Ra ta ta, Ra ta ta. Wir konnten uns nicht erklären, was das bedeuten sollte. Wir ahnten aber sofort, gewiß nichts Gutes. Niemand von uns hatte je schießen gehört, außer den Jäger auf Wild.

Karl war mit den Pferden in Kirchschlag, um Mehl für Getreide in der Haidenmühle einzutauschen. Als er nach Hause kam, wußte er bereits, was los war. Es war dies ein Maschinengewehrbeschuß, einem gewesenen Soldaten hinlänglich bekannt. Wir hörten am Akker einen Pfiff, der bedeutete, daß wir heimkommen sollten.

Nun erfuhren wir, daß am Hutkogel, dem höheren Berg hinterm Schloßberg, 4000 Mann stehen und auf den Markt Kirchschlag schießen. Anfangs mit Maschinengewehren, später wurden auch stärkere Waffen eingesetzt. Durch Zettelabwurf kündigte das feindliche Heer an, daß die Ortschaft um vier Uhr nachmittag ein Trümmerhaufen sein wird. Sie kamen auch schon hinter dem Heer mit Autos und Wagen gefahren, um die Ortschaft zu plündern und dann in Brand zu stecken.

Als wir vom Acker heimkamen, sahen wir schon die Flüchtlinge herankommen. Wer Roß und Wagen hatte, war am besten dran, andere hatten die Ochsen eingespannt, einige trieben eine Kuh und zogen einen Handwagen hinter sich her. Wer gar nichts Fahrbares hatte, schleppte das Allernötigste im Rucksack mit sich. So sah es aus. An allen Straßen und Wegen zogen die Flüchtlinge in andere Gebiete, wo nicht geschossen wurde.

Nun war auch bei uns im Haus die Frage akut, was wir machen sollten. Fortgehen oder dableiben? Das Vieh könnte man nicht mitnehmen, außer den Pferden. Im Hof stand noch der Wagen, von dem Mehl abgeladen wurde. Die Bäuerin hatte gekocht, so gute Knödel, denn es war ja Montag, der Knödeltag, aber niemand hatte einen Bissen hinuntergebracht. Alle liefen sinnlos jammernd im Hause herum, wußten nichts anzufangen. Schließlich wurde beschlossen, doch auch fortzufahren. Vor allem die Frauen mit den Kindern sollten aus der Schußweite. Als dies ausgemacht war, lud Karl Heu auf den Wagen für die Leute zum Sitzen und zugleich auch als Futter für die Pferde. Niemand konnte wissen, wie alles ausgehen würde und wann man wieder heimkommt. Ich aber aß noch rasch ein paar Knödel und machte mich an die Arbeit, den Wagen zu beladen.

Über das Bettzeug knüpfte ich das Leintuch zusammen und warf es auf den Wagen. Die notwendige Kleidung füllte ich in einen Sack zum Mitnehmen. Eine Kanne Milch, Mehl, Grieß und Eier legte ich in ein Körbchen ins Heu und lud alles auf den Wagen. Niemand merkte etwas von meinen Vorbereitungen. Alle waren zu erschreckt um etwas bedenken zu können.

Mittlerweile war die Mittagszeit längst überschritten, der Flüchtlingsstrom hielt weiter an. Der dicke Pürrer-Wirt keuchte mit seinen 125 kg daher und sagte zu den Leuten: „Geht und holt euch den Braten aus dem Backrohr, könnt alles aufessen!“ Aber kein Mensch trat den Rückweg an. Die Schießerei dauerte an. In Kirchschlag setzten sich die Gendarmen ins Dienstauto und fuhren ab nach Wiener-Neustadt. Im Ort standen nur 500 Mann, die ehemaligen 84er, den 4000 Mann gegenüber. Das aber wußte der Feind nicht.

Schwer war der Entschluß, Heim und Haus zu verlassen. Mein Vater kam noch vorher zu uns auf den Hof. (Mein Bruder war zu der Zeit Geselle in Gloggnitz).

Allein in Kirchschlag wollte er auch nicht bleiben. So blieb er mit Hans, der daheim blieb, auf dem Bauernhof. Sie trieben zwar das Vieh nicht auf die Weide, aber holten Futter heim. Den Schweinen gaben sie Hafer und Wasser.

So fuhren wir ab. Erst einmal bis in die nächste Ortschaft nach Gehring. Beim Stadelbauer machten wir halt. Diese Bäuerin war eine Schwester unserer Altbäuerin. Die hatten keine Kinder im Haus und waren von unseren dreien nicht eben begeistert. Wir wählten diesen Hof, weil er hoch gelegen war, man konnte vom Hügel beim Haus nach Kirchschlag hinuntersehen, ob es noch brennt, auch hörte man deutlich die Einschüsse. Das dauerte auch den ganzen Tag und die Nacht. Solange wir noch wach waren, konnten wir die Detonationen hören. Wir folgerten daraus, daß der Markt noch nicht in feindliche Hände gefallen war.

Die Pferde konnten wir im Stall unterstellen, den Wagen in der Tenne. Da richteten wir uns ein so gut es ging, schlafen mußten wir im Heu. Wir waren nun alle froh, in den kalten Septembernächten eine Zudecke zu haben. Für meinen Buben hatte ich auch sein Fläschchen nicht vergessen, er war doch erst 15-einhalb Monate alt. Die anderen Kinder konnten Butterbrot essen und Milch trinken, die Erwachsenen eine Milchsuppe kochen oder eine Eierspeise machen. Für alle war zu essen da, wir brauchten nicht betteln zu gehen. Nun sagten sie zu mir: „Ja, wie konntest du denn an das alles denken?“ Ich sagte nur: „Wir sind doch fortgefahren, weil wir leben wollen und dazu braucht man auch was zu essen, das ist die einfachste Sache der Welt.“

Man wußte ja nicht, wohin man flüchten mußte und ob sich unser jemand erbarmt hätte.

Von all denen, die wir als Flüchtlinge fortgefahren sind, lebt außer mir nur noch Resi, die heute auch schon den Bauernhof den Jungen übergab. Ob sie sich noch erinnert? – Ich werde sie einmal fragen! – Und mein Sohn, in Deutschland verheiratet, er erinnert sich bestimmt nicht, dazu war er noch zu klein. Nun kann er es hier einmal lesen.

Wir verbrachten eine gute Nacht im Heu. Als es am Morgen hell wurde, standen wir auf, wuschen uns beim Brunnen, und sogleich gingen Karl und ich hinauf auf den Hügel. Wir sahen weder Rauch von einem Feuer, noch hörten wir Schüsse. Wir gingen zurück und beratschlagten, was wir nun tun sollten. Daß wir alle zurückfahren, war doch etwas zu gewagt, ehe man nicht wußte, wie alles steht, was alles geschehen ist und ob man so weiterleben könne am Hof wie vorher.

So wurde beschlossen, daß Karl und ich zurückgehen und nach dem Rechten sehen sollten. Wir waren doch junge Leute, die älteren, sowie die Kinder sollten noch bleiben. Wir würden Botschaft senden, meinem Vater wollten wir die Arbeit abnehmen und er soll ihnen Bescheid sagen. So gingen wir beide über eine Stunde zurück zum Bauernhof.

Schon als wir dem Haus nahekamen, hörten wir das Rumoren und Tiergeschrei. Die Schweine, die ihr gewohntes Futter haben wollten, die Kühe brüllten im Stall, wenn sie auch nicht hungerten, so waren sie die Weide gewohnt. Ihre Euter schmerzten, sie waren zum Aufspringen voll, denn seit 24 Stunden waren sie nicht gemolken worden. Von den Männern konnte ja keiner melken.

Das war das Allererste und Dringlichste, was ich tun mußte, sollten die Kühe nicht Schaden leiden, daß die Milch versiegt. Erst mußte in den Ställen und im Haus alles in Ordnung gebracht werden, dann konnte man an anderes denken. Vereinzelt kamen auch andere Leute zurück oder wurden geholt und man konnte etwas erfahren.

Die große Gefahr war abgewandt, aber Ruhe gab es noch lange nicht. Diese tapferen 500 Soldaten haben das Heer der 4000 in die Flucht gejagt, die Brandleger gefangen oder erschossen, wenn es nicht anders ging. Doch um welchen Preis haben sie den Einbruch des Feindes vereitelt!

Die vielen Gefallenen, die seit 55 Jahren in der obersten Reihe des Friedhofs ausruhen, legen noch heute Zeugnis ihrer Tapferkeit ab.

Bis der Hilfeschrei die Kasernen erreichte und Verstärkung eintraf, mußten viele ihr Leben lassen. Auch Zivilisten waren darunter.

Bis zur Grenze wurden die Banditen zurückgedrängt, aber nicht überall, nur an der Kirchschlager Grenze. In den kleinen Bauerndörfern nahe der Grenze, machten sie sich seßhaft und wichen keinen Zoll zurück.

Was man weiter hörte, war so furchtbar, daß man sich gar nicht vorstellen kann, daß es so Schreckliches wirklich gibt.

Die Banditen nahmen die gefangenen Soldaten mit bis zur Grenze, dort stachen sie ihnen die Augen aus, schnitten ihnen Ohren und Zunge ab und hängten sie an Bäumen auf. Streng bewacht hingen sie drei Tage an den Bäumen, ließen niemand hinzu, die Leichen abzunehmen. Endlich, als dann schon verstärktes Militär eintraf und die Regierungen sich einsetzten, durften sie abgenommen und beerdigt werden.

Das war dann schon Donnerstag, der achte September, da kamen am Vormittag unsere Leute mit Kind und Kegel wieder heim. Dieser Tag war damals noch ein Feiertag, Maria Geburt, und wir gingen nachmittag, wer nur konnte, zum Begräbnis. Alles war auf den Beinen. Die Menschenmenge reichte von der Kirche bis zum Friedhof. Allein die vielen Angehörigen, die ihre jungen, hoffnungsvollen Söhne zu Grabe geleiteten. Da sie Ehrengräber erhielten, wurde niemand überführt.

Alle anderen Toten wurden gleichfalls in diesen Ehrengräbern bestattet. Die Verwundeten wurden nach Wiener Neustadt ins Spital gebracht. Von diesen starben auch noch welche, die aber dann nicht mehr hier begraben wurden.

Bei solchen Morden, Blutvergießen und Verstümmelungen fragt man sich, warum das alles sein muß. Es tat nie einer dem anderen etwas zuleide. Warum machen die Weltgewaltigen solche Sachen mit den Friedensverträgen, die nur neue Greueltaten bringen. Dieser Vertrag hat auch keine 20 Jahre gehalten, ehe es zu einem neuen Krieg kam.

Jedenfalls, Ruhe gab es auch nachher nicht. Die armen Grenzgebiete hatten viel zu ertragen. In Kirchschlag lag die Grenze doch zwei Kilometer weg und außerdem war da das Militär stationiert. Aber in Blumau z. B. war nur der Bach, in Ungerbach und Lembach nur ein schmaler Ackerstreifen zwischen der Grenze und dort weiterhin überall so nahe.

In diesen Bauerndörfern lagerten sie, die Banditen. Die armen Leute dort hatten nichts zu lachen. Wie sie es gerade brauchten, trieben sie den Bauern das Vieh aus dem Stall, schlugen es im Hof gleich nieder. Wehrte sich jemand, schossen sie die Leute gleich nieder. Auch was sie sonst zum Leben brauchten, holten sie bei den Bauern. Sie wurden ja von nirgend woher verpflegt, bekamen keinen Nachschub. Ihr Heimatland distanzierte sich von ihnen.

Die Bauern konnten wohl ihre Arbeit in Haus und Hof verrichten, niemand hinderte sie daran, aber die Banditen lebten mit, vom Ertrag ihrer Arbeit.

Da alles besetzt war, hüben und drüben, hörte

man nichts, wie es weitergehen würde und wie lange dieser Kriegszustand dauern sollte.

Für uns war es ein harter Schlag, es war nicht daran zu denken, heiraten zu können. Alles Privatleben stand still. Zwei Monate waren bereits um, noch immer war nichts von einer Änderung dieses Zustandes bekannt.

Endlich, Ende November, kamen mehrere österreichische Offiziere zu den Bauern, verlangten von diesen Pferde, samt Wagen und Kutscher für den Train zum Weiterfahren, um das Burgenland zu besetzen.

Auf Ehre sagten sie zu, sie brauchen nur zehn Kilometer zu fahren, das wäre so bis Pilgersdorf gewesen, dort sollten wieder andere aufgenommen werden, um mit dem Train weiter zu fahren. Sich dagegen zu wehren, wäre nicht gut möglich gewesen. Der Bauer selbst fuhr nie mit den Pferden, also mußte Karl fahren. Es war ein Donnerstag, als er um neun Uhr wegfuhr. Die Pferde bewältigen zehn Kilometer leicht in zwei Stunden, wenn sie auch schwere Last zu ziehen haben, so hätte er mit dem leeren Wagen mindestens um vier Uhr nachmittags zurück sein müssen.

Er kam aber am selben Tag nicht mehr, am Freitag und Samstag nicht, man wußte nicht was geschehen war. Am Sonntag um sieben Uhr abends kam er endlich heim, und das Harren und Bangen hatte ein Ende.

Nun, was war los? Sie fuhren wohl bis zum Ort die zehn Kilometer, dort aber, außerhalb des Ortes, mußten sie zwei Tage und zwei Nächte kampieren, da man sie nicht weiterfahren ließ. Solange dauerten die Verhandlungen, bis sie in den Ort einfahren durften. Dort aber konnten die Offiziere keine Pferde auftreiben. Durch die immer wieder erfolgte Aufteilung der Äcker an die Kinder, wenn ein Vater stirbt, können sich diese oft nur ein paar Ziegen halten, wenn es hoch hergeht, vielleicht ein oder zwei Kühe. Von Pferden gar keine Rede.

Umladen wollten sie ja auch nicht gerne, sie hatten schon genug Zeit verloren, also mußten diese Wagen weiterfahren bis zur Landeshauptstadt, ihrem Ziel. Inzwischen mußten sie noch einmal im Freien kampieren, da sie immer wieder aufgehalten wurden.

Gott sei Dank, er kam wohlbehalten wieder heim. Es war dann schon Advent, wo es keine Hochzeiten gab, wir mußten bis zum Fasching warten.

Mit dieser Übergabe des Burgenlandes hatte auch die Besetzung durch die Banditen ein Ende gefunden. Alles konnte aufatmen. Freilich, gern mochte die Burgenländer niemand von den Anrainern. Es war ein Menschenschlag mit ganz anderer Mentalität. Heute ja nicht mehr, sie haben sich gut eingelebt in unserem Staate und können heute froh sein, zu uns zu gehören. Wären sie bei Ungarn geblieben, ginge es ihnen nicht so gut.

Gefallene von den Ungarn gab es gleichfalls, sie wurden in den Reihengräbern auf dem Friedhof begraben.

Meine ersten Ehejahre

Nach all diesen Drangsalen waren Weihnachten umso schöner, man konnte sich richtig freuen. Wenn ein Kind mit glänzenden Augen um den Weihnachtsbaum herumläuft, ist das Glück vollkommen.

Danach kam der Fasching. Wir begannen mit den Hochzeitsvorbereitungen und wollten noch im Jänner heiraten. Der Schnee lag meterhoch, die Kälte war so arg, daß man mit den bloßen Händen an der Türschnalle kleben blieb. Bevor wir etwas unternahmen, gingen wir auch zu den Eltern und baten um ihren Segen. Das Verhältnis zueinander war nicht mehr so gespannt. Sie mochten mich ja ganz gerne, aber ihren Sohn wollten sie halt immer noch auf einen Bauernhof einheiraten sehen. Vater, den wir zuerst fragten, sagte: „Heiraten wollt ihr? Aber merkt euch, heiraten ist nicht Kappen tauschen, ihr werdet noch froh sein, wenn ihr kommen könnt und wir euch ein Stück Brot geben!“ Auf diese Rede gaben wir nicht viel und hofften, uns dieses Stück Brot allemann selbst verdienen zu können.

Mutter war nicht gerade böse, sie sagte nur scherzhaft: „Heiraten muß man im Sommer, dann weiß man, ob sich beide liebhaben, denn im Winter legen sich ohnehin alle schön nahe zusammen.“

Sogleich aber folgte die Drohung zu ihrem Sohn: „Hättest eine Bauerntochter genommen, hätt' ich dir dein Sach' gegeben, aber weil du das Raferl nimmst, bekommst von mir gar nichts.“ (Raferl heißt soviel wie ein minderwertiges Mädel).

Auch da hofften wir ohne diese Sach' auszukommen. Bettwäsche bekam ich von meinem Vater. Die Betten erhielt ich von meinem Bruder als Hochzeitsgeschenk, und anzuziehen würden wir auch was haben, solange wir arbeiten können.

Mein Vater half uns in allem, er war immer gut zu mir, nur das eine Mal, als ich ihm beichtete, sagte er mir seine Meinung, die ja im Grunde auch die meine war, aber dann nie mehr ein Wort. Ich aber konnte nicht mehr zurück, ich wollte dem Kind nicht seinen Vater vorenthalten.

Wir bestellten nun das Aufgebot anfangs Jänner und nach dreimaligem Verkünden in der Kirche wurde der Termin für Ende Jänner festgesetzt. Doch wir mußten diesen Termin dann auf Ende Februar verschieben. Karl wurde schwer krank, er lag an einer Lungenentzündung darnieder, die zu der Zeit alles eher als harmlos war, es dauerte vier Wochen, ehe er sich wieder erholt hatte.

Ich mußte nun alle Wege selber machen, was mich oft sehr verdroß. Am liebsten hätte ich alles beim alten gelassen. Der viele Schnee wurde gerade butterweich, man sank beim Gehen mit jedem Fuß tief ein, wenn man den einen Fuß herauszog, sank der andere ein. Jeder Weg dauerte doppelt so lange.

Ich mußte nach Gehring, zum Stadelbauer, dem Taufpaten von Karl. Der Bauer selber lebte nicht mehr, die Frau entschuldigte sich gleich, bei dem Wetter nicht gehen zu können. Aber man mußte einladen gehen.

Auch alle Wege zu den amtlichen Stellen mußte ich machen, sowie auch im Gasthaus alles bestellen.

Am 26. Februar war es dann soweit. Mutter sagte, wir könnten ja bis nach Ostern warten, Karl war erst einige Tage auf und konnte sich kaum auf den Beinen halten. Sie meinte, es treibt uns halt schon zum Heiraten, ich ließ sie bei dem Glauben.

Unser Kind war eindreiviertel Jahr alt, und als das

zweite kam, war der Bub schon im fünften Lebensjahr. Damit war der Beweis erbracht, daß wir nicht eines zweiten Kindes wegen heiraten mußten. Mir ging es wie gesagt nur darum, daß er Vater sagen durfte, da er bereits zu reden begann. Wir ließen ihn nach der Trauung gleich in die Ehe einschreiben, daß er auch Vaters Namen tragen durfte.

Von meiner Seite waren nur mein Vater und mein Bruder, der mein Beistand war, bei der Hochzeit. Meine Tanten kamen nicht. Karls Beistand war sein Bruder, der Bauer. Die Bäuerin mit den zwei Kindern war auch dabei. Sie waren ja nun mein Schwager und meine Schwägerin. So nannte ich sie aber nie, sondern nur der Göd und die Godl. Sie wurden auch beim zweiten Kind dann die Taufpaten.

Um zwei Uhr nachmittag war die Trauung, hernach gingen wir ins Gasthaus und abends zum Viehfüttern und Melken wieder heim.

Wir schliefen auch die erste Nacht noch getrennt, da wir erst am Montag die Betten aufstellen mußten. Es änderte sich im großen und ganzen nichts, wir waren nun eine Familie, doch weiterhin Dienstboten.

Das Kind gehörte allen anderen genau so wie uns. Der Bub war auch allzu drollig, man mußte ihn liebhaben. Längst war es nun nicht mehr so, daß es auf einem Bauernhof keine verheirateten Leute gab. Auch im Nachbarbauernhaus heiratete des Bauern Bruder das Dienstmädchen, und sie waren mit drei Kindern noch am Hof.

Diese beiden waren gute Freunde von uns, sie haben dann einen Bauernhof in Pacht genommen und zogen in einen entfernten Ort. Wir aber nach Wien.

Bei diesem Paar war es genau so wie bei uns, daß die Geschwister und Verschwägerten das Dienstmädchen, welches in die Familie einheiratete, nicht für voll nahmen.

Bei uns im Haus ließ es mir niemand von den Geschwistern fühlen. Aber die anderen, die weggeheiratet hatten, redeten mit mir kein Wort, wenn sie in ihr Heimathaus kamen. Meinen Mann zogen sie ins Gespräch, aber ich war für sie einfach nicht vorhanden.

Wenn wir zu Fronleichnam in Krumbach waren und nach dem Umzug in das Gasthaus zu Karl's Bruder gingen, so wurde nur mein Mann begrüßt, mir gab niemand die Hand. Oder holte Lois ein Kalb oder Schweine vom Bauernhof, er war ja auch Fleischhauer, da übersah er mich ganz einfach. Vor der Hochzeit hofften sie eben, daß Karl mich doch noch mit dem Kind sitzenlassen und eine Ebenbürtige heiraten würde. Mir tat dies alles nur meines Mannes wegen leid.

Es dauerte auch nur fünf Jahre, die wir noch dort verbrachten, dann war alles anders. Zumindest war man dann allen aus den Augen. Leben mußten ja wir beide unser Leben mitsammen.

Das Jahr 1922 war außer unserer Heirat wenig ereignisreich. Das Leben lief still und ruhig dahin. Eine Jahreszeit löste die andere ab. Was die Bedürfnisse anbelangt, wurde es langsam besser. Es sollte aber noch zwei Jahre dauern, ehe wir eine stabile Währung bekamen.

Dieses Jahr ging ich nicht ins Schnitt fort. Warum, weiß ich heute nicht mehr. Wohl weil unser beider Einnahmen jetzt zusammenflossen, so ging es leichter, als wenn man allein für ein Kind sorgen muß. Aber 1923 zog ich wieder mit den gleichen Schnittern fort in den Donauraum, in den gleichen Ort, Neusiedl, und zu den selben Herrenleuten. Es ging uns dort sehr gut und nach drei Wochen waren wir wieder zu Hause. Mit einem schönen Stück Geld in der Tasche, das man aber sofort ausgeben mußte, um etwas davon zu haben. Deshalb ging ich ja wieder ins Schnitt, da das Geld schon bald seinen ganzen Wert verloren hatte. Zu essen hatten wir ja genug, doch man brauchte auch etwas anzuziehen.

Bei der Arbeit in Feld und Wald zerreißt man viel Kleidung. Den einen Vorteil hatten wir, daß wir Hausleinen selber erzeugten. Das konnte man wie Blaudrucke einfärben lassen, die Schürzen davon hielten doppelt so lange wie die gekauften. Vor allem die Leintücher hielten lange.

Auch in diesem Jahr ereignete sich wenig. Die rote Regierung lag in den letzten Zügen und wurde von der schwarzen abgelöst. Das erste Mal in der Republik wurde ein Priester Bundeskanzler, Prälat Ignaz Seipel. Er verdient es, erwähnt zu werden, er hat viel geleistet und auch dem Geld wieder zu seinem Wert verholfen.

Ende Oktober dieses Jahres wurde ich das zweite Mal schwanger. Mein Mann war gut zu mir, er tat alles, was er mir von den Augen ablesen konnte. Nie vorher ging es mir so gut. Ich genoß meine Jugend, auch wenn ein Kind unterwegs war.

Zu jeder Lebenszeit kann man glücklich sein, wenn die Verhältnisse danach sind, nicht nur in der Jugendzeit, wenn auch dieser so viele Lieder gesungen werden. Bei beiderseitigem Verstehen kann auch Verheiratetsein sehr schön sein. Aber nicht nur der Liebe wegen. Heute versteht man unter Liebe nur Sex, dieses Wort kannte man damals nicht. Es stand in keinem Wörterbuch. Die Liebe wurde nicht zu allem mißbraucht. Gibt es doch so vielerlei Liebe. Angefangen bei der Gottesliebe, gibt es eine Kindesliebe, Geschwister-, Eltern-, Tierliebe und andere mehr.

Was den ehelichen Verkehr anbelangte, hielt man sich an das Sprücherl: „In der Woche zwier, schadet weder dir noch mir und macht im Jahre hundertvier.“ Die schwere Arbeit ließ ohnehin nicht mehr zu. Ausnahmen gab und gibt es immer.

Obwohl wir kein eigenes Heim hatten, nur eine Stube, ging es uns gut, wir brauchten uns um nichts Sorgen zu machen. Wir gingen zu unserer Arbeit, plagten uns ehrlich, gingen aber auch zum gedeckten Tisch und ließen uns das Essen gut schmecken. Man brauchte sich keine Gedanken zu machen, ob das Geld auch langt, beim Einkauf. Von diesen Sorgen wußten wir erst später. Daher wußten wir es erst Jahre später, daß diese Jahre wirklich die schönsten und sorglosesten in unserem Eheleben waren. Doch damals kannten wir es nicht anders.

Mit den Eltern meines Mannes gab es fortan keine Reibereien mehr. Ich trug ihnen auch nichts nach. Vater hatte ich ohnehin immer von Herzen lieb wie meinen eigenen. Die Mutter bedauerte ich eher als ich ihr grollte. Sie war eben allzu sehr in dem alten Wahn verfangen. Schließlich nahm ich ihr ja den Sohn weg. Gibt man die Kinder gerne her, wenn sie heiraten wollen, so bekommt man noch Schwieger- und Enkelkinder dazu. Das weiß ich auch erst heute.

Später einmal hatten wir in Groß-Enzersdorf einen Pfarrer, der sagte: „Wenn eine ledige Mutter ihr Kind zur Welt bringt und es aufzieht, vor der ziehe ich meinen Hut und verneige mich, aber vor mancher Gnädigen könnte ich ausspucken."

Das war für mich eine Genugtuung, weil ich deswegen soviel zu ertragen hatte.

Mein Schwager Hans nahm den Buben öfters mit zu seinen Eltern und sagte ihnen, wie gern er ihn habe. Sie ja auch, aber sie konnten es den anderen ja nicht zeigen, wo sie so dagegen kämpften. Mein kleiner Junge sah seinem Vater so ähnlich, daß jeder zugeben mußte, kein anderer konnte sein Vater sein.

So kam alles in Ordnung, das Jahr 1923 ging dem Ende zu. Es war in allem, Haus, Feld und Viehwirtschaft, ein gutes Jahr gewesen. Daß man beim Einkaufen eine größere Tasche für das Geld brauchte als für den Einkauf, war noch dem verlorenen Krieg anzukreiden.

Das Jahr 1924 sollte für uns ein ereignisreiches werden. Wir freuten uns auf unser zweites Kind. Ich hätte ja gerne nur den einen Sohn gehabt und dachte schon, es würde keines mehr kommen. Doch nun wurde mit Freuden das zweite erwartet. Gesundheitlich ging es mir gut, alle Arbeit konnte ich unvermindert tun. Mein Mann nahm mir, wo er nur konnte, jede schwere Arbeit ab. Ich brauchte mich nun nicht mehr zu schämen, wenn ich sonntags mit Mann und Sohn zur Kirche ging.

Karl nahm den Buben überall mit, wo er nur konnte, wenn er mit den Pferden kleinere Fahrten zu machen hatte, in die Mühle oder sonstwohin. Stolz thronte er da auf dem hohen Kutschbock. In Wald und Feld, wo die Leute arbeiteten, war er mit dabei.

Mein Bruder, der damals schon in Kirchschlag selbständig arbeitete, machte ihm an Gewand alles, was er brauchte, auch einen schönen Steireranzug.

Im dritten Jahr lernte er schon alles reden, manche Worte brachte er so komisch heraus, daß alle lachen mußten. Bei zusammengesetzten Hauptwörtern sprach er stets das letzte Wort zuerst aus. So z. B. Bahneis statt Eisenbahn.

Abends vor dem Schlafengehen mußte er beten. Das Vaterunser war ihm vom Tischgebet geläufig. Als er im Bett beim Beten gerade zu der Stelle kam: Gib uns unser täglich Brot, sagte er gleich anschließend: „A Mohnstrudel wäre mir lieber!" Er dachte daran, daß im Speisekasten noch welcher vorrätig ist.

Wie man sich vom ersten Kind alles merkt! Als Felix ganz klein war, dachte ich, wann wird er sitzen können, wann laufen oder gar zur Schule gehen! Ich war eben noch sehr jung, da vergeht die Zeit viel langsamer als im Alter.

So lebten wir im sorglosen Glück dahin, es ging ins Jahr 1924. Noch hatten wir nur den einen Buben, der nie jemand Ärger machte. Er lief bei der Arbeit mit herum, brauchte niemand mehr zum Aufpassen.

Sepperl und Resi gingen schon zur Schule. Sie

hatten ihre Schulaufgaben zu machen, Sepperl mußte auch schon bei der Arbeit mithelfen, er war zwölf Jahre alt. Unser Bub wurde oft geneckt, er bekäme ein kleines Schwesterchen, aber davon wollte er nichts wissen und nichts hören.

Wie es sein würde, wenn das Kind da ist, wußten wir noch nicht, wir machten uns auch keine Sorgen darüber.

Die Arbeit konnte ich bis zum letzten Tag bewältigen, kann mich auch nicht erinnern, daß mir die Hitze zugesetzt hätte bei der Heumahd und im Schnitt. Das schwere Korn mußte ich alles noch mit arbeiten. Sicher sagten die anderen, wie kann man sich auch die Zeit des Wochenbettes grad so aussuchen, daß dann die meiste und schwerste Arbeit anfällt. Doch wie alles in der Welt zu Ende geht, so ging auch meine Schwangerschaft zu Ende. Früher als errechnet, denn der Termin wäre erst der sechste August gewesen.

Am 25. Juli gingen Bauer und Bäuerin zum Begräbnis des Altbauern vom Nachbarhof. Dazu ging ein ganzer Tag auf. Vormittag um acht Uhr wird begonnen, alle Bräuche und Bittgebete zu verrichten. Der Vorbeter bittet im Namen des Toten den Angehörigen und Nachbarn alles ab, womit er diese beleidigt haben könnte. Um neun Uhr nimmt der Tote dann Abschied von Haus und Hof. Mit dem Sarg machen die Träger dreimal das Kreuz, wenn der Tote über die Schwelle des Hauses getragen wird. Um zehn Uhr erwartet der Pfarrer mit Mesner und Ministranten den Leichenzug beim Ortseingang. Erste Einsegnung, und der Sarg wird in die Kirche getragen, wo er während der Totenmesse steht. Hernach zweite Einsegnung. Nun geht es zum Friedhof, dort wieder Ansprachen und Gesang mit den üblichen Gebeten. Bis die Leute den Friedhof verlassen, ist es schon höchste Mittagszeit. Im Gasthaus ist das Mittagessen bestellt und gerichtet. Bis das vorbei ist, zeigt die Uhr schon halbdrei, und es geht sich noch aus zu einem Plausch oder um Besorgungen zu machen, ehe die Jause gebracht wird. Es gibt auch noch das Abendessen und es wird sieben Uhr, bis sich die Leidtragenden auf den Heimweg machen. Arme Leute werden still und ohne all diese Zeremonien zu Grabe getragen. Dies alles ist nur bei den Besitzenden so der Brauch. Kommen dann abends die Trauergäste nach Hause, wissen sie eine Menge zu erzählen.

Wir aber hatten an diesem 25. Juli den ganzen Tag Getreide gemäht und sollten abends noch eine Fuhre Kalk ablöschen und dazu das Wasser alles vom Bach herauftragen. Es war das einzige Mal, daß mir meine Arbeit schwer ankam, seit ich schwanger war und ich sagte: „Machen wir das doch morgen früh, wenn wir ausgeruht sind. Soll doch der Wagen noch über Nacht stehen bleiben."

Als die Bauersleute heimkamen, wollten wir noch ein wenig den Neuigkeiten lauschen. Sie erzählten, daß beim Nachbarn Weingartleitner am 24. Juli ein kleiner Ludwig ankam. „Ach", dachte ich, „und ich hab' noch zwei Wochen, bis es bei mir so weit sein wird."

Mit diesen Gedanken ging ich zu Bett. Die Nacht dauerte zu dieser Jahreszeit ohnehin nur fünf bis sechs Stunden. Um drei Uhr, wo es hell wird, muß schon die Stallarbeit getan werden, damit das Vieh auf die Weide kommt, ehe es zu heiß wird und die Tiere von den Fliegen gequält werden, und sie dann nicht bleiben.

Als es aber drei Uhr früh war, begann für mich der Tag mit heftigen Wehen, und ich schickte meinen Mann um die Hebamme. Ich stand wohl auf, rieb den Fußboden auf im Zimmer, putzte die Fenster, machte die Vorhänge auf und richtete die Wäsche, daß alles sauber und zur Hand war, ehe mein Mann mit der Wehfrau kam. Er mußte dann erst die Pferde versorgen, und nach dem Frühstück mußte der Kuhstall ausgemistet werden, eine Arbeit, die zwischendurch gemacht wird. Das Korn war abgemäht, zum Binden mußte es erst trocknen, so mußte im Haus die dringendste Arbeit getan werden.

Da ich in Wehen lag, mußte Hans mit Karl diese Arbeit tun. Die Fenster waren offen, so hörte ich, wie sich die Brüder draußen stritten. Hans sagte: „Sie soll aufstehen und ihre Arbeit machen, was ist das für eine Manier, sich bei der gnädigen Zeit ins Bett zu legen?"

Mich ließ das alles kalt, ich hatte andere Gedanken. Sie wurden auch beim Streit bald mit der Arbeit fertig. Mein Mann kam dann zu mir und setzte sich an mein Bett. Es war das erste und einzige Mal, daß er bei einer Geburt am Bett saß und mir die Hände hielt. Die Schmerzen sind gleich halb so schlimm. Sie scheinen ja ohnehin endlos.

Um neun Uhr vormittag war das Kind geboren, es lag mir am Schoß und unser beider Freude war groß. Ein Mäderl war es, die blonden Löckchen leuchteten wie Gold.

Bei den am Morgen geborenen Kindern ist es meist so, daß sie den Tag über die Anstrengung der Geburt ausschlafen; wird es aber Nacht, sind sie wach! Noch dazu, wenn dann so ein mitleidiger Vater das Kind beim ersten Schrei hochnimmt und herumträgt, die Mutter des Kindes eine Rabenmutter nennt, so ist das Geschrei jede Nacht sicher.

Von Juli bis Neujahr gab es keine einzige Nacht, wo wir einmal hätten schlafen können. Ja, wenn sie genug geweint hatte, schlief sie ein, aber dann war auch für uns die Nacht vorbei. Wir gingen dann den ganzen Tag wie schlafwandelnd herum und fragten uns, wie das weitergehen soll und wie wir das durchhalten würden. Ich sah keinen Ausweg. Mein Mann schlief oft irgendwo einige Stunden, wenn er mit den Pferden fuhr oder beim Streurechen im Wald, man wußte dann nicht, wo er ist. Für mich blieb nur neben dem Geschrei, wenn er das Kind herum trug, ein wenig Halbschlaf. Nebenbei bekam ich noch genug Schimpfe, weil ich das Kind schreien ließ.

Ich brauchte das Kind nicht mehr in den Buckelkorb legen und aufs Feld mitzunehmen, da die Bäuerin (sie war ja auch beim zweiten Kind die Taufgodl) nicht mehr aufs Feld mitging und daheim nebst der anderen Arbeit auch die Kleine versah. Da sie den ganzen Tag schlief, war es ja leicht, sie bei der Godl zu lassen. So matt wie ich war, hätte ich es gar nicht geschafft, so wie beim ersten.

Ich will nicht sagen, daß Vater nun den Buben weniger liebte, aber die Kleine war vom ersten Tag an sein Augenstern und blieb es bis zu ihrer Hochzeit. Felix aber mochte das Kind nicht. Sie waren im Alter zu weit auseinander, er konnte nichts mit ihr anfangen. Dazu war ja auch seine Nachtruhe gestört, und er wollte nicht mehr bei uns schlafen. Das ließ ich aber nicht zu. Ein Kind gewöhnt sich eher, auch konnte er es ja morgens nachholen.

Fuhr er mal mit Vater im Pferdewagen fort, und eine Nachbarin sagte zu ihm, sie stiehlt ihm sein Schwesterl, während er fort ist, so sagte er nur: „Stehlen darf man nicht!“ Verschenkt hätte er es vielleicht. Heute, nach mehr als 50 Jahren, ist ihm wohl seine Schwester die Liebste von all seinen Geschwistern.

Überhaupt, das Wort Lieblings-Kind mochte ich nie. Soviele ich auch hatte, nie war mir eines lieber als das andere. Oder daß ich sie nach meinem Sinn haben wollte. Ich wußte, daß jedes Kind anders ist und nahm sie so, wie sie mir Gott gab.

Soviel zur Kehrseite aller Freuden. Selten ist eine Freude vollständig, immer ist irgendwo ein bitterer Nebengeschmack dabei.

Die Geburt ging so schnell und ohne Komplikationen vorbei, und dafür sagte ich Gott Dank. Mittags gab es für mich nur eine Wassersuppe, etwas anderes durfte ich nicht essen, nach den althergebrachten Anschauungen. Wo dabei wohl für das Kind die Nahrung herkommen sollte? Alle anderen bekamen einen Kaiserschmarren mit Kompott, wovon ich allzu gerne meinen Teil gehabt hätte.

Am Nachmittag gingen alle zum Weizenmähen ins Hinterfeld. Godl ging an meiner Stelle mit. Der Weizen stand schön, leicht zu arbeiten, ich hätte gern mitgemacht. Wo ich vorher noch das schwere, lange Korn zu bearbeiten hatte, wäre dies leichter gewesen. Es war eben anders gekommen. Beim Weggehen sagte man mir, sie nehmen die Jause mit und sperren die Haustür zu, ich brauchte mich nicht zu fürchten. Es war dieses Feld am weitesten vom Hause weg, der Weg hin und zurück war weit. 20 Jahre später fielen auf dieses Feld fünf große Bomben, es entstanden große Trichter. Diese einzuebnen vermochte niemand, man hatte ja noch keine Maschinen dazu, darum ließ man es mit Wald anwachsen.

Nun, da ich mit meinem neugeborenen Kind allein war (Felix ging natürlich wie die anderen Kinder aufs Feld mit), packte mich der Hunger an. Ich stand auf (das hätte ich nach der ersten Geburt nicht können), schnitt mir einen Ranken Brot ab, bestrich es mit Butter und trank Buttermilch dazu. Wenn das jemand gewußt hätte!

Aber es schadete mir nicht. Nächsten Tag trug mir Vater ein Stück Rindfleisch heim, damit ich mehrere Tage eine gute Suppe habe. Als mir Vater die Suppe ans Bett brachte, wurde ihm streng aufgetragen, mir nur ja nichts vom Fleisch zu geben und er sagte, das esse er schon selber, doch wir aßen es gemeinsam.

So ging es die folgenden Wochen weiter, das darfst du nicht essen und das, dies schadet dem Kind, darum schreit es. Ich aber ließ mich nicht abhalten und stillte meinen Hunger mit dem, was da war.

So war es damals bei den Wöchnerinnen, was die

Verpflegung anbelangte. Bei meinen weiteren Geburten durfte ich hernach gleich alles essen, auch die Hebamme erhob keinen Einspruch, die Kinder schrieen deswegen nicht.

In bezug auf das Aufstehen war es dasselbe. Vierzehn Tage mindestens mußte die Entbundene im Bett bleiben. Niemand kümmerte sich dann mehr, diese Zeit strikt einzuhalten, als ich später meinen Haushalt selbst versorgen mußte und am zweiten Tag alle meine Pflichten wieder übernehmen mußte, die ja bei jeder Geburt immer mehr wurden. Aber auch im Spital müssen die Mütter am zweiten Tag aufstehen, brauchen freilich noch nicht zu arbeiten.

Am zweiten Tag wurde das Kind zur Taufe getragen. Vorher wird erst einmal über den Namen verhandelt. Die Eltern haben da wenig zu sagen. Ich hätte meiner Tochter gerne den Namen Anna gegeben, da sie aber am Annatag (26. Juli) geboren wurde, hätte man sie zurücktaufen müssen, das darf man aber nach altem Volksbrauch nicht tun, da sonst die Kinder bald sterben. Die Taufpatin wollte unbedingt eine Maria. Taufen waren keine allzu große Sache, jede Feierlichkeit, wie bei Erstkommunion, Hochzeit oder Begräbnis, fehlte ganz. Obwohl man sich für so christlich hielt, daß einer ledigen, schwangeren Frau das Recht auf den Kirchenbesuch abgesprochen wurde, war eine Taufe nur ein bloßer Kirchenbesuch. Nie wurde mit der Taufe solange gewartet, daß auch die Mutter dabei sein konnte.

Erst in Wien, bei meinen Enkelkindern und Urenkeln erlebte ich feierliche Taufen mit einer schönen Tafel hinterher. Als ich selbst Taufpatin war, zweimal sogar, gab es auch keine Feier, außer in der Kirche beim Taufbecken selbst.

Als Felix am zweiten Tag zur Taufe getragen wurde, fragte man mich wohl, wie er heißen soll. Ich aber sagte, er soll den Namen tragen, der an dem Tag im

Kalender steht. Die Godl und die Hebamme trugen ihn zur Frühmesse um sieben Uhr in die Kirche, hernach wurde er getauft. Eine halbe Stunde später legte ihn mir die Taufpatin in die Arme mit den Worten: „Einen Heiden trugen wir fort, einen Christen bringen wir heim, nun tu' ihn brav und christlich erziehen."

Für die Hebamme gab es eine kleine Jause. Die Kindesmutter durfte dies nicht essen, die Godl hatte keine Zeit, sich hinzusetzen, da wartete schon die Arbeit.

Nun, das war ein lediges Kind. Als man mein eheliches Kind zur Taufe trug, war die Zeit, die Godl und die Hebamme dieselbe, nur den Namen wollte die Godl bestimmen. Daheim gab es das gleiche zu essen. Nur gab es von der Godl schon einen Korb mit Semmeln, Kipferln, Zucker und Kaffee, wie es üblich war, von der Godl als Geschenk für die Wöchnerin. Kaffee und Zucker konnte sie selbst verwenden, ich kochte mir nicht extra. Das Gebäck konnten die drei Kinder knabbern, ich esse noch heute lieber ein Stück Brot und mußte es auch beim ersten Kind essen, da es noch lange kein Weißgebäck gab.

So sah damals ein Tauftag aus. Ich kannte nichts anderes. Mir war es wichtig, eine Patin für meine Kinder zu haben, die sich ihrer auch annahm und sie so lieb hatte wie ihre eigenen Kinder. Das tat sie, solange sie lebte.

Die Aussegnung der Mutter

Dies ist ein uralter Brauch auf dem Lande, in der Stadt habe ich das noch nie gesehen. Sechs Wochen dauert es, bis die Geburtswunden wieder verheilt sind, daher der Name Wöchnerin, den man heute kaum noch hört. Die Bedeutung für diesen frommen Brauch kommt ungefähr der Handlung in der Bibel gleich, wie Mutter Maria Jesus im Tempel aufgeopfert hat. Bei diesem Opfergang wurden von den Armen ein paar Tauben gebracht, reiche Leute brachten wertvollere Geschenke. Heute hat sich die Kirche auch schon mehr auf Geld umgestellt. Reiche Mütter legen mehr auf den Teller, wenn sie um den Altar gehen, arme eben weniger.

Bei dieser Handlung geht nochmals die Hebamme mit in die Kirche, diesmal mit der Kindesmutter. Sie bekommt dann wieder ihre guten Speisen, aber auch ihr Geld. Man ist da schon gespannt, wieviel sie verlangen wird. Geht eine Geburt schnell vorbei und tritt sie bei Tage ein, verlangt sie weniger, als wenn sie ihre Nächte aufopfern muß. Bei diesem letzten Essen wurde auch mein Mann dazu eingeladen.

Bei einer ledigen Mutter gibt es diesen Kirchgang nicht. Also überall, auch von der Kirche die Zurücksetzung. Die Ledige braucht diesen Segen offenbar nicht, auch das Kind nicht, welches bei der Aussegnung immer mitgenommen wurde.

Diese Wehfrau brauchte ich dann später nicht mehr. Sie ließ mich vieles ertragen, was nicht hätte sein müssen. Wenn sie auch beim zweiten Kind anders auftrat und mir Achtung erwies, vergesse ich die Leiden der ersten Geburt doch nie im Leben. Sie wurde auch später angezeigt und bekam eine Strafe, weil ihr eine Frau samt Kind starb, während sie geschlafen hatte. Es war damals so der Brauch, daß eine Wöchnerin vor diesem Kirchgang mit dem Kind nicht aus dem Haus gehen darf, erst nachdem sie aussegnen war.

Als meine Tochter sechs Wochen alt war und ich aussegnen ging, war es schon September, da hatte ich schon mehr als drei Wochen auf dem Feld gearbeitet. Im Schnitt wird jede Arbeitskraft gebraucht.

Am fünften August, mein Kind war eben zehn Tage alt, gab es in Kirchschlag ein großes Sommerfest. Es machte mir nichts aus, daheimzubleiben, da ich die Freude, ein kleines Kind zu haben, höher einschätzte als alle Festlichkeiten.

Zum erstenmal bekam ich an diesem Tag einen Besuch. Die Frau des Bruders meines Mannes, des Wirtes in Krumbach, besuchte mich. Sie brachte allerlei gute Sachen mit, und wir unterhielten uns den ganzen Nachmittag, während sich die Männer im Wirtshaus vergnügten. Es freute mich umso mehr, da ich sah, daß mich doch nicht alle verachteten.

Mit all meinen Schwägerinnen verstand ich mich im Laufe der Jahre, da wir uns näher kennenlernten, sehr gut. Auch mit den meisten Nichten und Neffen bin ich heute noch in guter Verbindung.

Da ich bereits beim September 1924 bin, so ist der Sommer mit der schwersten Arbeit bald vorbei, die Tage werden kürzer, man ist länger im Haus als auf dem Feld. Von den Feldarbeiten wird vieles im Haus erledigt, so die Früchte einbringen.

Ich konnte mein Kind ernähren, ohne es aufs Feld mitzunehmen. Wenn man jung ist, kommt man auch mit dem Schlafabbruch eher durch. Diese schreckliche Zeit, wo wir nicht schlafen konnten, ging auch vorbei, wie alles andere. Schnell gingen diese ersten

Lebensmonate herum. Wenn ein Kind dann schon herumrutscht, bei Tag weniger schläft, braucht es dann doch die Nacht zum Schlafen.

Ich trug meine Kleine auch zur Mutterberatung. Beim Buben gab es die noch nicht. Sie befand sich im heutigen Hauptschulinternat. Es ist weit zu gehen und da ich ja keinen Kinderwagen hatte, glaubte ich oft, die Hände reißen mir ab.

Schön ist es aber doch zu sehen, wie die Kinder zunehmen und sich gut entwickeln. Im Winter konnte ich nicht hingehen. Als sie elf Monate alt war, war ich mit ihr das letztemal, da wog sie acht Kilo. Man konnte sie schon auf die Füße stellen und sich etwas ausrasten. Im Schnitt war dann keine Zeit dazu.

Wir lebten schon im Jahre 1925, dem heiligen Jahr, wo viele Leute nach Rom zur Eröffnung fuhren.

Mutter hatte auch die Kleine noch nie angesehen, sie lebte an diesem Sommer nur noch neun Monate. Ist ein Kind mal ein Jahr alt und kann laufen, hat man nur noch Kind und Wäsche zu waschen. Sonst hat immer jemand anderer Zeit, sich zu kümmern, sogar beim Essen hat es jemand am Schoß sitzen und füttert es.

Die schöne Zeit geht ja immer schneller vorbei als die üble, es ging uns so gut, sogar von den Kinderkrankheiten blieben unsere Kleinen verschont.

Wie schon gesagt, bekam unser Mäderl das erste neue Geld ins Taufbuch eingelegt. Wir hatten Schillinge und Groschen. Für dieses Geld bekam man dann auch schon etwas zu kaufen. Was wir brauchten, hatten wir. Ich wüßte nichts zu schreiben, was uns Sorgen machte, wir waren zufrieden.

Sicher gab es in Haus und Feld manches Ungemach, sei es, ein Stück Vieh mußte notgeschlachtet werden, oder das Schupfendach wurde vom vielen Schnee zusammengedrückt. Die Hühnerpest bricht aus, der Hagel oder Unwetter vernichten ganze Felder. Das war vor Urzeiten so und wird immer so bleiben. Hat man selbst keinen Besitz, leidet man das alles wohl mit, doch wird der Besitzlose dadurch nicht geschädigt.

Auch im Zeitalter der Maschinen, ist es oft nicht zu verhindern, daß bei einer Kuh der Kaiserschnitt gemacht werden muß, nur ist das heute eine Möglichkeit, Kuh und Kalb am Leben zu erhalten, was es früher nicht gab.

Einmal mußten wir den Tierarzt holen, da eine Sau die Jungen nicht herbringen konnte. Der machte auch den Kaiserschnitt. Doch ging die Sau an Gedärmverwicklung ein und keines der mit der Flasche aufgezogenen Jungen überlebte.

Wer da meint, die Arbeit des Bauern sei eintönig, der irrt. Jeden Monat sehen die Felder anders aus. Sei es tiefster Schnee mit stiller Ruhe, oder wenn der Schnee nur mehr in weißen Flecken am Felde liegt. Die braunen Felder der Anbauzeit, das junge Grün im Kleinen, später das tiefe, satte Grün. Schon kommen die Heuernte und der Schnitt, wieder tragen die Stoppelfelder eine andere Farbe. Der Herbst mit den bunten Farben gibt Wald und Feld wieder ein ganz anderes Bild.

Welche Jahreszeit die schönste ist, darüber läßt sich streiten, jeder liebt eine andere. So ist es auch mit der Arbeit, sie ändert sich das ganze Jahr über immer wieder. Wenn die Jungen heute in die Stadt und die Fabriken laufen, dort ist die Arbeit Tag für Tag gleich und wirklich eintönig.

Bleiben wir weiter im Jahre 1925. Tobte noch vor zehn Jahren der Krieg in fast allen europäischen Ländern, so waren seine Schrecken nun fast überwunden. Es gab keine Lebensmittelkarten mehr, man bekam wieder alles zu kaufen. Man spürte schon eine neue Zeit herankommen. Hatte man in den sechs Nachkriegsjahren viel Geld gebraucht, um etwas zu kaufen, bekam aber fast nichts darum, so war es jetzt umgekehrt. Alles gab es zu kaufen, aber die Leute hatten kein Geld. Immer mehr lernten die Arbeitslosigkeit kennen. Der Bauer hatte seine Arbeit, konnte nicht arbeitslos werden, doch konnte er seine Erzeugnisse nicht absetzen. Die Arbeitslosen konnten nur wenig kaufen, wenn auch der Speck pro Kilogramm nur einen Schilling kostete und ein Kilo Bauchfleisch nur S 1,40. Sie mußten Kernfett um einige Groschen verwenden und billige Innereien. Der Bauer mußte seine kleinen Ferkel umbringen, denn zog er sie auf, konnte er sie dann nicht verkaufen.

Auf diese Weise spürte man die neue, bestimmt nicht bessere Zeit, auch auf dem Lande. Warum es so war, die ganze Politik der Verliererstaaten, kann man heute überall nachlesen, es wurden genug Bücher darüber geschrieben.

Hunger gab und gibt es in der Landwirtschaft nicht, wenn auch Krieg oder Arbeitslosigkeit herrscht. Bei uns ging das Leben seinen Gang ohne besondere Ereignisse, von uns beiden dachte keiner, daß sich dies einmal ändern könne. Lange ging es jedoch nicht mehr so weiter.

Der Tod des Altbauern

Das Jahr ging seinem Ende zu. Weihnachten stand bevor, heuer sollte sich auch unsere Kleine am Lichterbaum erfreuen. Das Jahr vorher mit fünf Monaten verstand sie noch nichts davon. Dieses Jahr, mit bald eineinhalb Jahren, freuten wir uns beide auf das schöne Fest mit unseren beiden Kindern. Nur in diesen Kleinkinderjahren ist das Fest auch für sie am schönsten. Sepperl ging das letzte Jahr zur Schule und Resi wußte längst Bescheid um dieses Fest. Sollte doch auch Felix schon im kommenden Herbst in die Schule eintreten.

Niemand ahnte, daß in diesem Jahr ein trauriger Schatten auf unser Glück fallen würde. Zwei Tage vor Weihnachten legte sich Vater ins Bett, er, der sonst immer gemütlich beim Ofen saß, und wir holten den Arzt. Er sagte: „Krank ist er nicht, das ist nur Altersschwäche, ich schreib ein stärkendes Mittel auf, sonst könne man nichts tun.“ Und er ging wieder. Am nächsten Tag war Heiliger Abend. Im Advent ging ohnehin jeden Tag jemand zur Rorate. An diesem Tag ging ich und meldete in der Sakristei gleich den Versehgang zum alten Vater an.

Die anderen Leute zu Hause schlachteten eine schwere Sau, die über 250 Kilo wog. Warum diese Arbeit auf den Heiligen Abend verlegt wurde, weiß ich nicht mehr. Aufgearbeitet wurde sie erst nach den Feiertagen. Bei einem so schweren Stück gehen immer zwei Tage auf, bis alles verarbeitet ist. Es wurde nur die grobe Arbeit gemacht, das Stück in zwei Hälften geteilt und aufgehängt, später kam alles in die Speisekammer, wenn es ausgekühlt war.

Als der Kaplan mit dem Mesner kam, waren sie mit der Schlachtung schon fertig, auch schon alle umgezogen zur Teilnahme an der heiligen Handlung. Hernach wurden die beiden zu einem Frühstück und einem Glas Wein eingeladen. Als sie den Rückweg antraten, besichtigten sie noch die weitaus sichtbaren beiden Schweinehälften. Der Kaplan sagte, er hätte noch nie im Leben eine Sau mit solchem Gewicht gesehen und könnte sie nur bewundern.

Nun, so ein Tag wie der Heilige Abend bringt genug an Arbeit, zumal in dieser Jahreszeit das Tageslicht nur einige Stunden anhält. Das Futter für das Vieh muß für mehrere Tage gerichtet werden, im Stadel sieht man bei Tageslicht nicht viel, elektrisches gab es nicht. Die Tiere sollen ja in der Mitternachtsstunde reden können, da muß man sie gut versorgen, damit sie nicht schimpfen. Die Schweineställe müssen gereinigt werden und frisch eingestreut, der Düngerhaufen planiert werden, das Brennmaterial eingebracht. An Festtagen darf man solche Arbeit nicht tun. Es wäre eine Schande gewesen, wenn man beim Holztragen gesehen worden wäre. Selbstverständlich muß auch im Haus alles tip top rein sein, nicht nur Möbel und Fußboden, auch Geschirr und der Schweinezuber.

Gekocht ist an solch einem Tag schnell. Da es ein strenger Fasttag ist, gibt es nur Milchnudeln oder Grießkoch.

Im Nu ist der Tag vorbei, die Lampe wird angezündet, es ist Jausenzeit. Man besorgte die Stallarbeit ein wenig früher, um noch zu einem Feierabend zu kommen.

Den ganzen Tag über sah immer jemand zum Vater in die Stube, er lag still da, verlangte nichts, betete nur. Diesen Tag der Kommunion und der letzten Ölung verbrachte er nur im Gebet, war aber klar bei Besinnung.

Abends, als mein Mann und ich das Futterschaff in den Stall trugen, stellten wir es vor der Türe ab und sahen noch einmal hinein zu ihm, ehe wir im Stall fertig machten. Die Mutter lag schon längere Zeit krank zu Bett, konnte nicht mehr aufstehen, die Tochter fütterte gerade die Schweine.

Vater lag mit gefalteten Händen da und betete Stoßgebete. „Mein Gott und mein alles! Süßes Herz Jesu gib, daß ich mehr und mehr dich liebe! u.s.w."

Während wir die Kerze anzündeten (es brannte sonst kein Licht), wurden seine Worte immer leiser und er schlief für immer ein, während wir bei ihm standen.

Wir beendeten die Stallarbeit, und dann gab es anderes zu tun, als Christbaum zu putzen. Dies geschah erst in der Nacht, wo man ohnehin Nachtwache beim Toten hielt. Einer hatte dies zu tun, der andere das. Zum Leichenwaschen und -anziehen mußte jemand geholt werden, die Nachbarn mußten verständigt werden, damit auch in der ersten Nacht noch jemand zur Totenwache kam. Der Tischler mußte geholt werden, um den Sarg auszumessen.

Dies alles mußte am Heiligen Abend und am ersten Feiertag geschehen, denn am zweiten Feiertag mußte die Beerdigung sein. Dann waren noch die vielen Kinder und Schwiegerkinder zu verständigen. Auch die Eltern hatten noch viele Geschwister, Schwäger und Schwägerinnen.

Damals konnte man noch an einem Sonn- und Feiertag telegrafieren, es wäre sonst nicht möglich gewesen, daß alle, auch die von Neunkirchen und Wiener Neustadt am Stefanitag rechtzeitig zum Begräbnis kamen.

Auch das Totenmahl mußte bestellt werden, dieses war beim Kogelbauer. Es war nun gut, daß am Vormittag abgestochen wurde, da konnten sie gleich das Fleisch zum Wirt hingeben, welches gebraucht wurde.

Es ist klar, daß man in solch einem Fall keinen

Gedanken an Weihnachten fassen konnte. Nur die Kinder wollten ihre Freude haben, sie verstanden ja den Todesfall noch nicht. Die Eltern hatten ja auch keine nähere Beziehung zu den Enkeln, nicht nur zu unseren, die im Haus waren, außer den beiden, die sie aufzogen, auch zu allen anderen nicht, die sie hatten. Ich kann mich auch nicht erinnern, daß Enkel am Begräbnis waren. Obwohl es damals schon drei 15-jährige gab, Fanni war schon 18 Jahre alt, 13 Jahre waren auch schon drei, und noch drei mit neun Jahren. Die anderen waren alle kleiner, und es war ja strenger Winter.

Stefanitag, um drei Uhr nachmittag war das Begräbnis. Ich erinnere mich, daß ich von allen Angehörigen die einzige war, die kein schwarzes Kleid hatte. Bisher war noch niemand gestorben von den Verwandten. Obwohl Vater schon 83 Jahre alt war, hatte ich nie den Gedanken gefaßt, daß er sterben würde. Dies alles ging mir viel zu schnell, ich konnte es noch nicht fassen. Auch noch nicht, als beim Totenmahl zwei Schwestern meines Mannes mit mir hinausgehen wollten und auf mich einredeten. Ich solle bei meinem Mann für sie reden, damit sie noch einmal miterben dürfen. Obwohl sie ihr Erbe vor zwölf Jahren erhalten hatten, so ginge es ihnen nun schlecht, wir aber wissen nicht, was Hunger ist. Uns ginge es ohnehin gut.

Ich konnte ihnen nur sagen, daß mich das gar nichts angeht, sie müssen selber mit ihrem Bruder reden, von mir würde er sich bestimmt nichts sagen lassen.

Ich stand all dem so fassungslos gegenüber, eben trug man Vater zu Grabe und schon begannen die Erbstreitigkeiten. Das hat es bei uns armen Leuten nicht gegeben, als meine Großmutter 1915 und meine Mutter 1917 starb. Wir stritten uns um nichts – es gab auch nichts zu streiten – und waren daher viel glücklicher, weil wir arm waren. Wo blieb da der Stolz der Bauern?

Ich hatte wieder etwas gelernt und war um eine Erfahrung reicher.

Ein Jahr später räumten wir das Feld und zogen fort. Mein Mann sah sich selbst um einen Posten um, damit er nichts mehr sehen und hören mußte von dem Erbstreit.

So traurig klang das Jahr 1925 aus und das neue Jahr begann nicht besser. Es war zwar anfangs noch ruhig, die Gerichte arbeiten nicht so schnell in einer Erbschaftssache und die Mutter lebte ja noch. Sie konnte nicht mehr aufstehen, döste nur so vor sich hin, und ich glaube, sie bekam den Tod des Vaters gar nicht mehr mit, zumindest nahm sie keine Notiz davon und sprach nicht darüber. Man konnte sehen, daß ihre Tage gezählt waren und sie es auch nicht mehr lange machen würde. Zur Mutter ging man nicht soviel, sie wollte auch niemanden. Zwei Töchter hatte sie ja bei ihr, die Anna drüben im Stübl und Maria mit ihrer zwölfjährigen Tochter.

Als Weihnachtsgeschenk bekam ich einen schwarzen Stoff, meine Cousine machte mir davon ein Jackenkleid. Dies aber so schnell am Christtag zu machen, wäre nicht möglich gewesen.

Der Winter zog ab, auf den Feldern begann die Frühjahrsarbeit. Der Fasching fällt noch in den Winter, er dauerte dieses Jahr nicht lange, den ganzen März war schon Fastenzeit. Die blieb mir auch in Erinnerung. Der Volksmund sagt, wenn der März kein Fleisch bekommt, nimmt er ein altes Weib mehr. Er nahm nicht nur eine, viele junge und alte Leute starben weg. Die spanische Grippe ging um, sie wütete diesmal genau so arg wie im Jahr 1919, als auch so viele starben. Obwohl eine herrliche, schöne Zeit war, man hätte den Frühjahrsanbau machen können, blieb alles liegen, denn sämtliche Hausleute lagen zu Bett.

Um Anna im Stübl mußte man sich umsehen, sie lag im Fieber, essen tat sie ja nichts, aber sie konnte auch ihre Tiere nicht füttern. Maria lag bei der Mutter, da war vorerst noch Hans auf und fütterte ihre Schweine, sie hatten ja sechs Stück. Die Kuh wurde mit den anderen mitversorgt und die Mutter hatte keinen Gedanken mehr an den Extrahappen für sie. Die Tante Hanni lag schon in ihrem verdunkelten Zimmer mit hohem Fieber. Dann lag auch noch Hans im Stall bei den Ochsen, auch ihn hatte es gepackt. Nun waren nur noch die Godl und der Göd auf, halfen im Stall und bei den Kranken.

An eine andere Arbeit als Vieh und Kranke war nicht zu denken. Der Arzt mußte täglich kommen, Medikamente mußten geholt werden. Es stand mehrere Tage sehr schlecht um einige. Dann mußten auch noch die Bauersleute ins Bett. Verwunderlich war, daß es kein einziges Kind traf. Mein Mann und ich als einzige blieben mit den Kindern gesund.

Das war über Ostern, Anfang April, und die Woche nach Ostern. Dann war Maria schon wieder auf und ging wie ein Gespenst herum. Man sah, daß es mit der Mutter zu Ende ging. Auch der Arzt sagte es, man sollte den Pfarrer holen. Sie aber wollte ihn nicht. Nur die Kinder wollte sie noch haben, die nicht im Hause waren.

Ich ging zur Post und telegrafierte allen. War es nicht eine Ironie des Schicksals, daß ich, die Ungewollte, ihr die letzten Dienste erweisen sollte? Mein Mann half zwar auch, wo es ging, aber das Intimste macht doch eine Frau eher. Ich war froh, daß sie mich doch noch brauchte. Von den eigenen Kindern kam niemand. Nochmals telegrafierte ich allen.

Es war am Samstag vor dem weißen Sonntag. Maria machte das Allernotwendigste und legte sich wieder hin. Anna traf es am schwersten, die konnte auch Sonntag noch nicht herüber kommen. Sonntag früh lag Mutter in den letzten Zügen. Mein Mann blieb nachts bei ihr, ich bei den Kindern. Weit außer Haus hörte man das Ziehen der Sterbenden. Es ist traurig anzusehen, daß manche Menschen so schwer sterben können.

Sonntag mittag kam Hans wackelnd in die Stube, die Tante nur mit einem Umhang tastete sich daher. Auch die Bauersleute versuchten das Aufstehen, um zu ihr zu kommen.

Um zwei Uhr war die Zeit, wo vom Autobus jemand kommen konnte. Die Sterbende sah immer nur zur Tür und wartete auf ihre Kinder. Als die Zeit vorbei war, daß keines mehr kam, starb sie. Wieder mußten wir telegrafieren, daß sie schon gestorben ist.

Wenn die Kinder wüßten, wie sehnsüchtig eine Mutter sie zum Abschiednehmen erwartet, würden sie bestimmt alle Hindernisse überwinden und an das Sterbebett eilen. Sie könnten daran denken, wie sie selbst einmal hinübergehen und das Leben ausmachen werden.

Alle zwölf Kinder von Mutter lebten noch. Zehn Jahre später starb Anna als erste von den zwölf. So alt wie Vater wurde nur die jüngste Tochter, sie starb 1975 als letzte von allen.

So war nun auch die Mutter in den ewigen Frieden eingegangen, den sie auf Erden nicht finden konnte. Jeder Sterbefall bringt eine Menge Unannehmlichkeiten. Wo Haus, Hof und Grund da sind, umso mehr. Niemand darf vergessen werden. Kinder mit Anhang, Brüder, Schwestern, Verschwägerte und die Nachbarn, das ergab eine ganze Menge Leute.

Das Begräbnis war am Dienstag, am zweiten Tag nach dem Tode. Es gab an diesem Tag vier Beerdigungen. Um sieben Uhr früh, nach der Frühmesse, begrub man den kleinen Ludwig vom Nachbarhaus, der zwei Tage älter als mein Mädel war. Um zehn Uhr brachten sie von Straß einen 91-jährigen Mann zum Begräbnis. Für zwölf Uhr mittag war für die Mutter das Requiem angesetzt und hernach trug man sie auf den Friedhof und legte sie an Vaters Seite. Beide sind heute nach mehr als 50 Jahren noch nicht ausgegraben, und es wurde auch niemand dazu gelegt. Wie sich die Leichenfeier vollzieht, schrieb ich bereits. Beim Pürrer war das Totenmahl. Der Hunger war schon groß, es war bereits halbzwei Uhr nachmittag.

Als das Mittagessen vorbei war, läuteten schon wieder die Glocken zum nächsten Begräbnis um drei Uhr. Es war die Mutter des Wagnermeisters, die im Grab ihrer Mutter beerdigt wurde, welche 23 Jahre vorher gestorben war.

Als wir an Mutters offenem Grab standen, hob man eben das Grab für die Beerdigung für den Nachmittag aus. Ehe wir ins Gasthaus gingen, sah ich mit mehreren anderen Leuten den Totengräbern zu, wie sie den Sarg, der seit 23 Jahren in der Erde lag, heraus holten und ihn öffneten. Die Tote lag drinnen, als wäre sie eben für's Begräbnis gerichtet. Das schwarze Kopftuch nach hinten gebunden, die Hände gefaltet mit dem Rosenkranz, wie schlafend nach so vielen Jahren. Beim Angreifen wäre sie wahrscheinlich eingefallen, das tat aber niemand.

Da der ganze Mensch noch so dalag und nicht nur ein paar übriggebliebene Knochen, die man zu anderen Ausgegrabenen gegeben hätte, machten die Totengräber den Sarg wieder zu, gaben ihn ins Grab und beim Begräbnis wurde der andere drauf gestellt, so gut war auch noch der Sarg erhalten. Es war das wieder ein Beweis, da ich es mit eigenen Augen sah, daß es nicht wahr ist, wenn die Leute sagen, die Toten werden von den Würmern gefressen. Es wäre erkenntlich gewesen, wenn nur ein Wurm den Körper angenagt hätte. So tief kommt kein Wurm hinunter. Die leben nur an der oberen Erdschichte.

Nach diesem Erlebnis gingen wir zum Totenmahl. Ganz gut schmeckte es. Erst gab es Suppe, dann Rindfleisch mit Semmelkren. Zwischen Mittagessen und Jause können sich die Leute unterhalten, sie haben sich ja so vieles zu erzählen, um sich wieder einmal näher zu kommen.

Es ist ja auch heute noch so, daß man die lieben Verwandten späterhin nur mehr bei einem Begräbnis wiedersieht. Im Leben trifft man sich nie, und das ist schade. Der Tote weiß dann nichts mehr, wer ihm im Leben wohl wollte. Schenkt Blumen während des Lebens, denn auf Gräbern sind sie vergebens.

Ich mag solche Massenzusammenkünfte gar nicht gern. Ein gemütlicher Sonntagnachmittag, einmal dort oder da jemanden einladen oder eingeladen werden, ist weitaus schöner.

Zur Jause gibt es Kaffee mit Gugelhupf, auch dem Wein und anderen Getränken wird reichlich zugesprochen. Frauen setzen sich oft zusammen, um mit der oder jener ihre eigenen Probleme zu besprechen. Oft langweilen sich dann schon manche, bis das Nachtmahl, der Schweinsbraten mit Salat und Dörrpflaumen aufgetragen wird. Dann beginnt schon das allgemeine Abschiednehmen. Besorgt, wie es daheim ginge, streben alle heimzu.

Zum Haushüten muß jemand aufgenommen werden, der die Kühe melken kann, die Schweine singen sonst ein Lied vor Hunger. Meist ist es jemand, der im Haus taglöhnert und gut Bescheid weiß. Die Kinder bleiben auch zu Haus, die würden sich nur langweilen. Es gibt ja nichts zu sehen und erleben, wie bei einer Hochzeit.

Mir gefiel es, daß beim Totenmahl alles ruhig und gelassen blieb, kein Wort wurde von Erbschaft gesprochen. Sie hielten sich noch zurück, die Erbschaftsjäger, wußten sie ja doch, daß die alten Leute ein Testament gemacht hatten.

Jeder der Kinder war gespannt, bis es veröffentlicht wurde. Dies geschah erst nach sechs Wochen. Im Anfang war noch Ruhe, da noch niemand wußte, wie, was und wo. Doch was dann geschah, geht auf keine

Kuhhaut. Sie hielten es aber nicht aus bis zur Testamentseröffnung, sondern fingen an, sich jeder etwas beiseite zu räumen.

Lois holte sich sechs Schweine, mußte sie aber wieder zurückgeben. Hans nahm eines Tages Mutters Kuh aus dem Stall und trieb sie fort. Mein Mann sah es, eilte ihm nach, als er schon ein schönes Stück fort war, und holte die Kuh wieder zurück. Es dauerte lange, bis er ihm erklären konnte, daß bei Öffnung des Testaments alles da sein muß, erst dann kann darüber verfügt werden. Ansonsten mache er sich strafbar. Der wußte nichts von Gesetzen.

Der Erbschaftsstreit

So begann nun der Streit um die Erbschaft, noch ehe das Testament vom Notar verlesen wurde. Nie hätte ich gedacht, daß ein Todesfall solche Folgen haben könnte. Man sieht, wie habgierig die Menschen sein können. Ich ahnte und wußte damals noch nicht, daß dieser Streit so tief in unser Leben, in unsere Familie eingreifen und unser ganzes Leben verändern würde.

Es war Mai, ich meldete eben meinen sechsjährigen Jungen in der Schule an. Kein Gedanke kam mir, daß mein Sohn schon dieses erste Schuljahr in dieser Schule nicht mehr beenden würde. Ich wollte nichts anderes haben, unserer ganzen Familie ging es gut. Und man brauchte uns auch, denn Dienstleute waren schwer zu bekommen. Wohl zogen bereits vom Nachbarhaus der Cousin meines Mannes und seine Frau, die meine Freudin war, vom Hof fort. Aber die hatten schon drei Kinder und es wurde für sie immer schwieriger, mit der vielen Arbeit und den drei Kindern fertig zu werden. Es waren 140 Joch zum Haus gehörende Gründe. Auch bekam Toni erst das Erbteil von seinem zwei Jahre vorher verstorbenen Vater ausbezahlt. Damit konnten sie eine eigene Wirtschaft pachten. Ich sah sie nie wieder.

Mein Mann konnte mit keiner Erbschaft rechnen. Die Mutter sagte ihm bei unserer Heirat, wenn er mich nähme, bekäme er gar nichts, nur wenn er eine Bauerntochter geheiratet hätte, würde er geerbt haben.

Bei uns ging alles ja ganz gut, warum sollten wir fortgehen, wir hatten nichts zu klagen. Unsere beiden

Kinder hatten alle so lieb, sie gehörten allen in der ganzen Hausgemeinschaft. Doch selbst das änderte sich, als der Streit anfing.

Da die Hausgemeinschaft ja nur Brüder und Schwestern waren, waren sie alle am Streit beteiligt. Alle gingen mit finsteren Gesichtern herum, hatten keinen Blick mehr für die Kinder, und die fragten nun, warum Onkel und Tante böse sind.

Sechs Wochen nach dem Tode der Mutter war die Verlassenschaftsabhandlung, und das Testament wurde verlesen. Die Eltern hatten darin ihr ganzes Hab und Gut ihren drei ledigen Kindern, Hans, Maria und Anna vermacht. Nun sagte aber der Notar, das Testament wäre ungültig, es hätte von drei Zeugen unterschrieben sein müssen, da sie es nicht eigenhändig geschrieben hatten. Es war aber nur von zwei Zeugen unterschrieben und um gültig zu sein, genügte dies nicht.

Freilich können die Erben das Testament anfechten, doch wird es erfolglos bleiben. Sie taten das wohl, aber nur die Zeit verstrich, sie kamen nur umso länger nicht in den Besitz der Erbschaft, es trat dann ja doch die gesetzliche Erbfolge ein.

Bis dies alles auf dem Rechtsweg geregelt war, verstrich ein volles Jahr. Was sich in dieser Zeit am Hof abspielte, ist nicht zu beschreiben.

Jeder Tag verging nur unter fürchterlichem Streit. Den ganzen Tag, wo sie sich nur gegenüber standen, ob bei der Arbeit am Feld oder im Stall, beim Essen, überall wurde gestritten, immer wieder gab es genügend Stoff dazu. Mir fehlte der Verstand, um zu begreifen, daß Geschwister so sein können. Mein Bruder und ich hatten uns immer von Herzen lieb. Meine Mutter sagte, als sie krank war: „Der Kasten gehört einmal dir!“ Mein Vater lebte 18 Jahre länger als Mutter, zusammen mit meinem Bruder. Sie brauchten das Möbelstück, ich hatte längst was anderes und es kam mir nie in den Sinn, ihm davon auch nur ein Wort zu sagen.

Außerdem macht eine Erbschaft selten glücklich. Das Sprichwort sagt: Wie gewonnen, so zerronnen!

Bei all dem Streit waren die Godl und ich allein die Leidtragenden. Wir hatten nichts mitzureden, es hieß nur, das ging uns alles nichts an, aber wir litten darunter.

Ich war jung, 25 Jahre alt, es war nicht meine Schuld, daß es so zuging, ich wollte lustig und glücklich sein, doch der Streit verbitterte. Es kam soweit, daß ich sagte, ich nehme meine Kinder und gehe betteln, da könnte ich glücklicher leben. Die Godl konnte ja nicht von Haus und Hof davonlaufen, ich aber hatte ja keinen Besitz, was hätte ich mitzunehmen: meine Kinder. Nun, sie gehörten aber meinem Mann ebenso, und brauchte er nicht ihr fröhliches Geplapper, das perlende Lachen in jenen düsteren Tagen genauso? Doch er sah, auch ohne daß wir darüber sprachen, wie ich unter dem andauernden Streit litt. Was aber tun?

Indessen ging der Streit weiter, es war kein Ende abzusehen. Wenn nicht eine der Parteien nachgibt, können auch die Obrigkeiten keinen Frieden stiften. Wir hatten schon das Weihnachtsfest vor uns. Friede den Menschen auf Erden. Bei uns würde es keinen geben.

Waren es im Vorjahr traurige Weihnachten, wo wir uns nicht mit den Kindern freuen konnten, so verbitterte dieses Jahr der Haß das schöne Fest. Es war noch schwerer als der Todesfall, denn der Vater starb in seligem Frieden.

Bei Vaters Beerdigung sang der Chor das Lied: „Schlaf, Vater, hier in seligem Frieden, du hast vollbracht den Erdenlauf. Wir sind vereint, ob wir auch schieden und schau'n nach dir zum Himmel auf."

Zwei Stunden später gab es den Frieden nicht mehr. Ein paar Monate später hätte man schon singen können: „O' himmlischer Vota, schau oba auf d'Welt, schenk uns den Frieden, der Streit geht um's Geld!" Die Hälfte des Erbgutes ging am Prozessieren auf. Die drei Kinder, welche das Erbe erhalten sollten, waren geistig nicht so auf der Höhe, daher mußten sie sich einen Advokaten nehmen.

So sah es Weihnachten 1926 aus. Mir kam es trotz allem nicht in den Sinn, daß eben diese Weihnachten in Unfrieden unsere letzten in unserem Geburtsort sein sollten.

Bald nach den Feiertagen gedachte mein Mann etwas zu unternehmen, um aus dem feindseligen Zustand heraus zu kommen. Es wurde ihm selbst schon zuviel, er wollte endlich mit seiner Familie ein ruhiges Eheleben führen. Und noch ein Grund war mitbestimmend. Ich fühlte mich wieder schwanger.

Ein drittes Kind als Dienstboten, ging denn doch nicht mehr. Einmal mußten wir auf eigenen Füßen stehen und einen eigenen Haushalt gründen.

Erst schrieb er auf ein Inserat an die Wittgensteinsche Gutsverwaltung. Die schickten uns gleich einen Prospekt, was geboten wird und was zu leisten ist. Es war dies meist schlecht bezahlte Holzarbeit in der Einschicht tief im Walde gelegen, das nahmen wir nicht an. Dabei dachten wir an unsere Kinder und deren Schulausbildung, sie sollten die Möglichkeit haben, etwas zu lernen.

Doch wir waren nun auf der Suche nach einem Posten und suchten weiter. Man muß nicht gleich das erste Angebot nehmen, wir würden schon etwas Passendes finden.

Abschied und neuer Anfang

Mein Mann schrieb an seinen Vetter Michel, der in der Versuchswirtschaft der Hochschule für Bodenkultur in Groß-Enzersdorf Schweitzer war. Dieser ging sogleich in die Gutsverwaltung anfragen, und Dr. Thoma schrieb selbst an uns zurück. Es wurden drei Familien aufgenommen. Auch über die Bedingungen, Bezahlung und Deputat schrieb er ausführlich. Mein Mann möge kommen und sich alles ansehen. Er fuhr auch gleich hin, sah sich die Dienstwohnung an, die aus einer geräumigen Küche und einem Zimmer bestand. Er fand, es würde sich leben lassen und nahm den Posten an. Es war im Jänner, im Februar hatten wir Zeit, mit allem ins Reine zu kommen. Am ersten März sollten wir zu arbeiten beginnen.

Nun begann das Tauziehen. Wir sollten doch noch bleiben und sie nicht allein lassen. Der Sohn Sepperl war 15 Jahre alt, er konnte zwar im Haus und Feld schon mit den Pferden fahren, aber zur und von der Bahn fuhrwerken konnte er doch noch nicht leisten. Das mußte dann der Bauer selbst tun. Die Tochter war elf Jahre alt und konnte noch keinerlei Hilfe am Hofe sein.

Unseren Buben wollten alle überreden, daß er nicht mit uns geht und am Hofe bleibt. Bei der Nachmittagsjause einmal hatten sie ihn dann soweit, daß er beschloß, nicht mit uns zu gehen. Sie sagten, so brauchte er nicht die Schule zu wechseln und wir würden uns leichter tun mit nur einem Kind.

Wir gingen dann die Stallarbeit machen. Als ich den Kuhmist aus dem Stall geräumt hatte und den Kühen das Futter vorgegeben hatte, setzte ich mich auf den Melkstuhl und weinte bitterlich. Felix kam vorbei gelaufen, sah mich weinen und fragte: „Ja Mutter, warum weinst du denn?“ Ich sagte ihm: „Weil du nicht mit uns gehen willst. Da werde ich dann immer um meinen Buben weinen!“

Er muß es dann doch gefühlt haben, daß er zu seinen Eltern gehört und ließ sich auf keine Debatte mehr ein. Es war auch nie mehr die Rede davon.

Es weinte halt dann die Godl, bis wir die beiden Kinder in den Ferien zu ihnen fahren ließen. Anderseits konnten sie uns nicht aufhalten, sie sahen ein, daß wir mit drei Kindern auch mehr verdienen mußten und sie konnten uns den Lohn nicht geben. Wir bekamen dann Lebensmittel mit für den Anfang statt des Geldes, damit wir zu essen hatten, bis wir etwas verdienten

So gut wie alles brachten wir mit. Fleisch, Mehl, Eier, Schmalz und Hülsenfrüchte, aber trotzdem mußte ich wieder anders kochen lernen, nicht wie am Bauernhof, wo man ins Volle greifen kann.

Mit dem Schmalz hätte ich ein Jahr auskommen können, wenn ich gleich am Anfang mehr Gemüse gekocht hätte, das man bei den Bauern nicht hatte, anstatt Schöberl, Schmarren und dergleichen.

Wir begannen unsere Sachen zu packen. Wie sollte man das alles mitnehmen? – Die Möbel wurden zerlegt, damit sie möglichst wenig Raum einnahmen und gaben sie als Stückgut auf. Desgleichen wurde alles andere in Kisten und Säcke verpackt und adressiert. Bis es an seinem Bestimmungsort ankam, dauerte es länger als eine Woche.

Inzwischen muß man auch wo kampieren, und so fuhr ich in der Zwischenzeit zu meiner Tante nach Piesting. Diese gab mir noch vielerlei für meinen neuen Haushalt.

Küchenmöbel hatten wir keine. Einen Diwan und Geschirr gab sie mir auch. Das wurde auch alles gleich in Piesting zur Bahn gebracht, damit es mit unseren Sachen hinkommt. Mein Mann wartete das Aviso ab und holte dann die Sachen mit den Pferden vom neuen Posten von der Bahn ab. Er stellte auch gleich alles mit seinem Vetter auf. Am nächsten Tag holte er uns von der Tante.

Ein eigenes Gefühl ist das schon, wenn man nach fünfjähriger Ehe nun selbst eine Wohnung und einen eigenen Hausstand hat. Freilich mußte man erst lernen, alles einzuteilen und mit dem Verdienst auszukommen.

Mein Mann hatte schon einige Tage am Hof gearbeitet. Es war Sonntag, als er uns holte. Nächsten Tag begann auch ich zu arbeiten. Es war der erste März 1927.

Meine erste Arbeit war, hinter der Sämaschine zu gehen. Eine mir bis dahin völlig neue Arbeit. Doch man lernt immer wieder dazu. Abends konnte ich in die Milchkammer gehen und die Deputatmilch holen. Wir bekamen zwei Liter für vier Personen. Als ich später das Kleine hatte, gab es um einen Liter mehr.

Den Buben brachte ich zur Schule, das Mädel in den Kindergarten. Nur das erstemal mußte ich mitgehen, dann gingen sie schon mit den anderen mit. Es gab so ca. 15 Kinder am Hof.

Es dauerte eine ganze Weile, bis wir uns an alles Neue gewöhnt hatten. Dann kamen wir auch wieder auf unsere Heimat und den Streit zu sprechen. Wir fanden es schön, nichts davon zu hören und zu sehen. Ich sagte immer wieder, es würde ihnen kein Glück bringen, eine gütliche Einigung wäre besser gewesen.

Nach Jahresfrist kamen mit der Post 200 Schilling vom Erbteil an uns geschickt. Mein Mann sagte, auch ohne dieses Geld wären wir durch's Leben gekommen und meinte, er wäre froh, nun wirklich nicht mehr abhängig zu sein und ein eigenes Leben zu führen. Nie mehr würde er wieder zurückgehen, es ist ihm so viel lieber. Er hat auch niemals erwähnt, daß er Heimweh hätte. Wohl aber hat es mich mächtig gepackt.

Als das Neue vorbei war, man sich hineingefunden hatte in das nunmehrige Leben, war das Heimweh nicht mehr wegzubringen. Ich hätte heulen können, wie ein zu Tode getroffenes Tier. Das dauerte an, bis ich im September meinen zweiten Sohn geboren hatte. Als ich wieder ein kleines, hilfloses Wesen zu betreuen hatte, war es vorbei.

Vom Land zur Stadt

Lebenserinnerungen
1930–1950

Inhalt

Einleitung

Meine Lebenserinnerungen, die ich in den letzten Jahren aufzuschreiben begann, wollte ich mit dem Jahre 1935 beenden. Über diese Zeit waren ja meine älteren Kinder schon in der Lage, den Jüngeren oder noch Hinzukommenden erzählen zu können, wie es damals war. Die aber meinten, sich an nichts mehr erinnern zu können, was gar nicht auszuschließen ist, wuchsen sie doch in den Kriegsjahren auf. Nachher kamen die neuen Medien, die dazu beitrugen, das Überlebte vergessen zu lassen. Aber auch mein zwölfjähriger Urenkel bat mich innig, weiterzuschreiben. So werde ich eben versuchen, das mir noch bewußt Gebliebene aufzuzeichnen.

Der Wandel in unserem Leben war groß, als wir von der Heimat wegzogen. Wir blieben aber bei der Landwirtschaft. Mein Mann nahm einen Posten in der Versuchswirtschaft der Hochschule für Bodenkultur in Groß-Enzersdorf als Hilfsarbeiter an.

Auf dem Gutshof gab es viel zu tun

Wie war das alles anders als in der Buckligen Welt: ebene Felder – Maschinen wurden schon zur Feldarbeit eingesetzt. Diese zu bedienen, mußten wir erst lernen. Doch als erstes die Menschen, mit denen wir arbeiten mußten: Es waren zehn Familien auf dem Hof. Es gab kinderlose Ehepaare, die den ganzen Tag arbeiten konnten. Andere Familien hatten bereits erwachsene Kinder, so daß vier bis fünf Personen auf dem Hof arbeiteten. Die Mutter, welche die ganze Familie zu betreuen hatte, arbeitete nur am Nachmittag. Als wir nur die beiden älteren Kinder hatten, ging ich auch den ganzen Tag arbeiten, als das dritte Kind da war, nur mehr am Nachmittag.

Da auch im Stall bei zwanzig Kühe standen, gab es für diese Arbeit ein Schweizer-Ehepaar, das zwei Kinder hatte. Dann war da noch eine Gärtnerfamilie mit mehreren Arbeitskräften. Die konnten oft nicht alle Arbeit bewältigen und brauchten noch Hilfsarbeiter. Einen Schlosser gab es, der in der Stadt wohnte, auch auswärtige Arbeiter für die dringenden Arbeiten – Rübenarbeit, Schnitt und Akkordarbeit –, die nur in der Saison arbeiteten. Drei Paar Pferde standen im Stall. So gab es auch drei Kutscherfamilien. Eine von den Frauen machte die Arbeit in der Milchkammer.

Die Schweizer-Leute fuhren mit den Wagen auf den Geleisen die Milch zum Pasteurisieren, das die Frau dann besorgte. Ebenso mußte sie die Deputatmilch ausgeben und den Verkauf von Milch und Gartenprodukten an die Kunden besorgen. Diese Familie war schon lange auf dem Hof, und der Verwalter wußte, daß sie Geld treuhändig ablieferte.

War einmal eines der Schweizer-Leute im Krankenstand, war unter all den Familien niemand, der melken konnte. Vor fünfzig Jahren gab es noch keine Melkmaschinen. Beim Melken mit der Hand von so vielen Kühen gab es oft eitrige Finger, die lange nicht ausheilen wollten, oft einige Monate lang. Da mußte oft ich in den Stall gehen und aushelfen. Mir war das recht, es war gut bezahlte Arbeit. Nur mußte man um vier Uhr früh aufstehen. Mein Mann stand mit mir auf, half mir, den Stallmist hinausführen und einfüttern. Er brauchte erst um sieben Uhr anfangen. Da war ich schon fertig, konnte dann die Kinder für die

Schule und den Kindergarten fertig machen, der im Schulhaus untergebracht war.

Einen Liter Milch zusätzlich erhielt ich außerdem für diese Arbeit. Freilich gab es strenge Kontrollen, die ein Hochschuldozent machte: Ob die Kühe gut ausgemolken waren und in der Leistung nicht zurückblieben. Konnte man das steigern, wurde mehr bezahlt. Wir hatten Kühe, die nach dem Kalb lange Zeit bis zu dreizehn Liter pro Tag gaben. Die Reinlichkeit wurde ebenfalls sehr streng überprüft. Mir gefiel diese Arbeit gut, die Kinder konnten länger schlafen. War ich im Taglohn, mußten sie um sieben Uhr fertig sein. So aber weckte ich sie um sieben Uhr erst auf. Mit den Schweizer-Leuten verstand ich mich gut, es gab nie Anstände, so daß ich die Arbeit zur Zufriedenheit aller machte.

War von den Kutschern einer im Krankenstand, so mußte dann mein Mann aushelfen. Meistens mußte er Arbeiten machen, für die der Verwalter jemand absolut Verläßlichen brauchte. Er arbeitete – außer wenn ein Kutscher ausfiel und er die Pferde betreuen mußte – nie mit allen anderen auf dem Acker mit.

Auf dem Gutshof gab es viel zu tun. Mein Mann hatte beispielsweise die Schlüssel zu den Vorratskammern. Er gab an die Kutscher die vorgeschriebene Menge Hafer für die Pferde aus, an die Schweizer das Kraftfutter. Für die Schweine mußte er auf dem Boden schroten. So war er meist in seinen Räumen bei der Arbeit. Die Herren kamen bald zur Überzeugung, daß sie ihm voll vertrauen konnten. Wenn er mit einer Fuhre Gemüse zum Naschmarkt fahren mußte, brachte er den Erlös sicher heim. Das trug ihm freilich bei den anderen Neid ein. Da er aber damit nicht prahlte, sondern still und ruhig seine Arbeit tat, hatten ihn doch alle gern. Schließlich mußte das auch jemand tun. Als wir noch nicht auf dem Hof waren, machte diese Arbeit ein Kutscher, der Mann von der Frau in der Milchkammer. Da mußten die Pferde oft im Stall stehen. Das ist nicht gut für die Tiere. Daher wurden ja auch drei weitere Familien aufgenommen.

Im Juli des Jahres 1927 – wir sind am 1. März eingetreten – mußte mein Mann wieder einmal mit einer Fuhre Gemüse zum Naschmarkt fahren. Es war eine unruhige Zeit, es lag etwas in der Luft. Viele Menschen getrauten sich nicht, außer Haus zu gehen. Mein Mann und sein Mitfahrer konnten das Gemüse nicht auf dem Markt verkaufen, übernachteten und fuhren um drei Uhr früh auf einen anderen Markt.

Es war der 15. Juli. Sie kamen mit Pferden und Wagen ins Gedränge der Aufständischen, als eben der Justizpalast brannte. Viele Menschen kamen da unschuldig hinzu, wurden eingekeilt, manche mußten auch dabei ihr Leben lassen, als geschossen wurde. Herr Doktor Thoma, der Kanzleileiter, fuhr hinein in die Stadt und kümmerte sich, daß sie wieder heimkommen konnten. Wir konnten sagen: „Gott sei Dank kam er wieder gut heim!" Wie es damals zuging, kann man in Büchern lesen. Es ist länger als fünfzig Jahre her, alles ist längst Geschichte geworden und wird doch noch immer hervorgeholt, zum Streit unter den Parteien.

Als mein Mann einmal auf dem Boden das Futter für die Tiere einwog, sah er bei den Schweizern Rauch aufsteigen. Sämtliche Leute, mit allen Arbeitskräften, auch Pferden, waren im Einsatz und die Kühe auf der Weide. Es war mitten in der Erntezeit. Im Hauptgebäude war wohl im Büro jemand da, die konnten das aber nicht sehen. Es war auf der abgewandten Seite des Wirtschaftshofs. Bis mein Mann jemand holen hätte können, wäre kostbare Zeit vergangen. So schnell wie möglich versuchte er das Feuer zu löschen. Er ging dann in die Kanzlei, um es zu melden. Wie leicht hätte der ganze Wirtschaftshof in Flammen aufgehen können. Durch seine Aufmerksamkeit wurde alles gerettet.

Von der Hochschule für Bodenkultur bekam er als Anerkennung ein großes, wertvolles Goldstück. Was oder welchen Wert es hatte, weiß ich heute nicht mehr. Wir haben es lange aufgehoben. Als mein Mann dann schon in der Molkerei arbeitete, machte er um dieses Goldstück den Führerschein. Wir hätten uns nie ein Auto anschaffen können, die Prüfung hat er aber bestanden. Es wurden ihm dabei Brillen verordnet. Die aber wollte er nicht tragen und fuhr so nie mit einem Auto. Nur auf den Acker ist er mit dem Traktor gefahren. Auf dem Gutshof machte der Lohn 3,50 Schilling pro Tag für Männer und 2,50 Schilling für Frauen aus. Außer dem Lohn gab es noch als Deputat freie Wohnung sowie Brennmaterial zum Heizen.

Zehn Hühner konnte man sich halten, und es machte auch nichts, wenn es noch mehr waren. Gezählt wurden sie nie. Futter für die Hühner gab es genug. Das Mehl für Brot und zum Kochen reichte auch aus, desgleichen die Milch. Gemüse bekam man fast geschenkt. Wenn ich halbtags arbeitete, konnte ich mit dem Lohn ein Kilogramm Bauchfleisch kaufen.

Was wir bisher in unserem Leben nicht kannten, war ein Urlaub. Gearbeitet wurde von sieben bis zwölf Uhr und von dreizehn bis achtzehn Uhr. Wir waren anständig krankenversichert. So hatte alles seine Ordnung. Um vieles waren wir besser dran als auf dem heimischen Bauernhof, wo man im Sommer um drei Uhr früh aufstehen mußte, im Winter spätestens um fünf Uhr und auch abends wohl zwei bis drei Stunden länger arbeiten mußte. Es war schon ein großer Fortschritt.

Bei Akkordarbeiten konnte man auch ganz gut verdienen. Erbsenpflücken und Erdäpfelsammeln wurde nach Kilogramm bezahlt. Dabei konnten die Kinder mithelfen. „Viele Händ, ein schnelles End", war die Parole. Auch im Taglohn plagte man sich nicht. Es war egal, heute mit einer Arbeit fertig zu werden oder morgen. Wenn auch der Wirtschafter oder der Verwalter daneben standen, so wurde deswegen nicht schneller gearbeitet. Nur in der Reihe mußte man bleiben, ob beim Mistbreiten oder bei Rübenarbeiten usw.

Langweilig war es nie. Waren es nicht der Stadtklatsch oder die Kinder, so wurden Kochrezepte ausgetauscht, die feinsten Tortenrezepte angesagt. Ich wußte zunächst nicht, was eine „Torte" ist, hatte nie was davon gehört. Nur anhand der Zutaten konnte ich mir vorstellen, was es sein könnte. Zu fragen hätte ich mich nie getraut, eher geschämt, so gänzlich unwissend zu sein. Wie die Leute lebten, was sie kochten, erfuhr ich beim Arbeiten. Ich mußte lernen, mit dem was billig war oder was man auf dem Hofe umsonst bekam, zu kochen, um möglichst wenig von dem kleinen Verdienst auszugeben, damit es für Schuhe und Kleidung und sonst alles auch noch reichte.

Neben uns, Tür an Tür, wohnte eine Familie mit elf Kindern. Da lernte ich so manches. Die Kinder bekamen nur Gemüse, Milchspeisen und Eierprodukte. Die Eltern, die arbeiten mußten, kauften für sich

Fleisch und Wurst. Nur wenn Auszahlungstag war, bekamen auch die Kinder von den seltenen Sachen. Man kann die Kinder abends mit Griesbrei stillen, es schadet ihnen nichts.

Den ganzen Monat ist beim Kaufmann aufgeschrieben worden. Das Geld am Auszahlungstag reichte dann nie, die Schulden zu decken. Gab der eine Kaufmann nichts mehr, kauften die Frauen beim anderen ein. Auch der vorige bekam sein Geld nie. Bei dem kleinen Verdienst und mit den elf Kindern konnte ihnen auch das Gericht nichts wegnehmen. Wenn die Kinder in eine andere Wohnung kamen, nahmen sie gerne etwas Eßbares mit, das offen herumlag. Aber nicht alle, nur die Schlauen.

Auf dem Schulweg schickten die größeren Kinder meinen Ältesten zum Greißler um fünfzehn Dekagramm Wurst und zwei Semmeln: Er soll's aufschreiben lassen, die Mutter kommt es bezahlen. Ja, welche Mutter? Die Eltern stritten es ab, daß ihre Kinder so etwas tun würden. So mußte ich zahlen. Was ich tun konnte, war nur: Ich ging hin und sagte dem Kaufmann, er soll meinem Buben nie etwas ohne Geld geben.

Da wäre noch anzuführen, daß jede Familie einen Deputatacker hatte. Wieviel, weiß ich nicht mehr. Nur, wir brauchten nicht alles, was wir ernteten, und konnten noch Erdäpfel und Kukuruz verkaufen. Hülsenfrüchte bauten wir nicht mehr an, als wir selbst brauchten. Da ich am Vormittag nicht arbeitete, ging ich aufräumen, die Zimmer der Sekretärin und des Dozenten. Das wäre so in groben Umrissen die Arbeit und die Lebensweise auf dem ersten Arbeitsplatz, als wir vom Heimathof meines Mannes wegzogen, um einen eigenen Haushalt anzufangen. Mein Vater war siebenundsechzig Jahre alt. Er kam auch eine Zeitlang zu uns und arbeitete auf dem Gutshof. Als ich halbtags arbeiten ging, war er wieder bei meinem Bruder.

Man kann das Heimweh nicht aus der Brust reißen, man muß damit leben lernen

Trotz des neuen Lebens – oder gerade deswegen – wurde das Heimweh immer ärger. Jedwede Lustigkeit verschwand. Ich hatte von Natur aus ein lustiges Temperament. Trotzdem – die Traurigkeit nahm zu. Die Mitarbeiter glaubten, daß mir die Schwangerschaft so zusetzte. Mein Mann, glaube ich, hat das gar nicht bemerkt. Ich aber schwieg. Lieber sagte ich kein Wort. Mich mit ihm auszusprechen, hätte nicht geholfen, er hätte mich ja doch nicht verstanden. Die Kinder schlossen sich gleich an andere an. Ich glaube nicht, daß sie unter dem Wechsel gelitten haben. Felix sagte nie: „Gehen wir wieder heim", und das Mädel war noch zu klein.

Es wird wohl so sein, daß all das Schmerzliche nicht von dem ausgeht, was man verliert, sondern davon, was man mitnimmt und für immer behält. Schon die erste Fahrt, als uns Vater von der Bahn abholte, fand ich trostlos öde. Auch heute, nach fünfundfünfzig Jahren, kann ich auf dieser Strecke keine landschaftlichen Reize entdecken: die ganze Gegend ebenes Land, weit und breit nur Felder, kein Baum, kein Schatten, wo man in der heißen Jahreszeit etwas Kühlung in der Arbeitspause finden könnte. Wo blieb der Wald? Weit weg gab es die Lobau – ein herrlicher Flecken Erde, ich werde noch von ihr erzählen. Jedoch das Augebüsch war nicht zu vergleichen mit einem richtigen Nadelwald. Um die Stadt herum gab es Laubbäume und Gebüsch. Das konnte man aber doch nicht Wald nennen! So blieb es aber all die Jahre, die ich dort verbrachte. Es waren die von 1927 bis 1949. Die einzige Freude war, rund um die Stadtmauer zu promenieren.

Alles anders! Ich lernte aber mit der Zeit, auch das alles liebzugewinnen. Von der frühesten Kindheit war ich mit dem Wald vertraut, kannte jedes Tier und jede Vogelart, die dort lebte. In der Schule hatte ich oft gedacht: „Warum soll ich Naturgeschichte lernen, wo ich sie doch jeden Tag vor mir habe." Mein Vater hatte im Wald seine Schindelhütte stehen. Am Bach blühten die Dotterblumen und Vergißmeinnicht sowie der seltene und stark duftende Waldmeister. Farne und Moose wuchsen dort. Jede Moosart kannte ich, machte für den Winter schöne Fensterpolster daraus und zu Weihnachten ein Kripperl. Das alles gab es nun in der neuen Heimat nicht mehr. Sogar die Christbäume wurden von weither gebracht. Erst jetzt in der Ferne erlebte ich den Wald als Form und Erscheinung der Heimat.

Zur Zeit der Sommersonnenwende war ich sonntags um drei Uhr früh aufgestanden, obwohl ich hätte länger schlafen können, ging auf den höchsten Hügel, um den Sonnenaufgang zu beobachten. Mit einem Strauß Waldmeister kehrte ich heim und ging in den Stall zur Arbeit. Den tiefen Graben, wo unten der Bach fließt, jeden Platz im Wald und genau die Grenze, wie weit alles zum Bauernhof gehörte, kannte ich. Alles weiß ich noch heute im hohen Alter.

Als wir wegzogen, kam mir kein Gedanke, was ich alles aufgeben müßte. Nur daß wir die Streitigkeiten in der Familie loswaren und uns ein eigenes Heim schaffen würden, daran dachte ich. Daß wir oder nur ich ebenso die Sehnsucht mitnehmen werden, fiel mir nicht im Traume ein. Erst dann wurde mir der Wald bildhaft: im klingenden Anzug des Frühlings, in der Sommerpracht, in der herbstlichen Farbenwehmut, im weißen Kleide des Rauhreifes oder in der schönen und zugleich stürmischen Seligkeit des Winters. Das alles war nun anders. Doch hätte sich daran nichts mehr ändern lassen.

Umso verständlicher findet man die Menschen, die dort leben, die Ruhe, die sie ausstrahlen, abhängig von Wald und Feld, der Werkstatt Gottes. Ja, auch dieser Glaube blieb dort bis heute lebendig. Mir blieb nur, selbst demütiger zu werden, alles zu ertragen. In meiner Seele konnte ich öfter auf den geliebten Waldwegen wandern als früher in Wirklichkeit. Bis zu meinem Tode werde ich das alles lieben. Man kann das Heimweh nicht aus der Brust reißen, man muß damit leben lernen. Es wird mit der Zeit milder. Doch es könnte auch nicht ärger sein, wenn man in einen anderen Kontinent auswandern würde. Was ich ein Vierteljahrhundert nicht kannte, nun in der Ferne habe ich es erfahren:

„Wie lieb ist mir das Örtchen,
wo ich geboren bin.
Hier blüht mein junges Leben,
von Lieben rings umgeben,
in immer heitern Sinn.
Und muß ich einmal scheiden,
noch oft will ich mit Freuden,
zu meiner Heimat gehn!"

So sangen wir in der Schule. Aber damals dachten wir uns nichts dabei. Schon gar nicht, daß man die

Heimat einmal verlassen würde. Aus den oftmaligen Besuchen wurde auch nichts. Erst heute, im Alter, kann ich, so oft ich nur will und noch fahren kann, meine Heimat aufsuchen. Da treffe ich meine noch lebenden Schulfreunde. Ich bin alt geworden, sie alle sind es ebenso. Ein Wiedersehen macht immer Freude.

Die Heimat selbst hat sich auch verändert, in den vielen Jahren, seit ich weggezogen bin. Kaum noch findet man ein Haus, das nicht umgebaut oder neu erbaut wurde. Neue Sportanlagen, wo einst der Gemeindehirt die Kühe weidete. Die Kühe fehlen ja auch. Es gibt Bauernhöfe ohne irgendein Stück Vieh, wenn's hoch geht ein Kind beim Haus! Anstelle der vierklassigen Schule gibt's eine mit mehr als dreißig Klassen. Noch vieles ist anders!

Es hätte uns ganz gut gehen können, ja wenn ...!

Wir hatten versprochen, daß wir die Kinder in den Ferien zu den Paten fahren lassen. Als die Ferien begannen, konnte ich nicht fahren, weil ich hochschwanger war. Vater brachte sie mit der Bahn bis Grimmenstein. Von dort holte sie für die Weiterfahrt jemand ab. Damals konnte man die Fahrt dorthin nicht an einem Tag machen. Ein Urlaub stand uns aber noch nicht zu. Erst mußte man neun Monate gearbeitet haben. Das Heimholen geschah auf dieselbe Weise im September. Die Kinder fuhren gern hin, aber auch gern wieder nach Hause.

So kamen mein Mann und ich nicht mehr in unseren Heimatort zurück. Ich aber auch die folgenden Jahre nicht – das Kind war zum Mitnehmen noch zu klein. Mein Heimweh wurde dadurch nicht besser, eher noch ärger, daß wir die Kinder zwei Monate nicht hatten. Der Arbeit wegen war es besser, ich hatte mehr Freizeit und konnte dazuverdienen. In der Erntezeit mußten auch die Versuchsparzellen gemäht werden. Das machte man im Akkord und abends nach der gemeinsamen Arbeit. Von sechs bis neun Uhr abends war's ja hell. Dieser Verdienst war sehr willkommen, denn Sonn- oder Feiertage wurden nicht bezahlt. Für Geschenke unterm Christbaum mußte auch was in den Sparverein eingezahlt werden.

Wir Frauen hatten im Winter oft lange Zeit keine Arbeit. Die Männer arbeiteten auch im Winter, nur Überstunden gab es bloß im Sommer. Die Frauen konnten Säcke flicken – im Stücklohn siebzig Groschen pro Stück –, auch Erbsen und Fisolen aussortieren – als Samen für den Verkauf oder fürs Vieh –, wenn's nicht gefroren war, auf dem Acker einige Tage Mistbreiten. So lebten die Arbeiter, man mußte eben von dem kochen, was man selber hatte und nicht kaufen mußte. Hungern brauchte man nicht. Jede Woche habe ich einen Laib Brot gemacht, wie ein Wagenrad groß. Anstatt Butter kauften wir Margarine, statt Speck zum Kochen Kernfett.

Anfangs wußte ich das alles nicht. Bei der Arbeit wurde das besprochen von denen, die schon länger auf dem Hof waren, wie und was sie kochen, und ich richtete mich gleich nach den anderen. Im Sommer konnte ich noch was dazuverdienen, solange das Kind nicht da war. Bei der Arbeit auf dem Felde hörte ich von den Mitarbeiterinnen, daß eine Frau sechs Wochen vor der Entbindung und sechs Wochen danach Wöchnerinnengeld bekommt. So ging ich eben auch in den Krankenstand, als die Zeit da war.

Wie dumm wir doch waren, wir kümmerten uns nicht um die Statuten! Nie im Leben hatten wir uns um die Krankenkasse gekümmert. Beim dritten Kind waren wir wohl schon versichert. 1924 mußten die Bauern für ihre Dienstboten die Versicherung einzahlen. Wir hätten uns geschämt, einzureichen, hielten das für eine Armutsunterstützung. Wenn wir ein Kind haben, werden wir doch noch die Hebamme bezahlen können! Arbeiten aufhören, gar zweimal sechs Wochen, wäre ohnehin nicht möglich gewesen, ohne den Posten zu verlieren!

Hätte ich das alles schon vorher gewußt, wäre ich wohl bis zum letzten Tag arbeiten gegangen. Als ich im Krankenstand das erste Mal mein Geld holen wollte, bekam ich pro Tag fünfzig Groschen. Ich sagte: „Das kann doch nicht sein, mit fünfzig Groschen im Tag kann doch niemand leben!" Aber es war so, weil ich ich bei Beginn der Schwangerschaft noch auf dem Bauernhof war, die Bauern aber nur die niedrigste Beitragsklasse eingezahlt hatten. Dort aber hatte ich ja das Essen, nun aber mußte ich leben damit. Mit einer solchen Auswirkung hatte ich nicht gerechnet und wollte wieder arbeiten gehen. Da aber die Einreichung fix war, konnte ich nicht mehr zurück. Ich fuhr nach Hause, setzte mich hin und weinte bitterlich. Sie konnten uns ja beim Bauern den Lohn nicht bezahlen, da kein Geld da war. Aber wir bekamen Lebensmittel mit, von allem, was es gab und was haltbar war. Wenn ich gleich gewußt hätte, wie man kocht, hätte es das ganze Jahr gereicht. So aber war alles bald zu Ende.

Es waren dann keine vier Wochen, da war das Kind da – um vierzehn Tage eher, als erwartet. Nachher bekam ich schon die neue Taxe von der Kasse ausbezahlt. Vorerst war ich froh, später nicht mehr, denn durch diese Geburt kam vieles hinterher. Aber sie brachte mir auch etwas Gutes. Das Heimweh war wie weggeblasen. Es blieb auch keine Zeit, darüber nachzugrübeln. Das eine wog das andere auf. Als ich wieder ein kleines Wesen zu betreuen hatte, war das Heimweh verschwunden.

Als das Kind sechs Wochen alt war, mußte ich wieder arbeiten gehen. Ob man da jemand für das Kind hatte oder nicht, fragte niemand. Vormittags ging ich aufräumen, nachmittags mit den anderen aufs Feld. Mein Ältester, der gerade mit dem zweiten Schuljahr begonnen hatte, mußte auf den Kleinen aufpassen. Für die fünf Stunden, bis ich heimkam, richtete ich ein Flascherl her – wenn's auch kalt wurde –, bettete das Kind in ein Leiterwagerl, und der Siebenjährige zog es beim Spielen, wenn er den anderen Kindern nachlief, immer hinter sich her. Nie wurde er unwillig darüber. Wenn ich abends heimkam, lag der Kleine ganz durchnäßt im Wagerl, oft auch im eigenen Kot. Wie weh das tat! Ich konnte es aber nicht ändern. Die fünf Stunden mußten sie durchhalten, alle beide, der Kleine und der Größere.

Sechs bis acht Wochen waren um, und ich hatte noch immer die Blutungen. Zum Arzt ging ich Zähneziehen und fragte ihn nebenbei darüber. Der untersuchte mich und fing sogleich zu Schimpfen an: „Wenn man nichts sieht außen, da rennt ihr gleich wieder arbeiten. Wie es innen aussieht, das kümmert euch nicht. Wärst vor vier Wochen gekommen, hätte man noch was machen können, jetzt ist es zu spät! Nun wirst du sieben bis acht Jahre kein Kind austragen können." Durch die anfängliche Querlage kam das Kind zu spät in die richtige Lage, um geboren werden zu können: Dadurch gab es einen Einriß, der genäht hätte werden sollen. Nun konnte man nichts mehr tun. Der Arzt war ein Tiroler, sagte zu allen Patienten „Du“. Seine Kinder waren gleich alt mit unseren.

Vom Arzt ging ich heim, das Leben ging weiter seinen Gang wie vorher. Der Kleine wurde krank, er erbrach alles. Der Arzt verordnete ihm Kalziummilch, keine Brustnahrung mehr. Diese Behandlung war sehr schwer und mit viel Arbeit verbunden. Vater sagte: „Aber patz doch nicht rum, bringst ihn doch nicht davon!“ Eine Mutter gibt aber ihr Kind niemals auf, so lange Leben in ihm ist. Mit viel Mühe und viel Sorge wuchs auch mein drittes Kind zu den anderen dazu, war gut und anspruchslos, lernte wie die anderen mit einem Jahr laufen. Die Arbeit war wieder leichter.

Insgeheim war es mir auch recht, so bald nicht wieder ein Kind zu haben, wo es doch traurig ist, das kleine Kind den größeren überlassen zu müssen, wenn man aufs Feld zur Arbeit gehen muß und fünf Stunden nicht weiß, was die Kinder anstellen, was geschehen ist, wenn man heimkommt.

Diese Sorgen wurden mir bei den weiteren Kindern erspart. Da war ich dann schon zu Hause. Es verging nur ein Jahr, als ich wieder schwanger war. Lange war ich es nicht, nur sechs Wochen, und ich verlor das Kind wieder. Nur Samstag und Sonntag war ich zu Hause, am Montag ging ich wieder arbeiten.

Da ich oft wochenlang oder gar Monate im Kuhstall arbeitete, war ich von sieben bis sechzehn Uhr zu Hause bei den Kindern. Mein Mann half mir immer im Stall, die schweren Futterkörbe tragen und einfüttern. Tagsüber hatte ich Zeit für die ganze Hausarbeit und um zu kochen. Die Wäsche mußte ich nicht sonntags erledigen. Nichts brauchte in Hast und Eile zu geschehen.

Die Arbeit in der Gärtnerei war auch schön. Man konnte hin und wieder nach den Kindern sehen. Auch zu essen gab es in der Gärtnerei stets etwas. Freilich ist es auf dem Felde, wo viele Leute mitmachen, unterhaltsamer. Die Arbeit war zumeist sehr verschieden von der in der Heimat. Das Marchfeld ist alles ebener Grund. Da lassen sich leichter Maschinen einsetzen. Und eine Maschine zu bedienen, ist weit weniger schwer, als alles mit der Hand zu machen. Die Zeit vergeht sehr schnell, sie wurde mir nie lang. Auch heute, im Alter, leide ich nicht an Langeweile. Die Kinder wachsen schnell heran. Man merkt es gar nicht, wenn man sie jeden Tag zu versorgen hat. Wie schnell waren doch die drei Jahre um, bis mein Mädel schon zur Schule mußte und der Kleine ihren Platz im Kindergarten einnahm.

Man schrieb das Jahr 1930. Es ging uns allen ganz gut, nur ich war abermals schwanger. Drei Monate dauerte die Schwangerschaft. Es war der Monat Mai und gerade der Muttertag, als ich früh aufwachte und im Bett in der Nässe lag. Dieses Naß war aber Blut, unterm Bett stand die Blutlacke. Zu der Zeit hatten wir noch keine Matratzen. Durch die Maisblätter floß es leicht durch. Wie es dazu kam, wußte ich nicht.

Sofort, auf Anruf, war der Arzt da. Ja, in diesen Jahren konnte man auch am Sonntag zu jeder Zeit einen Arzt haben, man mußte nicht verbluten. Er gab mir eine Spritze und befahl, ruhig liegenzubleiben. Ein Blutsturz wurde nur mit Injektionen behandelt. Transfusionen gab es damals ganz selten. Drei Wochen kam er täglich zweimal. Als er die erste Besserung sehen konnte, sagte er: „Na, viel hättest nimmer braucht!" Im Juli war es dann soweit, daß er mich auf Erholung schickte.

Ich wollte aber nicht auf Krankenkasse irgendwohin, sondern fuhr mit meinem Jüngsten nach Neunkirchen zu Vaters Bruder. Der war ja sein Pate. Die beiden größeren Kinder waren in Kirchschlag bei ihren Paten. Für den Kleinen hätten sie im Schnitt keine Zeit gehabt. Ich hatte es bei meiner Schwägerin sehr gut. Nur gab es dort die kleinen Mitbewohner. Die kannte ich noch nicht, diese Blutsauger, die Wanzen. Bei Tag konnte man sie nicht finden. Schon in meinem zehnten Lebensjahr lebte ich mit solchem Kleingetier. Es waren Flöhe und Läuse, die wir im Elternhaus nicht hatten. Nur einmal kamen wir noch mit den Wanzen in Berührung. Flöhe und Läuse hatten wir später überhaupt nicht mehr.

Wir kauften uns eine zusammenpassende Einrichtung beim Trödler, damit wir alles gleich hätten, einen Kasten, sprich Schrank, bekam ich vom Bauern als Hochzeitsgeschenk, einen zweiten ließ ich mir beim Tischler machen, die Betten kaufte mir mein Bruder, der mein Beistand war, zur Hochzeit. Das war lange Jahre alles, was wir an Möbeln hatten, einen Tisch und zwei Sessel ließen wir uns noch machen. Die zusammenpassende Garnitur mußten wir bald wieder verkaufen, die ungleichen Stücke behielten wir noch vierzig Jahre. Als ich schon zwölf Jahre Witwe war – heute sind es sechsundzwanzig Jahre –, da machten mir meine Söhne einen schönen Doppelschrank. Dazu kaufte ich mir ein Joka-Bett. Mir genügt das, was ich habe. Könnte ich heute nur halb so gut schlafen wie damals auf dem Maisstroh, würde ich gerne tauschen mit dem alten Strohsack. Nicht alles Neue ist gut, wenn es auch schön ist.

Es war Herbst geworden, mein Erholungsurlaub war zu Ende. Wir mußten auch die anderen Kinder wieder heimholen. Die Schule begann. Das Leben mußte wieder anders laufen. Da der Kleine schon in den Kindergarten ging, konnte ich ganztägig arbeiten. Bis die Kinder drei Jahre alt waren, ging ich nur halbtags. Um sieben Uhr früh mußten alle drei fertig sein, Felix nahm die jüngeren mit. Der Kindergarten war in der Schule. Jede Woche einmal mußte er auch den Laib Brot zum Bäcker bringen und durfte am Nachmittag nicht vergessen, ihn nach dem Backen wieder zu holen. Ja, auch Schulkinder hatten ihre Pflichten, es klappte immer. Da ich jetzt den ganzen Tag arbeitete, hatten wir auch wieder mehr Geld. Vom Deputatacker konnten wir etwas verkaufen, Mais und Erdäpfel. Im Winter, Dezember und Jänner, hatten wir Frauen nur wenig Verdienst. Es hätte uns ganz gut gehen können, ja wenn . . .!

Als ich im Herbst heimkam, war ich sofort wieder schwanger. Da war ich aber richtig wütend, so daß auch ich einmal nichts redete, wie es mein Mann oft genug getan hat – nur wußte man bei ihm keinen Grund. Was aber konnte ich tun, ich mußte es hinnehmen. Was anderes gab es ja nicht. Weihnachten konnte ich kaum etwas essen, was nicht wieder heraufkam.

Um die Mitte Jänner ging es mir schon etwas besser, und ich holte mir Säcke zum Flicken. Es war das ja keine Plage, dabei habe ich mir sicher nicht wehgetan. Morgens einmal, es war ein Freitag, ging das Fruchtwasser ab. Ich fragte den Arzt. Er kannte mich ja und wußte, wie es kommt: „In ein paar Tagen wird die Frucht abgehen." Am Sonntag darauf, ich bereitete eben das Mittagessen, als das passierte. Es lebte noch und war ein Mäderl. In ein paar Minuten war es tot, und ich schob die Schüssel unter das Bett.

Mein Mann war im Stall. Er mußte wieder einmal einen Kutscher vertreten, der im Krankenstand war. Nach dem Mittagessen las der Mann eine Zeitung, die Kinder liefen fort zum Spielen. Ich setzte mich zur Nähmaschine, zum Nähen gibt es genug bei fünf Personen. Auf den Füßen hätte ich mich nicht halten können. Den ganzen Nachmittag nähte ich, bis mein Mann sagte: „Du siehst aus wie eine Leiche, ich kann dich nicht mehr anschauen. Du legst dich nun ins Bett, ich gehe und hole den Arzt." Von dem Vorfall sagte ich ihm kein Wort. Mir wäre es egal gewesen, wäre ich dabei draufgegangen. Im Zorn denkt man nicht, daß die Kinder, die draußen herumspringen, dann zu Waisen würden. Der Arzt kam bald. Als er die Nachgeburt holte, wußte auch mein Mann, worum es ging. Er bat mich mit gefalteten Händen um Verzeihung, er werde mich künftig schonen. Auch diese Prüfung überlebte ich. Nun bin ich mehr als fünfzig Jahre älter. Warum erinnert man sich an das alles? Das sollte man doch in den vielen Jahren längst vergessen haben!

Nun kam der Frühling, nicht nur in der Natur, auch in mir. Ehe die Arbeit draußen auf den Äckern begann, blieb mir Zeit, wieder Kräfte zu sammeln. Im Februar wurde schon Dünger gebreitet, im März war der Frühjahrsanbau bis zum Josefi-Tag – das ist der 19. März – beendet. Dann wurden die Erdäpfel in die Erde gelegt und der Zuckerrübenanbau gemacht. Die mußte man oft zwei- bis dreimal anbauen, wenn die Käfer die frischkeimenden Blättchen abfraßen oder die Pflanzen im Reif erfroren.

Zur Rübenarbeit kamen am 1. Mai immer sechs bis acht Slowaken. Diese kehrten wieder in ihre Heimat zurück, wenn die Zuckerrüben in die Fabrik geliefert wurden. Weit hatten sie nicht vom Marchfeld bis Preßburg. Diese Arbeiter machten fast alles im Akkord, nicht nur die Rüben, auch die Erntearbeit und anderes. Sie hatten eine eigene Köchin mit, die das Essen auf das Feld nachtragen mußte, da die Leute oft schon bei Tagesbeginn arbeiteten. Es waren nicht immer dieselben. Manchmal eine Familie, Eltern mit Kindern und Verwandten. Einmal verliebte sich der Gärtnerssohn in eine fesche Slowakin. Er heiratete sie auch, obwohl sie kein Wort Deutsch konnte. Die Eltern wollten es ihm verwehren, es nützte ihnen nichts. Gerade diese Schwiegertochter nahm später seine Mutter zu sich und pflegte sie bis ins hohe Alter, obwohl sie drei Söhne und drei Töchter hatte.

Ja, das Leben spielt oft seltsam. Ausländer sind oft gute Menschen. Auf so einem Hof kennt jeder jeden, der dort arbeitet. Daher gab es auch viel Tratsch. Schön ist es auch wieder, wenn lustige Späße gemacht und Witze erzählt werden, wie beim Erbsenpflücken, da geht die Arbeit doppelt schnell, zurückbleiben in der Reihe will niemand.

. . ., daß er sich um einen anderen Posten umsah

In diesem Jahr sollte es für uns alle eine große Veränderung geben. Die Arbeitslosigkeit war groß, aber uns berührte sie noch nicht. Wir hatten zu essen, nur Geld gab es viel zuwenig. Butterbrot kannten unsere Kinder nicht, es fehlte ihnen auch nicht. Andere hatten auch keines. Nur Margarine gab's aufs Brot. Gekocht wurde mit Kernfett. Es schmeckte ganz gut, nur kalt durfte das Essen nicht werden.

Als Vater einmal nach Kirchschlag fuhr, brachte er von seiner Schwester Anna, die im Stübl mit ihrer Schwester Maria wohnte, einen Butterstriezel mit heim. Die Kinder mochten die Butter gar nicht, ich mußte kochen damit. Sie hatten lieber Margarine, die damals noch lange nicht so gut war wie heute. Von den Ferien kannten sie die Butter ja. Da war ihnen auch ein Schmalzbrot lieber.

Wenn auch ich den ganzen Tag arbeiten konnte, verdienten wir zusammen sechs Schilling – ein Kilo Fleisch kostete drei Schilling. Man brauchte auch anderes als nur Essen. Kleider und Schuhe brauchten wir alle fünf. Da blieb kein Groschen, nicht nur meinem Mann, auch den anderen Männern nicht, daß sie etwa einmal ins Wirthaus gehen hätten können. Ich glaube, meinem Mann fehlte das am meisten. War er doch von Jugend an daran gewöhnt. Er sagte es zwar nicht, aber ich glaube, das war der Grund, daß er sich um einen anderen Posten umsah.

Eines Sonntags kam er heim – er kam von der Kirche, vielleicht hatte ihn ein Bekannter mit ins Gasthaus genommen, anders konnte ich es mir nicht erklären –, voll Freude erzählte er mir, er werde kündigen und in vierzehn Tagen in der Molkerei anfangen. Da brauchten wir aber eine Wohnung. In der Dienstwohnung konnte er nicht woanders arbeiten. Auch darüber hatte er schon umgefragt und wußte bereits, daß im Haus Nr. 16 eine Wohnung zu haben wäre. Nur der Mietzins mußte für ein halbes Jahr vorausbezahlt werden. Sie hatten in dem Haus die Stallungen zu Wohnungen umgebaut und mußten nun die Baukosten bezahlen. Natürlich konnten wir das Geld nicht momentan aufbringen. Auch da wußte er einen Rat. Er fuhr nach Kirchschlag, borgte sich das Geld von seiner Tante aus und versprach ihr, das Geld binnen einem halben Jahr zurückzuzahlen. Wir zahlten es schon früher zurück. Ich konnte Kannen waschen und bekam für drei bis vier Stunden 3,50 Schilling. So zogen wir um. Vater führte die paar Sachen mit dem Milchwagen in die neue Wohnung.

Wieder einmal ein neuer Anfang, eine neue Einteilung mit dem Verdienst. Wir mußten ohne Deputat leben, nur mit dem Lohn von fünfzig Schilling in der Woche. Sofort gewöhnt man sich nicht daran, alles Günstige herauszufinden. Es begann eine schöne Zeit. Fast möchte ich sagen, die allerbeste und schönste Zeit in meinem ganzen Eheleben. Mein Mann gab mir seinen gesamten Lohn, da er selbst immer etwas bekam, wenn er jemand mitfahren ließ oder in einem Geschäft etwas bekam. Das Geld ließ sich schön einteilen. Ich machte das mit den Kindern, sagte ihnen an zum Aufschreiben, was wir für die ganze Woche einkaufen müssen, wieviel man für Zins und notwendige Dinge braucht. Mein Mann brauchte daheim fast nichts. Zu essen bekam er in den Geschäften und in der Kaserne, wo er die Milch zustellte. Das Ungute war, daß er um Mitternacht aufstehen mußte.

Wir wohnten wieder in einer Küche-Zimmer-Wohnung. Meine Hühner mußte ich weggeben, die durfte man in einer Mietwohnung nicht halten. Ich packte sie in eine Kiste, oben mit Latten, daß sie genug Luft hatten, und schickte sie mit der Bahn zu meiner Tante nach Piesting. Sie lebten noch mehrere Jahre. Meiner Tante war leid, sie zu schlachten, weil sie so zutraulich waren.

Ich weiß heute nicht mehr, zu welcher Jahreszeit wir umzogen, es wird so im Juni 1931 gewesen sein. Mehr als vier Jahre waren wir auf dem Gutshof.

Außer Kannen waschen hatte ich kaum gearbeitet. Obwohl wir genug zu essen hatten, mußten wir sehr mit dem Geld sparen, um die Schulden rechtzeitig abzahlen zu können. Ich machte für die Kinder alles selbst, auch die Hosen für die Buben nähte ich. Es blieb mir noch Zeit, an neuer Kirchenwäsche zu häkeln oder zu sticken. Es gab dann eine Ausstellung aller Sachen im Pfarrheim. Es war schon im August 1932. Da hatte ich eine Augenoperation. Dann war Stillstand mit der Näh- und Handarbeit. Die Kinder halfen Vater, die Kannen abladen. Er konnte einstweilen in der Kanzlei verrechnen, um früher zum Schlafen zu kommen. Sie gingen dann in den Hort.

Es stellte sich bald heraus, daß nicht alles Gold ist, was glänzt. In diesen Jahren wurde die Arbeitslosigkeit immer größer, es gab viel lichtscheues Gesindel, das in den Straßen sein Unwesen trieb. Die Milchwagen fuhren um zwei Uhr früh weg, das wußten alle. Sie überfielen die Wagen, holten sich Butter und Topfen. Die Kutscher schliefen oft auf der Fahrt ein und merkten manchmal gar nichts. Wenig Zeit war zum Schlafen. Die Pferde fanden auch allein ihren Weg. Manchmal gelang es den Kutschern, solche Räuber mit der Peitsche zu vertreiben. Was ihnen gestohlen wurde, mußten sie vom Wochenlohn bezahlen. Manchmal machte das eine ganz schöne Summe aus. Das Geld fehlte dann mehr als das Essen. Es ist nun einmal so im Leben, wie das Dichterwort sagt: „Des Lebens ungetrübte Freude, wird keinem Irdischen zuteil.“ – Sie wurde es auch für uns nicht.

Vater bekam einen eitrigen Fuß. Um Mitternacht weckte er mich, ich soll in die Molkerei gehen und sagen, er kann nicht fahren. Er kam nicht in den Schuh hinein. Wenn er nach der Arbeit zum Arzt gegangen wäre, der hätte das aufgeschnitten und verbunden. Mit einem weichen Hausschuh hätte er fahren können. Wehleidig war er immer, bei jeder kleinsten Verkühlung glaubte er, gleich sterben zu müssen. Der Arzt schrieb ihn nicht in den Krankenstand.

Als er wieder arbeiten wollte, nahmen sie ihn nicht wieder, er mußte aussetzen, bekam aber auch kein Arbeitslosengeld, weil er ja nicht gekündigt war. Drei Tage nach Eintritt der Krankheit werden nicht bezahlt, dann hätte er schon wieder arbeiten können. So haben kleine Ursachen oft große Wirkungen. In der Molkerei hatten sie um Mitternacht niemand finden können, der mit allem vertraut war. Da mußte der zwanzigjährige Sohn aufstehen und die Arbeit machen. Im Zorn ließen sie meinen Mann das fühlen. Die Oberen können die Kleinen stets bestrafen, daß man sich merkt, wie man mit ihnen umzugehen hat – auch ohne Gewalt. Das ist heute noch so wie vor fünfzig Jahren.

Ich wußte nicht, ob sich der liebe, gute Mann Gedanken machte, wie wir alle fünf leben sollten. Er sagte ja nie ein Wort. Schon gar nicht, daß er alles mit mir besprochen hätte, was die richtige Lösung gewesen wäre. Geld oder Vorräte waren nicht da, essen mußten wir aber alle, wenn wir leben wollten. Was also war zu tun? Er tat den ganzen Tag nichts als nur Lesen. Es sah nicht danach aus, daß er etwas herbeischaffen würde. So blieb mir nichts anderes übrig, als Arbeit zu suchen und die ganze Familie zu ernähren. Da dachte ich an meinen Vater, was er mir sagte, als wir heiraten wollten – vom berühmten Bauernstolz.

Es war März 1932, viel Arbeit gab es zu dieser Jahreszeit ja nicht. Ich lief alles ab und fand endlich beim Juden Rosenbaum ein wenig Verdienst. Die Arbeit bestand darin, im Keller Erdäpfel zu sortieren, die großen für den Frühjahrsanbau, die kleinen für das Vieh. Sieben bis elf Uhr, dann eine Stunde Mittagspause, das karge Essen machen und wieder hasten, arbeiten. Bei schlechter Kost mußte das bißchen Verdienst reichen. Schulden machte ich keine, und der Schuhdoppler mußte warten. Ich konnte auch beim Frühjahrsanbau noch arbeiten. Vater saß immer noch daheim und tat nichts.

Nach einigen Monaten holten sie ihn wieder in die Molkerei, da einer der Kutscher erkrankte. Als dieser wieder kam, mußte mein Mann auf den Äckern arbeiten, im Schnitt mit dem Traktor fahren. Erst als die Felder leer waren und die Saisonarbeiter heimfuhren, konnte er im Winter wieder mit der Milch fahren. Es ging wieder besser, freilich mußte vieles nachgeschafft werden, was bei meinem spärlichen Verdienst nicht möglich gewesen war.

Wie lebten wir in jenen Wochen, die zu Monaten wurden, als mein Mann nichts arbeitete? Höchst einfach – Erdäpfelnudeln. Erdäpfel steckte man einige in die Tasche. Auch Gulasch konnte man davon machen sowie Knödel, Püree – eben alles, was nicht viel kostete, doch den Hunger stillte. Nur verzagen durfte man nicht, auch keinerlei Wünsche haben. Solche hätten sich nicht erfüllen lassen. Ich wundere mich, daß alle ganz zufrieden waren und nicht klagten. Man sagt ja: „Arm ist nicht, wer wenig hat, nur wer viel braucht."

Nach so vielen Jahren fragt man, was würden die heutigen Frauen tun, wenn sie, wie ich, in eine solche Lage kommen würden? Würden sie sich abfinden oder davonlaufen? Was wäre das Richtige, wie man handelt? Man muß dabei auch an den Mann denken: „Warum tut er nichts?" Viele Fragen treten auf: „Welchen Sinn hätte es, um eine Scheidung einzureichen?" Alle in der Familie würden unglücklich werden. Es gab keine Wohnungen, auch keine Arbeit für Frauen, daß man eine bezahlen hätte können. Wenn der Mann nicht arbeitete, würde er auch für den Unterhalt der Kinder nicht zahlen. Mein Mann war ein Bauernsohn, die hatten eine ganz andere Mentalität. Das war zu bedenken. Sie waren nicht gewohnt, selbst zu denken, die Arbeit wurde morgens nach dem Frühstück jedem zugewiesen, und essen ging man zum Tisch. Man kümmerte sich nicht, wo das Essen herkommt.

Daher meine ich, der Posten in der Molkerei wurde ihm angetragen. Von selbst kam er sicher nicht auf die Idee, sich zu verbessern. Noch in späteren Jahren war es oft so, daß ich ging und für ihn einen Posten suchte. Ich werde noch darauf zurückkommen. Ein Mann kümmerte sich auf den Bauernhof nicht um die Kinder, das war Sache der Bäuerin. Er konnte ja das gar nicht bedenken, daß die Kinder zu essen brauchten und was anzuziehen. Damit hatte er nichts zu tun. Er hatte nie gelernt, ein eigenes Familienleben der Selbsterhaltung zu führen.

Dann gab es auch früher keine verheirateten Leute auf dem Bauernhof, das hat sich erst eingebürgert, als Dienstposten schwer aufzutreiben waren. Dazu kamen die vielen Kriegsjahre, wo die Soldaten ein anderes Leben führten, nicht das Familienleben, und sich nachher schlecht diesem Leben daheim wieder anpassen konnten. Jeder Mensch ist nicht von Natur aus fähig, das zu lernen.

All das mußte ich bedenken, als ich die Familie erhalten mußte. Nach vielem Nachdenken erkannte ich, daß es für mich das Beste ist, durchzuhalten. Es mußte auch die ganze Hausarbeit getan werden, zum

Waschen gab's 1932 noch keine Maschine. So war der Sonntag mehr Plage als der Arbeitstag. Männer haben auf dem Bauernhof nie Frauenarbeit getan. Das ist heute weitaus besser. Nun, es ging vorbei, ich hab's geschafft, und aus den Kindern ist sogar noch etwas geworden.

Mein Jüngster ging nun schon in die Schule. Wenn er schulfrei hatte, fuhr er gern mit den Milchwagen mit in die Stadt, das Aufstehen um halb zwei Uhr machte ihm nichts aus, und die Kunden hatten ihn sehr gern. Wenn alles seinen richtigen Gang im Leben hat, gehen die Jahre viel schneller dahin als in schlechten Zeiten.

Wir standen im Jahre 1934, wir alle erlebten viel Gutes und Schönes. Ich hatte eine gute Freundin, wir nahmen uns Arbeit mit und gingen mit den Kindern baden in die Lobau. Lange waren wir befreundet, bis wir 1949 nach Floridsdorf zogen.

Viele aber leben nicht mehr

Ja, uns ging es noch gut. Es gärte aber schon im Volke. Hitler regierte schon ein Jahr in Deutschland, und die Arbeitslosen sahen, daß es im Nachbarland wieder Arbeit gab. Viele schlossen sich der neuen Bewegung illegal an. Der Friedensvertrag war von den Alliierten im Jahre 1919 für die Verlierer so zugestutzt, daß kein Volk auf die Dauer hätte leben können, wie es die Menschen nach dem Ersten Weltkrieg mußten – auch das große Land Deutschland nicht. Hitler hätte sonst nie an die Macht kommen können.

Das alles ist aber schon längst Geschichte. Für jene, welche diese Zeit nicht miterlebt haben – es sind bald fünfzig Jahre –, gibt es die einschlägigen Bücher, wo sich jeder Interessierte selbst informieren kann. Doch sieht es auch heute noch, je nachdem welcher Partei einer angehört, jeder von einer anderen Warte aus. Zurückzuführen ist vieles noch auf die Zeit vor dem Ersten Weltkrieg. Das Jahr 1934 muß aber noch immer für einen Parteienstreit herhalten und wird bei jeder Gelegenheit zitiert. Viele aber leben nicht mehr. Man muß auch die Geschichte beider Seiten lesen, um selbst entscheiden zu können. So will auch ich nur schreiben, wie ich es mit den Meinen erlebte, und von Politik nur soviel beifügen, um die Dinge, die sich abspielten, besser verstehen zu können.

Hitlers Vasallen betrieben mächtige Wühlarbeit. Die Sozialisten konnten nicht mehr aufkommen. In so einem armen Land konnte man auch kein Militär einrichten, weil dafür kein Geld da war, man brauchte aber wen, um die Ordnung aufrechtzuerhalten. So gründete man die freiwillige, christliche Heimwehr, die Sozialisten den Schutzbund. Am 10. Februar 1934 war es dann soweit. Mittags wurde in der roten Gemeinde Wien der Strom abgedreht. In den großen Gemeindebauten waren die Maschinengewehre aufgestellt, die Straßen wurden abgesperrt, es sollten keine Lieferungen hineinkommen, damit ein Generalstreik durchgeführt werden könnte.

In den dreißiger Jahren hatten wir keine Tageszeitung. Radio gab es wohl, aber man konnte es noch nicht bezahlen; nur die „oberen Zehntausend" konnten sich eines leisten. Wir waren deshalb gänzlich unwissend, was in Stadt und Land vorging. Man kümmerte sich auch nicht darum.

Damals starben die Menschen noch an Altersschwäche

In der ersten Februarwoche 1934 bekam ich von meinem Bruder einen Brief. Er schrieb: „Willst den Vater nochmals sehen, so komm, er wird nicht mehr lang leben." Meine drei Kinder konnte ich nicht allein lassen, obwohl Felix fast vierzehn Jahre alt war. Alles Für und Wider überlegte ich, und dann entschloß ich mich doch, zu fahren. Freilich wollte ich Vater nochmals sehen. Wenn ich hinter seinem Sarg gehen würde, hätte er nichts mehr davon. Als am Samstag darauf gerade Zeugnisverteilung war – Sonntag, Montag und Dienstag hatten die Kinder schulfrei –, fuhr ich am Nachmittag weg. Mein zehnjähriges Mädel nahm ich mit, die beiden Buben ließ ich zu Hause. Hätte ich nur die geringste Ahnung gehabt, was ich erleben muß, bis ich wieder heimkomme, wäre ich nicht weggefahren.

Es wurde nichts herumgeredet, niemand sagte etwas und wußte etwas. Mein Vater freute sich sehr über unseren Besuch. Er streichelte den blonden Kopf meiner Tochter, konnte sie nicht genug ansehen und sagte: „Wie groß sie schon geworden ist!" Nur mehr stoßweise konnte er die Worte sagen: „Jetzt ginge – es mir erst – gut. Nun muß – ich fort." Ja, man konnte die Tränen nicht zurückhalten.

Er hatte sein Leben lang schwer arbeiten müssen. In seiner Kindheit, mit vier Jahren, mußte er schon zu einem Bauern, die Schafe hüten. Später waren es dann die Kühe. Wenn schon der Reif auf den Gräsern lag, mußte er noch immer mit den Kühen auf die Weide. Schuhe durfte er nicht tragen, bis es auch für die Kühe schon zu kalt war. Wenn eine Kuh wo abmachte, stieg er in den heißen Dung, um sich die Füße zu wärmen. Dann sorgte wieder eine andere Kuh dafür. Eine Schule durfte er nie besuchen. Lesen brachte er sich selbst bei, als er im Winter im Wiener Becken bei den Bauern zum Fruchtausdreschen war. Da aber hatte er schon Frau und Kinder.

Als er schon beim Ochsenhüten angelangt war – nach dem Ackern auf dem Felde mußte er diese ausspannen und zur Weide treiben –, da war er im Winter nicht mehr soviel eingesetzt. Jetzt schlich er sich manchmal fort in die Schule. Bei der Lehrerfrau bekam er dann immer ein gutes Mittagessen, weil ihr der arme Bub leid tat. Bei den Bauersleuten sagte er, daß er zu seinen Eltern laufe. Mit dem Lernen tat sich aber nichts. Lange Zeit konnte er nicht davonlaufen. Schreiben lernte er nie.

Nachdem er stark und kräftig war, nahmen ihn seine Eltern wieder nach Hause. Da mußte er dann schon seine Eltern versorgen und zwei seiner Schwestern, die noch mit ihren ledigen Kindern daheim waren. Er arbeitete damals beim Bau der Aspangbahn. Heiraten konnte er erst mit achtunddreißig Jahren, als seine Eltern 1898 starben und die Schwestern verheiratet waren. Die Zeit ab seiner Ehegründung habe ich in meinem ersten Buch beschrieben.

An all das – Kindheit, Jugend und die ganze Lebenszeit – mußte ich nun denken, als er in seinen letzten Tagen sagte, nun ginge es ihm erst gut. Und das meinte er, obwohl er keinen Groschen Rente bekam. Eine Rente gab es 1934 erst für Beamte und Angestellte. Für Fabriksarbeiter in der Stadt vielleicht auch schon, aber nicht für Landarbeiter. Seine Schwiegertochter sorgte aber auch so gut für ihn. Er konnte sich wirklich wohlfühlen, wenn er auch schon schwer krank war und schwach. Damals starben die Menschen noch an Altersschwäche.

Ich war Sonntag und Montag noch bei ihm. Am Dienstag, der noch schulfrei war, wollte ich auch noch bleiben und erst am Abend mit dem letzten Zug nach Hause fahren. Am Nachmittag ging ich zu meiner Tante, die nicht weit weg wohnte. Wir waren eifrig am Plaudern, als das Radio eine Meldung brachte, daß in Wien das Standrecht ausgerufen sei. Wir unterhielten uns weiter, wußte ich doch nicht, was dieses Wort bedeutet. Ich hatte es noch nie gehört. Wahrscheinlich wußte es auch meine Tante nicht, sonst hätte sie mir ja sagen können: „Fahr früher weg, damit du nicht in die Nacht reinkommst!" Am Abend verabschiedete ich mich von meinem Vater zum letzten Mal. Ich sah ihn erst als Toten wieder. Am 8. März begleiteten wir ihn zu Grabe.

Es war ein gnadenloser Bürgerkrieg

Gegen sieben Uhr abends brachte mich mein Bruder zum Zug nach Wien. Auch er sprach kein Wort über die Ereignisse in Wien. Ich weiß nicht mehr, hatte er damals noch kein Radio oder wurde dieses des Kranken wegen nicht eingeschaltet? Auch auf der Bahn gab es nicht die kleinste Andeutung, daß es bei der Ankunft Schwierigkeiten geben könnte. Nach zwei Stunden Fahrt kamen wir am Südbahnhof an. Welcher Schreck! Der Bahnhof lag da in tiefster Finsternis. Beim Aussteigen war wenigstens der Zug noch beleuchtet, so daß man zum Ausgang finden konnte. Aber dann, die Stiegen hinunter, tappte man im Dunkeln. Es war ja der 12. Februar, da ist es ohnehin schon um fünf Uhr Nacht.

Ich dachte: „Wenn wir nur mal die Stiegen runter wären, da stehen dann die beleuchteten Autos und Taxis, wie es eben auf Bahnhöfen ist." Ich dachte auch, es würde bald eine beleuchtete Straßenbahn kommen. Nichts von alldem, es war und blieb finster. Die Leute, die vom Zug kamen, hasteten alle schnell davon. Fragte man jemand, gab es keine Antwort. Wenn schon keine Straßenbahn fuhr, wollte ich nach einem Taxi suchen, aber weit und breit war alles leer, kein Mensch war auf der Straße, schon gar nicht eine Fahrmöglichkeit zu sehen. Was blieb mir übrig, als zu Fuß in der Finsternis den Weg zu suchen. So ging ich halt mit meinem verängstigten Kind die bekannte Straße weiter – allein in der finsteren Stadt – und dachte, auf anderen großen Plätzen ein Taxi zu finden.

Ja, hie und da gab es einen Polizisten. Einer hielt uns auf und schrie uns an: „Was wollen Sie auf der Straße? Wissen Sie denn nicht, daß Standrecht ist und nach acht Uhr abends niemand auf der Gasse sein darf?" Ich antwortete: „Nein, das weiß ich nicht, wir kommen vom Zug von auswärts. Nun finde ich keine Fahrgelegenheit, um nach Hause zu kommen." Der Polizist sagte darauf nur: „Schauen Sie, sobald als möglich von der Straße wegzukommen!"

Nun war ich auch schon voller Angst. Ich versuchte, für die Nacht in einem Gasthof oder Hotel unterzukommen. Dabei dachte ich auch an meine Familie zu Hause. Die wußten ja, was in Wien geschah und mußten ebenso große Angst haben. Vater mußte um Mitternacht mit dem Milchwagen wegfahren, die Kinder waren dann allein. Was sollte ich machen? Ich hätte wohl soviel Geld bei mir gehabt, um übernachten zu können. Wo ich aber anklopfte, machte niemand auf. Überall war alles versperrt, auf mein Läuten kam niemand heraus. Wir gingen weiter.

Wohl zehnmal wurden wir noch angehalten, und es ergab sich immer das gleiche Gespräch wie beim ersten Mal. Gerade, daß sie uns nicht auf die Polizeistube führten! Dann marschierte ein großer Trupp Soldaten mit Maschinengewehren vorbei. Mein Mädel zitterte vor Angst und fragte, warum die da marschieren. Ich sagte ihr, die machen Übungen. Wir kuschelten uns in ein Haustor, bis sie vorbei waren. Längst muß es schon elf Uhr gewesen sein. Wir gingen die leere Straße weiter, schon waren wir am Praterstern. Da schaute ich herum, ob nicht doch wo ein Taxi zu finden wäre.

Welches Glück! Versteckt unter Bäumen sah ich zwei Autos stehen. Es waren Taxis. Schnell ging ich hin und fragte. Der eine Lenker winkte gleich ab. Er dürfe nicht übers Stadtgebiet hinausfahren. Der andere ließ mit sich reden, als ich ihm die Umstände erzählte. Als er fragte, warum ich allein hier sei, sagte ich, daß mein Mann jeden Morgen mit dem Milchwagen hierher in den zweiten Bezirk fahre. Er sagte: „Ja, den kenne ich gut, schon mehrere Jahre." Er war auch gleich bereit, uns zu fahren, aber nur bis zur Gemeindegrenze, weiter dürfe er nicht. Den Weg nach Groß-Enzersdorf mußten wir halt dann wieder zu Fuß gehen. Das machte nichts, ich war froh und glücklich, heimzukommen zu meinen Lieben. Wir kamen auch noch billiger davon, als wenn wir übernachtet hätten. Noch nie habe ich Geld lieber ausgegeben.

Wie freudig atmete ich auf, den Schlüssel umzudrehen, aufzusperren und daheim zu sein. Was ist es doch Schönes, eine Familie zu haben und vereint zu sein! Es war halb ein Uhr früh. Vater war nicht mehr daheim, der fütterte schon seine Pferde. Felix erwartete uns mit Sehnsucht, Hermann – er besuchte damals die erste Klasse – schlief schon. Nachdem wir alles erzählt hatten, begaben wir uns zu Bett. Schlafen konnte ich freilich nicht. Alles ging noch im Kopf herum.

Bald war es Morgen, und bei Tageslicht ist man viel weniger ängstlich. Vater erfuhr es in der Stadt von dem Taxler, daß er uns bis zur Stadtgrenze gefahren hatte. Da brauchte er dann auch keine Angst um uns zu haben. Die Kinder hatten keine Schule, das erfuhren wir auch gleich morgens. Die Menschen standen überall auf den Straßen herum, um etwas von dem Schrecklichen zu erfahren. Es war ein gnadenloser Bürgerkrieg. Arbeiter schossen auf Arbeiter. Nachts war Ruhe. Als der Tag anbrach, ging auch der Kampf wieder an. Wir gingen zum Wiener Tor. Dort konnte man die Schüsse gut hören. Der Schutzbund der Sozialisten verbarrikadierte sich in den großen Gemeindebauten. Der Goethe-Hof und der Heiligenstädter Hof wurden am meisten beschädigt. Die Heimwehr kämpfte auf den Straßen: Bruder gegen Bruder.

Viel konnte man nicht erfahren. Es gab keine Zeitung. Da der Strom abgesperrt war, gab es auch keine Radionachrichten. Nur wenn von der Stadt jemand herauskam, erfuhr man etwas über die Lage. Als die Regierungstruppen die sozialistisch geführten Ressorts eroberten, gab es wieder Licht. Die Schießerei dauerte drei Tage. Die Regierung setzte sich durch. Von den Sozialisten wanderten nach dem Ende des Gefechtes viele in das Internierungslager Wöllersdorf. All das erzeugte unter der Bevölkerung böses Blut. Auch die Hitlerpartei spielte hinein. Von Ruhe konnte keine Rede mehr sein. Das tägliche Leben ging seinen Gang, aber es gab den beiderseitigen Haß der Parteien.

Die beiden Februarwochen waren bald um, und der Gesundheitszustand meines Vaters verschlechterte sich rapid. Damals sagte man noch, er hat mit vierundsiebzig Jahren ein schönes Alter erreicht. Heute werden die meisten Leute schon zehn bis fünfzehn Jahre älter. Aber jung oder alt, es ist immer schwer, einen nahen Angehörigen zu verlieren.

Am 5. März schloß mein Vater seine gütigen Augen für immer. Am 8. März nahm ich meine beiden Buben – das Mädel ließ ich daheim – und fuhr zum Begräbnis, diesmal ohne Probleme. Vater konnte nicht mitfahren, die Milch mußte jeden Tag pünktlich geliefert werden. Ich mußte nur einen Tag zum Begräbnis aufwenden, und die Kinder bekamen dazu schon schulfrei. Am Abend war ich wieder daheim. Vaters Grab ist auch heute, nach bald fünfzig Jahren, noch erhalten, obwohl der Friedhof aufgelassen wurde. Sooft ich hinkomme, kann ich noch zu seinem Grabe gehen.

... zu leben hatten wir, zu hungern brauchten wir nicht

Nun verlief das Leben wieder ruhiger. Mein ältester Sohn hatte noch vier Monate Schulpflicht, so mußte ich mich schon nach einer Lehre für ihn umsehen. Soviel man auch herumhörte und fragte, es gab nirgends jemand, der einen Lehrbuben aufnahm. Gab es doch so viele Arbeitslose, da wird ein Unternehmer nicht einen Buben nehmen, der noch nichts kann. Von Berufswünschen konnte keine Rede sein. Als Felix aus der Schule entlassen wurde, arbeitete er ein Jahr lang in der Landwirtschaft seiner Taufpaten. Auf der Gasse sich herumtreiben, da hätte er nichts davon gehabt. Aber alle Arbeit, die man lernt, kann man einmal brauchen. In den Schulferien war auch meine Tochter bei ihren Taufpaten in Kirchschlag, und der Siebenjährige in Neunkirchen bei seiner Taufpatin.

Ich mußte mich im August 1934 wieder einer Augenoperation unterziehen. Nach den Ferien kam nur meine Tochter heim. Die mußte in die erste Klasse Hauptschule eintreten. Hermann blieb in Neunkirchen und ging dort in die zweite Klasse der Steinfeldschule. Ich war wieder einmal schwanger, und es ging mir nicht gut. Bis zu sechs Monaten erbrach ich alles. Man ist da nicht krank, doch fühlt man sich auch nicht wohl. Als ich wieder essen konnte, wog ich nur mehr achtundvierzig Kilogramm. Trotzdem hatte der Kleine bei der Geburt 4,80 Kilogramm. Vielleicht lebt das Kind im Mutterleib vom Blut. Eine Erklärung weiß ich nicht.

Mit der damaligen Zeit war es genauso: Man konnte sich nicht wohlfühlen. Überall gärte es im Volk, ein unruhiges Leben! Die Kinder in der Schule bekamen es schon zu spüren. Die einen gehörten zu den Roten, die anderen zu den Schwarzen. Unsere gingen in den Deutschen Turnverein – vom Turnvater Jahn gegründet, der gänzlich unparteiisch war –, und doch zählte man sie zu den Nazis. Es lag etwas in der Luft, man kann nicht sagen, was es war, man fühlte, etwas war im Anzug. Bald wurde es offenbar. Am 25. Juli 1934 wurde am Ballhausplatz Bundeskanzler Dollfuß erschossen. Er war nicht sofort tot. Von all den Aufständischen, die das ganze Gebäude umstellt hatten, war keine Hilfe für ihn zu erwarten, und jemand anderer erhielt keinen Zutritt. So mußte er ohne einen leiblichen oder seelischen Beistand sein Leben aushauchen. Wieder einmal mehr war es ein Auftakt für alles, was noch kommen sollte. Für das Volk war es ein Schock, nicht nur für die Regierungspartei, auch für alle anderen Menschen.

Die Arbeitslosigkeit stieg immer höher, ebenso der Drang zur Hitlerpartei. In Deutschland war seit Jahresfrist diese Partei am Ruder, und die Leute hatten wieder Arbeit. Man schämte sich nachgerade schon, den Arbeitslosen zu begegnen, wenn man selbst nicht davon betroffen war. Das Jahr 1934 war ein Jahr voller Ereignisse. Das Leben geht weiter, man muß alles hinnehmen, wie es kommt. Gut ist nur, daß man nicht weiß, was auf einen zukommt. So ging auch dieses Jahr seinem Ende zu.

Im zweiten Monat des neuen Jahres kam bei uns ein dunkelhaariger Knabe an. Er hatte schöne Locken, und wir ließen ihm den Bubikopf, bis er vier Jahre alt war. Er wuchs schnell heran, schlief viel und machte uns wenig Sorgen. Mit neun Monaten konnte er laufen. Als ich gerade einmal das Zimmer reinigte, fiel er kopfüber in den Wassereimer hinein. Na, wurde er eben gleich ganz gebadet! Im Sommer 1935 nahm ich ihn dann schon mit in die Ferien. Zu Schulanfang holte ich auch Hermann wieder heim. Seine Paten wollten ihn so gern behalten, aber er wäre sonst seinen Eltern zu sehr entwöhnt worden. Er hatte es dort weitaus besser gehabt. Sein Pate war Zimmermeister, mein Mann nur ein Hilfsarbeiter. Ich konnte ja mit dem Kleinkind nichts dazuverdienen. Aber zu leben hatten wir, zu hungern brauchten wir nicht. Die Arbeitslosigkeit kam erst später zu uns.

Unser ältester Sohn bekam im August 1935 eine Lehrstelle bei einem Kaufmann, nachdem er ein Jahr lang die Landarbeit gelernt hatte. Dort erhielt er auch das Essen. Alles andere aber mußten wir bezahlen, jedes Schuhband, Hosenknöpfe, Briefmarken, ... Es konnte noch so wenig sein, es wurde fein säuberlich aufgeschrieben. Und zum Jahresschluß bekamen wir die Rechnung. Wir wußten oft nicht, wie wir alles bezahlen sollten. Wäre er daheim gewesen, wäre alles bei Gebrauch gezahlt worden, und einen mehr zum Essen spürt man nicht. Auf dem Land war das so, auch Bäckerlehrlinge und andere wurden im Haushalt des Lehrherrn mit Schlafen und Essen aufgenommen.

Felix hat später diesen Beruf nie mehr ausgeübt. Als er 1938 frei wurde, kam er nach Wien in die Mariahilfer Straße zu den Brüdern Haber ins Büro. Es waren Juden, und das Geschäft existiert heute nicht mehr. Im Jahr 1939 brach der Krieg aus, und er mußte zum Militär. Nun geht er im kommenden Jahr schon in Pension. Gebraucht hat er fast alles, was er gelernt hat. Den Umgang mit Kunden und vieles andere.

Diese zwiespältigen Jahre gingen in Ruhe und Frieden dahin

So wäre ich beim Jahr 1935 angelangt. Im großen und kleinen Geschehen, in der weiten Welt, war alles noch ruhig. Es gab zwar immer mehr Arbeitslose, manche von ihnen aber bauten sich eigene Häuser mit zusammengesuchtem Material. Auf dem Land lebten sie ja leichter, sie hatten einen Gemüsegarten, einiges Kleinvieh, wie Hasen, Hühner, Ziegen, oft auch ein paar Ferkel. Bei den Bauern gab's hie und da Arbeit. Dort konnten sie auch etwas anbauen. In der Stadt war es schon arg: Die Nazis nahmen immer mehr zu.

Wir lebten noch ruhig in dieser Zeit. Felix hatte einen Posten, während so viele andere eine Lehrstelle suchten und keine fanden. Hermann war wieder zu Hause. Er besuchte die dritte Klasse Volksschule mit gutem Erfolg. Ich ging keiner Arbeit nach, hatte ich doch den Kleinen und die Schulkinder zu betreuen. Im Sommer war der Kleine ein halbes Jahr alt. An den schönen Sommertagen fuhr ich mit den Kindern in die Lobau. Dort gab es ein Freibad. Da planschten die Kinder im Wasser herum und lernten schwimmen. Auch den Kleinen setzte ich schon ins Wasser. Er war von Kind auf ein Wasserratz! Hermann fuhr in den Ferien schon öfter mit Vater auf dem Milchwagen in die Stadt mit. Wir hatten immer viele Eßwaren zu Hause. Was Vater von den Kunden bekam, konnten wir oft nicht aufbrauchen und gaben anderen davon ab. Die Kinder der Arbeitslosen bekamen doch nie Süßigkeiten und waren dankbar dafür.

Diese zwiespältigen Jahre gingen in Ruhe und Frieden dahin. Man kann aber nie alles Gute im Leben haben, irgend etwas Unangenehmes ist stets dabei. Vater konnte sich halt nie ausschlafen. Um zwölf Uhr nachts mußte er die Pferde füttern gehen, nebenbei den Wagen beladen, die Waren übernehmen und um zwei Uhr früh wegfahren. Um halb sechs Uhr früh hatte er beim letzten Kunden eingestellt. Es war eine Konditorei. Dort bekam er sein Frühstück und fing dann an, die leeren Kannen einzusammeln, die Bestellungen für den nächsten Tag zu übernehmen und für die gelieferte Ware zu kassieren. Als er damit zu

Ende war, alles aufgeladen hatte, bekam er im zweiten Bezirk in einem Lebensmittelgeschäft jeden Tag sein Gabelfrühstück. Dieses lag schon im Kühlschrank zur Selbstbedienung bereit. Die Kunden im Geschäft wollten auch nicht allzulang warten. Der Milchmann konnte sich selbst bedienen.

Damals hatten die Geschäfte auch noch Sonntagvormittag offen. Die Besitzer mußten daher – wie der Milchmann auch – sonn- und feiertags arbeiten. Am Samstag wurde ja sowieso gearbeitet. Der Sonntag wurde nie bezahlt, nur wenn gearbeitet wurde. Ab wann der Sonntag bezahlt wurde und der Samstag kein Arbeitstag mehr war, kann ich mich nicht erinnern. Ich glaube, daß dies zu der Zeit war, als die Russen abzogen, im Jahr 1955.

Obwohl es wenig Schlaf gab und es mehr eine Nachtarbeit war, hatte Vater Freude daran und beklagte sich nie. Interessant war doch die Stadt, der Umgang mit den vielen Menschen, die große Verantwortlichkeit – gegenüber einem Hilfsarbeiter, der nur mit Krampen und Schaufel arbeitete. Es war dies nicht eine so abstumpfende Arbeit. Wäre Hitler nicht gekommen – und mit ihm der Krieg, hätte er diese Arbeit wahrscheinlich bis zur Pension nie aufgegeben.

Bleiben wir ein wenig bei den friedlichen, ruhigen Jahren. Das Jahr 1936 war noch eines, wie es später keines mehr gab. Hektik kannte man damals noch nicht. Das kam schon darin zum Ausdruck, daß es noch die Milchwagen mit dem Pferdegespann gab. In der Molkerei hatten sie bereits zwei Lastkraftwagen eingestellt, die wurden jedoch hauptsächlich zum Transportieren der Milch von den Bauern in die Molkerei verwendet. Im strengen Winter blieben sie nicht so leicht in den hohen Schneewehen stecken. Auch konnte man auf das Auto die Milch von zwei bis drei Pferdewagen auf einmal aufladen. Die Pferde sind nun einmal Lebewesen. Wenn sie auch nicht reden konnten, waren sie doch mit dem Kutscher innigst verbunden. Sie fanden auch allein von der Stadt bis in ihren Stall zurück, wenn der Fahrer unwohl war, nicht so aufpassen konnte und einnickte.

Autos gab es schon auf den Straßen, aber nicht so viele. So gab es auch manchmal betrunkene Fahrer. Einmal fuhr so ein betrunkener Mann über die alte Reichsbrücke, direkt von der anderen Straßenseite mit dem Auto hinein in den Pferdewagen. Das händige Pferd konnte nicht ausweichen und starb auf der Straße. Das äußere konnte aufs Trottoir raufspringen und kam davon. Meine Buben weinten um die arme Susi, sie hatten sie ja so lieb. Ja, es war noch anders, mit den Pferdewagen zu fahren. Keinen Streß gab's zu jener Zeit. Die Pferde haben die Kutscher gekannt, diese haben sie beim Namen genannt. Viele solcher Unfälle gab es in jenen Tagen noch nicht. Betrunkene gibt's heute viel mehr, daher auch umso mehr Tote auf den Straßen. Mein zwölfjähriger Urenkel sagte: „Die Pferde müssen wieder kommen!"

Was wir im Sommer brauchten, führte ich alles mit dem Leiterwagerl heim

Groß-Enzersdorf ist ein Tor zur Lobau. Man kann stundenlang durch die schönen Auen und Gewässer wandern. In zehn Minuten konnten wir das Augebiet erreichen. Wir machten reichlich Gebrauch davon. Zu den Badeteichen waren es auch nur zehn Minuten. Man konnte schwimmen oder nicht, für alle war etwas da. Sonnige oder schattige Stellen gab es, auch waren die Wege geeignet, mit dem Kinderwagen zu fahren. Wir verbrachten einen großen Teil unserer Freizeit in der Lobau. Baden kann man ja nur an warmen Tagen.

War es kühler, gab es so viele Spazierwege: Über die vielen Brückerln zum „Roten Hiasl" und bis zu den „Franzosengräbern" war ein beliebter Weg, ein anderer zum Gutshof der Gemeinde Wien. Bei der Dragonerkaserne war der Ausgang. Diese wurde nach dem Ersten Weltkrieg aufgelassen und in einen landwirtschaftlichen Betrieb umgewandelt, der dem Gutshof Lobau angeschlossen war. In beiden Betrieben konnte man viele Tiere beobachten. Die wildlebenden Tiere konnte man auf Schritt und Tritt antreffen. Die Förster mit ihren Gehilfen sorgten dafür, daß kein Unfug vorkam. Frühjahr und Herbst gingen wir öfter die ganze Au durch bis zur großen Donau, sahen den großen Schiffen zu, die in beide Richtungen fuhren. Abends, bis zur Maiandacht, bei der die Buben ministrierten, waren wir zurück – aufrichtig müde.

Ein beliebter Weg war auch der zum Uferhaus und weiter, den Donau-Oder-Kanal entlang. Auch das Badewasser war sehr rein. Wählt man den Hubertusdamm, kann man neben der Donau bis Hainburg wandern und dort auf den Braunsberg gehen. Oben ist eine weite Fernsicht. Spazierengehen war freilich nicht die Hauptsache, dazu war nur der Sonntag da. Für die Wochentage war die Lobau für uns ein Grund mehr, zu beschaffen, was zum Leben hilft. Was konnte man nicht alles von dort heimholen! Den ganzen

Sommer über gab es Beeren, im Mai die guten Schwämme, die Mairochen. Auch Maiglöckchen fand man. Aber die Plätze mußte man kennen, bei allem, was man finden wollte: Erdbeeren, Himbeeren, Brombeeren, Dirndl zum Einkochen, im Herbst den Holunder – eine reiche Abwechslung. Der Förster erlaubte nie, einen Holunderstrauch umzuschneiden. Er sagte: „Von der Wurzel bis zu den Beeren hat alles Heilkraft!"

Dann gab es noch das Holz. Wir hatten ein Leiterwagerl – es ersetzte bei meinem dritten Kind das Kinderwagerl –, damit holten wir Klaubholz von der Lobau. Man brauchte dazu vom Förster einen Berechtigungsschein, damit man sich ausweisen konnte, wenn man vom Jäger angehalten wurde. Was wir im Sommer brauchten – nur zum Kochen –, führte ich alles mit dem Leiterwagerl heim. Bei der Leerfahrt durfte der Kleine sich hineinsetzen. Im Winter kauften wir keine Kohle oder Holz zum Heizen, auch das kam von der Lobau.

Im Winter gab es bestimmte Tage, an denen der Förster eine Lizitation ausschrieb. Kleine Gruppen von Bäumen waren mit Nummern angeschrieben. Der Förster rief die Nummern auf, die Leute erwarben sich eine solche Gruppe, für die man gleich bezahlen mußte. Eine bestimmte Zeit war für das Fällen der Bäume und das Aufarbeiten vorgesehen, bis dahin mußte alles weggeführt sein. Vater borgte sich Roß und Wagen zum Heimführen von einem Bauern aus. Natürlich mußte man Platz zum Lagern haben, das Holz mußte ja erst trocknen, man konnte es erst im folgenden Winter verbrauchen. Wir wohnten ja außerhalb der Stadtmauer, da konnte man an der Mauer einen Holzstoß im Freien anlegen.

Groß-Enzersdorf ist seit fünfhundert Jahren eine Stadt. Die Lobau war damals kaiserliches Jagdrevier. Damit der jeweilige Kaiser nicht in einem Dorf absteigen mußte, hatte er den Ort zur Stadt erhoben. Die Stadt hatte und hat sie noch: eine hohe Stadtmauer. Außenherum läuft eine wunderschöne Promenade, an den heißen Sommertagen ein schöner Spazierweg im Schatten der Bäume. Die Schulen mußte man schon außerhalb der Mauern anlegen. Vielleicht das Doppelte an Häusern wie innerhalb der Mauern wurde seit den dreißiger Jahren außerhalb erbaut.

Aber die Promenade ist schön wie eh und je. Wie oft ging ich um sie herum, frohgemut, ein Liedchen trällernd, auch manchmal zu Tode betrübt. Die Kinder haben die Volks- und Hauptschule in dieser Stadt besucht, bis auf Hermann und den Jüngsten, die später das Gymnasium absolvierten. Diese Zeit ist für die Kinder und Eltern die schönste Zeit des Lebens. Wir lebten zweiundzwanzig Jahre in dieser Stadt.

Nun bin ich beim Jahre 1936 angekommen. Es war noch immer ein ruhiges Leben, wir spürten noch keine Arbeitslosigkeit. Mir blieb neben den familiären Pflichten noch Zeit, schöne Handarbeiten zu machen. Die Frauen arbeiteten an einer neuen Altar- und Priesterkleidung. Sämtliche Wäsche, die für Altar und Messen nötig war, mußte neu hergestellt werden. Ich arbeitete fleißig mit. Für die Kapelle, welche an der Promenade lag, stickte ich neue Vorhänge. Als alles fertig war, gab's eine Ausstellung all dieser Sachen im Pfarrheim. Wenn alles in bester Ordnung läuft, geht ein Jahr nur allzu schnell herum. Die beiden Schulkinder gingen nach der Schule in den Hort. Aber nicht mehr lange dauerte diese stille, gemütliche Zeit.

Der meine mußte sagen, daß sein Vater Hilfsarbeiter ist

Hermann besuchte 1936/37 die vierte Volksschulklasse und mußte fleißig lernen, um die Aufnahmsprüfung fürs Gymnasium zu machen. Im September sollte er in Hollabrunn aufgenommen werden. Es gab neue Sorgen. Wo das Geld hernehmen? Was Vater verdiente, wurde bisher schon jede Woche eingeteilt, damit es für alle reichte.

Für Felix hatten wir auch zu zahlen, solange er lernte, nämlich bis August 1939. Von der Caritas wurde uns ein angemessener Betrag in Monatsraten zugesagt, es war aber beträchtlich, was wir selbst aufbringen mußten. Eine lange Liste wurde uns schon zugeschickt, was er alles mitzubringen habe. Im Elternhaus hatten die Kinder immer das Notwendigste. Im Seminar brauchten sie um vieles mehr an Wäsche, das Bettzeug mußte alles mitgegeben werden.

Den Sommer über schafften wir es dann doch. Es gibt in dieser Zeit viel Arbeit, die im Akkord vergeben wird. So mußten die Parzellen des Gutshofs, in denen die Versuche gemacht wurden, alle mit der Hand gemäht und sortiert werden. Dazu Erbsen pflücken, Gurken und Melonen in Kisten richten, zum Markt fahren. Man muß fleißig dahinter sein, dann machen viele kleine Arbeiten auch eine Menge Verdienst. Man wundert sich oft selbst, wie man es doch immer wieder zuwegebringt, alles zu schaffen. Wenn die Kinder noch klein sind, kosten sie bei weitem nicht so viel wie in der Ausbildungszeit. Sind sie aber brav und fleißig, drückt diese Sorge niemals, und man verzichtet gerne selbst auf manches, was man sich dann eben nicht leisten kann.

Der September kam heran. Um den zehnten herum brachte ich meinen Buben mit Sack und Pack nach Hollabrunn. Als wir in Floridsdorf auf den Zug warteten, sahen wir ein riesiges Feuer. Es brannte die Rotunde im Prater nach der Herbstmesse ab. Andere Leute, die auf den Zug warteten, wußten zunächst auch nicht, wo es brennt. Als ich abends heimfuhr, hörte man schon, wo es gebrannt hatte. Es war halb ein Uhr, als wir in Hollabrunn eintrafen.

Im Seminar angekommen, wurden die Kinder übernommen. Sie kamen oft von weit her. Die Mütter halfen die Sachen einräumen. Die Betten mußten wir noch selbst überziehen, die sie dann jeden Tag selbst aufbetten sollten. Die Buben kannten einander bereits von den Aufnahmsprüfungen her, zum Teil auch die Eltern. Ich erinnere mich auch noch: In einem großen Vorraum, wo lange Bänke standen, mußten wir Platz nehmen, bis ein Herr herauskam und die Buben befragte. Nicht die Eltern, die durften nichts sagen.

Unter anderem wurde jeder Junge gefragt, wie sein Vater heißt und welchen Beruf er hat. Natürlich hörten alle die Antworten. Der meine mußte sagen, daß sein Vater Hilfsarbeiter ist. Als der Herr alles aufgeschrieben hatte und wieder ins Zimmer ging, sagte eine der zwei Frauen, die neben mir saßen, zur anderen: „Wozu brauchen Kinder von Hilfsarbeitern studieren, die sollen doch bleiben bei ihrem Stand! Was sollen denn wir dann mit unseren Kindern machen, wenn Hilfsarbeiterkinder schon zum Studium drängen." Der Sohn dieser Frau war nur bis Allerheiligen dort und wurde dann von der Schule ausgeschlossen – ob wegen Lernen oder Betragen weiß ich nicht.

So gab es damals schon den Haß auf die unteren Schichten. Es tat mir weh, aber sagen konnte ich nichts dazu. Es war dies nicht das erste Mal, daß ich solche Worte hörte. Einmal sagte die Frau des Straßenmeisters: „Ihre Kinder, die lernen gut, und meine, weil ich sie studieren lassen will, die lernen nicht." – Was konnte ich dafür, daß es so war und nicht umgekehrt. Man kann eben den Kindern nicht um viel Geld die Talente kaufen, wenn sie die nicht schon ins Leben mitbringen: Die Wissenschaft wird ja auch nicht verschenkt, die muß sich jeder selbst erwerben.

Denke ich heute so darüber nach, wie ich meinen zehnjährigen Sohn zur Aufnahmsprüfung brachte – er mußte deren zwei machen, eine in Wien, die andere in Hollabrunn –, da war es das erste Mal, daß ich den Klassenkampf zu spüren bekam. In der Kindheit versteht man vieles nicht, bei den Bauern gab es das nicht. Auf dem Gutshof gab es auch noch nicht die Abstände von Arbeitern und Beamten. Der Verwalter und der Schaffer hielten es mit den Arbeitern. In der Schule nun auf einmal der Haß, wenn Arme eine bessere Bildung anstreben. Wichtig war mir, nicht arm zu sein. Wer kann schon sagen, was arm oder reich zum Lebensglück ausmacht. Ich meine, wenn man alles hat, was man zum Leben braucht – ein Heim, was Anzuziehen, Gesundheit, sind wichtig –, da kann man nicht von Armut reden. Jedoch fängt alles einmal so klein an, daß einer dem anderen etwas nicht vergönnt. Schon in Urzeiten hat Kain seinen Bruder Abel erschlagen.

Nachdem ich nun meinen Buben im Knabenseminar abgeliefert hatte, fuhr ich mit den anderen Eltern, die von Wien waren, heim. Viele der Buben kamen aus dem Land Niederösterreich. Die Obsorge über die Kinder lag nun in anderen Händen. Wir mußten nur für das nötige „Kleingeld" aufkommen. Zu Allerheiligen konnten die Buben wieder einige Tage heimfahren, bis Weihnachten dauerte es dann auch nicht mehr lange. Die Schulnoten wurden vierteljährlich den Eltern übermittelt. Mir jedoch fehlte wieder ein Kind. Die Familie wird kleiner. Es ist so der Lauf der Welt, daß uns die Kinder nur wenn sie ganz klein sind gehören. Wenn sie größer und älter werden, wachsen sie immer mehr von uns weg.

Die Kinder bekamen nie von uns zu hören, daß sie viel Geld kosten, oder aber, daß man sich für sie aufopfert. Ein Sprüchlein heißt: „Liebe, die von Herzen liebt, ist am reichsten, wenn sie gibt. Liebe, die von Opfern spricht, ist die wahre Liebe nicht." Inbegriffen ist da aber nicht, daß sie alles bekommen und haben können, was sie sich wünschen. Wenn mehr Kinder in einer Familie sind, müssen sie auf vieles verzichten lernen, das ist gut so, denn im Leben muß man auch verzichten können. Die Zeiten waren in diesen Jahren nicht so, daß es nicht andere auch mußten, wo doch so viele arbeitslos waren. Frauen gingen nur ganz wenige einer regelmäßigen Beschäftigung nach. Wenn beide Eheleute arbeiteten, wurden die Frauen am ehesten entlassen.

Im Februar 1937 zogen wir von der Kasernstraße weg in die Promenade. Da hatten wir dann schon ein Kabinett bei Zimmer und Küche. Meine Tochter ging das letzte Jahr zur Schule, und der Kleine war im Herbst zweieinhalb Jahre alt. Ich konnte dann schon in die Molkerei Kannenwaschen gehen. Für dreieinhalb Stunden bekam man 3,50 Schilling. So brachten wir das Geld auch fürs Internat auf. Die Zeit geht so schnell dahin, es waren nur zehn Monate, die wir zu zahlen hatten. Es war dann ein strenger Winter, der viel Schnee brachte.

Was wird uns diese Bewegung bringen?

Die Lage in der Politik spitzte sich immer mehr zu. Im März war es dann doch soweit, daß Hitler in Wien einmarschierte. Fünfzig Jahre sind es her (geschrieben 30. Jänner 1983), daß er die Macht in Deutschland übernahm. Uns beglückte er erst fünf Jahre danach. 1933: Über diese Zeit bis heute wurde viel geschrieben – ganze Geschichtsbände, ob wahr oder nicht. Es dürfte aber bis zum Ausgang dieses Jahrhunderts noch Schlimmeres nachfolgen, Besseres bestimmt nicht. Die Menschheit wurde inzwischen nicht besser.

Es ist gar nicht von der Hand zu weisen, daß die Menschen in der Zeit vor dem Ersten Weltkrieg, waren sie auch ungebildet, doch eine Ahnung davon hatten, was auf sie zukommt, als sie zueinander sagten: „Wenn der alte Kaiser stirbt, geht das Leutumbringen an!" Dieser Ausspruch hatte mir als Kind – das ich damals war, noch keine zehn Jahre alt – so viele schlaflose Nächte bereitet – weil ich einen Krieg nicht kannte und dachte, alle Menschen würde man umbringen. Daß man umbringt, auch ohne Krieg, das trifft bis heute noch immer zu. Einen ganzen Kontinent könnte man mit ihnen besiedeln. Dazu noch die vielen Ausgewiesenen. Es geht dauernd so weiter. Sicherheit gibt es heute weniger denn je.

Zum fünfzigsten Jahrestag der Machtübernahme durch Hitler fragten die damals noch nicht Geborenen: „Warum habt ihr das alles nicht verhindert?" Ich wollte, sie hätten damals gelebt, dann könnten sie uns heute sagen, wie sie es gemacht hätten. Die Jugend redet da leicht. Ich denke oft nach. Ist heute ein Jugendlicher imstande, dem Terror Einhalt zu gebieten? Warum verhindern sie solche Taten nicht, warum nicht die Ausweisungen der vielen Millionen Menschen oder die Landnahme durch die Mächtigen? Sie leben doch heute, wo den Völkern tiefstes Unrecht geschieht, warum verhindern sie es nicht? Meiner Ansicht nach haben Hitler alle Staaten der Welt unterschätzt. Wenn da einer kommt, der der hungernden Bevölkerung Brot und Arbeit gibt, ist es nur natürlich, daß ihm die Massen zujubeln. Da bedeutete alles andere nichts; nur wieder leben können, war die Parole. Wir waren beim Einmarsch nicht arbeitslos, aber nachher wurden wir es.

Die letzten Wochen, besonders die Tage vor dem Einmarsch, waren schwül und hektisch. Eine Wahl war ausgeschrieben, zu der es dann aber nicht mehr kam. Am 11. März mußte die Regierung abtreten. Die letzten Worte des Bundeskanzlers waren: „Gott schütze Österreich!" Am 12. März wimmelte es in der Stadt vor lauter Deutschen. In der Nacht vom 11. März übernahmen sie sämtliche Ämter und besetzten sie mit ihren Genossen, die längst an der Grenze zum Einmarsch bereitstanden.

Auch in Groß-Enzersdorf war auf dem Hauptplatz eine große Feier zu dem Ereignis angekündigt. Auf einmal gab es viele Nazis. Wo waren die alle vorher? Unzählige Mitmenschen, mit denen wir lebten, gehörten der Partei an. Einer hat dann den anderen verraten und sagte falsch über ihn aus, daß er verhaftet wurde. Da man bei der lauten Musik doch nicht schlafen konnte, ging auch ich zum Hauptplatz. Mein Mann schlief, er mußte ja um Mitternacht aufstehen, die Pferde füttern und mit dem Milchwagen nach Wien fahren. Meinen dreijährigen Jungen legte ich auch zum Schlafen, und meine vierzehnjährige Tochter nahm ich mit. Noch nie sah ich vorher so viele Menschen auf allen Plätzen und Straßen. War das ein Jubel und ein Geschrei, daß man kaum die Musik heraushörte! Die Redner sprachen zwar über Lautsprecher, aber man konnte es nicht ausnehmen in dem Trubel. Was sollte man dazu sagen? Auf jedes Wort, das man sprach, paßten andere auf. Denken konnte man, die Gedanken sind frei: „Was wird uns diese Bewegung bringen?" Gut, daß man es nicht wußte. Das Leid kam dann schon nach.

Mit schwerem Herzen ging ich mit der Tochter heim. Man mußte sich durchschlängeln. Daheim angekommen, war mein Kleiner aus dem Bett gefallen. Er kroch allein ins Bett zurück und schlief weiter. Vater hatte es nicht gehört, aber ich ging doch nächsten Tag mit ihm zum Arzt. Er hatte sich beim Fall das Schulterbein gebrochen. Das heilte aber schnell wieder aus, und er trug keinen Schaden davon. Ich konnte in dieser Nacht freilich keinen Schlaf finden. Am Morgen hörte man dann, was sich in dieser Nacht abspielte.

Da wir doch außerhalb Wiens lebten – Groß-Enzersdorf gehörte damals zu Niederösterreich, kam erst unter Hitler, im Oktober, zu Groß-Wien und wurde nach dem Krieg wieder ausgemeindet –, sahen und hörten wir nicht so viel wie die Wiener. Als Vater mit dem Milchwagen heimkam, erzählte er uns dann, was er gesehen und gehört hatte: In jener Nacht, nach den Feiern, war die ganze Stadt in Aufregung. Die einen aus Freude, daß nun endlich die Partei, der sie so lange illegal angehört hatten, nun doch auch in diesem unserem Heimatland ihren Sieg erreicht hatte, die anderen in Furcht und Schrecken vor dem Kommenden. Sehr viele, ob es nun Juden, Christlichsoziale oder Sozialisten an führenden Stellen waren, wurden in dieser Nacht verhaftet und abtransportiert. Die Lager standen schon bereit, sie aufzunehmen, die allerwenigsten sah man jemals wieder.

Wir hatten kein eigenes Land mehr, waren nur mehr die Ostmark des Deutschen Reiches. Deutsche Staatsbürger waren hierzulande nicht so beliebt, hatten sie doch, wenn auch die Sprache Deutsch war, eine ganz andere Aussprache, nur die Bayern verstand man. Die Mentalität war eine ganz andere und ist es auch heute noch. Man hieß sie „Marmeladinger", was ja nicht stimmte. Es gab viele Provinzen, wo man genauso lebte wie wir. Auch das Wort „Mexikaner" wurde viel verwendet, was auf österreichisch heißen soll: „Es möcht – oder mag – sie keiner."

Wir hatten auf unserem ersten Posten an der Versuchswirtschaft, die ja viel Vieh hatte, einen Tierarzt – ich habe manche Nacht im Stall mit ihm gearbeitet. Für ihn hatten vierzig Marchfeldgemeinden eingereicht, daß er bleiben kann, aber vergebens. Er durfte seinen Beruf nicht weiter ausüben und ging nach Amerika. Zu seinen Kunden sagte er: „Mein Haus, meinen Besitz werden sie mir nehmen, meine Frau, meine Kinder dürfen sie mir nicht nehmen. Und mit dem, was ich da drinnen im Kopf habe, fang ich ein neues Leben an."

So ging das Jahr 1938 seinem Ende zu, mit all den Umstellungen, Anpassungen, den vielen Verhaftungen, Judentransporten, Anzeigen ... Kein unrechtes Wort durfte man aussprechen, daß man nicht angezeigt wurde. Es war zu schwer, als daß man sich daran gewöhnen konnte. Die ungewohnten Zeitungen, man las sie lieber nicht, um nichts zu wissen. Kaum war alles so ziemlich geordnet, der deutsche Gruß

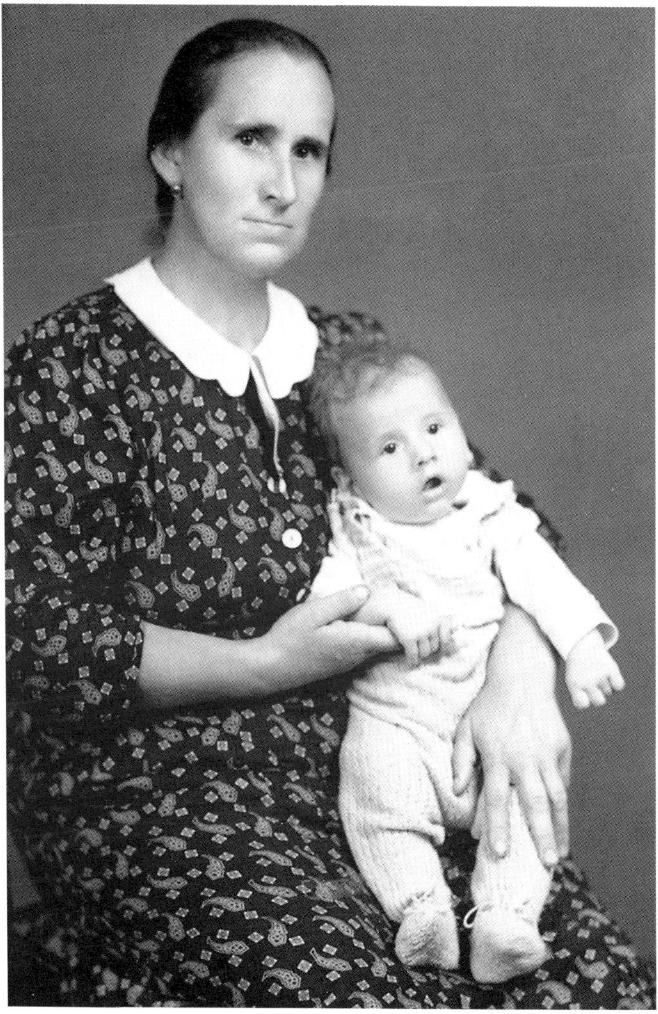

Abb. 1: Maria Gremel mit Sohn Ernst; Juli 1941.

Abb. 2: Bei der Feldarbeit am Gutshof der Hochschule für Bodenkultur in Groß-Enzersdorf.

Abb. 3: Karl Gremel mit dem Milchwagen in der Molkerei; dreißiger Jahre.

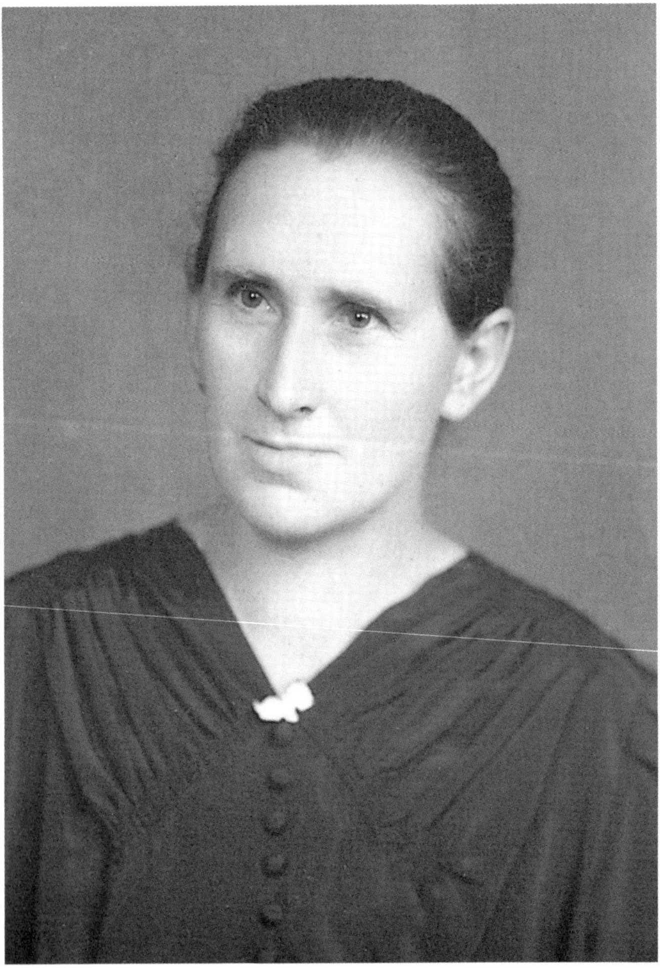

Abb. 4: Portrait Maria Gremel; um 1941.

Abb. 5: Portrait Karl Gremel; um 1950.

Abb. 6: Felix, Maria und Hermann, die drei ältesten Kinder von Maria Gremel; 1932.

Abb. 7: Hochzeitsphoto des ältesten Sohnes Felix, Nov. 1941.

Abb. 8: Maria und Karl Gremel, 1954.

„Heil Hitler" kam noch schwer von der Zunge, als schon die Frage der Sudetendeutschen akut wurde. Henlein, der Parteiführer, wurde zu Hitler berufen. Die Tschechen ahnten, daß es zum Einmarsch der Hitlertruppen kommen würde. Es wurde alles geheimgehalten, niemand wußte was Bestimmtes. Indessen rüstete Hitler schon in den Sommermonaten 1938 für den Einmarsch. Im September spitzte sich dann die Lage in der Tschechei immer mehr zu. Das Volk vermutete einen Krieg.

... ich war wieder schwanger, und mein Mann verlor seinen Posten

Ehe aber der Krieg ausbrach, sollte sich noch viel ereignen. Anfang September bekamen wir vom Knabenseminar in Hollabrunn ein Schreiben, daß wir sämtliche Sachen der Kinder abholen sollten. Das Schuljahr begann damals erst um den zwölften herum. Ich war gerade schwer krank und konnte nicht hinfahren. Ich mußte daher eine Nachbarin bitten, daß sie mit den Buben die Bettzeuge, die Tuchent und alle Wäsche zum Beziehen heimholt. Aus dem Knabenseminar wurde eine Polizei- und Gendarmerieschule gemacht. Das brauchte man ja notwendiger.

Für mich gab es nun viele Wege, um den Buben unterzubringen. Eine Privatschule würde ich bestimmt nicht bezahlen können und ob diese nicht aufgelöst werden würde, stand noch in Frage. Die öffentlichen waren überfüllt. Im Floridsdorfer Gymnasium konnte er weiter zur Schule gehen, da das Zeugnis verhältnismäßig gut war. Von Groß-Enzersdorf nach Floridsdorf mußte man, da es noch zu Niederösterreich gehörte, doppeltes Fahrgeld bezahlen. Bücher bekam er von der Schülerlade, doch Schulgeld mußte ich selbst bezahlen. Es gab zwar noch genug Lebensmittel, da hatten wir noch keine Sorge, aber es gab genug andere Probleme.

Meine Tochter hatte die Schule beendet, Vater suchte einen Lehrplatz für sie in einem Kaufmannsgeschäft. Bei seinen vielen Milchkundschaften war das nicht so schwer. Sie hätte zwar ein schönes Zeugnis vom Schulabgang gehabt, um eine höhere Schule besuchen zu können, aber kein Mädel ihrer Klasse besuchte eine solche. Wir hätten uns das wohl auch nicht leisten können. Wenn es damals schon eine Kinderbeihilfe gegeben hätte, wäre es auch möglich gewesen, ihr den Wunsch erfüllen zu können, der einst auch der meine gewesen war. Sie hatte wenigstens eine gute Lehrstelle gefunden, also schon mehr erreicht, als ich jemals.

Das Jahr 1938 ging seinem Ende zu, ich war wieder schwanger, und mein Mann verlor seinen Posten. War das ein Schock für mich! Immer wenn man glaubt, mit allem zurechtzukommen, gibt es wieder einen Strich durch die Rechnung. Hitler hatte alle kleineren Molkereien aufgelassen, und nur die größeren, nicht privaten niederösterreichischen und Wiener Molkereien durften weiterbestehen. Die Molkereibesitzer bekamen eine hohe Ablöse, die Arbeiter aber mußten stempeln gehen. Ob diese oder jene Regierung, Rot oder welche Farbe immer, man kann sehen, die Reichen können es sich jederzeit richten, der Arme ist der Tintinger.

Alles geht wieder an der Frau aus. Auch ich war arbeitslos, nicht nur mein Mann. Wo finde ich wieder eine Arbeit? Die Unterstützung war auch nur sehr gering. Ja, man beschäftigte in den Munitionsfabriken Frauen, diese waren aber weit weg. Das konnten nur ledige Mädchen machen, nicht verheiratete Frauen, die eine Familie zu versorgen hatten. Mein Mann ging auf Arbeitssuche. Die Arbeitsämter waren noch nicht so perfekt, für Facharbeiter eher, nicht aber für Hilfsarbeiter. Da er aber Hilfsarbeiter war, mußte ihm jede Arbeit recht sein, wenn er nur wieder arbeiten konnte.

Man konnte leben mit dem, was man auf die Abschnitte zugeteilt bekam

Er ging von Groß-Enzersdorf, wo es keine Arbeit gab – auch nicht in Eßling und Aspern –, bis Stadlau zu den großen Fabriken und fragte um Arbeit an. Als er in das Werk Waagner-Biró kam und den Chef fragte, sagte dieser: „Ich kenne sie schon jahrelang. Vor diesen Fenstern hier fütterten sie mittags ihre Pferde. Wer so gut zu den Tieren ist, wird bestimmt auch ein guter Arbeiter sein. Sie können morgen bei mir anfangen." So hat Vater im Jänner 1939 in einer Fabrik, die bereits für den Kriegsdienst umgestellt war, zu arbeiten angefangen. Er arbeitete im Akkord bei der Anfertigung der Kettenglieder für Traktoren.

Am 31. August 1939 ging der Krieg los. Ich hatte am 28. August mein fünftes Kind, Gerhard, geboren, daher erinnere ich mich, daß am selben Tag die Lebensmittelkarten ausgegeben wurden. Diese waren mehr als zehn Jahre unsere wichtigsten Begleiter. Eher konnte man zu Hause das Geld vergessen als die Karten. Zahlen konnte man nächstes Mal auch, aber ohne Karten gab es keine Ware. Man konnte leben mit dem, was man auf die Abschnitte zugeteilt bekam. Das war den ganzen Krieg hindurch der Fall. Not gab es erst, als der Krieg zu Ende ging und die Russen eindrangen. Bis dahin waren es noch sechs Jahre. Als der Krieg begann, rechnete freilich das Volk mit einem baldigen Ende. Hatte doch die Hitlerarmee in drei Wochen den Krieg mit Polen beendet. Die gefangenen Polen wurden bei den Bauern als Arbeiter eingesetzt. Dann breitete sich der Krieg aus.

Der Wiener läßt sich nicht so schnell in miese Stimmung bringen. Schon war ein passender Schlager da. Sie sangen: „Es geht alles vorüber, es geht alles vorbei, erst kommt der Dezember, bald drauf der Mai. . . ." Später sangen sie: „Erst geht der Hitler und dann die Partei. . . ." Auch Vater mußte noch für kurze Zeit einrücken, aber nur ein paar Wochen, die verbrachte er in einem Wirtshaus in Ulrichskirchen im Weinland, ohne Dienst mit der Waffe. Er konnte wieder abrüsten, da er die Altersgrenze schon überschritten hatte. Er arbeitete ja auch in einem Rüstungsbetrieb, wo Panzer erzeugt wurden. Da brauchte man die Leute. Jedoch wurde ihm auch von der Partei eine Arbeit zugeteilt, da gab es keine Weigerung. Er mußte zu den Arbeitern gehen und die Mitgliedsbeiträge kassieren, in der Freizeit natürlich. Der Lohn in der Fabrik war zufriedenstellend. Man mußte nicht mehr so sparen.

Hermann ging in Floridsdorf zur Schule, und das kostete weitaus weniger als im Knabenseminar in Hollabrunn. Felix war seit August mit den Lehrjahren fertig und verdiente nun schon selber, was er brauchte. Die Tochter Mitzi hatte schon ein Jahr Lehrzeit hinter sich, ihr ging es sehr gut auf ihrem Posten. Sie hatte das Essen, zum Schlafen fuhr sie mit dem Rad heim. Sie mußte schon um drei Uhr aufstehen. Es war dort noch üblich, früh auf- und spät zuzumachen, halb sechs Uhr früh und sieben Uhr abends. Außerdem führte sie im Geschäft Rauchwaren und Fahrscheine. Solche Geschäfte haben auch heute noch früh offen. Milch und Milchwaren hatte sie außerdem noch. Hitler führte dann aber die Milchsondergeschäfte ein. Dann war es etwas leichter für sie. Da aber alle Eßwaren und Kleidung rationiert waren, gab es mit den Karten viel Arbeit. Die verschiedenen Abschnitte, die beim Einkauf abgeschnitten wurden, mußten eingeklebt werden.

Im Totenschein stand: „Lungenentzündung"

Wir waren 1939 wieder mehr Personen in der Familie. Walter war viereinhalb Jahre alt und sehr lebendig. Da ich auch den Kleinen hatte, gab es Arbeit genug. Jedoch war das Leben im Jahr 1939 noch ganz erträglich. Freilich, diejenigen, die einen lieben Angehörigen an der Front hatten, konnten nur hoffen, er möge den Krieg überstehen und gesund wieder in die Heimat zurückkommen. Von unserem Nachbarn war auch ein Sohn im Krieg. Er kam nicht wieder heim. Mein ältester Sohn wurde bereits eingezogen und war in Ausbildung. Er kam nach der Ausbildung nicht an die Front, sondern als Ausbilder in eine Jagdfliegerschule. An mehreren Orten mußte er Dienst machen, auch in Frankreich wurde er eingesetzt.

Erinnern kann ich mich, daß wir in den Monaten bis März einen sehr strengen Winter mit viel Schnee hatten. Mein kleiner Gerhard wurde schwer krank. Der Arzt sagte, er muß schnell ins Spital. Er bekam den Kehlkopfschnitt. Ich hatte keine Hoffnung, daß er überleben würde. Der Hausarzt sagte: „Härme dich nicht ab, das ist doch nicht gefährlich. Den Schnitt hab' ich schon oft im Rettungsauto gemacht." Ich fuhr aber doch gleich wieder ins Spital, weil ich keine Ruhe hatte. Ich konnte ihn noch sehen, wie er die Luft durch den Ring am Hals einzog. Eine Stunde später starb er. Im Totenschein stand: „Lungenentzündung". Als ich das Totenkleid hineinbrachte, sah ich das Kind steif und starr auf einer Bank liegen. Den Anblick vergesse ich nie.

Viele Kinder kann man haben, die machen Freude, nur sterben ist schwer, es wieder hergeben müssen. Ich ging wieder zum Hausarzt, der sagte: „Das kann nicht wahr sein, da muß ein Fehler gemacht worden sein. Wenn schon Lungenentzündung, ich hab' einen sechsjährigen Buben behandelt, der in den Teich fiel und zwölf Stunden bis zum Hals im Wasser stand, ehe man ihn fand. Er hatte sich noch selbst den Rettungsgürtel umgelegt. Als man ihn herauszog, war er vierundzwanzig Stunden bewußtlos, hatte eine hochgradige Lungenentzündung. Drei Wochen später ging er bereits im Garten spazieren." – Mein Kind lag schon zwei Wochen im Grab.

Ich konnte über Gerhards Tod nicht hinwegkommen. Es war damals so, daß die Juden alle aus ihrem Beruf herausgeholt wurden, auch die Ärzte. Die man einstellte, waren oft noch nicht einmal fertige, gänzlich unerfahrene Ärzte. Solche, die schon längere Praxis und Erfahrung hatten, brachte man an die Front. Wenn der Arzt mein Kind nicht ins Spital geschickt hätte, wäre es vielleicht am Leben geblieben. Besser, er hätte es selbst behandelt! Alle diese Gedanken konnten mir auch nicht helfen.

Wenn ich die Frauen mit den gleichaltrigen Kindern spazierenfahren sah – wie weh tat das! Noch als ich diese heranwachsen sah, war der Schmerz nicht wegzubringen. Mein Mann sagte auch einmal, als er mich weinen sah: „Du tust ja, als ob du keine anderen Kinder mehr hättest.“ Da wußte ich, ein Mann denkt anders. Er mußte ja nicht neun Monate austragen und in Schmerzen gebären. Wenn ich zehn Finger habe und ich schneide mir einen weg, so tut das auch weh, auch wenn ich noch neun andere habe. Ebenso kann er sich eine Frau ersetzen, aber eine Mutter kann sich nicht ihr Kind ersetzen.

Auf beiden Händen trug ich den kleinen Poldi heim

Als einige Monate um waren, dachte ich nach, ob ich die Liebe einem elternlosen Kind schenken könnte? So holte ich mir vom Kinderheim in der Lustkandlgasse einen Buben. Wenn ich damit einem anderen Kind helfen kann, wird der Schmerz linder werden. Der kleine Poldi war neun Monate alt. Man konnte sich ein Kind nicht aussuchen, man erfuhr auch nicht, ob es jemand gehöre, ob es Eltern habe oder nur eine Mutter, die sich nicht um das Kind kümmert oder nicht kümmern kann. Man bekam ein kleines Heftchen, da stand zu lesen, was die Gemeinde Wien im Monat zahlt. Das war mir weniger wichtig. Wegen Geld nahm ich es nicht, da hätte mir das Kind leid getan. Auch ein solches Kind braucht Liebe, sogar mehr als ein von Eltern umsorgtes.

Was ein Kind alles bekommt von der Gemeinde, aber auch, was alles verboten ist, konnte man lesen.

So durfte man der Mutter das Kind nicht allein überlassen, wenn sie es besuchen käme. Aber sie sagten mir nicht, ob das Kind eine Mutter habe. Neun Monate alt, lag es im Bettchen. Es konnte weder sitzen, noch konnte es aufrecht getragen werden. So ist es im Kinderheim: Sie werden gut gepflegt, aber es befaßt sich außer Pflege und Essen niemand mit ihnen. Kinder, die nicht von Natur aus sehr rege sind, glauben, sie müßten so liegen, weil sie nichts anderes kennen. Auf beiden Händen trug ich den kleinen Poldi heim. Jede Liebe würde er bei mir haben.

Ich bemühte mich sehr um ihn. Nach sechs Wochen konnte er nicht nur sitzen, er lief auch, wo er sich anhalten konnte, herum. Er freute sich, was er nun alles schon konnte, und wir freuten uns mit ihm. Mein Mann sagte nichts, daß ich mir ein Kind nahm. Er hatte ihn genau so lieb wie wir anderen alle auch.

Als ich Poldi schon eine Woche hatte, kam am Sonntag seine Mutter. Sonntags durften die Mütter ihre Kinder im Heim besuchen. Dort gab man ihr die Anschrift, wo das Kind ist. Ich hatte es nach dem Essen ins Gitterbett schlafen gelegt. Auch mein Mann und ich hatten uns ein wenig hingelegt, als sie anklopfte. Die Freude, die sie hatte, als sie sah, wie das Kind in eine richtige Familie aufgenommen wurde, ist unbeschreiblich. Sie brachte so viele Sachen mit – zum Anziehen, Spielen, auch einen schönen Kinderwagen. Auf die Gemeinde war ich nie angewiesen.

Die Mutter war bei einem Arzt im zehnten Bezirk im Dienst, konnte ihr Kind dort nicht bei sich haben und mußte es ins Heim geben. Ihr Name war Rosa. Ein lediges Kind hatte sie bei ihren Eltern im Waldviertel, sechs Jahre alt, ein Mädel. Das zweite nahmen sie nicht mehr. Was sollte ich dazu sagen? Ist sie deswegen schlecht, weil sie zwei ledige Kinder hat? Der Vater des zweiten Kindes versprach ihr ganz sicher, er werde sie heiraten, ist aber dann verschwunden. Sie gedachte, eine Familie zu gründen, wo sie auch ihr zweites Kind bei sich haben könnte.

Ich hatte deswegen den Kleinen genau so lieb wie meine eigenen Kinder. Vergessen habe ich deswegen mein verstorbenes Kind nicht, es war aber leichter zu ertragen, für ein anderes sorgen zu können. Kein Familienmitglied mußte hungern. Und sich alles leisten können, habe ich nie gewollt, auch in der heutigen Zeit des Wohlstands nicht.

Poldis Mutter kam nun jeden Sonntag, einen anderen Tag hatte sie nicht frei. Als sie das zweite Mal kam, machte sie mich darauf aufmerksam, daß Poldi öfter Asthmaanfälle hat. Da glaubte man, er muß ersticken. Sie selbst war auch damit belastet. Wenn er solche Anfälle bekam, war es furchtbar. Ich wußte nicht, was zu tun sei, ich konnte doch nicht nur zusehen! Wie kann ich dem Kind helfen? Ich ging zum Arzt, der meinte, eine Spitalsbehandlung wäre nötig. In den Ferien nahm ich Poldi mit meinen Kindern mit nach Kirchschlag. Solange ich dort war, kamen die Anfälle nicht. Als wir in die Stadt zurückkehrten, waren sie wieder da.

Ich brachte ihn ins Preyersche Kinderspital und sagte seiner Mutter, wo er ist. Sie sollte ihn dort besuchen. Selbst fuhr ich auch hin. Nach ein paar Wochen konnte ich ihn wieder heimnehmen. Im November, mit dem vielen Nebel, wurde es ganz arg. Ich mußte ihn wieder ins Spital geben. Sie konnten ihm auch dort nicht helfen, und er kam nach Gleichenberg zur Ausheilung. Nachdem er sich erholt hatte, bekam die

Mutter Nachricht. Zurück nach Wien kann er nicht mehr, da wäre die Krankheit wieder da. Er kann nur dort leben, wo er geheilt wurde. Vom Spital, vielmehr Kuraufenthalt aus, wurde für ihn ein Pflegeplatz gesucht und auch ein guter gefunden. Ich konnte nicht hinfahren ihn besuchen. Es fehlte an Geld, und meine Familie brauchte mich. Poldis Mutter schrieb mir öfter, wenn sie hinfuhr, wie gut es ihm geht. Sie konnte dann auch nicht immer fahren. Bis ich dann gar nichts mehr von ihm hörte.

Es ist ein schöner Beruf, Mutter zu sein. Ein Kind wird das, was man aus ihm macht. Da ich dieses Pflegekind vom ersten Sehen liebte, war es mir sehr leid, es wieder hergeben zu müssen. Nur, es lebte, mein Kind aber war tot. Aber auch da mußte ich wieder darüber hinwegkommen. Ganz allein, niemand würde mir helfen können.

Auf dem Land sagt man: „Paarweise fressens lieber"

Nach dem ersten Pflegekind um eine Erfahrung reicher, nahm ich mir vor, nie mehr eines zu nehmen. Ich dachte ja nicht im Schlafe, daß man ein fremdes Kind genau so lieben könnte wie die eigenen, leiblichen Kinder. Schon gar nicht dachte ich, daß man sie wieder weggeben muß. Wenn man sie für immer behalten möchte, müßten sie adoptiert werden. Das alles kam mir erst später zu Bewußtsein. Wie wenig kennt man sich selbst! Auch die eigenen Kinder gehören uns nur ganz am Anfang. Was stand in unserem Lesebuch? „Schwach und hilflos tritt das Kind in die Welt. Es würde elend zugrunde gehen, wenn es nicht von seinen Eltern liebreich gepflegt und ernährt würde!"

Sie brauchen das aber auch im späteren Leben noch. Ich habe meinen Vorsatz nicht eingehalten. Als ich noch um den kleinen Poldi trauerte und bereits wußte, daß er in Gleichenberg bei anderen Pflegeeltern aufgenommen wurde, da starb im Ort eine junge Frau. Vier Kinder, von ein bis sechs Jahren, blieben zurück. Die Frau kannte ich nicht, weiß auch nicht, woran sie starb, nur den Vater der Kinder kannte ich. Er war an der russischen Front und nicht erreichbar. Die Fürsorge suchte dringend jemanden für die Pflege der Kinder. Den einjährigen Buben nahm sofort eine Frau in Eßling. Die Sechsjährige war in Spitalspflege und würde noch einige Wochen nicht entlassen werden. Die vierjährige Frieda holte ich mir.

Sie war gleich alt mit Walter, meinem 1935 geborenen Sohn. So hatte dieser einen Spielkameraden. Auf dem Land sagt man: „Paarweise fressens lieber." Sie war also nicht allein und fühlte sich sofort wie daheim. Meinen Mann brauchte ich nicht zu fragen, der hatte Kinder sehr gern, und ihm machte es nichts aus. Die Arbeit hatte ja ich. In dem Alter machen sie nicht mehr soviel Arbeit. Er fragte auch nie, was ich bezahlt bekomme. Wegen Geld nahm ich mir auch kein Pflegekind. Ob jemand an Verwandten da war, wußte ich auch nicht. Jedenfalls kam nie wer zu Besuch.

An mehreren Fronten tobte der Krieg, mein ältester Sohn war auch schon beim Militär, er war wie gesagt in einer Jagdfliegerschule. Zur Zeit hatte ich keine andere Arbeit und daher Zeit, mich den anderen Kindern zu widmen. Es gab auch noch keinen Mangel an Lebensmitteln. Die Kinder hatten genug zu essen, und die Kleine hatte es gut bei mir. Ich nahm sie einzig aus Barmherzigkeit. Bei diesem Kind wußte ich im vorhinein, daß ja der Vater da ist und über seine Kinder bestimmen kann. Ich wußte es, andere schienen das nicht zu wissen oder beachteten es nicht.

Eines Tages erschien bei mir eine feine Dame und zeigte mir von der Fürsorge ein Schreiben, daß sie das Kind abholt, da sie es adoptiert hatte. Es war eine Förstersfrau von der Lobau. Ich mußte sofort Friedas Sachen herrichten, und sie nahm das Kind gleich mit. Nun gut, im Krieg konnte man so entscheiden, denn vom Vater gab es schon länger keine Nachricht. Die Tage gingen dahin, mehrere, eine Woche. Ich dachte oft an das liebe Mäderl, das sich so schnell bei uns wohlfühlte.

Da, eines Tages, kam sie wieder zu mir zurück. Es war nicht viel herauszubringen. Wenn ich sie fragte, so weinte sie bitterlich, war nur ängstlich, ob sie bei mir bleiben darf. Da dachte ich: „Vielleicht hielt die Frau ein Mittagsschläfchen, das Kind spielte neben ihr. Als es erkannte, daß die neue Pflegemutter eingeschlafen war, lief es davon. Wie das Kind den weiten Weg durch den großen Wald fand – wo ein Erwachsener eineinhalb bis zwei Stunden geht –, sich nicht verirrte? Vielleicht zeigte ihr jemand den Weg, es gibt genug Wanderer in der Lobau.“ Ich habe es nie erfahren. Oder war es nur der Schutzengel, der sie sicher führte?

Immer wenn mehrere Kinder zu Waisen werden, versuchte man, sie nicht irgendwo einzeln abzugeben. Heute ist dies viel öfter der Fall als damals. Mehrere Geschwister, wenn sie noch klein sind, übernimmt das Kinderdorf, damit sie beisammenbleiben können. Das hätte die Förstersfrau und auch die Fürsorgerin wissen müssen, daß ein Kind – aus vier Geschwistern heraus – allein, unter fremden Menschen todunglücklich wird. Da würde es eher hungern. So habe ich mein liebes, kleines Mädel wieder zurückbekommen. Es wird heute so an die fünfzig Jahre alt sein.

Ihr Vater bekam Urlaub, als ihn an der Front die Todesnachricht seiner Frau erreichte. Er wurde verwundet, ehe der Krieg zu Ende ging, und kam dann ganz heim. Allein konnte er es nicht schaffen mit den vier Kindern, er mußte wieder heiraten. Er bekam eine rechtschaffene, gute Frau, die sich sehr für die Kinder einsetzte. Die Kinder wuchsen zu braven Menschen heran. Mein Mann hatte die Kleine auch sehr lieb, später, wenn er sie traf, kaufte er ihr stets etwas.

Es gab damals noch wenig Kinderheime. Die Kinderdörfer wurden erst nach dem Krieg errichtet. Viele Frauen nahmen sich damals Pflegekinder, es gab wenig Arbeit für ältere Frauen, aber keine, die ich kannte, tat dies des Geldes wegen, das sie von der Fürsorge bekam. Das Wort Pflegekinder stimmt nicht ganz. Sie brauchen auch Hege und Liebe. Jedoch wurden diese Kinder nicht lange bei den Pflegemüttern belassen. Wenn sie neun bis zehn Jahre alt waren, nahm die Fürsorge diesen die Kinder wieder ab und gab sie zu Bauern in den Dienst. Man sagte, sie sind alt und groß genug, sich ihr Brot selbst zu verdienen. Die Bauern brauchten stets welche zum Viehhüten. Ich kenne eine Frau, deren Pflegemutter zwölf Kinder großzog. Zur eigenen Mutter hatten diese Kinder keinerlei Beziehung. Als ihre Mutter erkannten sie nur die Pflegemutter an.

Ich bekam das Mutterkreuz, das silberne für sechs Kinder

Als mein jüngstes Kind am 4. April 1941 zur Welt kam, war es mitten im Krieg, genau zur Hälfte des Krieges. Man brauchte aber damals noch nicht hungern. Es war halt Kriegskost. Dem Brotmehl wurde schon Baumrinde zugefügt, doch hatte ich nichts zu klagen. Ich war gesund, mir schmeckte das Brot und was es sonst zu essen gab. Aber zur Taufe eine Torte backen, konnte man nicht. Ein Mohnstrudel tat es auch. Wein war noch nicht rationiert. Meine Nichte kam aus meiner Heimat, half mir die ersten Tage im Haushalt und trug auch den Kleinen zur Taufe. Die Hebamme kam, badete das Kind und zog es zur Taufe an.

Welchen Namen wir ihm wohl geben würden, wollte sie wissen. Wir wußten keinen; einen Mädchennamen ja, aber vier Buben hatten wir ja schon und dachten, es würde ein Mädel kommen. Da meinte die Hebamme: „Dann sage ich: ‚Ernst ist die Zeit, ernst ist das Weltgeschehen, und Ernst soll er heißen!'" Wir sagten ja, der Name gefiel uns. So trugen sie den Buben am Morgen zur Sieben-Uhr-Messe in die Kirche. Hernach wurde er getauft. Es gab keine große Tauffeier wie bei den anderen Kindern, doch als sie heimkamen einen Kaffee mit Mohnstrudel; für die Hebamme hernach noch ein Gläschen Wein. Meine Nichte brachte einige Eier mit und ein Stückchen Geselchtes. Das kannten wir schon lange nicht mehr. Mein ältester Sohn war damals schon einundzwanzig Jahre alt und bereits seit zwei Jahren beim Militär.

Ich bekam das Mutterkreuz, das silberne für sechs Kinder. Auch mehr Lebensmittel, vor allem mehr

Milch. Das konnten wir gut brauchen. Mein Kind ernährte ich ja selbst. Das Mutterkreuz brauchte ich nicht. Später einmal gab ich es beim Flohmarkt her. An solchen Sachen war Interesse vorhanden, auch an Feldpostbriefen; die sammelten viele als Andenken. Viele Frauen haben sich damals an den Spruch gehalten: „Führer befiehl, wir folgen dir!" – Der Führer brauchte Nachwuchs für die vielen, die auf dem Felde gefallen sind.

Ich hatte nun vier Kinder zu Hause. Meine Tochter hatte ihr Essen dort, wo sie lernte. Nur zum schlafen kam sie heim. Die beiden Buben gingen zur Schule, Hermann ins Gymnasium in Floridsdorf, Walter in die zweite Klasse Volksschule. Die Kleinen hatten noch gute Tage, sie wußten vom Kriegsgeschehen noch nichts. Hermann aber konnte in der Schule sehen, wie sie die Siebzehnjährigen schon zur SS oder für „Großdeutschland" einzogen. Er brach sich einmal beim Turnen die rechte Hand, trug drei Monate Gips auf einem ausladenden Drahtgestell und mußte ein Schuljahr wiederholen. Wie lange würde es dauern, und mein zweiter Sohn müßte auch in den Krieg ziehen? Ab siebzehn Jahren mußten sie schon fort. Erst kamen sie zu den Luftwaffenhelfern. Die feindlichen Flieger kamen immer öfter und bombardierten die Stadt.

... halt eine Kriegstrauung

Mein jüngster Sohn war im neunten Monat, als mein Ältester heimschrieb, er würde seine Dokumente brauchen, da er heiraten möchte. Ja, mitten im Krieg gab es für mich zweimal ein großes Ereignis in diesem Jahr 1941. Wie gut, daß es freudige waren, wo man die ganze Zeit über von Not und Tod hörte. Ein großes Fest konnte man, wie gesagt, doch nicht feiern. Es fehlten dazu die Lebensmittel. Wir feierten schlicht und einfach, wie es eben auch bei der Taufe im selben Jahr gewesen war. Aber ich wußte ja gar nicht, wie gefeiert wurde. Bei den Soldaten war es halt eine Kriegstrauung.

Die Brautleute waren beide großjährig, da wurde es leichter, die Bewilligung zu bekommen. Die Braut hatte meinen Sohn in Deutschland kennen- und lieben gelernt. So sollte auch die Trauung in ihrer Heimatgemeinde sein. Es wurde eine Doppelhochzeit. Die Schwester der Braut machte gleichfalls den Schritt ins Eheleben. Da die einzuladenden Gäste dieselben waren, konnte man durch die Doppelhochzeit Lebensmittelkarten sparen. Auch im Gasthaus mußte man für eine Tafel Marken abgeben, und es konnte nur soviel auf den Tisch gestellt werden, als man Lebensmittel einsparen konnte. Wohl hatten die Eltern der Braut einen Handwerksbetrieb, aber deswegen bekam man nicht mehr zum Leben. Für Kleidung, Bettwäsche und sonstiges gab es Marken.

Von unserer Familie konnte leider niemand hinfahren – bis zur französischen Grenze, eine weite Reise damals, auch viel Geld, das wir nicht hatten. Die Fahrkarten wären ebenfalls nicht leicht zu haben gewesen, die Räder mußten ja rollen für den Krieg und Sieg. Eher bekam man für einen Todesfall Fahrkarten. Oh, wie hätte ich mich gefreut, bei der Trauung meines ersten Sohnes dabeisein zu können. Leider war es nicht möglich, auch nicht, wenn wir das Geld gehabt hätten. Da war ja der Kleine, den ich nicht mitnehmen hätte können, aber auch nicht allein daheim lassen konnte. Alle anderen Familienmitglieder mußte ich auch versorgen.

Das Kind kommt auf einen Pavillon, in ein Einzelzimmer

Der Vater mußte verdienen, damit alle zu leben hatten. Die Tochter war schon ausgelernt, stand in Arbeit. Einen Urlaub gab es 1941 noch nicht, Hermann besuchte die Mittelschule. Walter trat in die zweite Klasse Volksschule über. Bald danach erkrankte er an Mittelohrentzündung. Erst behandelte ihn der Arzt mit Salbe. Dann, eines Tages, als ich ihn zur Schule fertig machen wollte, sah ich, daß er vom Ohr bis zur Stirne eine hohe Geschwulst hatte.

Sofort ging ich zum Arzt. Der sagte, ich solle sofort mit ihm ins Kinderspital in die Lazarettgasse fahren. Die Ärzte untersuchten ihn und sagten, er müsse unbedingt ein paar Wochen vorher Halsweh gehabt haben, er habe Scharlach. Ich kannte meinen Buben, er hatte das nicht. Meines Mannes Mutter hatte eine dunklere Hautfarbe. Von ihren zwölf Kindern waren mehrere mit einem dunklen Teint, auch unter deren Kindern gab es immer wieder welche; in der vierten Generation war es bei uns Walter. Er war eine richtige Wasserratte. Mit einem halben Jahr setzte ich ihn schon im Freibad in der Lobau ins Wasser – immer in der Sonne und viel im Wasser wurde er den ganzen Sommer über schwarz wie ein Neger. Diesen Sommer, zwischen der ersten und der zweiten Klasse, war es auch so. In der Schule den ganzen Tag bekleidet, verliert sich was von der sonnenverbrannten Haut; das sah dann nach Scharlach aus.

Von Groß-Enzersdorf bis ins Kinderspital fuhr man damals noch eineinhalb Stunden. Bis man im Spital drankam, bis die Ärzte beraten hatten, war es später Mittag. Der Bub hatte Hunger, ich selbst auch. Ich durfte aber nicht hinausgehen, und Marken hatte ich auch nicht mit. Schulbrot hatte ich dem Kind ebenfalls nicht mitgegeben, da ich ja mit ihm zum Arzt und von dort gleich ins Krankenhaus fuhr. Viele Stunden mußten wir im Spital warten, bis ein Rettungsauto kam und uns ins Wilhelminenspital fuhr.

Auch hier dauerte es lange, bis die Ärzte das Kind untersucht hatten, sich auch nicht einig wurden, mit dem Primarius telephonierten, dieser ins Spital kam und die Entscheidung sprach: „Das Kind kommt in einen Pavillon, in ein Einzelzimmer." Ein anderes verdächtiges Kind mit elf Jahren lag noch im Raum. Als ich endlich den Buben abgeben konnte und in der Kanzlei alles erledigt hatte, war es sechs Uhr. Um halb neun Uhr abends war ich wieder daheim. Niemand von der Familie wußte, was da los sein konnte. Morgens, als alle weg waren, war ich ohne Essen weggegangen, den Kleinen hatte ich zu einer Nachbarin gegeben. Nun mußte ich erst einmal zu Hause erzählen. Ob Walter noch etwas zu essen bekam, weiß ich nicht mehr.

Ich hatte nur noch die eine Sorge, ob man den Buben behandeln würde, weswegen der Hausarzt ihn ins Spital zur Operation überwiesen hatte. Es sah böse aus! Wie groß die Geschwulst den ganzen Tag über geworden war! Und man tat nichts dagegen! Nicht einmal einen Umschlag! „Wenn die Eiterung nicht durchs Ohr abfließen kann, muß hinterm Ohr der Knochen aufgestemmt werden", so hatte es der Hausarzt gesagt. Geschlafen habe ich nichts in dieser

Nacht. Morgens ging ich gleich zum Hausarzt und erzählte ihm alles, auch meine Sorge: Ich habe doch schon einmal ein Kind verloren und wußte, wie das ist!

Dieser sagte: „Das kann doch nicht sein, daß man als Arzt das nicht erkennt!" Also nichts wie gleich wieder ins Spital fahren. Aber Gott sei Dank war es nicht so, daß man über die eine Erkrankung die andere ruhen ließ. Im Spital angekommen, durfte ich außerhalb der Besuchszeit sofort hinein; es war ja ein Einzelzimmer. Die Schwestern waren voll Freude über den munteren, pausbäckigen, kleinen Mann, er war schon operiert, wohlauf und lustig.

Sie erzählten mir freudig, wie alles zugegangen war, als sie den Buben übernommen hatten. Da dieser Pavillon eine Infektionsabteilung war, wurde sofort ein Facharzt telefonisch herbeigeholt und für den nächsten Tag die Operation angeordnet. Die Krankenschwester übersah die Tafel, daß die Operation in den Morgenstunden angesetzt war und stellte zwei Butterbrote zum Frühstück hin. Als sie aufmerksam gemacht wurde, ging sie schnell und wollte die Brote wegnehmen. Walter hatte sie aber schon verschlungen. Ach Gott, war das ein Schrecken! Die Operation wurde trotzdem gemacht, mit gutem Erfolg. Das Frühstück schadete nichts und hatte keine weiteren Folgen.

Den Hausarzt traf ich auf der Heimfahrt am Praterstern. Er freute sich auch, daß alles gutgegangen war, und sagte, das mit dem Scharlach ist Unsinn. Das Kind wurde dann in den großen Saal verlegt, wo zwanzig bis dreißig scharlachkranke Kinder lagen. Weder hatte er Scharlach, noch bekam er ihn. Es dauerte dann der Spitalsaufenthalt noch ein paar Wochen, danach konnte Walter nach Bad Hall auf Kur fahren. Das Schuljahr brauchte er nicht wiederholen.

Niemand sprach von ihr als einer Deutschen, wie es zu der Zeit in Österreich üblich war

Doch nun wieder zurück zum Brautpaar! Wir hatten alle keine Möglichkeit, hinzufahren, so machten sie eben die Hochzeitsreise nach Wien. Voll Freude erwartete ich ihr Kommen. Ich hatte die Auserwählte meines Sohnes nicht einmal auf einem Bild gesehen und war neugierig, meine übrigen Kinder auch. Sie erzählten auch anderen Leuten von der Hochzeit. Auf dem Land kannte jeder jeden, es wird über alles gesprochen. Eine Nachbarin sagte zu mir, als ich mit dem Kinderwagen vorbeikam: „Ja, schämen Sie sich denn gar nicht vor Ihrer Schwiegertochter, wenn Sie noch so ein kleines Kind haben?" Daran hätte ich gar nicht gedacht. Was soll ich tun? Mich verstecken oder das Kind weggeben?

Nach langer Bahnfahrt kamen die jungen Eheleute um elf Uhr abends an. Lange konnten wir nicht reden, sie waren so müde, daß sie ins Bett fielen. Als sie nächsten Tag erwachten, war das erste, was die junge Frau wollte, daß ich ihr den Kleinen ins Bett gebe. Sie war Kinder gewohnt, sie waren acht Geschwister, eines starb im Kindesalter, eine Schwester ist bei den Fliegerangriffen ums Leben gekommen. Drei Töchter und drei Söhne blieben am Leben. Die älteste Tochter hatte selbst schon ein Kind, als die Mutter auch noch eines bekam.

Jedenfalls hatten wir alle große Freude. Auch Vater sagte nichts dagegen. Meine Kinder hatten alle die neu in die Familie gekommene Frau sehr gern. Sie paßte sich auch gleich an. Niemand sprach von ihr als einer Deutschen, wie es zu der Zeit in Österreich üblich war. Viele österreichische Mädchen heirateten damals einen deutschen Soldaten. Oft gingen Ehen nach dem Krieg wieder in die Brüche, wenn er oder sie nicht das Heimatland wechseln wollten.

Wollen wir nachdenken über die Ehe überhaupt, was ist sie und was bedeutet sie? Zunächst einmal bedeutet sie das Knüpfen neuer Bänder, auch zu einem gewissen Grad die Lösung alter Bindungen, so wie Ende und Anfang. Einer oder oft beide müssen das Elternhaus verlassen, selbst anfangen oder bei den Eltern eines von ihnen. Das bringt oft einen wehmütigen Schmerz, besonders wenn der andere Partner von einem Elternteil nicht gut aufgenommen wird. Aber zu jener Zeit war ja Krieg, sie hatten keine Zeit, sich richtig kennenzulernen. Wie viele Eltern wollen nicht verstehen; daß uns unsere Kinder nur am Anfang des Lebens voll und ganz gehören.

Tag für Tag und Jahr für Jahr wachsen sie von uns weg, gehen in den Kindergarten, in die Schule; haben ihre Gedanken und suchen sich ihre eigenen Freunde. Sie gehören zu uns, wie kaum was anderes zu uns gehört. Aber je nachdem, was sie Eigenes erleben, sind sie wie Fremde. Es ist ein Teil unseres menschlichen Schicksals. Niemand kann das verhindern, nicht durch Liebe oder Zuneigung kann es aufgehalten werden. Es ist eine Geschichte mit stets gleichem Ende, die ebenso traurig wie glücklich ist.

Durch die Ehe müssen die jungen Menschen ein eigenes, neues Leben nach ihrem Sinn anfangen, und sie sind auf sich allein gestellt. Anders wäre es gar nicht richtig. Wir als Eltern können nur versuchen, das alles zu verstehen; daß wir selber uns nicht als Eltern betrachten, sondern als Kinder, die wir ja auch einmal waren. Wir mußten das selber mitmachen. Um über die Runden zu kommen, ist es gut, sich zu erinnern, daß das Gefühl des Verlustes – es ist gar kein Verlust –, das uns beim Heranwachsen der Kinder erfüllt, nichts Neues in der Geschichte ist. Es ist eine Erfahrung der ganzen Menschheit.

Wir tun besser, gut zu den Jungen zu sein. Geben wir gern unsere Einwilligung, bekommen wir ein Kind dazu, und wir werden teilhaben an ihrem Familienleben. Haß und Streit tut niemals gut! Keine Selbstsucht gegenüber den Kindern, die schadet uns nur selbst, und die Kinder sind besser beraten, sie fangen selbst an, sich ihr Leben einzuteilen. Ist denn nicht die Zeit eine ganz andere als die, als die Eltern ihr Leben anfingen, gemeinsam zu leben? Auch in der heutigen Zeit ist die Ehe noch immer das beste im Zusammenleben zweier Partner, seit Tausenden von Jahren, angefangen von den wildlebenden Menschen, die sich, nur beim Brand eines Feuers, schworen, immer gut zueinander zu sein. Erst unserer Zeit bleibt es vorbehalten, die Ehe zu meiden. Das ist die neue Zeit, wo auch die Frauen selbst ihren Lebensbedarf verdienen, auch die Kinder allein aufziehen können. Zwei Drittel heiraten noch.

Kaum ein Jahr später, im Oktober 1942, heiratete auch meine Tochter; einen Soldaten, aber einen Wiener. Sie war achtzehn Jahre alt, also mußte der Vater zu Gericht gehen und sie großjährig sprechen lassen. Vater war nicht sehr erbaut von dem jungen zweiundzwanzigjährigen Mann. Er hätte die Einwilligung verweigern können, dann hätte sie noch drei Jahre warten müssen mit dem Heiraten. Dann aber, als die lieben Nachbarn davon erfuhren, hetzten sie ihn auf:

„So jung heiraten, wenn er nicht heimkommt vom Krieg, die Frau steht dann allein mit einem Kind da!" Darüber muß er nachgedacht haben. Er redete dann drei Monate kein Wort mit uns.

Es gab auch zu dieser Hochzeit nicht viele geladene Gäste. Man konnte sich ja nicht viele Lebensmittelmarken ersparen, so war es mehr eine Zusammenkunft als ein Fest mit vielen Gästen und einer prunkvollen Tafel. Es war ja Krieg. Ich machte mir so meine Gedanken. Hatte ich früher gedacht, daß ich Kinder aufziehe, so mußte ich nun sehen, daß ich Männer und Frauen großgezogen habe. Bin nun nicht nur Mutter, auch schon Schwiegermutter geworden. Das sind jetzt bereits zweiundvierzig Jahre her, seit ich den neuen Titel Schwiegermutter bekam. Was muß eine solche alles können? Sie muß vor allem schenken, schlucken und schweigen können, dann ist sie eine hervorragende Schwiegermutter. Ich fühlte mich auch nie als Schwiegermutter, vor allem keine böse wollte ich für sie sein. Ich habe alle, die in die Familie eingeheiratet haben, genauso lieb wie meine eigenen Kinder.

Einfügen will ich noch: Heut' ist der 1. April 1988. Schrieb ich vorhin von der ersten Hochzeit eines meiner Kinder, so muß ich heute leider schreiben, daß die älteste Schwiegertochter schon vor mehr als zwei Jahren gestorben ist. Niemand weiß um seinen Tod, der oft ganz überraschend kommt.

Ich kann über die Russen nicht sagen,
sie wären schlechte Menschen gewesen

Nun wieder zurück: Ich will ja schreiben, wie es uns ging, als der Krieg zu uns kam. Sie kamen von allen Seiten. Zu uns in den einundzwanzigsten Bezirk kamen sie von Ungarn herauf. Da war einige Kilometer entfernt der Donau-Oder-Kanal. Dieser Kanal wurde vier- bis fünfmal von den Russen, dann von den Hitlertruppen wieder zurückerobert, wobei noch einige Tage für uns in der Stadt Ruhe war. Nur die Schüsse hörten wir, bis am dritten Tag die Russen dann doch durchkamen. Die ersten Geschoße, die die Stadt trafen, ergaben sechs Tote.

Es war an einem Sonntag in der Osterzeit: Die Gendarmerie kam ins Haus. Man werde in drei Stunden wiederkommen, Mütter mit Kleinkindern und auch die älteren Leute wegführen nach Oberösterreich. Wer mitfahren will, melde sich. Was tun? Ich wohnte mit der Familie außerhalb der Stadtmauer, wäre also bei den ersten gewesen, die von den Russen überfallen würden. Meine Tochter wohnte in der Stadt. Ich zog mit meinen beiden Buben zur Tochter, da waren wir geschützter. Mein Mann schlief bei einem Bauern, mit dessen Pferden er die ganze Ackerarbeit machte. Er schlief bei den Pferden im Stall.

Meine Tochter und ich haben hin und her überlegt, fahren oder nicht. Ich ging heim in meine Wohnung, packte die Koffer und ging zur Tochter. Auf der Straße mußte man sehr aufpassen, daß man nicht unter die Tiefflieger kam, sondern schnell bei einem Haustor hineinschlüpfen konnte. Als ich wieder zurückkam, saß meine Tochter da und weinte: „Ich fahre nicht, Mutter! Wenn ich hier schaue, was da in der Wohnung steht, ich habe es mir so bitter erworben! Wenn ich zurückkäme, würde kein Stück mehr da sein." An das hatte ich gar nicht gedacht. Ich sah dann, wie die eigenen Ortsleute die bestohlen haben, die abgereist sind. Die Polizei erwischte viele, aber viele verloren alles Hab und Gut.

Ich blieb zu Hause. Auch mein Mann konnte nicht mehr zu seiner Arbeitsstätte, weil die Russen niemanden aus der Stadt heraus- oder hereinließen. Er arbeitete daher wieder bei einem Bauern, und ich half ihm dabei auch in den Tagen, als geschossen wurde. Da saß ich oft bei meinen Kühen, und die Geschoße pfiffen über mich hin. Die Erfahrenen sagten: Die tun uns nichts, nur die man nicht hört, schlagen ein. Ich bekam für meine Arbeit täglich einen Liter Milch, mein Mann auch einen, wir hatten somit für die Kinder, was wir brauchten. Im Haus, in dem ich wohnte, war eine junge Frau, die hatte auch ein zwei Monate altes Kind. Es starb, weil sie ihm nur Tee geben konnte. Solange geschossen wurde, gab es nichts zu kaufen, weder was zu essen noch anderes. Wie dankbar war ich der Hausfrau meiner Tochter, daß sie mich mit meinen Kindern bei ihr im Keller schlafen ließ.

Die drei Tage, als der Kampf noch über den Donau-Oder-Kanal hin und her ging, packte ich soviel nur ging in die Koffer und führte sie mit dem Leiterwagerl zu unserem Notquartier. Dort, im Kohlenkeller, halfen alle mit, Hausbesitzer und Parteien, den Berg Kohle von der Wand wegzuräumen. Dann stellten wir alle unsere Koffer hin und schlichteten den Berg Kohlen wieder sorgfältig auf – über unsere Koffer. Was unter den Kohlen lag, blieb uns. Das andere lag entweder zerfetzt auf dem Boden oder war weg. Wir haben ja schon im Keller geschlafen, als noch am Kanal gekämpft wurde. Meine Freundin fuhr mit ihren Kindern mit den Flüchtlingen weg. Sie sagte: „Das muß für die Kinder furchtbar sein, wenn die Front in die Stadt kommt." Das erlebten wir daheim.

Als man schon vom Kanal aus die Kanonenschüsse hörte, sagte mein Vierjähriger: „Das war prima!" Die

Kinder verstehen es ja noch nicht, das Weltgeschehen. Daß man fast Tag und Nacht im Keller verbrachte, mußte man schon der Tieflieger wegen tun. Wasserkübel und Nachtgeschirr, das man hinter einem Vorhang versteckte, mußte im Keller jede Familie für sich mithaben. Als nun die ersten Schüsse in der Stadt fielen, mußte der alte Herr, der Hausherr, aufs Klosett gehen. Er ließ sich nicht überreden, die Notdurft im Keller zu verrichten. Als er im Klo saß, fiel ein Schuß, der die Klotür wegriß und dem alten Herrn den Fuß. Ein Rettungswagen stand bereit fürs Spital. Erst wurde er im Notspital verbunden, dann ins Spital nach Wien gebracht. Er lebte dann mit dem einen Fuß noch acht bis zehn Jahre. Wie üblich sagten die Leute: „Was sein will, geschieht."

Ich dachte auch nie daran, ich wäre mit auf der Flucht. Die weggefahren sind, haben wirklich nichts mehr zu Hause angetroffen, auch keine Wohnung, als sie nach neun Monaten wieder zurückkamen. Im Gasthaus in einem Saal konnten sie logieren. Die Russen nahmen jedes freie Zimmer für sich in Anspruch. Die Frauen mit einem oder mehreren Kindern bekamen die Soldatenrente, wenn sie nichts verdienen konnten. Als die Russen die Macht hatten, dauerte es lange, bis es wieder etwas zum Leben gab, bis wieder eine Regierung gebildet wurde, ein Bürgermeister gewählt wurde. Die hatten dann auch nicht viel zu reden.

Wie sah es aus in der Stadt? Kaum konnte man über die Straße gehen. Die Drähte der Straßenbahn hingen und lagen auf der Straße herum, auf den Straßen und Feldern lagen Kadaver von Pferden und anderen Tieren. Die Geschäfte, gleich welcher Branche, waren alle aufgebrochen. Die Leute holten sich, was sie gerade brauchen konnten – Werkzeug, Lebensmittel oder sonst allerlei. Eine Polizei wurde gleich von den Russen ernannt, damit sie für Ordnung sorgte. Die Pferde wurden alle von den Russen beschlagnahmt. Autos gab es noch nicht so viele. Essen konnte man weder kaufen noch auf Marken bekommen. Manche hatten Vorräte, manche Verwandte, die helfen konnten. Vieles wurde gestohlen. Die Polizei hatte viel zu tun. Es mußte zuerst die russische Armee untergebracht und versorgt werden, bevor fürs Volk etwas gemacht wurde. Dann gab es auf einmal Brot beim Bäcker. Es hatte sicher noch irgendwo Mehl gelagert, und das Brot wurde nach Personenzahl und Gewicht aufgeteilt.

Arbeit war dafür genug da. Die Männer mußten zunächst einmal die Straßen reinigen. Aber eine Verbindung mit Wien gab es noch lange nicht. Es dauerte noch einige Tage, bis die Stadt erobert wurde, während wir schon unter den Russen lebten. Der Flugplatz, den das Militär am notwendigsten brauchte, war auch verwüstet. Es wurde kundgemacht, daß die Frauen sich am Flugfeld melden müßten, um zu arbeiten – Frauen von vierzehn bis sechzig Jahren. Solche, die ein oder mehrere Kinder unter fünf Jahren hatten, brauchten nicht zu gehen.

Auch ich mußte arbeiten, weil ich zu dieser Zeit bei meiner Tochter wohnte, und sie blieb bei allen Kindern. Wir gingen um sieben Uhr früh weg. Bis sechs Uhr abends arbeiteten wir, ohne etwas zu trinken oder zu essen. Wir mußten den ganzen Tag mit dem Rechen den Rasen bearbeiten, ob nicht wo ein Sprenggeschoß steckt. Dann erst traten die Russen aufs Feld. Kein Zentimeter durfte ausgelassen werden. Die Arbeit dauerte wochenlang. Wir nahmen uns dann etwas zu trinken mit und was wir zu essen hatten. Vater brachte vom Bauern, wo er arbeitete, Brot heim. Immer war die Aufsicht hinter uns, damit wir gut arbeiteten. Als das vorbei war, gab es wieder für die Russen Zimmer herzurichten und zu reinigen. Ich hatte in meiner Wohnung im Kabinett einen höheren Arzt einquartiert, einen sehr netten Menschen. Ich kann über die Russen nicht sagen, sie wären schlechte Menschen gewesen; sahen sie eine Frau mit mehreren Kindern, brachten sie ihr eine Kuh, damit die Kinder Milch haben. Wir mußten dann zehn Jahre mit ihnen leben.

Bleiben wir beim Kriegsende. So von heute auf morgen ging's ja nicht, es mußte wieder eine Obrigkeit geben, aufgebaut werden. In den anderen drei Teilen Österreichs gab es des alles schon früher. Eines Tages wurden wir durch einen Botengänger aufgefordert, daß sich alle auf der großen Wiese einfinden sollten. Manche dachten: „Wollen sie denn welche umbringen, die etwas auf dem Kerbholz haben?" Aber es ging darum, einen neuen Bürgermeister zu wählen. Der Bürgermeister amtierte dann viele Jahre. Die Russen ließen zwar den Bürgermeister nicht alles nach seinem Willen tun, meist haben sie sich aber mit ihm verständigt. Vieles ging ja das ganze Volk an, so das Ölwerk in der Lobau. Ich weiß nicht, wie viele Jahre mit Öl Kriegsschulden gezahlt werden mußten.

Diejenigen, welche andere bei den Russen anzeigten, dies oder jenes verübt zu haben, hatten ein gutes Mittel, andere aus dem Weg zu räumen. Bei den Angezeigten wurde nicht lange geforscht, sie wurden entweder erschossen oder mit Gefangenen nach Rußland transportiert. Die meisten von den Nazis, die nicht flüchten konnten, nahmen sich selbst das Leben.

Die hätten doch nichts mehr davon gehabt. Man hätte nie gedacht, daß es meist Höhergestellte wären, Tierärzte, Lehrer, Doktoren, Geschäftsleute ... Begraben mußten sie ja werden. Man wußte dann, wer sie waren. Das gehörte auch zum Kriegsausgang.

Nachdem die Russen untergebracht waren, mußte aufgeräumt werden. Die Menschen mußten wie Tiere arbeiten, denn diese fehlten. Man müßte es der jungen Generation zeigen, wie so ein Schlachtfeld aussieht. Keiner durfte abseits stehen. Jeder mußte sein Möglichstes arbeiten, um leben zu können. Die Russen blieben nicht lange. Nur die Besatzung blieb, das Heer zog weiter. Die Front war irgendwo bei Enns, als der Krieg aus war.

Der Sommer verging wie im Fluge. Es gab die neue Ernte auf dem Feld, auch wenn vieles dem Krieg zum Opfer gefallen war. Ganze Felder wurden durch die Schützengräben verwüstet. So war Sparen oberstes Gebot. Man konnte auch eine Stadt nicht in einigen Monaten aufbauen. Für die Fenster wurde statt Glas nur Pappendeckel verwendet. Man war froh, so etwas zu finden, was noch mehrere Jahre halten konnte. Mit der Kleidung war es dasselbe. Es gab noch lange nichts zu kaufen, und man mußte das Alte flicken, solange es ging.

Es gab dann im Herbst schon eine Wahl. Man glaubte, daß die Kommunisten gewinnen werden, aber sie blieben in der Minderheit wie heute noch. Bald kamen die ersten Gefangenen heim, aber nur solche, die schwer krank waren. Der Großteil kam erst 1947. Noch gab es genug Arbeit bei den Bauern, die Felder mußten ja bebaut werden. Lebensmittel fehlten überall. Aus Amerika kamen die Care-Pakete. Ich weiß nicht, was drinnen war. Ich habe nie eines bekommen, auch nicht, als sie von den Parteien oder von den Kirchen verteilt wurden.

Wir hatten ja Arbeit. Mein Mann konnte bei seinen Bauersleuten bleiben. Sie brauchten einen Pferdeknecht. Der Junge, den sie hatten, war in russischer Gefangenschaft und kam erst 1947 heim. Dann war mein Mann arbeitslos. Ich arbeitete auch bei Bauern, wo gerade jemand gebraucht wurde. Man wurde bei Kurzarbeit nicht zur Krankenkasse angemeldet, das fehlte dann bei der Pension. Mein Mann fand dann Arbeit beim Ölwerk in der Lobau. Das hatten die Russen in Besitz. Später, als wir ab 1949 schon in Floridsdorf in einem Sägewerk als Hauswart lebten, hätte er bei den Russen in der Lobau der Kommunistischen Partei beitreten sollen. Das wollte er aber nicht. Er gab die Arbeit auf und arbeitete auf einen Holzplatz, bis er in Pension ging. Die Pension konnte er dann ein halbes Jahr genießen.

Es ging langsam aufwärts. Sogar die Russen wurden zu Aufräumarbeiten eingeteilt. Sie arbeiteten ebenso mit wie unsere Leute. Das Wegräumen der Kadaver, sie eingraben und andere Schwerarbeit konnten Frauen nicht tun; ebenso die Elektrodrähte wieder in Ordnung bringen. Da wir auf dem Land lebten, war es leichter als in der Großstadt. Bald gab es in Wien einen Schwarzmarkt. Die Geld hatten, konnten hier kaufen, Arme mußten oft ihr selbst dringend Benötigtes – wie Bettwäsche – bei den Bauern für Lebensmittel eintauschen. Die Lebensmittel wurden ihnen dann oft von den Wächtern an der Grenze abgenommen, wenn sie die Schleichwege nicht kannten. Sogar die Russen machten einen Lebensmittelmarkt auf, der aber billiger war. Auf die Karten bekam man dann auch langsam mehr, als die neue Ernte reif war. Die Schulkinder hielten sich gern bei den Soldaten auf, wo manches Bröcklein für sie abfiel.

Reisen zu privaten Zwecken wurden abgelehnt

Es galt dann, für den Winter alles sicherzustellen, was zum täglichen Leben gebraucht wurde. Heizmaterial und Lebensmittel mußten bewacht werden, damit es nicht gestohlen wurde. Es wurde dann das Gerücht laut, daß wir ohne die Westmächte den Winter nicht überleben könnten. Ende Juli wurde der Telefondienst wieder aufgenommen. Mit der Bahn konnte man erst im Herbst fahren, so zirka zu Schulbeginn. Es gab aber wenig Züge, so standen viele Leute am Straßenrand und warteten stundenlang, bis sie jemand mitnahm. Man konnte dabei aber auch draufzahlen. Ich selbst wollte einmal mit meinen Kindern mit den Russen auf einem Plateauwagen nach Kirchschlag fahren. Sie sagten, sie würden dorthin fahren, bogen dann außerhalb Edlitz ab, nach Aspang. Nun mußten wir schnell handeln. Ich gab dem Elfjährigen das Gepäck, er sollte damit runterhüpfen und es abstellen, dann nahm ich den Vierjährigen und sprang nach. Es war ein gewagtes Spiel, aber man wußte ja nicht, was die Russen im Sinne hatten. Ob sie uns verschleppt hätten? Ich mußte dann in Edlitz mit den Kindern im Gasthaus übernachten.

Warum ich nach Kirchschlag fuhr? Mein Sohn hätte in Wien dieses Jahr schon Fremdsprachen lernen sollen, was aber kaum möglich war. Sie mußten durch die vielen Luftangriffe mehr im Keller sitzen, als sie lernen konnten. Er ging dann in Kirchschlag zur Schule, das Jahr nach dem Krieg. Dort mußte er alles nachlernen, was er durch den Krieg versäumt hatte.

Leiterin im Schülerheim war meine Schulkollegin. Sie sagte: „Maria, ich werde schon schauen auf deinen Buben." Ich sah dort eine große Schüssel Eier stehen, die sie zum Mittagessen verkochten – wir kannten Eier nur mehr dem Namen nach. Ich ließ ihn das ganze Schuljahr dort. Nur zu Weihnachten und Ostern kam er heim. Im Monat zahlte ich sechzig Schilling, das war damals für mich viel Geld. Der Bub blieb im Lernen nicht zurück. Ich konnte im Bauernhaus helfen, so daß die gesamte Ernte eingebracht werden konnte. Es waren ja nur Frauen dazu da. Als alles geschafft war, fuhr ich im Dezember heim. Mein Mann aß im Gasthaus, bis ich heimkam. Wenn der Magen auch knurrte, man mußte es hinnehmen. Niemand konnte es ändern. Man trug das Schicksal mit Geduld. Für uns war es nicht gar so schwer, hatten wir doch den Liter Milch, welchen Vater jeden Tag heimbrachte. Gemüse war auch reichlich vorhanden, wenn man es auch vom Marchfeld holen mußte.

Es war bereits August. Die Kinder, die von der Fürsorge aufs Land verschickt wurden, mußten zu Schulanfang wieder daheim sein. Ich fuhr damals mit meinem Buben nach Kirchschlag und hörte nicht viel, wie es weiterging, nur wenn ich hie und da eine Zeitung las. Noch zu Allerheiligen gab es die Stromausschaltungen im Stiegenhaus, auf dem Gang und auf dem Dachboden. Waschküchen-, Keller- und Hofbeleuchtung waren auf die Hälfte einzuschränken. Die Aufzüge durften nicht benützt werden. Schaufenster- und Reklamebeleuchtungen waren verboten. Werkstätten, Magazine und Geschäftslokale durften nur auf das Notwendigste beschränkt beleuchtet werden. Die Kontrolle machten die E-Werke. Stromverbraucher, die das festgesetzte Maß überschritten, wurden so lange vom Bezug abgeschaltet, bis der Mehrverbrauch hereingebracht war. Es wurden auch Ratschläge erteilt, wie man Altes ausbessert, dazu brauchte man aber Licht und Strom.

Der Postverkehr wurde in ganz Österreich wieder aufgenommen. Bisher war jeder Brief aufgemacht, gelesen, wieder zugemacht, wieder weitergesandt worden – oder auch nicht. Ich habe noch so zensurierte Briefe. Die Bahnfahrten ließen, wie gesagt, noch auf sich warten. Wo die russische Demarkationslinie zu Ende war, durfte man mit einer Reisebewilligung weiterfahren. Die war aber nicht so leicht zu bekommen. Von den alliierten Behörden war es nicht erlaubt, Reisegepäck über die Besatzungszone hinaus mitzunehmen. Man bekam eine Reisebewilligung nur in dringenden Fällen, etwa wenn man einen Todesfall nachweisen konnte. Reisen war noch zu Jahresschluß 1945 ein Problem. Einfach zum Schalter gehen und eine Karte „Wien retour" bekommen, war nicht so einfach möglich. Eine Lockerung der Reisebestimmungen gab es dann, die besagte aber noch immer nicht viel: Ansuchen um Reisebewilligungen mußten an den Bürgermeister oder an die Bezirkshauptmannschaft gerichtet werden. Der „blaue Reiseschein" wurde nicht mehr ausgegeben; statt dessen wurde eine neue Erlaubnisbescheinigung ausgestellt, die in vier Sprachen gedruckt und für das ganze österreichische Staatsgebiet Geltung hatte. Die Militärregierung gab keine Formulare mehr aus. Reisen zu privaten Zwecken wurden abgelehnt. Jede Zone hatte andere Vorschriften.

Der erste Winter war der schwerste, aber es wurde mit jedem Tag besser. Ich habe mich auch dann noch, als es schon was zu kaufen gab, sehr plagen müssen. Man bekam im Forsthaus in der Lobau vom Förster einen Schein, der dazu berechtigte, das Klaubholz zu sammeln. Das wärmte dann zweimal: einmal beim Nachhauseschleppen und dann im Ofen. Später konnte man schon schlagreife Bäume ersteigern, die im nächsten Winter dann aufgearbeitet wurden und trocken genug zum Heizen waren. Mein Mann machte diese Holzarbeit von Jugend an. Eine Frau kann das nicht machen.

Nun ließ es sich auch daheim schon wieder leben

Ja, auch beim Kochen muß man umlernen, um mit dem, was man hat, etwas Schmackhaftes zuzubereiten. Das erste Mal mußte ich auf dem Bauernhof kochen lernen, wo man ins Volle greifen konnte. Als wir dann in die Stadt wegzogen, gab's wieder viel zu lernen, damit es jedem schmeckt und damit man mit dem auskommt, was man auf die Lebensmittelkarten bekam.

Man hat sich halt irgendwie geholfen. Das alles ist jedoch nur die kleinste Not eines so schrecklichen Krieges. Wo es doch bald fünfzig Jahre sind, seit dieser zu Ende ging. – Was soll das heißen: „Vergangenheitsbewältigung"? Die haben wir doch schon bewältigt, als wir das alles erleiden und erleben mußten. Die Millionen von Toten können nichts mehr erzählen vom Krieg. Die Heutigen, die es nicht erlebten, können es nicht verstehen. So müssen wir leben, wie es ist.

Im Dezember fuhr ich wieder heim von Kirchschlag. Teils mit öffentlichen Verkehrsmitteln, dann wieder eine Stunde zu Fuß. Nun ließ es sich auch daheim schon wieder leben. Ich will nicht sagen gut, aber wir waren's schon so gewöhnt. Weihnachten kam heran. Es wird keinen Christbaum geben. Man könnte ihn auch gar nicht aufputzen. Wär' nichts drauf als ein paar Lichter! Die Gedanken waren vor allem bei den Soldaten: „Wie geht es unsern Lieben? Wo werden sie sein? Müssen sie hungern?" Von den wenigsten wußte man etwas. Von einem krank heimgekehrten Soldaten erfuhren wir, daß Hermann lebt, aber ein Schreiben gab's noch nicht. In so großer Sorge sollten wir das schönste Fest des Jahres feiern? Auch wenn wir etwas gehabt hätten, es wäre mir im Mund steckengeblieben! Man dachte nur an die Angehörigen in Gefangenschaft. Die Hoffnung durfte man nicht aufgeben.

Mein ältester Sohn kam als erster nach dem Krieg heim

Es begann das Jahr 1946. Ich lebte noch die meiste Zeit bei meiner Tochter, bis in meiner Wohnung alles wieder in Ordnung war. Walter ging in Kirchschlag in die Schule, der Kleine in den Kindergarten. Vater hatte alles beim Bauern, auch Essen und Schlafen. Der erste Monat im neuen Jahr ging dem Ende zu. Wir hatten Waschtag bei meiner Tochter, die hatte eine bessere Waschküche, obwohl man das Wasser auch noch vom Brunnen in die Waschküche tragen mußte und auch wieder raus bis zum Kanalgitter. Fast waren wir schon fertig und wollten das Mittagessen herrichten. Es gab eine Kriegsspeise. Wir kochten Weizen und trieben ihn mit Wurst durch die Fleischmaschine. Ehe es fertig war, kam Felix in Militärkleidung heim. Wir freuten uns sehr und sagten: „Wir können nur eine Kriegsspeise aufwarten." Da sagte er: „Ich esse alles, was es zu essen gibt, und werde nie mehr sagen: ‚Dies und jenes eß ich nicht!' Wenn man den Hunger kennenlernt, ist man nicht wählerisch."

Er kam von Frankreich, hatte aber in Deutschland Frau und Kind. Er konnte jedoch dorthin nicht entlassen werden, da er keine deutsche Staatsbürgerschaft hatte. Im Landesgericht bekam er dann eine Anstellung und auch eine Zimmer-Küche-Wohnung. Seine Frau kam im Herbst nach, und es ging ihnen gut. Im September 1947 wurde das zweite Kind in Wien in der Eichenstraße geboren. Im Oktober 1949 zogen sie wieder nach Deutschland.

Mein ältester Sohn kam als erster nach dem Krieg heim. Zu Frühlingsbeginn kam dann auch mein Schwiegersohn heim, nach einem Jahr in italienischer Kriegsgefangenschaft. Er bekam auch bald Arbeit, und zwar in der Fernmeldezeugverwaltung Stadlau. Arbeit konnte man damals noch leicht finden.

Bei den Transporten, die in die Heimat zurückkamen, waren zwei Männer, die mir von dem Lager erzählten, wo mein Sohn Hermann noch bleiben mußte. Es wurde dort im Lager eine Theatergruppe eingerichtet, die auch in anderen Lagern spielte. Die bekamen bessere Kleidung und mehr zu essen. Die in höheren Schulen waren, kannten solche Theaterstücke. Die beiden Heimkehrer erzählten mir, wie gut mein Sohn war und daß er auch bald heimkommen würde – es dauerte dann aber doch noch drei Jahre. Ich sagte zu ihnen: „Er ist auch kein anderer Mensch!" Sie aber meinten: „Auch Sie als Mutter kennen ihn nicht so, wie wir ihn kennen, in Situationen, wenn der Mensch zum Tier wird, wenn es nur mehr ums Fressen geht. Er hat alles, was sie beim Theaterspielen bekamen, an viele Kameraden im Lager aufgeteilt. Auch der Soldat, der sie bewachen mußte, bekam das gleiche." Als ich es ihm dann zu Hause erzählte, sagte er: „Ich hätte doch keinen Bissen schlucken können, wenn mir die anderen zuschauen, die ebenso hungern. – Ich werde das alles nie vergessen."

Die Hoffnung wurde nach dem Besuch dieser Heimkehrer wieder etwas größer. Es gab in dem Gefangenenlager auch einen Menschen, der meinem Sohn das Leben gerettet hatte. Die Malaria brach aus, und er hätte sie nicht überlebt, wenn er nicht von einem gefangenen Arzt Blut bekommen hätte, der die gleiche Blutgruppe hatte. Die russische Lagerärztin sagte, daß der Gefangene nicht so viel Blut abgeben könnte, wie der andere Gefangene brauchen würde, der aber, weil er selbst ein Arzt war, gab nicht nach, und sie kamen beide mit dem Leben davon. Wir sind heute noch in Verbindung. Der Arzt, er war Primarius in Neunkirchen im Saarland, schrieb eine Karte vom Lager aus an seine Frau und jeden Monat eine auch an mich. Er ist noch später von Rußland heimgekommen als mein Sohn.

Beide sind heute schon Pensionisten. Wo man mit solchen guten, edlen Menschen in Verbindung war, war diese schwere Zeit weitaus leichter zu ertragen. All das ist nun schon fünfundvierzig Jahre her. Seit 1988 ist Hermann in Pension. Als Heizer fing er bei der Fernmeldezeugverwaltung an, und als Regierungsrat ging er in Pension. So waren wir wieder alle in der Heimat beisammen und waren Gott dankbar, daß keiner fehlte.

Wie wir alle dann die nächsten vierzig Jahre und darüber hinaus verlebten, ist ein anderes Kapitel. Wenn meine Nachkommen Interesse daran finden, können ja die weiterschreiben. Mein Mann und Ehegatte hat mich vor dreißig Jahren allein zurückgelassen und ging mir voraus. Er hatte stets Angst vor dem Tod und konnte einen so schönen Tod sterben. Das würde ich mir auch wünschen. Aber – wie Gott will.

Brief Maria Gremels

Gemäß ihrem Wunsch nach ihrem Tod
– am 19. Februar 1991 –
am 24. Februar 1991 geöffnet.
Undatiert, verfaßt etwa im Jahr 1956
vor einer schweren Operation.
Nach dem späteren Zusatz
„Nach meinem Tod zu öffnen“,
wohl als geistiges Testament
für ihre Kinder gemeint.

Liebe Kinder

Ich gehe nicht fort von euch, nur ein Stücklein voraus gehe ich. Ihr kommt einmal ganz sicher nach, ich warte dort oben auf euch. Gebt mir auf den Weg acht! Nicht daneben laufen. Ich könnte mich mitten im Himmel nicht freuen, wenn eines von euch nicht hinauffinden würde. Jetzt wo ich nicht mehr beim Vater sein kann, müßt ihr alle miteinander ihm die Mutter ersetzen. Ihr könnt das schon! Jedes ein Stückerl. Wenn ihr es tut, dann spürt der Vater nicht so sehr, daß ich ihm fehle. Von dort oben sehe ich genau, was ihr tut, und ob ihr lieb und gut seid. Wenn eines von Euch etwas Unrechtes täte, müßte ich es mitleiden. Wollt ihr das? Ihr müßt nicht traurig sein, weil ich sterbe. Die uns voraus gegangen sind, erwarten uns schon und führen uns sicher zu Gott. Das ist der letzte Brief von euerer Mutter, zündet mir die Kerze an und versprecht mir gut zu bleiben, es gibt eine Liebe über das Grab hinaus.

Jedem von euch zeichne ich noch ein Kreuz auf die Stirne. Dir Felix mein erstes Kind, an Dir durfte ich alle seligen Stunden der Mutterschaft als erstes auskosten, wie der erste Schulgang, der Weg zur ersten hl. Kommunion, o frohe schöne Kinderzeit. Dir Miki, warst doch stets mein kleines Trotzköpfchen, deren Kindheit in eine schöne friedliche Zeit fiel. Dir lieber Hermann, der du so viel in

deinen jungen Jahren erdulden mußtest. Gar oft glaubte ich, du kämest über all den Lebenssorgen, um ein Zipfelchen Mutterliebe zu kurz. Dir Walter, warst mein heiterer Sonnenschein, manche glückliche Stunde, zog über deine Kindheit. Dir Ernstl, dem meine meiste Sorge galt, die ich nun auf die andern übertrage, mußt ihn noch sehr lieb haben. Noch ein Kreuzl dem Vater, das letzte aber mir selber. Ich küsse euch meine lieben Kinder und den Vater; damit sind wir zusammengebunden für immer und können nie mehr auseinandergehen, auch der Tod kann nichts daran ändern. Auf Wiedersehn meine lieben lieben Kinder. Betet für eure Mutter!
Du lieber Vater bleib noch recht lang bei den Kindern, ich muß sie zurücklassen. Unser Leben war manchmal recht schwer, doch der Gipfel liegt knapp an der Grenze von drüben, der Firn ist schon weiß, vom andern, vom ewigen Licht.
Ja, der letzte, der ewige Sinn alles Lebens liegt drüben.
Weinet nicht, sagt uns mit tränenloser Stimme:
Sterben heißt nicht: abgeschnitten und vorbei,
sterben heißt: hinaufgehoben hell und frei.
Sterben heißt nicht: losreißen und verrinnen;
Sterben heißt: das große Leben erst beginnen.

Auf Wiedersehn
im andern Leben.

böhlau Wien

Damit es nicht verlorengeht ...
Herausgegeben von Michael Mitterauer und Peter Paul Kloß

Eine Auswahl:

23: Ludmilla Misotič
Die Grenzgängerin
Ein Leben zwischen Österreich und Slowenien
Hg. und bearbeitet von Marija Wakounig
1992. 107 S. Geb.
ISBN 3-205-05538-1

24: Christa Hämmerle (Hg.)
Kindheit im Ersten Weltkrieg
1993. 335 S. 8 S. SW-Abb. Geb.
ISBN 3-205-05498-9

25: Heinz Blaumeiser/ Eva Blimlinger (Hg.)
„Alle Jahre wieder ..."
Weihnachten zwischen Kaiserzeit und Wirtschaftswunder
1993. 320 S. 20 SW-Abb. Geb.

27: Barbara Passrugger
Steiler Hang
Bearbeitet u. m. einem Nachwort v. G. Hellmich
1993. 114 S. 12 S. SW-Abb. Geb.
ISBN 3-205-98040-9

28: Eva Ziss (Hg.)
Ziehkinder
1994. 327 S. Geb.
ISBN 3-205-98184-7

30: Pavla Vošahlíková (Hg.)
Auf der Walz
Erinnerungen böhmischer Handwerksgesellen
1994. 333 S. m. 16 S. SW-Abb. u. 5 Plänen. Geb.
ISBN 3-205-98147-2

31: Prive Friedjung
„Wir wollten nur das Paradies auf Erden"
Die Erinnerungen einer jüdischen Kommunistin aus der Bukowina
Hg. u. bearb. v. A. Lichtblau u. S. Jahn
1995. 344 S. 25 SW-Abb. Geb.
ISBN 3-205-98237-1

32: Gennadi E. Kagan
Die Welt von gestern – heute
Erinnerungen eines russisch-jüdischen Germanisten
1995. 257 S. 16 SW-Abb. Geb.
ISBN 3-205-98368-8

33: Jana Losová (Hg.)
Kindheit in Böhmen und Mähren
1996. 414 S. m. 16 S. SW-Abb. Geb.
ISBN 3-205-98215-0

www.boehlau.at